追尋 與 傳釋

左繡對左傳的接受

蔡妙真◎著

簡序

　　在群經中，《左傳》是比較有趣而吸引人的，講解它的故事和文章，可以講得很精彩。

　　記得十幾年前，政大學生還需要在註冊時排隊選課。他們為了選某些熱門的選修課，註冊日都要拂曉出擊，趕在註冊前兩三個小時排隊。他們告訴我：「若不如此，就選不到您的《左傳》課。」我在輔仁大學夜間部也教過十三年的《左傳》，當時也招徠不少的旁聽生。

　　我認為在大學部教專書選讀，是以文本的導讀為主，我教《左傳》便是以紀事本末為綱領，至於其文章精髓的闡發，承轉脈絡的尋繹，則常得自前人評點的提示，而《左繡》在這方面就給我不少的助益。於是我建議妙真以《左繡》為研究標的，寫她的博士論文。

　　妙真在讀政大大學部時修習我所授的《左傳》，從此與《左傳》結下不解之緣，讀碩士班時以〈《左傳》中有關神異記事之研究〉為其碩士論文，博士班時也就依我的建議，以〈《左繡》研究〉為其博士論文，都由我擔任指導教授，但她寫出的論文都不同於我慣用的矩度，超出我的預期。

　　妙真聰穎好學，在為人處世方面顯得有點拘謹，但在學術研究方面則勇於開創，她的〈《左傳》中有關神異記事之研究〉用了傳播學的守門員理論，〈《左繡》研究〉則應用了西洋接受美學理論。這一方面是因為她有寬廣的學術視野，時時吸取新知，又勇於開創；另一方面是我的「縱容」所致。

　　依據我的觀察：在中文學界，教授指導學生寫作論文，有兩種不同的態度。有一種是以統領某一個學術王國自許，早已成竹在胸，把預期開發的學術王國分成若干區塊，學生在他的引導下各自分領一個區塊，都得遵照他規定的方式去完成。一個口令一個動作，建構一個有組織的學術研究團隊，指導教授就是這團隊的總指揮。另一種則教授只居於輔導地位，最多只是扮演新兵訓練中心班長的角色，給成員基本的訓練，任由成員依其長才分途發展。兩種孰優孰劣，恐怕難有定論，而我便屬於後者。所以也就「縱容」學生寫作論文的進路與我不同，讓出乎我預期的事情發生。

　　學生寫論文的進路與我不同，於是別有所見，我認為是一件好事。能夠多面向的考察，可能會更接近事實的真相，在學術上也有更大的揮灑空間和更多的創獲，所以是值得鼓勵的。我非常期待青出於藍，因為那是教育成功的表徵，是最令人稱意的事。我只是擔心：溢出我專長的部

分，我會不會使不上力？會不會在把關與過濾的過程中失
職？妙真的論文在審查與口試時都很受肯定，這是令我高
興的。如今要由萬卷樓圖書公司出版，乃為序加以推薦。
同時也期待她還有更多原創性的論文能陸續發表，對促進
學術多元發展產生更大的效益。

簡宗梧

2003 年 7 月 18 日
序於蘭竹軒

目　次

第一章　緒論

第一節　研究動機

《史記・十二諸侯年表》提到《左傳》成書的過程云：

> 孔子……西觀周室，論史記舊文，興於魯而次《春
> 秋》……七十子之徒，口受其傳指，為有所刺譏褒諱
> 挹損之文辭，不可以書見也。魯君子左丘明懼弟子人
> 人異端，各安其意，失其真，故因孔子史記具論其語，
> 成《左氏春秋》。

以司馬遷之意，《左傳》之作，最大意義在於確立《春秋》
作者之意旨。《漢書・藝文志》亦言孔子作《春秋》後，弟
子解讀參差，互有出入的情況，左丘明因而作《左傳》，以
存其真：

> 有所褒諱貶損，不可書見，口授弟子，弟子退而異言，
> 丘明恐弟子各安其意，以失其真，故論本事而作傳。

其中有許多值得深思的問題，第一，既是「口授」，具有往
來詢答之便，何以會「退而異言」？第二，「恐弟子各安其

意」，顯示理解過程中「各安其意」的現象是存在的，而這種存在是不可避免的或是應當去除的干擾？第三，面對面的口授都會失真了，「以書見」更少了往來諮詢之互動，真能「具論其語」以存本真？第四，較諸其他弟子，左丘明作爲一個理想讀者的基礎何在？

　　前三個問題屬於符號表意功能的問題，亦即言語與意念之間疊合的關係；究竟符號中的「能指」能不能充分傳達其背後的「所指」？這樣的問題，《莊子》也談，認爲「意有所隨」；[1]《周易・繫辭》也談，認爲「言不盡意」；[2]漢代揚雄甚至感慨言與意很難疊合：

　　　　言不能達其心，書不能達其言，難矣哉！[3]

言意之間的問題在魏晉時期得到最大的關注，成爲玄學主要論題之一，有主言不盡意者，如荀粲：

　　　　六籍雖存，固聖人之糠秕……蓋理之微者，非物象之

---

[1] 《莊子・天道》篇：「世之所貴道者書也，書不過語，語有貴也。語之所貴者，意也；意有所隨，意之所隨者，不可以言傳也，而世因貴言傳書……古之人與其不可傳也死矣，然則君（桓公）之所讀者，古人之糟魄已夫！」又〈秋水〉篇：「可以言論者，物之粗也；可以意致者，物之精也；言之所不能論，意之所不能察致者，不期精粗焉。」又〈外物〉篇：「荃者所以在魚，得魚而忘荃；蹄者，所以在兔，得兔而忘蹄；言者所以在意，得意而忘言。」

[2] 《周易・繫辭（下）》：「子曰：『書不盡言，言不盡意。』」。

[3] 清汪榮寶《法言義疏・問神》卷第五，頁246～247。

所舉也。[4]

這個意見恐怕來自於前述《莊子‧天道》篇：「然則君（桓公）之所讀者，古人之糟魄已夫！」此外〈齊物論〉也提到「夫言非吹也，言者有言，其所言者特未定也。」故〈外物〉篇云當「得意而忘言」，王弼用其意以解《易經》，為主張得意忘言者，《周易略例‧明象》言：

> 言者所以明象，得象而忘言；象者所以存意，得意而忘象。

有主張言盡意者，如歐陽建《言盡意論》：

> 名逐物而遷，言因理而變，此猶聲發響應，形存影附，不得相與為二矣。苟其不二，則言無不盡矣，吾故以為盡矣。[5]

眾說之紛紜，正見其陂陀難定。利用符號以表意時，符號與意念之間已然不一定完全重合，而符號接收者又有接收時之「言意重組」問題，則為求溝通之完成，接收者於言、意之間隙「各安其意」，似乎是一個最直截的方法，因而也就難免「退而異言」，這是前述第一及第二個問題。而《周易‧繫辭》引孔子之語云：「書不盡言，言不盡意。」則第

---

[4] 《三國志‧魏書‧荀彧傳》注引何劭〈荀粲傳〉。
[5] 收於《藝文類聚》卷十九。

三個問題所言，以爲文字表義功能大於當面對談的想法，是值得商榷；爲了消解這個疑慮，學者提出的解釋是「左丘明是《春秋》經的理想讀者」，但是憑什麼呢？《漢書·藝文志》賦予左丘明的基礎是：

> （孔子）與左丘明觀其史記，據行事，仍人道，因興以立功，就敗以成罰……

亦即左丘明親見孔子修《春秋》之完整過程——由材料的選擇，到褒貶意念之形成與安置。這又引發另一個疑問：在這全程「目睹」之中左丘明有無可能參與意見呢？由《漢書》「與」字來看，實在不無可能。那麼，左丘明作爲《春秋》的讀者，事實上也有可能是一位參與者，這是《漢書》認定他是《春秋》的理想讀者的原因。推進一層說，能「參與」文本意義之創立者，才可能是一位能掌握文本含意的理想讀者。但讀者與作者有時空距離的問題，讀者如何「參與」文本之創作呢？大多數文本與讀者之關係，並不能如《春秋》之與左丘明，或孔子之與弟子，有共觀、口授之機會，則其閱讀理解「存真」之基礎在哪裡？倘若讀者人人異端，作者已邈，則如《漢志》之裁定是非者，又不免落入「是其所是，非其所非」之嫌，則文學批評何以立足？此爲本研究動機之一。

讀者之「參與」，若以許倬雲之「轉化觀」來解釋，或許是出路之一，許先生談到佛教進入中國之後的轉化時曾

說：

> 文化傳播，是傳遞學習，也是轉化創造……文化交流，
> 同一觀念與制度，進入另一文化體系，也必須有所修
> 改，甚至引發另一理解……循此角度思考，文化交流，
> 是不斷的修改與創新，施者與受者，都有其相當的貢
> 獻……也不斷激發能量，使人類文化能生生不絕。[6]

許先生指出文化的傳播，有傳遞的部分，也有轉化創造的
部分；而閱讀，也是一種文化交流，「一切解讀的目的，都
是要克服文本所屬的過去的文化以及歷史與解讀者本人之
間的陌生和距離，使自己和文本交融，從而同化[7]文本意義，
（亦）即使它成爲自己的意義。」[8]因此閱讀的過程，也充
滿了學習與創造的樂趣。以此再來看左丘明理想讀者之身
分，依《漢志》之意，左丘明之所以能「論本事」、「存其
真」，乃因其需「克服」的「文本所屬的過去的文化以及歷
史與解讀者本人之間的陌生和距離」較小，與《春秋》文
本「交融」度較大，因此，「參與」則不妨由此「交融度」
來說。文本與讀者之間存在著不平衡，如作者與讀者生命

---

[6] 許倬雲〈踰淮爲枳──東海大學曾約農先生紀念演講講詞〉，民國 88
年 11 月 4 日〈聯合副刊〉。
[7] 「在組織過程中，個體表現其適應環境的功能。適應時包括兩種彼此
互補的歷程：其一爲同化(assimilation)，個體以其既有認知結構處理環
境中遇到的問題；是既有知識的運用。」（張春興〈知之歷程與教之歷
程：認知心理學的發展及其在教育上的應用〉，《教育心理學報》第二
十一期，頁 23）。
[8] 曹明海《文學解讀學導論》，頁 22。

質性之異，時空背景之別，甚或符號指意約定之不同，讀
者欲求理解文本，則須致力於使不平衡趨於平衡，於其中，
他就「參與」了文本意義之創生，而文本也「參與」了讀
者闡釋視野之改變，互相參與的結果，是讀者與文本交融
爲一。由此可知，符號表意的功能大小，各有辯說，無有
定論，但「各安其意」及「參與」的部分，卻正是由言意
之間隙而衍生的解讀現象，接受美學[9]家費什就提倡「閱讀
是體驗」的觀念：

> 閱讀不是爲了發現文本的意思，而是去體驗他對你起
> 什麼作用的過程……批評無非是記錄了讀者對書頁上
> 一連串詞語的不斷發展的反應。文本對我們起的「作
> 用」實際上是我們對它起的作用，是一個如何解釋的
> 問題；批評應該注意的是讀者經驗的結構，而不是在
> 作品本身當中可以找到的「客觀」結構。文本中的一
> 切——它的語法、含義、形式單位——是解釋的產物，
> 絕對不是「實際上」既定的。[10]

當然，這樣的論調又太過強調讀者之主觀創造，卻道出閱
讀過程難以避免「各安其意」的現象，本文研究動機之二，
即是作爲《左傳》解讀後之成品，《左繡》呈現的解讀創造
性是怎樣的風貌？

---

[9] 關於「接受美學」之概念與「接受」一詞之定義，將於第二章第三節
介紹。
[10] Terry Eagleton 《當代文學理論導讀》，頁 86。

　　以「參與」的觀點，回頭檢視前人對典籍之解讀，發
現這種閱讀上的轉化創造，早有其實，卻未曾自覺甚或在
「作者意圖為文本唯一意義」的觀念下遭到貶斥。就以解
經為例，漢代今古文經之爭，《左傳》似乎正是爭執之焦點，
承認其解經功能者，推崇為親受，[11]反之，則斥其根本「不
祖聖人」，[12]當然今古文之爭於動機、見解諸方面皆錯綜複
雜，非三言兩語所能道盡，不過，由上述褒貶之所據可以
看出，整個糾紛正是源於對「閱讀」的看法，認為「解讀」
是逆溯、是尋回作者創作時之本心者，強調意義的既存與
唯一性，因而人人以為自己的理解才是作者真命，而真命
唯一，自然排除異己之說。在這種對閱讀的認知下，不僅
解經如此看，文學理論也如此張揚，如我國第一部文學批
評專著《文心雕龍》，其閱讀、鑑賞理論所注之〈知音〉篇，
目的即是教導讀者如何「不謬蹊徑」地掌握作者之文情，
一再交代讀者不可「各執一隅之解，欲擬萬端之變」。這種
以「作者」為意義中心之觀念，要一直至明清，才有逐漸
肯定閱讀具有主體性的聲音與作法，茲以《文心雕龍》之
論與清人袁枚之說對看，其間意味之變化，不可滑略而過：

---

[11] 如前述《史記》、《漢志》之說，又如《後漢書》卷三十六〈陳元傳〉：
　「丘明至賢，親受孔子。」甚至認為《左傳》是《春秋》知音，而以
　卞和抱璞喻後人之不識其寶：「夫至音不合眾聽，故伯牙絕弦；至寶不
　同眾好，故卞和泣血。」
[12] 《後漢書》卷三十六〈范升傳〉：「《左氏》不祖孔子，而出於丘明，師
　徒相傳，又無其人。」又說《左傳》等古文經「無有本師，而多所反
　異。」並摘《左傳》之失十四事以奏。

> 知音其難哉！音實難知，知實難逢，逢其知音，千載
> 其一乎？[13]

> 人莫不飲食也，鮮能知味也，作者難，知者尤難。[14]

兩說在句法及內容上大抵相似，只是譬喻不同罷了，但劉
勰所稱知音之難，有二層，一是「音實難知」──就讀者而
言，難以掌握作者寄於文字之意；一是「知實難逢」──就
作者而言，很難遇到能解己意者；終究說來，都是讀者究
竟能掌握多少作者的本意。袁枚則以知味為喻，而正所謂
「如人飲水，冷暖自知」，於作者與讀者之味覺，就少了一
點「求一致」之暗示，接著又說「作者難」，「知者尤難」，
其中難處當然亦有「知者知作者之味」之難，但至少他並
未刻意強調難處是就此而言（劉勰則以「逢」字定之）。接
受美學家伊瑟爾(Wolfgang Iser)說：

> 閱讀不是直接（將文本）「內化」，它不是單向的旅
> 程……閱讀的歷程應是一個文本與讀者之間互動的動
> 態過程。[15]

劉勰其實也看出了閱讀理解，是帶有讀者主觀性的，〈知音〉
篇云：

---

[13] 《文心雕龍·知音》。
[14] 清袁枚《隨園詩話·補遺》卷一。
[15] 'The Act of Reading: A Theory of Aesthetic Response', p.107.

夫篇章雜沓，質文交加，知多偏好，人莫圓該。慷慨
者逆聲而擊節，醞藉者見密而高蹈，浮慧者觀綺而躍
心，愛奇者聞詭而驚聽。

然而他並不贊同這種解讀，或承認此一理解事實，他稱這
種閱讀是「執一隅之解」，是「東向而望，不見西牆」，這
種「力求客觀，摒斥主觀」的閱讀心態一直盤踞中國文學
批評舞台，因而「讀者參與了意義創生」之闡釋理論，有
零星之閃現，而無有體系之建構。

　　文學批評理論具有讀者之主體性自覺，要到明末清初
才漸成風氣，其形成，與實際之文學批評息息相關，「理論
不是來自抽象的思索，而是產生於具體的實證的情境。它
來自某種『接近』特定文學文本的方式。也就是說，文學
理論產自某種閱讀。」[16]以《左繡》之於《左傳》而論，《左
傳》有經書地位，是十三經之一；有史書性質，是記事古
史之祖；就文學史之歷時性來看，自《文章正宗》以來，
古文家往往取《左傳》為論文典範，評論《左傳》文采的
風氣漸開；而馮李驊與陸浩以「文章義法」、以評點法式「同
化」《左傳》，這種閱讀視野及批評範式，如何與《左傳》
文本互動而產生《左繡》？若以前述「參與」的概念來提
問，則是《左傳》這個文本進入清初文化體系後，接受者
（馮李驊及陸浩）在閱讀的過程中，利用什麼樣的方法克

---

[16] 米勒（J. Hillis　Miller）著，單德興譯《跨越邊界：翻譯・文學・批
　　評》，頁6。

服自己與「文本所屬的過去的文化以及歷史」的距離,以「參與」《左傳》意義之確立?

就文學史之共時性來衡量,明清文人以評點方式、以「義法」視角接近古籍,毫不顧其本為經、為子、為史、為集抑或為俗文學,這種作為本身,就很有一種讀者主體性的主張,不只為閱讀經典另闢蹊徑,也於其中建立文學理論——如明清小說理論主要就寄寓於評點中,而桐城文論之實踐,亦多須由評點古籍中得見。這種「接近」文本的方式,幾乎就是清代文人閱讀時使用之範式。以桐城派為例,桐城文論幾乎覆蓋整個清代散文理論,而桐城文論一言以蔽之曰「古文義法」,古文義法又特標舉《左傳》,而對《左傳》義法之闡揚,又以《左繡》最為全面而有系統。[17]「一沙一世界」,可以說《左繡》正是時代文學批評具體而微之沙粒。而且《左繡》評點呈現出來的八股[18]結構氣息,以及濃烈的明末清初小說評點味道,在在使其對《左傳》之解讀異於傳統經傳注疏,卻又與當時文學批評之進路共振,因此,本研究動機之一又在探究《左繡》如何借用或

---

[17] 此處所謂「有系統」指其有理論並有實際批評證成,批評之架構分明,中心意識也能貫串全書,非以現下文學理論有哲學、美學、語言學等一以貫之「有系統」稱之。

[18] 「八股文」乃對科考經義之文之通稱,異稱頗多,最常見者有「八股文」、「制藝」、「程文」、「時文」等,顧炎武《日知錄》云:「經義之文,流俗謂之八股,蓋始於成化以後。股者,對偶之名也。」盧前《八股文小史》云:「八股文一作八比文,或四書文,或曰制藝,稱之為時文者,與古文對待言也。」至於八股文的形式與內容,據鄭邦鎮先生的研究至少包含三大條件:「代聖立言、體用排偶、守經遵注」(《明代前期八股文形構研究》,頁28)

轉化評點、古文與八股學既有之成果，作爲其期待視野？
並藉此披展當時文學批評之範式。另一方面，正可看出《左
傳》學在八股及評點學風氣下之轉化，因此，《四庫全書總
目》稱其：「竟以時文商榷經傳。」[19]「以時文商榷經傳」
之批評的確很能指出本書評點之特色，然「竟」字明顯寓
有貶斥之意，其所自成特色之處，卻也是見譏之處，如此
之評斷是否公平？

　　不論由《春秋》而《左傳》，由《左傳》而《左繡》都
有極具爭議之解讀問題，這種爭議千古難有定論，然而由
爭議之中，卻正可見出不同學者或不同世代，由於學識背
景之異，或學術焦點不同，而對某種解讀或可或否；亦即，
同一個文本，流經不同時代，衍生之解讀難免參差，文學
批評歷史就存在於這樣的參差之中；本研究由接受美學的
角度來看《左繡》，除了剖析《左繡》對《左傳》之解讀深
度，更側重於，《左繡》作爲文學史及《左傳》解讀史上一
個具體之存在，其解讀本身的時代轉化性如何？亦即相對
於《左傳》註疏或偶及之《左傳》文學批評，《左繡》評點
之特色在哪裡？事實上，《左繡》一身容納清代散文批評之
經緯──「義法說」與「評點體式」，是不得不作的閱讀空
間之開拓，而這種開拓，當然緊扣在個人視野與時代環境
之薰習，但它也轉而爲時代風潮注入新血，本身又帶有批
評主體性之自覺，則其定位與內容之闡發，實不容湮埋於

---

[19] 《四庫全書總目》〈經部・春秋類・存目二〉，頁 1 之 636。

四庫館臣片面之見，以是有本研究之作。

第二節　前人研究成果

　　簡師宗梧曾云：「《左傳》以其爲經傳讀，可以通禮義；
以其爲史籍讀，可以知事實；如果以文學欣賞的角度去領
略，那又將有不同層面的新境界。」[20]由於《左傳》文采灼
爍，以文學欣賞的角度來品味《左傳》，其例並不少見，不
過皆掩於說經底下，不敢多加伸張，如清林紓評宋蘇轍《春
秋集解》云：

>　　余則私意蘇氏必先醉其文，而後始託爲解經之說，以
>　　自高其位置。身在尊經之世，斷不敢貶經爲文，使人
>　　指目其妄。[21]

林紓以爲蘇轍是爲了歡喜《左傳》之文采而有《春秋集解》
之作，卻不得不因環境壓力而以解經爲託。一直到明末清
初，利用評點方法來鑑賞《左傳》文章之美的著作漸多。
此外，評點與時文又頗有淵源，故以下就《左傳》文采研
究、評點、八股研究及文學理論（主要是桐城派與接受美
學）四個主題，來探究前人之研究成果，以專著及學位論

---

[20] 《鎔裁文史的經典──左傳》，頁 30。
[21] 《左傳擷華》序，頁 2。

文爲主，單篇論文或筆記則隨文引用。

　　《左傳》文采之研究，集中於明清評點，據張高評先生之統計，評點《左傳》而屬文評之書，現存有明凌稚隆《春秋左傳注評測義》、明孫鑛《閔氏分次春秋左傳》、明穆熙文《左傳評鈔》、清盧元昌《左傳分國纂略》、清馮李驊《左繡》、清王源《左傳評》、清方苞《左傳義法舉要》、清姜炳璋《讀左補義》、清陳震《左傳日知錄》、清李文淵《左傳評》、清周大璋《左傳翼》、清豫山《會心閣春秋左傳讀本》、清作者不詳《三研齋左傳節鈔》、清鄒美中《左傳約編》、清林紓《左傳擷華》、清吳闓生《左傳微》等。除此之外，清金聖歎《左傳釋》其實也應當屬之。這些評點，不論是否夾雜解經論史等學術評論，對《左傳》文采之抉發，由於評點體式緊隨文本的特性，所以比起前人的散論，更爲切實，算是以文學視角解讀《左傳》之開拓先鋒。而其中《左繡》一書與其他評點卻互有出入，相異之處或在文本範圍，或在解讀角度。就文本範圍而言，《左繡》評點《左傳》全書，且一依杜預集解之版本，不因論文之需，而切割移易文本；其他評點，則或「節」、或「擷」、或「約」，缺乏如《左繡》之全面統觀；其中或有如吳闓生《左傳微》宣稱「於《左傳》原文無一字增損」[22]，卻也不免依己論之方便而「爲之移易次第，分別聯綴」。[23]其次，解讀角度方面，諸評點於例言、前言、讀法等用以揭示全

---

[22]《左傳微》例言，頁1下。

書主旨處，並不敢如《左繡》徑截標舉「以文論之」，以文本範圍與《左繡》相當之《左傳微》而論，其〈例言〉稱：

> 本編專以發明《左氏》微言為主，故名《左傳微》。

故就以傳統評點法探測《左傳》之文采者，《左繡》堪稱全面而主題專一。

近人著作由文學角度探討《左傳》者尤多，如張高評《左傳文章義法探微》及《左傳之文學價值》、劉莉君〈左傳戰爭文學寫作技巧研究〉、簡師宗梧《鎔裁文史的經典——左傳》、崔炳圭〈左傳人物描寫藝術〉、劉淑爾〈左傳寫作技巧研究——以「晉文圖霸」為主〉等等，皆是明清這一脈文學研究之延續。此外，張素卿《敘事與解釋——《左傳》經解研究》一書，雖以解經為論述主題，但同時闡發了《左傳》的敘事本質，亦不妨作為另一種形式之文采研究。

評點研究方面，陳萬益〈金聖嘆的文學批評考述〉除了介紹金聖嘆之文學觀及其評點成就，亦對「評點學發展大概、」「評點架構及內容受八股文的啟示」等主題做綜覽；張曼娟〈明清小說評點之研究〉整理了明清李贄、袁宏道、湯顯祖、凌蒙初、馮夢龍、金聖嘆、毛宗崗等人之評點以歸納其小說理論；康來新《晚清小說理論研究》透過小說評點、凡例及序言探討晚清小說理論之建立，對評點體式之特色及源流，以及明清時期金聖歎等重要小說評

---

[21] 同上註。

點家，皆有專章介紹。

八股文方面，魯迅《南腔北調集》及胡適《中國章回小說考證》中都曾論述八股文對金聖嘆戲曲、小說批評的影響；日人前野直彬《中國文學概論》則有「八股文」專節，討論八股文名稱、起源、構造、股法、發展史以及八股文在文學史上的定位；盧前《八股文小史》則對八股文之形成與結構之演變有言簡意賅之介紹；鄭邦鎮〈明代前期八股文形構研究〉則對八股文之源流、定義與結構之要求，有詳盡探討；鄧云鄉《清代八股文》專論有清一代八股文結構之變化；鄺健行《科舉考試文體論稿——律賦與八股文》則是側重討論科舉考試對文學體裁產生、衍變的影響。

桐城派文學理論方面，張榮輝〈清代桐城派文學之研究〉歷數桐城派文人之文學理論，於八股文及評點學亦有不少介紹；尤信雄《桐城文派學述》於桐城派之產生、傳人、評點皆有委實論述，並旁及八股文、時文、古文義法三者之關係。另群玉堂出版事業股份有限公司所出版、原上海古籍出版社不著撰人之《桐城派》一書，則側重對戴名世、方苞、劉大櫆、姚鼐、曾國藩諸人之討論；周中明《桐城派研究》除了一一研析桐城先驅戴名世、桐城三祖方苞、劉大櫆、姚鼐、姚門弟子、又及曾國藩、林紓、陽湖派等文論重點，尚有專章討論桐城緣起以及桐城派面對當時文化政策、學術思想時之調適，書末並有對桐城派評價之討論。

　　文學理論概論方面，劉勰《文心雕龍》自是傳統文學
理論不刊之作。陳兆秀《文心雕龍術語析探》則是由術語
解釋以見《文心雕龍》梗概之作，但許多傳統文學批評中
夾纏不清之字詞，亦可於此摸索出輪廓。而王師夢鷗《中
國文學理論與實踐》，張師雙英《中國文學批評的理論與實
踐》皆是融合中西文學理論探討中國文學特質與批評理論
之著作。

　　接受美學方面，本研究主要採取姚斯(Hands Robert
Jauss)與伊瑟爾的原著，姚斯的著作有《走向接受美學》
(Toward an Aesthetic of Reception)、《審美經驗與文學解釋
學》(Aesthetic Experience and Literary Hermeneutics) 分別
被收入周寧、金元浦譯《接受美學與接受理論》及顧建光
等譯之《審美經解釋學驗與文學》；伊瑟爾著作的英文版
有'The Implied Reader'、'The Act of Reading: A Theory of
Aesthetic Response'、"Indetermancy and the Reader's
Response in Prose Fiction."、"The Indeterminacy of the Text:
a Critical Reply"，譯本有霍桂桓、李寶彥譯之《審美過程研
究——閱讀活動：審美響應理論》，及張廷琛編之《接受理
論》。介紹接受美學或加以批判分析之著作有伊莉沙白
(Elizabeth Freund)之《讀者反應理論批評》，以及朱立元《接
受美學》、金元浦《接受反應文論》、龍協濤《讀者反應理
論》、曹明海《文學解讀學導論》、郭宏安《重建閱讀空間》
等，丁寧《接受之維》則是從心理學角度談接受美學之著
作；龍協濤又有《文學讀解與美的再創造》一書，以中國

古典文學作品為例證與申論出發點，引入西方接受美學的
概念，以普遍的「接受思維」為架構，而非以某個接受理
論為架構；由例證導出思考，資料豐富，論述曲盡，是引
介接受理論中較特別之作。

利用接受美學探討中國文學批評者有單德興之博士論
文 "The Self-Ordained Ideal Reader: An Iserian Study of
Three Hsiao-Shuo P'ing-Tien Critics"，本書利用伊瑟爾的學
說來探討金聖歎、張竹坡及脂硯齋等人評點中的再創造性
質，以及三人在評點過程中自許為「理想讀者」之特點。
葉維廉則主張 hermeneutics 一詞之譯名當以「傳釋」取代
「詮釋」或「闡釋」，以「傳釋」表達閱讀理解活動實包含
作者之「傳」與讀者之「釋」，頗契合於伊瑟爾的「讀者與
作者互為主體性」說，其《歷史、傳釋與美學》及《中國
詩學》兩書，於此皆有說解，尤其〈與作品對話──傳釋學
初探〉及〈中國古典詩中的傳釋活動〉兩篇，一為接受理
論之介紹及概念之引釋，一為理論之實踐，藉周策縱一首
回文詩觀察古典詩傳釋活動中作者傳意與讀者解讀之間的
關係。

第三節　研究方法與目的

第一節提及文化傳播過程中之「創造」特性，從而引
出閱讀含帶創造性質之觀念，以及明清時期漸次浮出檯面

之批評主體性之自覺，這些特性或事實，以接受美學之觀點來解釋，頗爲合契，單德興就認爲「伊瑟爾的交流架構概念（按：即文本與讀者之交流），極適用於那些伴隨著敘事文本的批評。」[24]本研究之主要理論架構，就是接受美學。當然中西文學理論各有其產生背景、體系及特色，卻也不妨互參或相化，有時跳開一貫之思考角度，反而能開拓視野，激發更深一層之想法。

當然本文之旨不在歸納《左繡》所提出之修辭法式，也非藉《左繡》以引介西方接受美學，更不是透過《左繡》來例證中國早就有接受美學之實踐。而是在閱讀《左繡》的過程中，一直存有疑問：爲何幾千年來，總是在經、史層次的《左傳》，在清初，卻被一位名不見經傳的士子，拉到集部來解剖？在那樣的年代，是怎樣的文學因緣或環境激發，使這位士子甘冒不韙，膽敢對崇高之經書，做出此舉？因此本文所關心的不僅是《左繡》的內容，而且也包括《左繡》閱讀《左傳》的方法。

接受美學觀點強調的不是作品是什麼，而是作品作了什麼？因此姚斯主張文學史應當改稱「文學效應史」，本研究於《左繡》之探討，不是藉之以探究《左傳》有什麼文學意涵，而是探討《左傳》文本與明清文學批評上之評點、義法及趨實之學術氛圍碰撞出來的效應，《左繡》正是這種效應結出的種子；而醞藏在一粒種子裡的，是先前吸收之

---

[24] 單德興 "The Self-Ordained Ideal Reader: An Iserian Study of Three

天地精華，也是之後等待釋放的能量，是旅程的結束與起點。因此本研究目的之二，是探討《左繡》之定位，這粒種子吸收了哪些養分，將釋放何等能量成長成怎樣一棵植栽？在此目的之下，必須有背景之考察，此知人論世之法也。因此本論文之研究方法可簡略分類如下：

（一）文獻法：前人研究成果之評估。

（二）歷史考察法：作者生平暨時代背景之考察，旨在尋繹《左繡》吸收之養分。

（三）文本分析法：對《左繡》做文本分析，乃本研究基礎之法。

（四）歸納法：由前兩種方法求得之結果，以接受美學角度歸納《左繡》一書之成就與代表之意義。

（五）比較法：以王源《左傳練要》、方苞《左傳義法》、姜炳璋《讀左補義》與《左繡》做比較，以觀察馮李驊析評之深度及廣度。

至於所要探討的範圍與問題可分為如下數端：

（一）《左繡》對《左傳》之解讀成果：

1. 馮李驊對《左傳》做出哪些面向之分析？他對《左傳》解讀之功力如何？

——關於這一點將於本文第五、六、七章討論。

2. 他如何借用或轉化評點與八股學既有之成果來作為解讀《左傳》之基礎？

Hsiao-Shuo P'ing-Tien Critics", p.15.

　　　　——本文第二章先行簡介「評點」體式之特
　　　　色及源流，第五章探討其融化時文概念
　　　　之處，並於第八章第一節總結。
（二）以接受美學角度重新定位《左繡》對《左傳》
　　　之闡釋
　　　　——本文第二章先行簡介中國文學批評中肯
　　　　定閱讀闡釋具有創造性質之看法，而以接
　　　　受美學架構統括之；第八章第二、三節則
　　　　總結第五、六、七章之分析，探討《左繡》
　　　　對《左傳》的解讀呈現之意義；第八章第
　　　　四節則總結《左繡》與清代學術氛圍之鬆
　　　　緊度，並以接受美學觀點來談《左繡》解
　　　　讀的創造性正是作品得以不朽的關鍵，不
　　　　當反以之為黜落之據。

第二章　理論基礎──評點與接受美學

* text 一字各家譯名不同，有「文本」「本文」之異，引文時，爲免陷於
　混亂，統一改稱「文本」，以區別對本論文之稱「本文」；其他諸如人
　名、書名之譯文各家亦有不同，爲便於掌握及避免造成閱讀之扞格，
　引文時亦改從本論文統一之譯名，不另行一一注出更動之處，請參見
　本章末所附之「譯名表」。
*《左繡》作者爲馮李驊及陸浩兩人，然於書中除了〈刻左例言〉、〈讀左
　卮言〉、〈春秋列國時事圖說〉標明爲馮李驊作；及書末有陸浩跋，其
　餘評點並未區分，故本文概以馮李驊統稱之。

　　本章由語言符號之侷限切入，說明「理解」本身即帶
有創造性質。第二節簡介「評點」體式之產生與流變，並
分析評點體式有別於其他批評體式之特色，從而說明這個
批評體式與接受美學主張之匯集處。第三節簡介接受美學
理論，主要是「期待視野」、「召喚結構」、「讀者與文本互
動」等三個觀念，以作爲本研究之觀照視窗。

第一節　語言的侷限與開拓

　　積字而成詞，積詞而成句，積句而成章；字、詞、句

皆爲符號(sign)，整個語言系統即是一個符號系統。[1]符號包
含能指(signifier)與所指(signified)，「能指」是個載體，負
責傳遞「所指」（即概念、意義、或曰信息）；可惜此責任之
無瑕完成似乎是個「不可能完成之任務」，蓋因「能指和所
指的聯繫是任意的」。[2]所謂「任意的」是指語言符號的形成
「原則上都是以集體習慣，或者同樣可以說，以約定俗成
爲基礎的。」[3]因此，符號發送與接收二端若對能指與所指
有不同之約定，就很難達到信息完全傳遞的地步。更有甚
者，即便已約定俗成，能指與所指之間的聯繫仍不是完全
穩定而不可變動的，「語言根本無力抵抗那些隨時促使所指
和能指的關係發生轉移的因素，這就是符號任意性的後果
之一。」[4]——符號不能自動承載信息，而是必須透過類似
「編碼」、「解碼」的行爲，我們使用符號來表意時，即是
對使用之符號進行「編碼」，而符號接收者，必須經由「解
碼」乃能理解這些符號之指意。但是「語言符號的任意性
在理論上又使人們在聲音材料和觀念之間有建立任何關係

---

[1] 對二十世紀語言學及文學理論影響極爲深遠的瑞士語言學家索緒爾
(Ferdinand de Saussure)云：「語言是一種表達觀念的符號系統。」見氏
著《普通語言學教程》頁 24。
[2] 同上註，頁 92。索緒爾甚至認爲可直截地說「語言符號是任意的」（頁 92）。
[3] 同上註，頁 93。如「動物牛」這個所指，在中文裡以「牛ㄋㄧㄡˊ」
這樣的形體及聲音做其能指，在英文裡則以「ox」爲其能指，在德
語裡則以「ochs」爲其能指。馬夷初〈《莊子‧天下》篇述義〉引《釋
文》云：「司馬云：『名以名物而非物也。犬羊之名，非犬羊也，非羊
可以名爲羊，則犬可以名羊。鄭人謂玉未理曰璞，周人謂鼠腊者亦曰
璞，故形在於物，名在於人。』」（見《莊子集釋》附錄二，頁 75）談
的正是語言的約定俗成特質。
[4] 同上註，頁 103。

的自由。」[5]也就是說,在信息上載(編碼)、下載(解碼)之中,即往往已有所遺漏、添置,更遑論傳送過程因多次上、下載,而造成信息失真的狀況。在這種「失誤」之中,負面的「誤解」,或正面的藝術「聯想」,於焉產生。《韓非子》裡有名的「郢書燕說」,就是一場信息傳遞的美麗誤會:

> 郢人有遺燕相國書者。夜書,火不明,因謂持燭者曰:「舉燭。」云而過書「舉燭」;舉燭,非書意也;燕相受書而說之,曰:「舉燭者,尚明也;尚明也者,舉賢而任之。」燕相白王,王大說,國以治,治則治矣,非書意也。今世舉學者多似此類。[6]

「舉燭」字面意不過就是「高舉火燭」,然而在此封書信中,「舉燭」一詞連字面意都無;一心治國之燕相,以己意逆之,「舉燭」遂有「尚賢」之引伸。「舉燭」這個符號在其所處的文本中,就信息發出者──郢人而言,並未賦予其任何意義,信息接收者──燕相卻下載了甚至超出符號約定俗成意義之信息。

像「郢書燕說」這一類「以意逆志而非原志」的信息傳遞失誤狀況,並不少見,事實上,這正可見出「能指」對於「所指」有其侷限性,弔詭地是:侷限處竟亦成其開拓之所在;在符號對意義表達止步的地方利用聯想,以擴

---

[5] 同上註,頁 104。
[6] 《韓非子集釋》卷十一〈外儲說〉左上第三十二。

大其承載之信息，正是文學、哲學跨步之處。所謂的「寓
言」，即是由語言的侷限、不確定性而有發展空間的，《莊
子‧養生主》中「庖丁解牛」一段正可為論：

> 庖丁為文惠君解牛，手之所觸，肩之所倚，足之所
> 履，膝之所踦，砉然響然，奏刀騞然，莫不中音，
> 合於桑林之舞，乃中經首之會。文惠君曰：「嘻！善
> 哉！技蓋至此乎？」庖丁釋刀對曰：「……依乎天
> 理，批大郤，道大窾，因其固然，技經肯綮之未嘗，
> 而況大軱乎……彼節者有閒，而刀刃者無厚，以無
> 厚入有閒，恢恢乎其於遊刃必有餘地矣！是以十九
> 年而刀刃若新發於硎……。」文惠君曰：「善哉！吾
> 聞庖丁之言而得養生焉。」[7]

此段寓言是個有趣的多層敘述，[8]首先，敘述者(narrator)有
二：一為實際敘述者莊子，一為虛擬敘述者庖丁；訊息接
受者亦有二：一為預期之讀者(Intended Readers)，[9]一為聆

---

[7] 引文所據版本為王先謙《莊子集解》。

[8] 「一部敘述作品中，可能不只一個敘述者……這些敘述者可以是平行
的……但在更多的情況下他們是多層存在……這種現象，稱為敘述分
層。高敘述層次的任務是為低一個層次提供敘述者。」關於敘述分層
可參考趙毅衡《當說者被說的時候──比較敘述學導論》第三章，前
引文見該書頁 58。

[9] 預期讀者(Intended Readers)，或稱作者的觀點(authorial audience)，為一
個假設出來的人，設想作者希望或期望有這麼個人拿起書本──絲毫
不由文本標明或「出現在」文本，而是由文本隱然預設。參見 Peter J.
Rabinowitz 著，王金凌、廖棟樑譯，〈無盡的迴旋：讀者取向的批評〉，
頁 145；收入張師雙英、黃師景進主編《當代文學理論》頁 141～166。

聽者(narratee)[10]文惠君。虛擬敘述者庖丁純言解牛罷了,並未含有任何養生之暗示,庖丁言解牛而文惠君得養生之旨,可見養生云云,乃聆聽者文惠君聯想創生的意義。但莊子這個敘述者與虛擬敘述者庖丁不同,他的確擬藉「庖丁解牛」這段文本向其預期讀者說明養生要領,亦即,就莊子而言,這段文本雖「言在解牛」,實「意涉養生」也,此即所謂「以寓言為廣」。[11]

　　哲學家最擅於在語言符號的模糊空間中負手踱步、昂首吟哦,好學深思的孔子,耳聞孺子歌聲,聞其言而滿溢感懷,一首童謠竟成了為學修道之砭石:

> 有孺子歌曰:「滄浪之水清兮,可以濯我纓;滄浪之水濁兮,可以濯我足。」孔子曰:「小子聽之,清斯濯纓,濁斯濯足矣。自取之也。」[12]

水畔歌謠,一入哲人心坎,已被重新編碼,而有了新生命(新意義);孔子修《春秋》,於此亦相彷彿——《春秋》乃其個人對魯史之解讀,其中不僅牽涉對史事的「選擇」[13]問

---

[10] 「依敘事者虛擬的反面人物,敘事者把故事說給他聽。」同上註,頁143。
[11] 《莊子‧天下篇》言莊子論述學說時「以寓言為廣」。
[12] 《孟子‧離婁篇(上)》第九章。
[13] 認知心理學以為,人們進行認識活動的目的乃在實現一定的價值目標,因而會按照某種既定的價值去選擇信息,這種選擇性或曰「(選擇性)注意」,或曰「焦點意識」。而思維對信息的「選擇」又關乎接續的信息「重組」活動。「注意是人的意志與對象相互作用的方式……而注意必然意味著選擇,它是思維信息選擇活動的心理基礎。」(王宏維、江信硯《認知的兩極性及其張力》頁70。)

題，當然更糾葛著信息下載時有意或無意的「失準」，故《春秋》自非魯史，孟子於此早有所見：

> 其事則齊桓、晉文，其文則史，孔子曰：「其義則丘
> 竊取之矣。」[14]

孔子藉魯史這個「符號」再創造《春秋》這個新符號，故曰：「其義則丘竊取之矣。」歷代學者又奮勇爭探這個新符號（「其義」）之確切意涵，由此牽出所謂「微言大義」、所謂「一字褒貶」。清皮錫瑞甚至認為《春秋》之於魯史，已非單純「解釋」與「文本」之關係，有時孔子連符號原有之意涵都刻意加以改造：

> 孔子知道不行而作《春秋》……故不得不借當時之
> 事，以明褒貶之義……如魯隱非真能讓國也，而《春
> 秋》借魯隱之事以明讓國之義；祭仲非真能知權也，
> 而《春秋》借祭仲之事以明知權之義；齊襄非真能
> 復讎也，而《春秋》借齊襄之事以明復讎之義；宋
> 襄非真能仁義行師也，而《春秋》借宋襄之事以明
> 仁義行師之義……故其所託之義，與其本事，不必
> 盡合。孔子特欲借之以明其作《春秋》之義。[15]

---

[14] 《孟子・離婁（下）》第二十一章。
[15] 皮錫瑞《春秋通論》〈論春秋借事明義之旨止是借當時之事做一樣子，其事之合與不合、備與不備，本所不計〉，頁 21～22。

實則，每一層的回溯，皆是一次的「建構」,《春秋》是孔
子對魯史的建構結果；所謂「微言大義」,是學者對《春秋》
的建構結果。這是人類認知過程的特性，心理學家認為「認
知」有三大原則：

> 第一原則：主動原則——認識並非由認知主體被動地
> 接受而來，而是由認知主體主動建造而成；第二原
> 則：適應原則——認知的功能是適應性的，是用來組
> 織經驗世界，不是用來發現本體性的真實；第三原
> 則：發展原則——知識的成長是透過同化、調適及反
> 思性抽取等歷程逐漸發展而成，後續知識必須植基
> 於先備知識且受限於先備知識。[16]

以這樣的認知觀念來看閱讀活動，更可了解「解釋」與「文
本」之間的關係：

> 閱讀理解（或聽話理解）是一個非常主動的歷程，
> 是一個再創造的歷程，是一個建構的歷程，是一個
> 互動的歷程，是一個「假設——驗證」的歷程，是一
> 個參與生產意義的歷程，但不是一個被動接收客體

---

[16] 詹志禹〈認識與知識：建構論 VS.接受觀〉,《教育研究雙月刊》第四
十九期，頁 26～27。關於「建構歷程」可另參張春興〈知之歷程與教
之歷程：認知心理學的發展及其在教育上的應用〉,(《教育心理學報》
第二十一期頁 17～38，民國 77 年。此外,「反思」(德語 nachdenken)
原是德國黑格爾的哲學用語，指對事實的反覆思考。「其作用在於尋求
現象背後的內在的、常住不變的東西，以達到事物的本質和真理。」
(馮契主編《哲學大辭典》,頁 624。)

訊息的歷程。[17]

因此，闡釋學基於人們認知中「先驗」[18]的特性，提出每個藝術作品皆有「意義」(meaning)與「意涵」(significance)之別，「意義」屬於作者所有，「意涵」則是讀者在閱讀過程中，雜揉先驗知識與「意義」的互動產品。[19]因之，探究能指與所指之絕對結合是否完成於作者，似乎意義不大，也不可能；事實上，不論批評者對「終極意義」追索的一切努力，究竟是「重現」了作者原意，抑或是批評者自己之「建構」，或是信息傳遞的兩端（傳送者與接收者）共同的「合作」，重要的是其「呈現」——不同的接收者，因認知之異而對作品意義有不同的「呈現」，藝術品乃因此而有璀璨的光芒。接受美學文論家伊瑟爾就認為文學作品之不朽，乃存在於讀者的理解行為中，而非作者在「創造」之初，就可抵擋時間之侵蝕：

　　文學文本能屹立於時間洪流之中，並非因為擁有無

---

[17] 同上註，頁 36～37。

[18] 某事被解釋為某事，這種解釋基本建立在先有(fore-having)、預見(fore sight)，以及預先概念(fore conception)之上，此之謂認知中的「先驗」知識。讀者的學識，閱讀時的時間、空間、文化背景等因素，皆可成為認知主體的先驗知識。「詮釋包含著過去與現在承續的中介……文本詮釋原則上不可能只被侷限為作者意圖的東西……文本不是作者主觀性的表現，相反，文本只在詮釋者同文本對話中進入真實的存在，而且詮釋者的情境是理解文本的重要條件。」(David Couzens Hoy 著，張弘譯，《闡釋學與文學》(The Critical Circle)，頁 73)。

[19] 詳參 David Couzens Hoy 著，張弘譯，《闡釋學與文學》(The Critical Circle)，第一章。該書將德文 sinn 譯為「意義」，bedeutung 譯為「意指」(即本文所稱之「意涵」)。

關時間性的永恆價值，而是其結構一直容許讀者置
身其中……因此，文學的主要價值之一，或許正是
其不確定性，不確定性使它跨越了時間及字面的束
縛，給予不同世代、不同背景的人們有進入作品世
界的機會，從而也豐富了作品本身的生命。[20]

可惜的是，我們傳統的文學批評，不少人從事的正是這樣
的建構或合作，[21]想的、承認的卻與此相反，無人自覺或敢
自認在「重新編碼」，反而口徑一致地宣稱已尋得作者本
心，而且認定「本心」是唯一的，從而產生排他性，排擠
一切異於己說者，結果可能正如莊子所言，不過是擁抱糟
粕而沾沾自喜。[22]許多典籍釋義之紛紜，亦或可由此角度視
之，如《詩經》，由於「詩」體本身的不確定性就高，加上
時代久遠，意義解釋的問題自亦不少，《詩經》最早的編輯
者孔子云：

> 《詩》，可以興、可以觀、可以群、可以怨，邇之事
> 父，遠之事君；多識於鳥獸草木之名。[23]

---

[20] Wolfgang Iser , "Indetermancy and the Reader's Response in Prose Fiction.",p.45.

[21] 如詩序或詩之美刺問題，又如喜以比興寄託說詞的常州詞派等。

[22] 《莊子・天道》篇：「世之所貴道者，書也；書不過語，語有貴也；語
之所貴者，意也；意有所隨，意之所隨者，不可以言傳也……夫形色
名聲，果不足以得彼之情，則知者不言，言者不知，而世豈識之哉……
古之人與其不可傳也死矣，然則君之所讀者，古人之糟粕已夫！」

[23] 《論語・陽貨》篇第八章。

讀詩者體悟各異，從而有興、觀、群、怨之不同抒發；[24]所
悟寬泛者，可事父事君；全然不悟者，尚可識得鳥獸草木
之名；這種「實用性」的詩學，以《左傳》的記事最可見
其致。據《左傳》之記載，春秋時人引詩往往斷章取義，
與詩之原意未必相涉，詩之含意，幾乎完全取決於用詩者。
此外，夾纏於歷代說詩者間之詩序問題，更是典型的解碼
問題，戴君仁就認為詩序中之「美刺說」，幾乎可說是讀者
自行加上的意義：

> 經師們要把政治和道德上一切好道理，都寄託在三
> 百篇上表現出來，詩的原來作意如何，本來有無美
> 刺作用，他們是不管的。[25]

因此，讀者不同，加附上去之信息自異，詩之或美或刺，
也就時有兩極之看法：

> 詩序之美刺無一定之標準，故有詞句及詩義均極類
> 似之詩，在〈周南〉則為美，在〈鄭風〉則為刺。
> 或同在〈小雅〉，歸之武公或宣王則為美，歸之幽王、
> 厲王則為刺，而詩義可能相同或相似，其美刺不繫

---

[24] 亞里斯多德《詩學》曾提到悲劇的淨化作用，觀眾因觀劇而產生「憐
憫」或「恐懼」等感受，卻也藉此洗淨自己內心糾鬱之悲痛或懼怕。
孔子所言之興、觀、群、怨，亦不妨視為讀者讀詩後產生之「情感移
入」、「聯想勃發」、「凝聚共識」、「淨化悲怨」，透過這些美的激動而得
到--種心理之舒洩功能。

[25] 戴君仁〈毛詩小序的重估價〉，《孔孟學報》第二十二期，頁34。

於詩之本文，而繫於詩篇之位置。[26]

到了清末，對於《詩經》之意義，魏源一改傳統「逆志」思考法，而以接受者角度視之，認爲諸般說法，各有所是：

> 夫詩有作詩者之心，而又有采詩、編詩者之心焉；有說詩者之義而又有賦詩、引詩者之義焉。作詩者自道其情，情達而止，不計聞者之如何也；即事而詠，不求致此者之何自也；諷上而作，但蘄上寤，不爲他人之勸懲也。至太師采之以貢天子，則以作者之詞，而諭乎聞者之志，以即事之詠，而推其致此之由，則一時賞罰黜陟興焉。國史編之以備矇誦教國子，則以諷此人之詩，存爲諷人人之詩，又存爲處此境而詠己、詠人之法，而百世勸懲觀感興焉。[27]

魏源認爲作者對一篇作品意義的貢獻，停止於作品被造出的剎那——「情達而止」，至於意義之繼續，或曰完成，則有待讀者之再創造，作者是無置喙餘地的，故雖曰「不計聞者之如何也」，實亦「無可計」也。而讀者因本身認知之不同，對意義之掌握自亦不同，所謂「詩無達詁」也。故采詩、編詩、說詩、賦詩、引詩者對詩義之完成各有其面，[28]詩之得以傳之千古而不朽，不正因解釋不同而有的新生機

---

26 姚榮松〈詩序管窺〉，《孔孟學報》第二十五期，頁65。
27 魏源《詩古微》〈魯齊韓毛異同論（中）〉。
28 此即前文所言「（選擇性）注意」之作用——人們會按照某種既定的價

會嗎？這樣的看法不僅融通，且將信息傳播活動之探究焦點由作者移往讀者，於文學批評又開一大步。王國維《人間詞話》有名的「人生三境界」說，正是利用這種語言的開拓性來談的：

> 古今之成大事業、大學問者，必經過三種之境界。「昨夜西風凋碧樹，獨上高樓，望盡天涯路。」此第一境也。，「衣帶漸寬終不悔，為伊消得人憔悴。」此第二境也。「眾裡尋他千百度，回頭驀見，那人正在燈火闌珊處。」此第三境也。此等語皆非大詞人不能道，然遽以此意解釋諸詞，恐晏、歐諸公所不許也。

此番對三組詞句之引伸，與原詞作各不相干，王國維亦了然於胸，故曰晏、歐諸公恐怕「不許」。清沈德潛《唐詩別裁》云：

> 古人之言，包含無盡，後人讀之，隨其性情淺深高下，各有會心。[29]

古人之言，是否真的「包含無盡」，而後人之會心是否皆籠罩在古人無盡之意下，姑且不論，至少「各有會心」是眼前事實，而其產生，乃因各人「性情淺深」有「高下」之

值去選擇信息，以實現一定的價值目標。蓋采詩、編詩、說詩、賦詩、引詩者各有其價值目標，因而也就各有其「焦點意識」。
[29] 見該書凡例第二條。

別；此性情者，資性、學識、歷史及社會制約也，索緒爾
即曾提到語言符號的歷時變異：

> 符號在時間上的連續性與在時間上的變化相連。[30]

> （語言的）絕對的不變性是不存在的；語言的任何
> 部分都會發生變化。每個時期都相應地有或大或小
> 的演化。[31]

可見符號與意義之間的聯繫，並不是明確或持恆的一條鎖
鍊，而是隨時依個人或社會需要而變造或約定俗成的：

> 符號與意義的聯繫是由一定社會歷史條件和需要來
> 決定，因此，隨著外界事物的發展，特別是隨著人
> 們對外界事物的認識日益深入，用以標誌外界事物
> 的名稱的內涵也在不斷變化、充實和豐富。人們在
> 每一個不同的歷史時期，由於認識的侷限性，不可
> 能毫無遺漏地認識和表述事物的全部特徵。[32]

認知過程的主體性，[33]以及符號本身的侷限性、時空差異性
等特點，皆使語言與其承載之意義間，有諸多的「斷裂」(gap)

---

[30] 同註 1，頁 105。
[31] 同註 1，頁 189。
[32] 宋協立〈「言意之辯」：語言的侷限性與文學的重要性〉,《文史哲》, 1994
年第二期，頁 74。
[33] 如前述之「選擇」及「性情淺深之高下」（先驗知識或質性），皆因認
知主體不同而有異，此之謂「認知之主體性」

和「空白」(blank)。接受美學學者伊瑟爾認為:

> 文學文本不指外在現實（像一種「文獻」那樣），而
> 是再現一種模式，一種引導讀者想像的指示結構。
> 但這種指示結構是未完成的，佈滿了要由讀者來填
> 補的「斷裂」、「空白」和「不確定性」。這種填補是
> 在讀者的個人氣質和文本規定的視角這雙重作用下
> 完成的。意義既不能在讀者中也不能在文本客體中
> 直接把握和直接呈現，而是在兩個極相互作用的過
> 程中形成的產物。[34]

這樣的說法與前述認知心理學所說之「建構」相合:

> 語言具有無限的彈性與無限的創造性，概念具有永
> 遠的模糊性，因此，溝通的雙方，不論是生產者或
> 是接收者，都在主動賦予符號意義，而雙方所創造
> 的意義是不可能一一對映的。所謂的「接收者」並
> 不是接收到符號及其客觀意義，而是接收到刺激，
> 而主動詮釋這些刺激。[35]

語言、文字的創生，源於傳播、溝通之需要；文學作
品居於作者與讀者之間，是個傳播符號，也就是信息載體；

---

[34] Elizabeth Freund 著，陳燕谷譯，《讀者反應理論批評》(The Return of The Reader)，頁 139。
[35] 參註 16 詹志禹前揭文，頁 37。

由前述論證可以得知，語言符號在表達意義時有其不足之處，這種侷限性將造成信息之不能、或不全、或不實傳遞，如此一來，符號做為信息載體的角色宣告失敗，意即「完全溝通」之任務無由達成，矛盾的是，為何語言符號仍未死亡？利用語言符號以傳遞信息之衢陌，猶足跡車轍充塞？蓋因信息之傳遞並非單向的「發送信息━━▶接收信息」；而是雙向的信息建構。作者「建構」己意與符號之連結（以下簡稱「第一個建構」），力求精準；[36]讀者「建構」符號與認知間之聯繫（以下簡稱「第二個建構」），力求一致。[37]問題是，第一個建構是無法逆溯的，其邦界消失于創生之同時，即便真有某人重回這個國度，卻也無人可為之證定，即使是作者本人。因此，探究第二個建構與第一個建構是否完全重疊，不論就認知之事實或符號之性質層面

---

[36] 此處之「精準」非謂「顯露之表達」，如韓愈〈進學解〉以反諷隱晦方式表達意思，卻能「精準」透露投閒置散之無奈及宰臣之遺才。

[37] 根據心理學實驗，人們有尋求認知一致的需求，一旦認知失調（cognitive dissonance），就會「重新去解釋訊息使它符合他的信仰、態度以及行為。」（H. Gleitman 著，洪蘭譯，《心理學》，頁 431）因此，當認知主體接觸信息時，會要求信息與認知一致。由註 15 提到的「認知的三大原則」，也可了解，認知並非天馬行空的，反而是受有限制的，束縛認知的因素之一是「認知主體所欲認識的環境」，饒見維《知識場論》提到：「當一個人運用他的內在知識來與感官刺激互動時，他事實上是在進行一個『形成意義』（sense-making）的工作，他在設法看『懂』所接受到的刺激……當一個人接受到的刺激無法安置在他既有的概念架構中時，這個感官刺激對他而言是無意義的，除非他造就一個新的概念，形成新的意義。」（頁 244），不論是前文提及的「（選擇性）注意」，或此處所言之將新信息安置在既有的概念架構中，或形成新的概念，皆是為了建構認知的一致性。

來看，皆是不可能的。以是之故，文學批評研究之方向，
應當是第二個建構之研究，亦即探索讀者圈出了怎樣的國
域，當然，其主要意義不在於研究者是否完全描繪出了第
二建構之疆界，[38]而是瞭解，作為傳播符號，一篇作品之生
命，是如何生生長流的。符號不能百分之百傳意，是其侷
限處；而這種「不能」，促使符號接收者動用理解、想像，
而加以建構，卻正是白骨生肉之處。

　　王師夢鷗曾云：

> 文學批評……一方面是關於作家或作品本身的研
> 究，一方面是關於接觸那些作品的欣賞者的意見。
> 嚴格說來，前者應為文學史文學論，而後者才是名
> 符其實的文學批評。[39]

職是之故，文學批評研究必須由重現作者真意之企圖，轉
而為探索讀者建構之嘗試，這是本研究採用「接受美學」
觀點的原因之一。此外，由於「評點」這個文學批評樣式
本身的實用性、解讀主觀性及讀者積極參與等特質，亦宜
由傳播活動中的「接收者」──讀者這一端來審視。

　　下一節就「評點」之特色來論證「閱讀」或「批評」
皆屬讀者對文本之第二次建構。

---

[38] 依前推論，讀者之第二建構亦無法完全重現。
[39] 《中國文學理論與實踐》，頁 272。

第二節　評點之源流與結構

一、評點之源流

　　將接受理論推上文學批評理論舞台之姚斯，曾言：「方法並非從天而降，它們擁有自身在歷史中的地位。」[40]傳統的中國文學批評大抵是概括而印象的、主觀而即興的，用語偏於含糊，讀後感式的抒發又多於架構明朗的議論，以是王師夢鷗譏之曰：

> 前人動不動就稱漢魏的雄渾，六朝的綺靡，唐人的
> 婉壯之類，不但所謂「雄渾」、「綺靡」、「婉壯」很
> 難於定義；就使做成了主觀的定義，怕也無法使那
> 時代的作品全合於這定義。因此，這樣的批評等於
> 沒有批評，說了也是廢話。[41]

當然這並不表示傳統中國文學批評不發達或文學批評家對文學之概念模糊。只是這種印象式批評或探索作者真意之歷史式批評，即便已是辨至精微，由於缺乏辯證體系，對他人而言，仍嫌朦朧，這樣的批評方法卻是中國文學批評舞台上的主角，一直到「評點」樣式的出現。[42]

---

[40] Robert C. Holub 著，董之林譯，《接受美學理論》(Reception Theory)，頁 12 引姚斯 p.45。

[41] 《中國文學理論與實踐》，頁 282。

[42] 張健在《中國文學批評》一書中，將中國文學批評方法概分為十一種：

關於評點的發生，眾說紛紜，有溯及南北朝者，如章
學誠、曾國藩認為評點濫觴於鍾嶸、劉勰：

> 評點之書，其源亦始鍾氏《詩品》、劉氏《文心》；
> 然彼則有評無點，且自出心裁，發揮道妙。[43]

> 梁氏劉勰、鍾嶸之徒，品藻詩文，褒貶前哲，其後
> 或以丹黃識別高下，於是有評點之學。[44]

然而這裡所說的「起源」，應當還只是批評概念的啓發，而
非批評樣式的建立，若以評點樣式的角度來觀察，這樣的
推原恐怕太牽強。而「評點」批評法較諸他法之最大特色，

分等評鑑、溯源、賦比興鑑定、起承轉合、比較、印象、指疵、道德批
評、歷史批評、美學批評。文中並指明「美學批評法」其實不屬於中國
傳統批評法式，嚴格說來只有劉勰、李漁及王國維屬於此類。而最常見
用者為印象法，印象法指「批評家全憑主觀的好惡，閱讀文學作品而獲
得某些印象，然後用直陳或譬喻的方式表達出來。」（頁 19）的方法，
其優缺點是「高者亦足把作品精華，啓導讀者，使之別有會心，低者只
是一堆囈語式的札記或一二抽象名詞的排比而已……這是中國文學批
評的一大陷阱」（頁 19）評點被張先生列入印象法，不過也有不少文
學研究傾向於將評點視為講究形構的、能提出證據的客觀批評，有別
於主觀式的空泛欣賞，如陳萬益〈金聖歎的文學批評考述〉即視評點
為形構批評，康來新論述晚清小說理論時，認為小說理論之建立，評
點居功厥偉。這兩種看法的差異，其實正是張先生所言「高者、低者」
之別；評點成績高者，被視為客觀批評，其低者，難免如張先生所言：
「只留下殘餘的、朦朧的印象而已」。評點的這些表現，將於下文詳論，
關於此段話卻有兩個重點須掌握：其一，印象式批評的確是中國傳統
文學批評史上最常使用的方法，而其表現通常是體系之缺乏，零散而
朦朧；其二是，優秀的印象式批評（評點亦在其中），則可以「啓導讀
者，使之別有會心」，透露出評點家影響後來讀者對文本的解讀，這點
倒與評點家的用心相合，亦將於後文論評點特色時申論。
[43] 《校讎通義》，內篇一，「宗劉第二」之六，頁 564。

正在於體式。蓋評點內容也有不少出之以即興的印象式點畫，除了「妙」「好」「高」等抽象字眼，不見其他，故鄭明娳雖強調「中國的批點式批評法是值得整理、研究的」，[45]卻也提醒其內涵亦有難脫窠臼之處：

> 評點派的批評文學，不論是詩文亦或小說評點，率皆繁瑣無系統，其批評術語或各自創造，或承襲舊說，有的意思重複，有的語意不明。甚而有些批語無關宏旨。[46]

因此，若要追索更具體一些的源頭，得由體式著手，而以體式來探究評點之興，有早及唐代者：

> 古人文無圈點，方望溪先生以為有之則筋節處易於省覽。按唐人劉守愚〈文冢銘〉云：「有朱墨圍者」，疑即圈點之濫觴。[47]

但以一句不夠明確的話來定一個文學批評樣式之成立，證據明顯薄弱，以是袁枚以「疑」字說之。若再仔細些，以評點夾雜於文本的樣式特點來搜索，則可以躡跡至經書注疏體系；而若以評點內容喜談文章義法，注重文本結構等特點來尋繹，則可牽引至科舉經義及八股文，章學誠因謂：

---

[44] 《曾文正公全集》，〈經史百家簡編序〉。
[45] 〈小說評點學初探〉，收於《古典小說藝術新探》，頁 296。
[46] 同上註，頁 295。
[47] 袁枚《小倉山房文集·凡例》，頁 3 上。

評點始於宋人，原為啟牖蒙學設法。[48]

曾國藩則更清楚地提到評點由經傳注疏轉入與科考密切連結之過程：

> （章句之學、校讎之學及評點之學）三者皆文人所
> 有事也。前明以四書經藝取士，我朝因之，科場有
> 勾股點句之例，蓋猶古者章句之遺意。試官評定甲
> 乙，用硃墨旌別其旁，名曰「圈點」。後人不察，輒
> 仿其法以塗抹古書，大圈密點，狼籍行間。故章句
> 者，古人治經之盛業也，而今專以施之時文；圈點
> 者，科場時文之陋習也，而今反以施之古書。[49]

因此尤信雄直言評點之所以確立於宋，乃因科舉功名之推波：

> 自宋以後，科場之文，為世人獵取功名必由之途，
> 科舉之士，乃習於揣摩古文選本，而詩文圈點之風
> 盛矣。[50]

除了經義、科考這個助緣，宋代文學批評發達以及特重「法」之探討，於評點之成熟也是推力之一，陳萬益也注意到了這個屬於文學批評自身的因緣：

---

[48] 《校讎通義》，外篇，「吳澄野太史歷代詩鈔商語」，頁 615。
[49] 〈經史百家簡編序〉，《曾文正公全集‧文集》，頁 19。
[50] 尤信雄《桐城派學述》，頁 113。

後來的評點之學也只是在這（按：指詩格、詩式）
基礎上繼續下去，而越來越細密而已……除了論詩
以外，宋代論文也走向作品本身的研究，此固然不
免受當時詩論的影響，最主要的原因卻是科舉……
為了「取便於科舉」才有古文的批註評釋……於是
批註古文便在一時際會下成為一道巨流。[51]

陳萬益以為，評點古文興於宋代，外在助因是科舉，內在
生命之承續是詩論、文論對「格」、「律」之講求。吳承學
則又提出宋人追根究底，細密思考的思維特質，於評點細
密式批評的體式亦有啟發：

作為一種自覺的批評方式，評點到了宋代才真正形
成。它之所以興盛於宋，除了宋代文學批評發達的原
因外，與宋人讀書認真的風氣有關。宋人讀書，講究
虛心涵泳，熟讀精思，喜歡獨立思考，倡自得悟入之
說。所以讀書有心得處，多有題跋或筆記，一旦把這
種心得批在所讀的作品中，這就是評點了。[52]

至於標誌著此批評樣式正式成立之證據有南宋呂祖謙《古
文關鍵》、真德秀《文章正宗》、謝枋得《文章軌範》等：

文章行世，從來有批評而無圈點；自《正宗》、《軌

---

[51] 陳萬益〈金聖歎的文學批評考述〉，頁 62～64。
[52] 吳承學〈評點之興——文學評點的形成和南宋的詩文評點〉，頁 26。

範》肇其端，相沿以至荊川《文編》，鹿門《大家》，
一篇之中，其精神筋骨所在，點出以便讀者，非以
為優劣也。[53]

可見評點體式之完成並且由經傳注疏應用至文學作品，確
立於宋，然此種文學批評方法真正盛行，乃在明末，其焰
延至清道光年間，張宗祥研究清代文學時，對於評點學由
宋至明沿著科考需求而氾濫的情況，略有提及：

選文之祖為《文選》……唐人所選，詩集為多。至
宋而有呂祖謙之《古文關鍵》，真德秀之《文章正
宗》，謝疊山之《文章軌範》。《文章軌範》之評點，
已專為當時應試人說法，開明代之陋習。[54]

選文自明茅坤以來，皆意在制藝，求合時尚，去法
日遠，文習日陋。[55]

由於大量評點的出現，郭紹虞認為至此期，乃有所謂之「評
點學」：

明人以時文之法為古文，亦以時文之法讀古文，於
是有所謂評點之學。[56]

---

[53] 黃宗羲《南雷文定・凡例》，頁 1。
[54] 張宗祥《清代文學》，頁 23～24。
[55] 同上註，頁 23。
[56] 郭紹虞《中國文學批評史》，下冊，頁 771。

一種文學批評體式建立之後，流染於各種文學體裁，本是
自然之事。如盧慶濱研究金聖歎之評點，即認為金批小說
戲曲，受八股影響至深：

> 金聖歎批評古文所用的術語很明顯的來源於以上所
> 述的古文八股美學傳統……我們從古文、八股的評
> 語中，可以看到反覆操縱題目的重要性，而從金聖
> 歎的讀法中，也同樣看到他對立題的重視，而人物的
> 批評，對金聖歎來說，也屬於題目這個範疇之內。[57]

但亦有學者認為評點風潮之捲起，與前述意見所言之方向
相反，科舉固是誘因所在，然真正造成其盛行，恐怕與小
說之發達有關：

> 小說序文、評點也自萬曆後期起漸漸增多。[58]

小說一直被視為「難登大雅之堂」，卻又在廟堂之下滾滾盛
行，文人乘機藉由序跋、眉批、夾評等，對小說重新定位
並申揚個人文學主張，這種文學批評方法，由金聖歎燃起
主炬，[59]接著就呈現一片燎原之勢，對金聖歎極度推崇之廖
燕，曾作〈評文說〉，大大讚嘆評點之學；他並以為此風乃
撝於金聖歎：

---

57 盧慶濱〈八古文與金聖歎之小說戲曲批評〉，頁 403。
58 《中國文學史通覽》，頁 349。
59 詳參陳萬益〈金聖歎的文學批評考述〉第三章。

> 先生（金聖歎）沒，效先生所評書如長洲毛序始、
> 徐而庵，武進吳見思、許庶菴為最著，至今學者稱
> 焉……功實開拓萬世。[60]

這種「細部」的批評方法[61]隨小說而普及，加上便利、確實，
自然就跨越文體，成為文人競相爭用的方法。由金聖歎而
至姚鼐，評點已由小說氾濫至古文。如方苞就曾稱讚過這
種批評方法可使學者易於掌握要點：

> 文之義蘊深微，法律變化者，必於總批旁批揭出，
> 乃可使學者知所取法。[62]

姚鼐也認為此法最有益於學文者：

> 夫文章之事，有可言喻者，有不可言喻者。不可言
> 喻者要必自可言喻者而入之……震川閱本《史記》，
> 於學文者最為有益，圈點足以啟發人意，有愈於解
> 說者矣！[63]

蔣秋華研究晚明學者論《戰國策》時，也提到小說普及與
評點興盛之間的因果關係：

---

[60] 〈金聖歎先生傳〉，《二十七松堂集》卷十四，頁 575
[61] 龔鵬程以為「評點」一語不能精確定義此種批評方法，建議用「細部
批評法」一詞，見〈細部批評導論〉，收於《文學批評的視野》，頁 387
～438。
[62] 〈四書文選凡例〉，《方望溪全集·集外文》卷二，頁 288。
[63] 〈答徐季雅〉，《精選近代名人尺牘·姚姬傳尺牘》，頁 36～37。

明代中葉以後，由於印刷技術的改進，出版事業非
常發達……明代學者對於《戰國策》的研究，大約
也在中葉以後興起。當時有些人更以評點方式，用
不同的顏色，在精彩的句子旁，加上圈點，並附上
評論。這種將評語夾雜在作品中間的鑑賞，可以隨
時提醒讀者注意文章的佳勝處，是與當時小說評點
的盛行，有很密切的關係。[64]

根據蔣文，明末學者對《戰國策》施以評點從事文章鑑賞的
活動，乃受當時小說評點盛行之影響。可見，到了後來，不
只小說有評點，經、史、子、集諸部之書咸有評點之作。清
末曾國藩就對有書輒有評有點的評點氾濫情況很是不滿：

自有明以來，制義家之治古文，往往取左氏司馬遷
班固韓愈之書，繩以舉業之法，為之點，為之圈圍
以賞異之；為之乙，為之鐵圍以識別之；為之評注
以顯之。讀者囿於其中，不復知點圍評乙之外，別
有所謂屬文之法也者……故僕嘗謂末世學古之士，
一厄於試藝之繁多，再厄於俗本評點之書，此天下
之公患也。[65]

曾國藩認為評點之學由科場流傳出來，先染舉業之書，再

及其他典籍,使文章大業終成「俗本」,他對評點很不以為然,屢稱之為「陋習」、「公患」,為士人之「厄」之「圉」;由此反感語氣,正亦可知當時文壇動輒評點之氾濫風氣。

龔鵬程則認為評點只不過是中國文學批評方法之一,其形成綿歷經時,討論誰影響誰並不很妥當、確實;倒是不妨著眼於此法「徵實」之特色:

> 我們可以說,這是中國人討論文學作品時的一種方法,從宋朝晚期逐漸定型,經過明朝幾位批評大將的推衍,至清即成為普遍的討論文學方法。這種方法,多用在實際批評上,並不空談原則,而常常是藉實例以帶引出一些寫作和閱讀的原則,而且對於作品的文辭之美,可以在字裡行間細細評解,這種評解,當然最常見的形式是評點。[66]

龔鵬程指出評點的「實際」性質,正吻合清代「徵實」學風,由此亦可推想評點一法風雲際會於此時之因。至於清代學風,將於下一章討論。

二、評點之結構與特色

撇開批評家本身美學修為厚淺之差異,評點體式較諸他法,究竟能否更深抉文學之精義?這恐怕也是不易找到

---

[66] 龔鵬程〈細部批評導論〉,頁 397。

一致性答案的問題，蓋因方法沒有完不完美之問題，只有
適不適用之考量，因而肯定此法者，謂其條分縷析，易於
掌握：

> 故予嘗謂評文有師道焉，巧亦能與，何況規矩？有
> 友道焉，以筆代舌，而即收文會之功；有父兄道焉，
> 句批字釋，不難取古人而生活之，使子弟有以知其
> 用筆之意，則可以神明而無難，評文之效如此。[67]

> 按古文評點，本學文之筌蹄也。蓋文章之事，其精
> 神識解固藉語言文字以見之，然其所以成文者，作
> 者各有義法，往往行於言外。識精者藉由圈點、品
> 評、眉批等形式，對文章之命意、結構、文句等，
> 做具體提示和分析，嶄解於意表而得作者之心，抑
> 為學文者示以門徑軌轍。[68]

> 評點可以說是一種極為徹底的研讀，如果評點者本
> 身具備高度的文學修養與鑑賞能力，則在評點之際
> 會流露出相當可貴的真知灼見，如此理論與批評的
> 結合，自然要比脫離作品的某些先驗性空洞理論批
> 評來得具體切實得多。[69]

---

[67] 廖燕〈評文說〉，《二十七松堂集》卷十一，頁 512。
[68] 陳鴻森〈記洞過水非段玉裁所作辨〉，《第二屆國際清代學術研討會論文集》，頁 336。
[69] 康來新《晚清小說理論研究》，頁 36。

懲於流弊者，謂其過度重視形式，有時反而不能探得文心：

> 金聖歎用了當時「選家」評文的眼光來逐句批評《水
> 滸》，遂把一部《水滸》凌遲碎砍，成了一部「十七
> 世紀眉批夾註的白話文範」……這種機械的文評正
> 是八股選家的流毒，讀了不但沒有益處，並且養成
> 一種八股式的文學觀，是很有害的。[70]

> 從作品的本文研究而進行批評，本是很客觀的批評
> 方法。這樣的批評家，必須有文學理論上的良好修
> 養，根據構辭法以檢討作品的表現之是否真實與完
> 全。這不但有助於語言美學的論證，且亦不至於曲
> 解誤會而走到文學批評的崗位以外去。但是這種專
> 注的，有時也會陷於尋章摘句的形式主義，若不是
> 走向過去註釋家的老路，就是走到八股文家講「章
> 法」的老套中。[71]

優劣不論，所當探討的是，評點體式的實際內涵是什麼？
有別於其他批評體式之處何在？這樣的特色又指出了何種
文學批評認知？以下綜述評點在形式與內容兩方面之特
色，再據以統觀其批評認知與前人之不同。

首先，本文所指之評點，乃明末清初以來慣行之「總
評夾批、或圈或點」之閱讀、批評手法，這類評點有其結

---

[70] 胡適〈水滸傳考證〉，收入《胡適文存》，第一集卷三，頁 501。

構上之一致性：大都先有全部文本之總評，再有分篇、分章或分段之總評；接著有夾批，夾批又常仿經注模式，以小體字型或置文本之旁，或置文本之下；此外尚有諸般符號，夾標於文本之中，圈、點是最常見用者。全文本之總評概以「讀法」或「凡例」之稱領之；篇章段落之總評即通稱之「回評」或「眉批」；[72]講究些的版本，會以不同顏色標記評點。日人青木正兒指出，這種結構之確立當在金聖歎手中：

> （金聖歎）以前，明代的戲曲小說評點本，大體皆在文的妙處打圈點，促進讀者的注意，並加上簡單的批語。這是應用當時流行的時文，即科舉答案文章，或古文的評點法。至金聖歎始將之擴充，採取首先在「讀法」中記述全書總論，接著每篇皆先下概論，然後進入本文，逐一指摘其用筆之妙的方法，其綿密有如註釋古典。[73]

至於批評內容方面，評點有別於其他批評方法之特色，在於特重文本之結構，通常以「法」字領之，以金聖歎爲例，其評點強調「一副手眼」，至於何謂「一副手眼」？根據陳

---

[71] 王師夢鷗《中國文學理論與實踐》，頁 274。
[72] 「回評」係以評論對象命名，又有「回前總評」及「回末總批」或「回目後批」等位置及名稱之異；「眉批」則是指批評擺放的位置在正文欄位之上，至於眉批之內容則包含多端，回評、人物、事件及字詞之批評等皆有之。
[73] 青木正兒著，陳淑女譯，《清代文學評論史》，頁 206。

萬益之研究，實即文章結構講求「精嚴」：

> 也就是「字有字法，句有句法，章有章法，部有部
> 法」。「精嚴」是就文章整體的結構來說的，字法、
> 句法、章法和部法則是就細部文字的運用而言。[74]

但是評點最終目的不是只停留於結構表層，而是以結構關
係做針線，去串連鋪展星散隱微的「大義」，所以陳萬益接
著說：

> 金聖歎評點諸才子書的「一副手眼」是：透視作品
> 精嚴的結構，剖析其間起承轉合的內在關係，用以
> 烘托出來萬變不離其宗的文字的主題……如此才能
> 縱橫貫徹文章內外，而得其神髓也。[75]

可惜的是「最終目的」之追求，往往不是迷失於批評家本
身之認知，就是消失於科舉八股習本之速成需求中。因此
清楊季子詢及選學與八家優劣時，包世臣云：

> 自前明諸君泥子瞻文起八代之言，遂斥選學為別裁
> 偽體，良以應德、順甫、熙甫諸君，心力悴於八股，
> 一切誦讀，皆為制舉之資，遂取八家下乘，橫空起
> 議、照應勾勒之篇，以為準的。小儒目眩，前邪後

---

[74] 陳萬益〈金聖歎的文學批評考述〉，頁 83。
[75] 同上註，頁 84～85。

許，而精深閎茂，反在屏棄。[76]

此處所論雖爲選本之弊，然這些選本與大部分評點異曲同工，皆用以揭示應考士子爲文入門暨速成之方，更何況這些選本多帶有評點。總之，不論評點家是否能透過對文本結構之講求，進一步呈露文本之主題，其評論所展現之風貌爲對結構之百般翻騰，甚而細及錙銖，這是在批評的關注點上，與其他批評最大之不同。

接下來必須探討的，是評點在體式上「批評與文本扭結」的特點，以及評論時「對文本結構之注重」，這兩大特色顯示了批評認知上何種轉變？

顯而易見的，這種將批評與文本扭結的方式，大大增加了評點者對文本的涉入力量，其他讀者在閱讀文本時，很難不受到評點的影響甚或干擾；再加上「讀法」或「凡例」領之於前，後來的讀者要進入文本之前，等於先戴上評點家給的濾鏡，然後透過這副濾鏡來閱讀文本，由此也就可以看到評點家積極地介入文本的心態。而對文本結構之注重，勢必使評點環繞作品而行，因此，不論是由評點與文本的糾纏，或特重文本之結構，皆可看出評點學特別傾力於文本本身，有別於「知人論世」式的文學批評傳統；也就是批評重心已由「作者」這個論元轉移到「作品」這個論元，[77]故康來新、鄭明娳的研究皆指出評點學「藝術至

---

[76] 清包世臣《藝舟雙楫・再與楊季子書》。

[77] 吳宏一《清代文學批評論集》研究清初詩論時也提到這種轉向：「歷代

上」的取向：

> 「評點」、「序跋」與「書評」無疑都是目標確鑿的
> 實用批評，它們是針對特定的某部作品而進行各種
> 程度各種角度的討論分析。[78]

> 小說評點是從作品本身出發，道道地地是實用的文
> 學批評。[79]

> 自李卓吾以降乃至金聖歎的批點家們，則充分表現
> 出藝術至上的文學觀。他們不太注重作品所反映的
> 內容是什麼，只要是發自於心底的「妙文」，表現得
> 玲瓏剔透，別具風格，就是天地之至文。[80]

當然，這裡所說的「不太注重作品所反應的內容是什麼」，
乃對反於「文以載道」說而言，並非評點家純然只重結構
而未曾探究大指，有些評點家正因太看重內容旨意之披
露，往往會改動文本以合於評點家心中之「旨意」，故鄭明

的詩學論著，在表現內容上，往往旁採故實，體兼說部，要不然，也
不外乎討論古今詩體的淵源流變、歷代作家作品的得失利病和聲調格
律的是非正變等項，很少能直接對於作品本身，做解說闡釋的賞析工
作，所以對於讀者的鑑賞能力，很少有直接的幫助。」（頁19）「前人
說詩，多主有意無意、可解不可解之說，金聖歎、徐增反對此說，力
主金針度人，以期有裨於初學。金聖歎、徐增以解數說詩，以起承轉
合爲法，就作品本身做詳盡的解說闡釋，可以觸發讀者的聯想，增進
讀者鑑賞的能力。因而與人登高望遠，一新耳目之感。」（頁67）

[78] 康來新《晚清小說理論研究》，頁10。

[79] 同上註，頁36。

[80] 鄭明娳〈小說評點學初探〉，頁291。

娴接著說：

> 小說批點的自然成長，也不免產生負面的影響，首
> 先是古人對原作者「版權」的輕視，所以在批點時，
> 常隨己意割裂原文，刪改原文，以符己意。這種以
> 批點家的見解為主，小說為副的批點態度當然是錯
> 誤的。但在古代卻視之為當然……刪改後的作品，
> 其實已是批點家的再創作了。[81]

評點家動輒刪改拉牽原文，以符己意，如此一來，說是以
「作品」這個論元為評點重心，而實隱然以「讀者」（此處
即評點家）之需求為走向，早在清李漁時，就對評點有此
認識，他說：

> 聖歎之評西廂，可謂晰毛辨法，窮幽極微，無復有
> 遺議於其間矣。然以予論之，聖歎所評，乃文人把
> 玩之西廂，非優人搬弄之西廂也……聖歎之評西
> 廂，其長在密，其短在拘，拘則密之已甚者也。無
> 一句一字不逆溯其源，而求命意之所在，是則密矣。
> 然亦知作者于此，有出于有心，有不必盡出于有心
> 者乎？[82]

李漁認為金聖歎所求出之命意，未必盡出於作者之有心，

---

[81] 同上註，頁 294。
[82] 「填詞餘論」，《閒情偶寄》卷三〈詞曲部——格局第六〉，頁 65～66。

如此說來,那些不屬於作者之命意,正是讀者投射的結果
了。問題是在文學傳播中居於讀者端的評點家,爲何要對
文本涉入這麼深?這又得回到「實用」的角度來看。單德
興研究金聖歎評點《水滸傳》、張竹坡評點《金瓶梅》及脂
硯齋評點《紅樓夢》時,就認爲這三位評點家有意藉由評
點來影響甚至可說控制讀者對原作品的解讀。[83]不論評點家
有意的讓文本「符於己意」,或不自覺地想透過評點讓文本
可以「供人學用」,都是將文本視爲工具──一種提供來「實
用」的東西。就有意改竄文本而言,文本的功能是讓批評
者「用來」展示一個概念;故鄭明娳言:

> 有些評點家,幾乎完全曲解原作主題,自創新說,
> 其風源於實用派理論家。[84]

康來新也直言有些評點,根本該視爲評點家之再創造:

> 譬如小說評點的用意在於指示讀者精確研讀的法門
> 訣竅……(某些評點家評點時)其心情態度似乎也
> 類化爲它們所評點小說作者的心情與態度……如此
> 的評點,就批評者本身而言,無異是另一種嘔心瀝

---

[83] 單德興 ”The Self-Ordained Ideal Reader: An Iserian Study of Three Hsiao-Shuo P'ing-Tien Critics”,台灣大學外國語文學研究所民國 74 年博士論文。

[84] 鄭明娳,〈小說評點學初探〉,頁 294～295。

血的再創造。[85]

這一類如金聖歎評點《水滸傳》，除了刪去七十回以後之文
本、假造施耐庵序，並力主削去書名之「忠義」二字；[86]就
未改動文本者而言，其評點心態多出之以「模範」心態，
也就是說，文本是「用來」教導後學的範本，而評點是「用
來」指出文本中值得學習之處，這一類評點多出現於供士
子應考之選文範本。可見不論對文本是否做過更動，評點
都積極參與文本意義之確立，也因而對後來讀者解讀文本
皆有或大或小之影響，廖燕之嘆服於金聖歎，就是顯例：

> 諸子及百家，矩度患多歧。得君一披導，忽如新相
> 知。[87]

> 予讀先生所評諸書，領異標新，迴出意表，覺作者
> 千百年來至此始開生面……然畫龍點睛，金針隨
> 度，使天下後學悉悟作文用筆墨法，先生力也。又
> 烏可少乎哉？其禍雖冤屈一時，而功實開拓萬世。[88]

本章第一節已討論「矩度患多歧」正是文本特性之所在，
如今，由於評點的「批導」，文本「多歧」的現象遂不見了
──由評點確立下來了，可見得評點與文本的確是「互為主

---

[85] 康來新《晚清小說理論研究》，頁 10。
[86] 詳參註 82 單德興博士論文第二章。
[87] 廖燕〈弔金聖歎先生〉，《二十七松堂集‧廖燕作品補編》卷二，頁 94。
[88] 廖燕〈金聖歎先生傳〉，《二十七松堂集》卷十四，頁 575。

體性」(intersubjectivity)的，[89]甚至評點與文本將交互成為
後來的讀者閱讀時的文本，難怪廖燕會覺得「予讀先生所
評諸書，領異標新，迴出意表，覺作者千百年來至此始開
生面。」這「開生面」的感覺，恐怕多是來自於金聖歎評
點中的「領異標新」，既曰異曰新，也就是再創造的部分，
評點侵入文本的情形如此。因此，至少由金聖歎評點的主
觀性來看，評點在認知上與其他批評體式最大的不同，就
是醒覺苦苦追溯、企圖再現作者的「創作宮殿」，結果卻往
往只是堆砌了殘垣斷瓦式的遺跡；因此評點家已轉而自覺
到讀者的閱讀活動其實就是再創文本，當然這種再創，其
具體表現不一定是割裂改竄原文，更多的「自覺」是了解
到「解讀」本身就是一種帶有創造意味的活動，所以這些
評點家敢大膽的說「我要以某某角度來讀某書」，如金聖歎
以起承轉合評律詩、[90]張竹坡以寓言讀《金瓶梅》、馮李驊
以文學作品讀《左傳》，以及明末至清末眾多將經史子書拿

[89] 現象學大師胡賽爾(Edmund Husserl)認為人與文本是一種對話的關
係，讀者經由文本這個媒介，與潛藏在文本背後的作者交談，所以對
文本的理解，是讀者與作者這兩個主體（作者以「文本」的形態出現）
之間互動、溝通的結果。接受美學承繼此觀念，主張讀者對文本的解
讀就是一種再創造，在這種觀念底下，讀者不再只是被動地接收信息，
而是主動地參與創作；也就是說，閱讀時確定意義的過程中，文本時
而是意義發送者，居於主體位置；讀者也時而跑到創作者位置，成為
使意義確立之主體，如此一來，讀者與文本交互成為意義產生之來源，
所以說讀者與文本互為（意義創生之）主體(intersubjectivity)。

[90] 吳宏一先生曰:「金聖歎之說詩，偏重欣賞，常脫離字面，出人意表……
有時難免求之過深，失之穿鑿附會。」(《清代文學批評論集》，頁 67)
「脫離字面」、「出人意表」、「穿鑿附會」等用詞，皆明顯看出金聖歎
解讀的主觀性，這種主觀，其實就是對文本從事再創造，因此說，不
論批評家是否已充分自覺到，其實際動作就標誌著批評認知的改變。

來作為文學文本品讀的評點,其認知皆是如此。

　　此外,評點的「解讀視點」之採用,也可以補充說明上述批評認知之轉變。傳統文學批評之所以被認定較朦朧模糊,原因之一是其批評通常只展示「知其然」的部分,能指出文本的美感,卻未能進一步說明「其所以然」,也就是為何這樣表達會有美感?評點則往往隨文指點,由其遣詞造句,事件錯逆等安排,解答文本「所以感人」之因;但評點家喜言文本結構之「法」,而所謂「法」,絕大部分是讀者聯想歸納的,殊非作者執法以事創造。更明顯的主觀證據,是評點通常會在本文之前先立「凡例」或「讀法」,而這常常就是其解讀視點之宣言,宣告在眾多闡釋之中,基於某種又某種理由,而採取這樣的闡釋,接下來夾雜於文本的眉批、夾評,充其量就是用來證明這個宣言的證據。章學誠說評點家常因人事而對文本有意攻取,[91]胡適說金聖歎硬把《春秋》的「微言大義」套到《水滸傳》上,[92]而「有意攻取」或「微言大義」的採用,正是評點家將其主觀認知加諸文本的證據。「解讀視點」讓評點家在諸般考量之後,決定要以何種角度來解讀文本,胡適下面這段話就對

---

[91] 「評點始於宋人,原為啓牖蒙學設法,故不可以厚非。但評點興而學者心思耳目轉為評點所拘,宜大雅之所鄙也。鄙意則謂就詩文而加評點,如就經傳而作訓故,雖伏鄭大儒不能無強求失實之弊,以人事有意為攻取也。」(《校讎通義》,外篇,「吳澄野太史歷代詩鈔商語」,頁 615)。

[92] 「金聖歎把《春秋》的「微言大義」用到《水滸》上去,故有許多極迂腐的議論……這種穿鑿的議論實在是文學的障礙……這種無中生有的主觀見解,真正冤枉煞古人!」(〈水滸傳考證〉,頁 504~505)。

這點說得很明白：

> 這部七十回的《水滸傳》處處「褒」強盜，處處「貶」
> 官府。這是看《水滸》的人，人人都能得著的感想。
> 聖歎何以獨不能得著這個普遍的感想呢？這又是歷
> 史上的關係了。聖歎生在流賊遍天下的時代，眼見
> 張獻忠、李自成一班強盜流毒全國，故他覺得強盜
> 是不能提倡的，是應該「口誅筆伐」的。聖歎是一
> 個絕頂聰明的人，故能賞識《水滸傳》。但文學家金
> 聖歎究竟被《春秋》筆法家金聖歎誤了。他賞識《水
> 滸傳》的文學，但他誤解了《水滸傳》的用意。[93]

《水滸傳》可以有許多種解讀角度，金聖歎基於現實考量，
選用「亂賊當誅」這個期待視野，[94]以「亂賊當誅」來解讀
《水滸傳》就是金聖歎的解讀視點。而在這種既定視野的
籠罩下，評點家對文本的改造性格更強，終至有刪削原文
抑或故意誤讀的情況。

　　總之，評點在結構或內容上之特色有二，一為實用傾
向：對評點家而言，文本可做為再創造之原料；對閱讀文
本與評點合刻版本的讀者而言，評點對理解文本或資之以
為創作（大部分是應試時的創作）之參考，很有實用；而
評點對文本採取之批評手法，較諸其他印象式的欣賞，也

---

[93] 同上註，頁 544。
[94] 所謂「期待視野」約略等同於前一節所言之認知主體性，係由接受美
　　學家姚斯提出的概念，將於下一節詳述。

是較實際的。二是批評認知的轉變：由於評點在體式上與
文本糾纏在一起，加上其解讀視點之主觀性質，皆指出評
點使批評家之認知由「作者─作品」的焦點，轉到「作品
─讀者」的焦點，或顯或暗地察覺到讀者的解讀事實上正
在參與文本意義之產生。這兩個特色，頗契合於「接受美
學」的概念，「接受美學」也是以讀者為中心，探討讀者與
文本的互動過程及文本意義隨此過程產生的理論，而且，
與其他理論比起來，它也具有「實用」的走向：

> 現代文學理論史可以大略分為三個階段：醉心於作
> 者（浪漫主義和十九世紀）；獨鍾於本文（新批評）；
> 近年則顯然轉而留心讀者……以作品為中心會產生
> 所謂客觀的研究，以藝術為中心產生表現的研究，
> 以世界為中心形成模仿的研究，以欣賞者為中心構
> 成實用的研究。[95]

可見「接受美學」與評點共通的特色是「讀者」與「實用」
傾向，下一節就來介紹接受美學的理念。

---

[95] Elizabeth Freund 著，陳燕谷譯，《讀者反應理論批評》，頁 1。

第三節　有關接受美學──姚斯與伊瑟爾

一、「接受美學」釋義

　　文學批評乃高一層之解讀活動,「解讀」事涉認知與符號之本質,而由第一節之論述可知,認知的建構特性與符號的侷限性,都指出文學傳播活動是「作者─作品─讀者」三構一體的,其中尤其不可忽視「讀者」的貢獻;因此文學批評,宜是「讀者建構」之探討,而不必一定追求作者原意之重現;此外,由第二節所論之評點特色,也可以看出,評點這一文學批評樣式,表面上是挖掘作者創作之巧思及寄意,事實上,卻是著眼於讀者之實用,以及批評者自覺或不自覺之再創造,因此,比起其他批評樣式,評點讓批評家對文本涉入更深,如此一來,對評點之研究,更當由「讀者」端入手。

　　「讀者」或「批評家」在文學傳播流程中,屬於接受訊息之一端,故讀者對文本建構之研究理論,稱為「接受美學」。「接受」指「信息接收之位置」,相對於作者發出信息,為信息「發送者」而言,與心理學中相對於「建構論」的「接受觀」[96]不同,切勿混淆。亦即,文學批評理論之「接

---

[96] 心理學的「接受觀」對反於「建構理論」,建構論主張認知行為帶有主觀、主動性,「接受觀」則認為接收信息者猶如白紙,純然客觀而被動地接收信息,所以他只「接受」信息,而非「建構」信息。因此,心

受」研究,就是「處於文本接受端的讀者,對文本如何建
構」的研究,反而等同於認知心理學裡的「建構論」。

二、讀者之期待視野

　　由本章第一節所述,可以發現中國文學批評史上,已
有「讀者亦創作者」之事實或概念,只是這樣的概念,不
論就批評家個人的文學理論或中國整體文學批評歷史而
言,一直是零星、點狀的,未能由哲學、語言學、美學而
建立體系,[97]因此,本研究不得不借重西方已然形成體系之
「接受美學」。[98]事實上,「接受美學」植基的認知理論及符

理學的「接受」乃指「接收動作」而言,與文學批評理論的「接受」
強調「接收位置」不同。
[97] 陳燕研究《人間詞話》時(〈論人間詞話架構中「三境」與「三秀」的
關係〉),盛讚王國維「察覺到中西文藝理論可以互參或『相化』」(頁
506),且能融西方哲學、美學於中國文學批評,並提到中西文學理論
之異,主要在是否成其體系:「傳統的中國文學批評大都爲印象式、即
興式的讀後感,偶有議論,也只是一種理念的抒發或方法的提示,很
少做出明確的判斷──追問『是什麼』和『爲什麼』的地方不多。西
方的文學批評正相反:說理性強,批判性高,沒有什麼趣味,卻調貫
分明,體系完整。」(頁490~491)爲什麼西方文學理論體系較完整呢?
陳先生以爲:「從西方的學術發展史上看:先有哲學,再有美學;當美
學發展到一定程度時(如十九世紀)又有各種文藝批評紛紛興起。(原
註補充云:西方文藝批評之所以具有思辨性、批判性、組織性等,即
因其前有哲學、美學做基礎)」(頁492)。所以即便像劉勰的文學批評,
張健認爲已具美學體系,而歸之爲「美學批評」(參註42),不過清葉
燮猶認爲其用語及架構仍嫌含糊:「詩道之不能長振也,由于古今人之
詩評,雜而無章,紛而不一;六朝之劉勰,其言不過呑吐抑揚,不能
持論。」(《原詩》外篇,頁27上)。
[98] 接受美學崛起於二十世紀六〇年代的德國,特別是康斯坦茨(Konstanz)
大學,最主要的理論建立者有姚斯與伊瑟爾,兩人所承繼轉化的學術

號學、闡釋學,皆是任何文學解讀過程必然要面對的論題,是人類普遍的、共通的認知問題,故並非只適用於西方文學批評,比如論《詩經》有六義,其中的「興」,若以讀詩者角度來看,就是因作品而興起之種種情緒、思維:

> 其實將「興」引入讀者的閱讀行為中,即可描述作品觸發讀者創造性藝術思維。[99]

這情緒或思維通常是屬於私我的,可以純然與作者置入作品中之情緒、思維無涉,清王夫之、劉開就是以此角度談「興」:

> 作者用一致之思,讀者各以其情而自得。故關雎,興也,康王晏朝而即為冰鑒;「訏謨定命,遠猷辰告」,觀也,謝安欣賞而增其遐心。人情之遊也無涯,而各以其情遇,斯所貴於有詩。[100]

> 有詩如此而意如彼者矣,如孔子因「緡蠻黃鳥」而悟人之當止;因「執轡如組」而悟為天下之道是

背景不同,因此,姚斯的「接受理論」焦點在「來自讀者判斷的歷史」,所以強調讀者的建構;而伊瑟爾的「反應美學」則強調「文本的潛在效果」,所以專注於文本和讀者的相互作用。但兩人論點相同之傾向是,強調文學批評研究必須從「作家—作品」轉為「本文—讀者」。由於本文旨不在闡述印證某一派之理論,所取於接受美學者,在其對「文本—讀者」兩者交互作用之關注,故本文所稱之接受美學,乃廣義之接受美學,非單指姚斯之理論而言。

[99] 張廷琛編《接受理論》,頁44。

[100] 清王夫之,〈詩繹〉第二條,收於《船山全書》第十五冊,頁808。

> 也……此詩之所資者大，而不盡在乎辭令之善也。
> 夫言其一端而已。用是知古人讀經，其求得於身而
> 切於用也，有如此夫。[101]

王夫之認為閱讀的過程中，讀詩者「各以其情而得之」，這裡的「各以其情」，即建構認知心理學中的「發展原則」，[102] 也就是認知的主觀特性；亦類同於接受美學所言之「期待視野」(expectant horizon)。

「期待視野」是姚斯建立接受美學的重要先鋒概念，他沒有詳細定義此一用詞，但由下列引述，可以看出「期待視野」實即產生於認知之主體性：

> 在這個作者、作品、和大眾的三角形之中，大眾並不是被動的部分，並不是僅僅做為一種反應，相反，它自身就是歷史的一個能動的構成。
>
> 文學的歷史性並不在於一種事後建立的「文學事實」

---

[101] 清劉開《劉孟涂集》卷一，〈續詩說（下）〉。

[102] 即「後續知識必須植基於先備知識且受限於先備知識」，參註 16，又註 18 亦可旁參。此外，德國哲學家海德格(Martin Heidegger)的「先行架構」或「先期理解」(fore-structure)概念亦類似，海德格認為「詮釋」必須依憑「一套先行架構或是先行理解，以已知的知識範疇作為出發點……人的理解與詮釋是循環式的，週而復始，反反覆覆地瞻前顧後。當我們接觸一部作品時，總是先有一些模糊的概念……一部作品要對一個讀者具有什麼意義，關鍵在於他的體驗：這種經驗一方面使他感覺得作品中的東西與他之間還保有某種關係，而給予他詮釋的理由及動機，另一方面則決定他為作品所做的詮釋。」（蔡源煌〈何謂詮釋〉，收於《從浪漫主義到後現代主義》，頁 231～232）

的編組，而是在於讀者對文學作品的先在經驗。

從類型的先在理解、從已經熟識作品的形式與主題、從詩歌語言和實踐語言的對立中產生了期待系統。

（期待視野的重構）揭示了一部作品以前理解和目前理解的詮釋的差異性。[103]

可見「期待視野」是指「一個假設的個人可能賦予任一本文的思維定向」。[104]「文學接受活動中，讀者原先各種經驗、趣味、素養、理想等綜合形成的對文學作品的一種欣賞要求和欣賞水平，在具體閱讀中，表現爲一種潛在的審美期待。」[105]姚斯認爲讀者的意識並非一張白紙，而是已經具有某種先在的經驗、知識等等，而且這些經驗、知識會在讀者閱讀過程中，形成一種「期待視野」，每個讀者的先在認知及美學修養不同，期待視野自然不同，對文本的理解角度及理解能力也因之不同。劉勰《文心雕龍》是我國文學理論重要專著，在本書中，也提到了因期待視野有異，而引致不同的閱讀效果，〈知音〉篇云：

---

[103] [德]Hands Robert Jauss〈文學史對文學理論之挑戰〉，收於 Hands Robert Jauss、R. C. Holub 著，周寧、金元浦譯，《接受美學與接受理論》(Aesthetics of Reception and Reception Theory)，引文分見頁 24、26、28 及 35。

[104] [美]Robert C. Holub《接受理論》，收於 Hands Robert Jauss、R. C. Holub 著，周寧、金元浦譯，《接受美學與接受理論》(Aesthetics of Reception and Reception Theory)，頁 341。

[105] 朱立元《接受美學》，頁 13。

> 夫篇章雜沓，質文交加，知多偏好，人莫圓該。慷
> 慨者逆聲而擊節，醞藉者見密而高蹈，浮慧者觀綺
> 而躍心，愛奇者聞詭而驚聽。

劉勰已察覺解讀之主觀性，可是在劉勰心中，這樣的閱讀
是該受到壓抑甚且當戮力摒棄的，故他接著說這種閱讀不
過是「各執一隅之解，欲擬萬端之變，所謂東向而望，不
見西牆也。」使讀者接受理論剛被提起又告夭折，且久久
無法再度萌發。

伊瑟爾也有類似期待視野的概念，他借用言語行為的
概念，來說明閱讀追求理解；而理解，事實上很大一部分
來自於創造：

> 語言交流的單位並不是像一般認定的是符號、字詞或
> 者句子，或是其象徵；反而應是符號、字詞或者句子
> 在言語活動進行時的呈現或展示……言語活動不僅
> 僅是句子，而是在給定的情境或者語境中之語言表
> 現，句子的意義得通過賦予的語境才呈現出來。[106]

文學交流亦是言語行為之一，作者創作時之情境、語境，與
讀者閱讀時之情境與語境自然不同，因而字詞、句子意義之
產生，必須放在讀者這個語境中呈現，而每個讀者在閱讀作
品時的情境並不相同，學識才情氣質（語境）亦復有異，即

---

[106] Wolfgang Iser 'The Act of Reading: A Theory of Aesthetic Response',

使同一個讀者反覆閱讀同一部作品，每次的情境、語境亦
有差別，因而不同人、不同次的閱讀所掌握的文本意義總
是略有參差，甚且偶有河漢，這就是為何伊瑟爾強調「理
解本身就是創造的過程」。[107]也就是王夫之所言之「各以其
情而得之」，及劉開所言之「有詩如此而意如彼者」、「用是
知古人讀經，其求得於身而切於用也。」王師夢鷗也提到：

> 因為各個人的教養不同，經驗各異，在想像過程，
> 記憶所提供的材料，各人未必即能一致……作家是
> 創造，而欣賞也是一種創造。[108]

姚斯主張文學史當由這個角度思考，如此方能解釋為何同
一個作品，在不同批評家或不同時代，會有不同之評價：

> 文學史是一個審美接受和審美生產的過程。審美生
> 產是文學文本在接受者、後設性批評家和連續生產
> 性作者各部分中的實現。[109]

關於「期待視野」尚有兩點值得一提，其一是，姚斯
認為「期待視野」會不斷轉變及更新，而閱讀的樂趣及「效
用」也正在於此：

---

p.55.
[107] 同上註，p.59.
[108] 《中國文學理論與實踐》，頁 278。
[109] [德]Hands Robert Jauss 〈文學史對文學理論之挑戰〉，頁 26。

> 一部文學作品，即便它以嶄新面目出現，也不可能
> 在信息真空中以絕對新的姿態展示自身……它喚醒
> 以往閱讀的記憶，將讀者帶入一種特定的情感態度
> 中……於是這種期待便在閱讀過程中根據這類文本
> 的流派和風格的特殊規則被完整地保持下去，或被
> 改變、重新定向。[110]

也就是說閱讀是一種接受的過程，這種接受不是被動的全
然接收，而是「不斷建立、改變、修正、再建立期待視野
的過程。」[111]每一次的閱讀，都會造成期待視野的改變，
因而每一次的閱讀，即便是對同一份文本，其理解亦不可
能完全相同，此正是王夫之何以說「斯所貴於有詩」，也正
是劉開爲何說「此詩之所資者大，而不盡在乎辭令之善也。」

　　其二是，不僅個人在閱讀時有期待視野，當眾多讀者
的期待視野趨於一致時，也會形成公眾的期待視野，並反
過來制約個人的閱讀活動：

> 姚斯不僅將期待視野看做個人現象，而且還作為社
> 會現象進行考察。他們認為從宏觀角度看，每一歷
> 史階段社會都有一種占主導地位的公眾期待視野，
> 它控制著當時的文學接受的深度與廣度。[112]

---

[110]　同上註，頁 29。
[111]　龍協濤《讀者反應理論》，頁 93。
[112]　張廷琛、梁永安〈文學接受理論述評〉，收於張廷琛編《接受理論》，
　　　頁 36。

由這點來看明末至清的評點風潮，也可以明白爲何當時文學批評家喜歡以八股文形構的角度來看待作品，蓋此已成爲當時的「公眾期待視野」。

　　但是如果批評或解讀完全仰賴於讀者的「期待視野」，似乎又賦予讀者太多宰制文本之能力，這種完全主觀之批評，在文學批評史上固然不乏其例，吾人卻不能認可其爲恰當之作法。再怎麼說，作品仍是作者留下賴以表意之客體，是不能棄而不顧之存在，故李光地《詩所》原序云：

> 孟子言頌其詩者，必論其世。今失其世，則又賴有詩存而可以推而知，旁引而得也。既知得所之義，然後章求，其次句逆。其情稱名，賾而不可厭也，疊文複而不可亂也。[113]

李光地認清歷史不可能完全回溯之事實，則讀者賴以解讀的主要依據，就是文本本身，故曰：「又賴有詩存而可以推而知」，他並強調，「推而知」的動作，必須環繞文本而行，這樣的概念，可以伊瑟爾的「召喚結構」(the appeal structure)來擴充闡述。

三、文本之召喚結構

　　傳統文學批評認爲，作品意義在作者創造作品之初就

---

[113] 收於《四庫全書》第八十六冊，頁3。

已完成，讀者或批評家能做的事，就只是欣賞這個藝術成品或發現其藝術手法。伊瑟爾則認爲所謂的「藝術（美）」，必須被發現[114]才成其爲藝術美，所謂「鳥啼花落，皆與神通，人不能悟，付之飄風。惟我詩人，衆妙扶智，但見性情，不著文字。宣尼偶過，童歌滄浪，聞之欣然，示我周行。」[115]觀者若「不能悟」，則所謂「美」或「意義」只能「付之飄風」。所以「清兮濁纓，濁兮濁足，自取之也」的「自取之」指的正是孔子因文本而興起感觸後才有的意義，是屬於孔子的再創造。清陳廷焯曾說白石詞中多寄有感慨，但人們常不能察：

> 南渡以後國勢日非，白石目擊心傷，多於詞中寄慨，不獨暗香疏影二章發二帝之幽憤，傷在位之無人也，特感慨全在虛無處，人自不察耳。[116]

以接受者角度來看，不能察出白石詞中感慨，則「白石詞中感慨」就不存在於讀者審美結果中，因此我們也可以說「不獨暗香疏影二章發二帝之幽憤，傷在位之無人也。」

---

[114] 關於是「發現」或「發明」，牽涉到文本被解讀後的意義，究竟是作者的原意，或作者與讀者交流後之合成品，或純然屬於讀者本身所有，這個問題極爲複雜，也無法有定論，接受美學各家主張也有參差；大抵而言，接受美學學者傾向於後兩種看法，此派認爲即使作者在創造作品之初，已然攏聚所有可能之含意，仍不妨害讀者在傳播流程中之重要地位，蓋這些含意若未能被讀者體悟出來，仍是「不存在」的。因此伊瑟爾將文學作品區分爲「藝術」與「審美」兩極，前者即作者創造出來的文本；後者則是在讀者閱讀後產生。

[115] 清袁枚〈序詩品三十二首〉——「神悟」，《小倉山房文集》卷二十。

[116] 陳廷焯《白雨齋詞話》卷二，頁 3821。

是陳廷焯發現或創造出來的意義。可見「美」或所謂「作品意義」只能在讀者的閱讀行為中產生，此時，作品扮演的角色是流露其「召喚結構」，召喚讀者在其結構中發現或完成藝術美。因此，召喚結構指作品提供的某種審美的潛在可能，他激發讀者創造性思維，將這些潛在轉化或創造成為現實，所以，「作品意義」是文本與讀者交互作用的結果，這種結果不預存於作者、作品或讀者任何一端。但是究竟是文本結構的哪一部分在召喚讀者呢？伊瑟爾提出「意義的不確定性」(indeterminacy)與「空白」(blank)兩個概念作為文本的「召喚結構」。

意義為何不能確定呢？除了本章第一節所述，符號本身就有其侷限，以及如姚斯所言，讀者本身之「期待視野」等問題，伊瑟爾認為信息的傳遞必須憑藉共同代碼，這「代碼」除了指語言文字，也包括經歷、知識、社會文化等等，而作者與讀者之間，通常並沒有一個完全對映的代碼，因而造成意義之不能確定：

> 所有的交流過程中皆存有結構上的以及意義未能確定的空白，它隨交流行為之不同而有各種不同形式。[117]

矛盾的是，正因信息傳遞的過程有不對稱產生，反而促使交流之產生，因為「不確定性在意義建構時，提供某

---

[117] Wolfgang Iser 'The Act of Reading: A Theory of Aesthetic Response', p.167.

種程度的自由……文本乃得以在讀者意識中轉換。」[118]因
此伊瑟爾一再強調「不確定性起於交流活動，卻又同時刺
激交流行為之產生。」[119]「文本與讀者之間的根本不對稱，
導致了閱讀過程中的交流……正是這種不確定性增加了各
種交流的可能性。」[120]由此可知，文本意義的不確定性，
促使讀者運用各種可能去確定之，乃能完成解讀動作，閱
讀行為才真正告成。如此一來，文本就如伊瑟爾所言，以
其不確定性來召喚讀者；而意義之確定，須由讀者完成。

　　至於「空白」的指涉與功能是什麼呢？在認知上來說，
它是信息發送接收雙方認知之差異；在符號系統中，它是
編碼與解碼者之間代碼定義之不同；在文學解讀中，伊瑟
爾說：「空白是文本中隱而不露的聯結點」，[121]「它使文本
系統內有『空位』(vacancy)，而填空就引致了讀者與文本
的互動。」[122]因此以功能而言，「空白是溝通的要素」，[123]它
「刺激讀者的想像力」，[124]亦即，空白的功能就是召喚讀者
對文本補白（或曰闡釋、勾玄、抉隱），如此乃能使作品的
意義具現。文學文本之迷人即在於此。清人錢維城有一段
論《春秋》與《左傳》之關係的話，卻正是描述了文本結
構之「有顯有隱」之特質：

---

[118] Wolfgang Iser, "The Indeterminacy of the Text: a Critical Reply", p.39.
[119] 同註 116，p.164.
[120] 伊瑟爾〈文本與讀者的相互作用〉，收於張廷琛編《接受理論》，頁 49。
[121] 同上註，頁 51。
[122] 同註 116，p.182.
[123] 同註 116，p.189.
[124] 同註 116，P.191.

> 欲探《春秋》之意者，求其所筆不可得，參觀其所
> 削而知之矣……日月之光必自麗於物而始見，《左
> 氏》其光所麗之物也；光之所麗又必有其所不麗者，
> 而借之以呈其象，《左氏》又其光所不麗之物也。[125]

錢維城認為「筆削」皆有意義，必須合而參之，於《春秋》
之義乃無所失；就像光照物體，合光照與陰影而觀之，乃
能得立體物象。可見文本意義存在於顯露的結構中，也存
在於隱埋的結構中，這個隱埋的部分，即是所謂的「空白」、
「空隙」或「沈默」：

> 空隙是沈默的，它不是我們聽到的聲音，但卻不斷
> 向我們發出訊息。只要作品中有沈默，作品就不會
> 被詮釋盡。

> 沈默不是阻礙語言，而是展開語言的潛力。只要有
> 沈默，語言的意義就無止境。

> 意義的延生和自我的發現，都在空隙的填補中完成。

> 文字中之空隙挑起讀者的想像，沈默刺激不同時空
> 的讀者，書寫文字因此可經歷不同的時空。[126]

---

[125] 《讀左補義》序。
[126] 以上引言分見簡政珍〈沈默・語言・閱讀〉，頁 477、478、481～482、
482。

文本結構上的「空白」會造成意義連貫時有「空隙」，這些
「空白」除了來自於符號本身的表義侷限，也有部分是作
者企圖以「沈默」作爲邀請的手勢，召喚讀者前來「猜測」、
「逆溯」、甚或容許讀者「自創」意義。比如有時文本敘述
的情節跨度太大，或情節採跳躍而非連續敘述時，就會有
意義的空白產生，比如《左傳》僖公三十年燭之武退秦師
一事，《左傳》細記鄭伯與燭之武的對話之後，連記「許之，
夜縋而出，見秦伯曰」三事，其中時間、空間及人物心境
的轉換，皆有頗大的跨度，這樣的竅隙，正是讀者在閱讀
時遊刃之處。

四、讀者與文本之互動

　　如前所述，利用空白理論，可解釋閱讀行爲之發生以
及作品之「不朽」。由於文本結構中有空白，造成意義與意
義之間的聯結不夠緊密，讀者與文本之間因而有理解上的
漏縫，巧妙的是，這些罅隙推動讀者去想像、推演文本，
從而建構屬於自己的橋樑以串連意義，如此一來，讀者就
參與了文本意義的構築。就以《離騷》而言，談的不過是
屈原個人的哀怨情愁，何以能吸引不同時代、甚至不同遭
遇的人去閱讀呢？蓋因「其文約，其辭微，其志潔，其行
廉，其稱文小而其指極大，舉類邇而見義遠。」[127]文約辭

---

[127] 《史記》卷八十四〈屈原賈生列傳〉。

微，也就是其文本結構留有不少空白，讀者閱讀時可以、也必須填補空白，乃能有所「領會」，且於這樣的參與中得到「淨化」。[128]汪中說：「最好的東西往往是迷離惝恍的。」[129]這「迷離惝恍」正是文本空白之處，之所以「最好」，部分是由於讀者有置喙之餘地，閱讀因而有趣，這是「空白」之所以能引發閱讀行為之因。

至於作品何以能夠在人事時地皆變異之下，猶能「不朽」？亦可由「填補空白」這個讀者與文本之互動來解釋，蓋因各人補白有異，文學文本因而不斷重生，[130]故得以傳誦不絕。「作品空間是極為廣闊的，其邊界在不斷的閱讀中確立，而且一定會在新的閱讀中被不斷地打破。」[131]這麼說來，作品本身是死的，但只要經由讀者閱讀，在讀者為求了解之需求下，對文本作補苴罅漏的互動之後，作品就活了過來，而且每一次的甦活，其生命樣態亦有不同，難怪袁枚要說：

---

[128] 亞里斯多德認為人們透過欣賞悲劇，可以使情感得到疏導，謂之「淨化」，詳參註 24。姚斯則以為讀者的閱讀是一種美的創造，透過這種審美享受，能帶給讀者快樂以及刺激其創造性思維，從而改造讀者心靈，此之謂「淨化」。伊瑟爾意見類似，他說讀者「發現」(discovers)文本的意義，這種發現能帶來審美愉悅(esthetic pleasure)，而審美愉悅提供讀者兩種可能，其一是將讀者自其本身或社會約束中釋放，即使這種自由只有極為短暫的時刻；其二是讀者可在發現過程中積極地運用自己的才能，而且通常是感受與認知上的才能。('The Implied Reader', p.xiii)凡此皆指出「閱讀」之所以讓讀者覺得有趣的原因。

[129] 汪中於第二屆國際清代學術研討會講「晚清詞學之勃興」時語，1999年 11 月 19 日 9 九時 50 分至 10 時 40 分，國立中山大學國際會議廳。

[130] 詳參前述「讀者的期待視野」節。

[131] 郭宏安《重建閱讀空間》，頁 7。

> 且夫詩者由情生者也，有必不可解之情，而後有必
> 不可朽之詩。[132]

所謂的「必不可解之情」，若以伊瑟爾的學說來看，不正是
指文本中之空白極夥，因而讀者每一次的閱讀皆有可以補
白之處，而不同讀者，又有不同空白之發現及填補，宛若
詩情「永不可解」，而實是文本在讀者的補白之下「不朽」
了，清朱彝尊也說：「其辭愈微，而其旨益遠。」[133]，清沈
祥龍論「妙悟」的一段話，正是強調作品當留有空白：

> 詞得屈子之纏綿悱惻，又須得莊子之超曠空靈。蓋
> 莊子之文，純是寄言。詞能寄言，則如鏡中花，如
> 水中月，有神無跡，色相俱空，此惟在妙悟而已。
> 嚴滄浪云：「惟悟乃為當行，乃為本色。」[134]

所謂「寄言」，意寄言外也，文本遂因而有了空隙，故表現
出「超曠空靈」的樣態，這種文本中的空位，在中國文學
批評用語上，喜以「鏡中花」、「水中月」喻之，作者締造
此境，須靠「妙悟」，反過來說，讀者若欲掌握這些虛空背
後的意義，勢必也得透過「妙悟」的功夫，所謂「賦詩必
此詩，定非知詩人」，[135]如若不懂得在文本之中發現空白，

---

[132] 〈答蕺園論詩書〉，《小倉山房文集》卷三十。
[133] 〈陳緯雲紅鹽詞序〉，《曝書亭集》卷四十。
[134] 清沈祥龍《論詞隨筆》，頁 4062，收於唐圭璋編《詞話叢編本》第十
二冊。
[135] 蘇軾〈書鄢陵王主簿所畫折枝〉。

從而填補之，根本不算是完成解讀的程序，劉開就提出「觸類旁通」作爲補白之法，可免去膠柱鼓瑟之病：

> 其他如《孝經》之所述，《禮記・大學》之所稱，〈坊記〉、〈表記〉、〈緇衣〉之所引，無不取徵於詩。何者？理無盡藏；非觸類旁通則無以見。夫詩者，觸類可通，故言無不盡，引而伸之，其義愈進焉。[136]

理之所以「無盡藏」，蓋因對空白之連結人人不同，所建構之文本意義無盡，但是空白點的發現及填補，「非觸類旁通則無以見」，故必須「引而伸之，其義愈進」。方苞也認爲對文義的講求，不能刻舟求劍，必須在文字以外搜求：

> 義法創自太史公，其指意辭事，必取之本文之外。[137]

「本文之外」者，文本之空白也，文章之「指意」必須經由填補、連綴文本外之空白而取得；因此錢維城稱《左傳補義》之作者姜炳璋善於讀《左傳》，而其所謂「善讀」乃謂能「通其言並通其所不言，其言在此而意在彼，與言如此而意不如此者，皆一一深思而得其故。」[138]亦即「善讀書」是指具有深厚靈巧、能聯補文本空白之功力。姚鼐也提到「文愈高，旨愈隱」的文本特色，以及讀者補白的功

---

[136] 清劉開〈續詩說（下）〉，《劉孟涂集》卷一。
[137] 〈書韓退之平淮西碑後〉，《方望溪先生文集》卷五。
[138] 《讀左補義》序。

能：

> 況微言孤旨，有匿於文字之外者乎！自周秦迄今，
> 綴文之士眾矣，其文愈高，則其旨愈隱。讀者各以
> 其見而為評，評有所不盡，乃復為圈點以別之，於
> 是有評點之學。其所得深者，則其評點愈精。[139]

此段文字值得注意的是，姚鼐暗示評點是最能填補文本空
白的批評方式，如此一來，就把評點擢乎其他批評樣式之
上，在這個高超的基準點上，評點家如立不敗之地，功力
若更深些，則對文本意義之展現，更能精到。

不過，對空白之填補，並非只是單純置入讀者個人的
主觀意識，如此一來，讀者的閱讀過程固然有趣，卻不能
有益，因為這純然只是舊知識、舊認知之應用，讀者並未
能透過補白而增長智識，然而，閱讀的主要目的之一，甚
至可說最重要之目的，正是眼界之開拓，所謂智識（經驗、
知識、美學修養等等）之增長是也。所以伊瑟爾說：

> 讀者不該只是將自己個人的經驗或期待放入文本中之
> 空白，而是打斷文本連續性的空白本身，提供想像的
> 條件，讓讀者對文本中「缺席」的部分形成概念。[140]

若過度放大讀者補白的權限，又不可避免文本意義放射的

---

[139] 〈諸家評古文辭類纂序〉，《吳評古文辭類纂》。
[140] Wolfgang Iser, "The Indeterminacy of the Text: a Critical Reply", p.28.

狀況，文本被解讀成互為矛盾的意義，甚至紛紜而不可聚
攏出一條主軸。伊瑟爾一再強調，文本之意義，不在文本，
也不在讀者，而是在兩者之間的互動中，所以是一個有機
體；意義不確定性及因而產生之空白說，旨在提升讀者的
份量，同時，伊瑟爾也提出「策略」(strategies)概念，以避
免上述情況。意義的過度擴散，就如清葉燮所說的雖有「無
窮訓詁」，卻「非古人之心」：

> 要知古人之意，有不在言者；古人之言，有藏於不
> 見者。古人之字句，有側見者，有反見者……古人
> 或偶用一字，未必盡有精義，而吠聲之徒，遂有無
> 窮訓詁以附會之，反非古人之心矣。[141]

葉燮說「古人偶用一字，未必盡有精義」，但後人卻有「無
窮訓詁」，這是本章第一節提到的符號表義功能的開拓，是
能指與所指具有任意性的結果，是作者無意造成但依然形
成的結構空白。但說古人之意「有不在言者」，而且即使已
書寫出來者，仍有「藏於不見」的部分；這些「不在言者」
及「藏而不見」的部分，則是作者刻意留下的「空白」；而
「有不在言者」表示也「有在言者」，有「藏而不見者」，
就有「顯而易見者」，這些「在言者」、「顯而易見者」，就
是伊瑟爾的「策略」概念：

---

[141] 清葉燮《原詩》外篇，頁 36 下。

> 策略不僅制約文本劇目中各種不同成分之間的聯
> 繫……也藉此提供文本劇目與讀者的交會點；也就
> 是說，策略組織文本中的材料，並以之制約文本材
> 料與讀者之交流……因此，策略包含文本的內在結
> 構以及因這些內在結構而促成的讀者的理解。[142]

可見，策略的外在表現就是作者安排材料的技巧，作者企
圖透過這些安排設計引起閱讀樂趣，並爲讀者與文本之互
動指出一個方向，因此伊瑟爾又說：

> 文學交流是一組包含行動與約束的過程，而行動或
> 約束之採行並非來自於既定之法則，而是由文本顯
> 露、隱匿的部分之相互限制與大量互動所制約。隱
> 匿的部分刺激讀者採取行動；但其行動又被已顯露
> 的部分所控制；當隱微的部分被披露時，原先昭朗
> 的部分也告轉化了。[143]

這裡所說的「顯與露」，就是策略之運作，清陳廷焯《白雨
齋詞話》就提到，若無策略，讀者就無法感受到文本中之
空白，更談不上填補的動作：

> 夫人心不能無所感，有感不能無所寄；寄託不厚，感

---

[142] Wolfgang Iser 'The Act of Reading: A Theory of Aesthetic Response', p86.
[143] Wolfgang Iser 'The Act of Reading: A Theory of Aesthetic Response', p.168-169.

人不深；厚而不鬱，感其所感，不能感其所不感。[144]

寄託厚而「不鬱」，指其表達方式「太露」，空白點太少，
則讀者難以於其中迴轉聯結，從事聯想等創造性活動，故
「不能感其所不感」。這裡所說的「寄託深厚」，就是陳廷
焯認為詞人創作時基本之策略，陳廷焯極強調作品需有比
興：

> 託諷於有意無意之間，可謂精於比義；若興則難言
> 之矣，託喻不深，樹義不厚，不足以言興。深矣厚
> 矣，而喻可專指，義可強附，亦不足以言興。所謂
> 興者，意在筆先，神餘言外，極虛極活，極沈極鬱，
> 若遠若近，可喻不可喻，反覆纏綿，都歸忠厚。[145]

此處言託喻要「極虛極活、極沈極鬱、若遠若近」，言「意
在筆先」，言「神餘言外」，都指出行文需有策略，故此處
之「興」，實指作者創作時一來用以寄意之手法，二來用以
引導讀者閱讀方向之策略，文本缺少策略，或策略運用不
當，將造成「喻可專指」、「義可強附」，亦即空白太少，讀
者無從與文本互動，如此一來，也就引不起讀者閱讀之興
趣。伊瑟爾把整個文學活動（包括創作與審美）比喻成一
個與「想像」有關的創造性遊戲：

---

[144] 清陳廷焯《白雨齋詞話》自序，頁 3797，收於唐圭璋編《詞話叢編本》
第十一冊。
[145] 同上註，卷六，頁 3948。

> 作者與讀者共享『想像』這個遊戲……讀者的享受
> 開始於其本身之生產活動──也就是文本容許他將
> 自己的才能帶入文本之中『遊玩』的時候。當然,
> 讀者加入遊戲的意願會受到一些限制──如果文本
> 說得太顯露或太隱晦,將讓讀者覺得玩得太無聊或
> 太勞累,一旦超過了讀者的忍受,他就會選擇離開
> 這場遊戲。[146]

這裡的「太顯露或太隱晦」就是策略運用不當,如此終將
使文本失去它的讀者。

至於所謂「劇目」(repertorie),伊瑟爾定義說:「用來
建立情境所必須的約定俗成的慣例,爲文本的劇目……由
文本中爲讀者所熟悉的東西組成。」[147]「劇目指被選來構
成文本的社會系統或文學傳統。」[148]爲了使讀者與文本有
對話之可能,作者必須依約定俗成的慣例來建立文本,這
些慣例包含以前的文學作品、創作時的社會歷史規範及作
者本身的文化背景。因爲經過選擇與組織,所以它並非作
者所處現實世界的複製,而是作者對現實的轉化。伊瑟爾
認爲文學文本之閱讀亦是言語行爲,只是缺乏交流雙方「面
對面」的形式,因而作者爲了確保文本可擔負交流之任務,
就需建立劇目,這裡所稱的「劇目」相當於言語行爲中的

---

[146] Wolfgang Iser, 'The Act of Reading: A Theory of Aesthetic Response',
p.108.
[147] 同上註,p.69.
[148] 同上註,p.167.

「約定俗成的慣例」，其實類似一般通稱之「內容成分」，但側重作者對交流之主體性。《文心雕龍·知音》篇云：

> 夫綴文者情動而辭發，觀文者披文以入情，沿波討源，雖幽必顯。世遠莫見其面，覘文輒見其心。[149]

劉勰認為作者與讀者缺乏「面對面」的機會，故兩者之交談只能透過「文」，作者情動之初所發之辭、所綴之文就是伊瑟爾所言之劇目，綴文非直露寫去，需考慮「位體」、「置辭」、「通變」、「奇正、」「事義」甚至「宮商」等等，凡此咸關乎材料之選擇與安排，亦即相當於伊瑟爾之劇目與策略概念；[150]而讀者若欲「入情」──掌握意義、形成審美意識，就必須「披文」──透過劇目及交織於其中之策略。可見劇目與策略一來提供作者與讀者對話的背景，二來將彼此的對話拉在某個主軸中，才能「沿波討源」。[151]

由於劇目主要在提供文本與讀者交流的背景，所以「其

---

[149] 卷十，頁 14 下。

[150] 劉勰提出此六項做為讀者探索文本意義之憑藉，本文逆以作為作者創作時對材料之選取與安排，其詳細指涉，據陳兆秀《文心雕龍術語析探》，分別是指「文章的安排情志」、「文章的敷飾辭藻」、「文章的通古變今」、「文章的姿態奇正」、「文章的選用題材」、「文章的語調詞氣」。（頁 104～105）大抵合於伊瑟爾所提劇目建立之條件，需「包含以前的文學作品、創作時的社會歷史規範及作者本身的文化背景。」

[151] 此處節引劉勰閃過的與接受美學概念相似者，並非暗示劉勰有接受美學觀，事實上，劉勰的文學批評理論雖對讀者再創文本的事實偶有觸及，但其文論之中心，卻恰恰與此相反，談的是如何避免讀者對文本之介入或「誤讀」，其終極目標乃在作者本意之取得，故《文心雕龍》鑑賞論的主要篇章〈知音〉篇，說的是如何正確地「知道作者之音」。

原始語境必須保留在相當隱微的狀態，好作爲新意義的背
景。」[152]簡單的說，劇目偏重言材料之選擇，而策略偏重
言材料之組合。也就是說，作者所欲傳達之意念，就寄託
在劇目與策略中，「意念」抽象，卻可經由材料與其組合方
式展示其大概的姿態，這麼說來，伊瑟爾的策略說，其意
涵有一部分與中國文學批評裡的「法」之概念重疊，淸劉
大櫆《論文偶記》云：

> 奇氣最難識；大約忽起忽落，其來無端，其去無跡。
> 讀古人文，於起滅轉接之間，覺有不可測識，便是
> 奇氣。

> 古人文章可告人者惟法耳。然不得其神而徒守其
> 法，則死法而已。要在自家於讀時微會之。

「奇氣」不可測識，必須於文章「起滅轉接之間」去「覺
之」，文章之起滅轉接，其「法」也，作者之「策略」也；
所以說作者可告人者惟「法」也，讀者必須透過「法」，來
開啓其補白動作（「微會之」），乃能「得其神」，如若只在
策略中打轉，不只摸不著作者意念，於自我認知之建構亦
無由達成。[153]以這個角度來看桐城派的「義法」說，更能
明白他們爲何對「法」特別講求，而馮李驊爲何獨鐘《左

---

[152] 同註 146，p.69.
[153] 當然劉大櫆此處所言之「神」，應是單指作者意念而言。

傳》文章架構之安排。袁枚《隨園詩話》就曾提及策略的
功效：

> 詩者，人之性情也，進取諸身而足矣，其言動心，
> 其色奪目，其味適口，其音悅耳，便是佳詩。孔子
> 曰：「不學詩無以言」，又曰：「詩可以興」兩句相應，
> 惟其言之工妙，所以能使人感發而興起，倘直率庸
> 腐之言，能興者其誰耶？[154]

「其言動心，其色奪目，其味適口，其音悅耳」是策略展
現出來的結果——亦即使作品之言「工妙」，這是策略的功
效之一，使作品成為有美感的藝術品，如此方能「使人感
發而興起」，故策略功效之二是觸發讀者之創造性思維。

　　簡而言之，在伊瑟爾的理論系統中，策略的功能有二：
其一是組合文本劇目中的材料；此時，「策略」，類似修辭
設計，[155]正是使文本之所以可成為審美客體之要素；其二
是預立透視點譜系，以便讀者在閱讀過程中經由視點之轉
換而組合文本意義，伊瑟爾認為一個敘事文本至少包含四
種視角：「敘述者視角」、「人物角色視角」、「情節的視角」
及「讀者的視角」，每一個視點都會提供不同信息。[156]他以
馬車上的遊者為喻，說明讀者透過游移視點(wandering

---

[154] 《隨園詩話》補遺卷一。
[155] 當然伊瑟爾用「策略」這個詞彙，就是要與「修辭設計」作個區別，
　　「修辭設計」指外在表現，而「策略」可視為修辭設計的內在結構，
　　用以引起讀者與文本之互動。

viewpoint)以建構意義的過程：

> 讀者就像坐在馬車上的旅者，他必須在小說中跋
> 涉，隨著不斷變動的視角四處張望。當然，他會在
> 記憶中把所看到的全部東西都組合起來，形成一個
> 一致的模式，其本質與可靠度，部分取決於他在旅
> 途的每一個階段專注的程度。但沒有任何一個時
> 候，他能夠對整個旅程擁有一種完整的景觀。[157]

此時，「策略」是作者拋出的一條繩索，企圖縮住讀者，避
免讀者背離文本太遠。[158]

　　綜上所述，在伊瑟爾的「反應理論」系統中，作者挑
選出來形成作品背景、內容的材料稱為「劇目」，作者並運
用「策略」對劇目內容加以組織，「文本劇目及策略只提供
架構，讀者必須於其中自行建構美學客體。」[159]這些組織
造成意義上的不確定，在文本之中留下許多「空白」，而讀
者的閱讀過程，就是填補這些空白的過程；每一位讀者所

---

[156] 同註 146，p.96.
[157] 同上註，p.16。譯文參考陳燕谷譯《讀者反應理論批評》而改寫，頁141。
[158] 關於這個功能的實際運作，伊瑟爾提出「陌生化」(defamiliarize)這個概念──「策略的最終功能，就是使讀者對熟悉的東西感到陌生。」(頁86)，大意是說策略造成的「陌生」(對原視點或焦點意識之質疑)，會延宕信息意義的確立，如此不僅可深化閱讀感受(這就是為何「閱讀」不同於「瀏覽」)，同時也迫使讀者在組織文本意義時，在視點策略的限制下，不至於一往而不復。「陌生化」也可用來說明前文提到的，閱讀如何增長智識的問題。
[159] Wolfgang Iser, 'Act of Reading: A Theory of Aesthetic Response', p.107.

能發現的空白處不同，填補上去的材料也因人而異，因而最終呈現的文本意義不盡相同，以文本角度來說，這是文本得以超越時空限制的原因──它在每一次的「被補白」中復甦；但因補白是在策略的制約下，故其不同還不至於彼此背離，文本也因此而不致面目全非。而以讀者角度來說，利用「已知」來填補文本之空白，乃有「理解」可說；於填補的過程激發創造思維，乃有「樂趣」可說；填補空白時，與文本視野磨宕，從而修正「已知」，乃有「增長」可說。職是之故，伊瑟爾不斷強調，文本意義不是既存的客體，而是在文本與讀者交流的動態中產生的。「藝術只存於、傳於其他人之中。」[160]

　　接受美學的理論，可以簡括為三個概念：第一，文本意義或價值是潛在的或尚未完成的，唯有透過讀者的解讀乃能產生，因此對「作品」而言，其之所以能成為審美對象，尚需仰賴讀者之創造思維；第二，承上概念，讀者才是「審美價值」的創造或完成者，因而文學批評之研究，當以讀者為重心，或說以「閱讀過程」及「解讀結果」為對象；第三，作者與讀者之認知不同，每位讀者背景亦不相同，同一位讀者每次閱讀後之認知又有差異，因此，不論對文本本身，或對文學歷史，甚或讀者，皆當以「動態」視之，亦即文學批評研究，不當是為了追索「唯一而確定之作者本意」，而應當從發展變化的角度，或是藝術審美的

---

[160] 伊瑟爾引 J. P. Sartre 之語，見 'Act of Reading: A Theory of Aesthetic

角度,來看讀者與文本的互動,也就是整個「解讀」活動。

　　最後附帶說明的是,採用西方文學理論探討中國文學仍有須小心操刀之處,最根本的問題是中國文學的特質與西方文學理論產生的基礎有時並不相同,中國文學多為言志作品,從「詩言志」到屈原離騷、賈誼賦,到詩、詞、曲,甚至小說皆然,而西方文論所根基之詩學,未必有此背景,故其可完全不顧作品或作者之背景,而言結構,而言形式,而言現象;此外中國敘事文學的自傳成分又濃,如離騷,如蔡琰〈悲憤詩〉,司馬遷《史記》,曹雪芹《紅樓夢》;要不,就是與史書糾纏如《三國演義》、《水滸傳》;要不,就是帶有強烈批判、反映社會的色彩,如杜詩、唐傳奇、《儒林外史》,與西方敘事理論所基之虛構小說(fiction),又不盡相同,故援用西方文論時,可借其進路,不宜全盤移植。而本研究所據之接受美學,尤其姚斯與伊瑟爾之理論,其根基主要來自語言哲學、解釋學、認知哲學,而不論語言哲學、或認知哲學,事實上是人類共同面對的形而上問題,與時代背景的聯繫性比較不那麼強,加上此派強調讀者期待視野對文本意義創生之參與,與明清許多文學家或文學批評家對「闡釋」行為的看法相同,其架構恰可縫合這些零散的言論,又極適合用以解釋《左繡》的解讀策略與成果,因此本研究採用接受美學作為切入點。

Response', p.108.

本章統一譯名表

*依英文字母序排列

the appeal structure 召喚結構

blank 空白

defamiliarize 陌生化

expectant horizon 期待視野

Ferdinand de Saussure 索緒爾

Hans Robert Jauss(1921-)姚斯

indeterminacy 意義的不確定性

Konstanz 康斯坦茨

repertorie 劇目

strategies 策略

text 文本

wondering viewpoint 游移視點

Wolfgang Iser(1926-) 伊瑟爾

第三章　作者及時代背景

*為便於掌握環境背景與馮李驊年代之關聯,本章於相關人物首見處皆標
　注西元生卒年

　　「知人論世」乃我國傳統文學批評方法,本章藉由此
法追蹤《左繡》產生之時代背景。《左傳》為十三經之一,
在被定於經書位置之前,不是被認定為「經傳」,就是被看
待為「史著」,故歷代對《左傳》之研析,或訓文詁句、或
闡義揚理、或考地索事,咸不脫註解經傳之心態及範圍;
然而是什麼樣的時空激發,使《左繡》作者對於《左傳》
這部經典,不重「經」義,不側「史」趣,而專以「文學」
解讀之?它是否呈現了某種時代興趣?作為那樣一個時空
的產物,它能讓我們看到什麼?本章採取投射燈式之鋪陳
結構,第一節聚焦於作者狀況,由作者生平,探究《左繡》
之肇胎;第二節擴大投射範圍,由當時學術及文學氛圍,
考索《左繡》之成形。

第一節　作者生平暨師友考述

　　本節先考作者生平,次論其交游,藉以了解《左繡》

思想之主要淵源。搜考結果,《左繡》作者馮李驊及陸浩二人生平不詳,所以背景之探究,只能由師友處「旁敲側擊」。

一、作者生平

　　《左繡》作者有馮李驊及陸浩二人,而以馮李驊為主要輯評者。馮字天閑,浙江錢塘人氏,為清朝諸生;[1]陸浩字大瀛,定海人氏。兩人生平見諸記載者僅此,《杭州府志》稱馮李驊為「國朝諸生」,而《明清進士題名錄》及《浙江鄉試錄》皆未見二人登科記錄,二人可能未成科第。由《左繡》印行於康熙五十九年,但知馮、陸為康熙年間人物。

　　《左繡》書前有朱軾(西元 1665~1736 年)及張德純(西元 1664~1732 年)之序。朱軾字若瞻,號可亭,江西高安人,生於康熙四年,康熙五十六年出任浙江巡撫。[2]序中朱軾自稱「年家侍生」,舊時同年登科之各家互稱「年家」,則朱軾先人與馮李驊或陸浩之祖考當有同年之誼。然查考《明清進士題名錄》,在明末清初科榜名單中,未見有錢塘馮氏與高安朱氏同榜之記錄,亦無定海陸氏登科記錄;而《浙江鄉試錄》所錄順治、康熙及雍正年間科榜,府治錢塘姓馮者,有康熙五十二年馮爔及雍正四年馮永振,年又太晚。

---

[1] 《杭州府志》(乾隆四十九年續刊本)卷五十七「藝文」頁 14 錄有「《左繡》三十卷《左貫》二卷」,題為「國朝諸生錢塘馮季驊天閑撰」,未言及陸浩;而「馮季驊」當為「馮李驊」之誤。

[2] 朱軾,《清史稿》卷二百九十六有傳。

另外,「侍生」爲明、清時晚輩對長輩之自稱,但地方官爲
示尊重鄉紳,亦用之以自謙,故「年家侍生」或係客套謙
稱,無法據此判斷馮、朱生年先後。但以朱軾於序中期勉
晚輩的口氣來推敲,馮之生年或晚於朱軾,亦即晚於康熙
四年。

張德純字能一,號天農,別號松南,先世居吳郡崑山,
後遷江蘇青浦;生於康熙三年,卒於雍正十年。[3]馮李驊在
書跋中對張德純以師相稱,則馮李驊生年或亦晚於張,亦
即不早於康熙三年。

依前述出版年及朱軾、張德純的序等三條線索,只能
概知馮李驊、陸浩生年不早於康熙四年,而卒於康熙五十
九年之後。今觀馮李驊〈刻左例言〉云:

> 家貧無力置書,《左傳》自十許歲讀得《左概》二本;
> 閱十餘年始讀杜林合註及《春秋五傳》全書,即謬
> 加丹黃;又閱十餘年凡易稿十餘過,今年春錄有定
> 本(原註「己亥」)。

「己亥」年爲康熙五十八年,次年《左繡》付梓,文中述
及三次「十許歲」或「十餘年」,依此,則康熙五十八年時,

據王昶所撰之〈張德純傳〉稱:「年二十七舉於鄉」;而《江蘇青浦縣
志》(光緒五年刊本)卷十五「選舉」頁21康熙二十九年「舉人」欄,
載有張德純之名,依此推得生年當爲康熙三年。又楊名時〈張德純小傳〉
稱:「壬子秋即世,年六十九。」則張之生、卒年當爲康熙三年至雍正
十年。王昶及楊名時撰之兩傳皆收於清李垣編《國朝耆獻類徵初編》
卷二百二十五「守令(十一)」。

馮李驊不小於三十三歲，不大於五十七歲，循此逆推，則
其生年在康熙二年至二十六年之間。而〈讀左卮言〉最末
又云：

> 小時讀《左概》至僖負羈饋飧寘璧，先君子梅庵公
> 問作何解？驊對曰：「當以恐人見知，藏之壁衣中
> 耶？」蓋刻本模糊，視「璧」（按：當作「璧」）為
> 「壁」。先君不為不怒，反有喜色曰：「孺子異日讀
> 書別有會心，但當以魯莽為戒。」今《左繡》粗有
> 成書，而先君下世二十三年矣。

《左繡》定稿在康熙五十八年，付梓在五十九年，此年馮
父下世二十三載，依此推算，馮梅庵卒於康熙三十七年。
馮父以「僖負羈置璧於飧」一事考問馮李驊，乃在其十許
歲讀《左概》時，依此推算，康熙三十七年時，馮李驊年
不小於十一，則其生年不晚於康熙二十七年(西元 1688
年)。綜上所考，馮李驊生年在康熙四年至二十七年間，而
卒於康熙五十九年之後。

二、師友考述

　　參與《左繡》之評輯、校輯者有馮之友范允斌、沈乃
文、陸偲等人；並其子張孫、翼孫、亢孫及陸浩子麟書，

生平皆無可考。[4]馮李驊在〈刻左例言〉中又提及師友若干人：

> 今年春錄有定本（己亥），終不自安，復從北墅吳子石倉莱瞻喬梓乞得汲古閣註疏六十卷、徐東海先生所輯《春秋左傳諸集》三十一種，又從友人王若沂、沈薊良、沈于門、范右文乞得徐揚貢《初學辨體》、金聖嘆《才子必讀》、孫執升《山曉閣左選》、呂東萊《博議》、《永懷堂杜氏左傳》定本、朱魯齋《詳節》，從及門吳乃人覓得吳青壇《朱子論定》文抄、林西仲《古文晰義》、真西山《正宗》、姜定庵《統箋》，又別見坊刻孫月峰、鍾伯敬評本、唐荊川《文編》、茅鹿門《三史》、王荊石《左選》、羅文恭、汪南明兩家《節文》，以及《左國文粹》、《左氏摘萃》、《左傳評林》諸本增評之，未到者十之二；改評之，未合者二十之一。夏四月又從吳興書賈高某購得吳門唐錫周《左傳咀華》二十二卷，秋九月，友人沈雷臣寄示王或庵《左傳練要》十卷，冬十月，友人沈仁域購示桐川俞寧世《可儀堂左選》全卷，意新筆雋，均為讀《左》快書。

---

[4] 《左繡》每卷首頁皆刊刻評校者府治、名氏及字號，所列人物有評輯者錢塘馮李驊字天閑、定海陸浩字大瀛；參評者有同學錢塘范允斌字右文、仁和沈乃文字襄武，及同懷杭州陸偲字巽皋；校輯者爲馮李驊之子張孫字近濆、翼孫字念詒、亢孫字思蔭，及陸浩之子麟書字素文。

此段文字除了明載友人若干並門人一人之外，更可得馮李
驊閱讀書目之一部分。所記未見於輯評者之友人有王若
沂、沈薊良、沈于門、沈雷臣、沈仁域，生平皆無可考。
其他吳石倉（吳允嘉）、吳荼瞻父子及被稱為及門之吳乃
人，並無可考。故此段記錄只能提供師友人名。另〈刻左
例言〉第一條提及「沈操堂先生」，〈讀左卮言〉提及「先
師王約齋」、「先君梅庵公」。沈操堂，沈樹本也，字厚餘，
浙江歸安人，康熙五十一年進士，以詩名；[5]《湖州府志》
稱其「生平恬澹，喜獎進後學。」[6]至於王約齋及馮梅庵生
平亦無可考。

　　直接線索斷缺，則其師友風氣所漸，只得由朱軾及張
德純二人旁敲。

　　據《清儒學案》記載，朱軾之交游有方苞(西元 1668～
1749 年)、楊名時(西元 1660～1736 年)等人。[7]與方苞尤為
交篤，方嘗以《周官餘論》十篇之三示之，朱持至上書房，
手錄曰：「當吾世有此異人，而上竟不聞知可乎？」[8]此外，
朱軾曾問士於方苞，[9]兩人交情深厚可見。時恕谷先生李塨
（西元 1659～1733 年）與顏元（西元 1635～1704 年）提

---

[5] 《國朝耆獻類徵初編》錄沈德潛所撰之小傳，言其詩效蘇軾：「從來學
蘇詩者，只得其隨手徵引，波瀾不窮，其弊往往流於縱肆；厚餘獨於
用意正大處求之，即質之元遺山，必無滄海橫流之目。」，見卷一百二
十四〈詞臣〉，頁 14 上。

[6] 《國朝耆獻類徵初編》錄，見卷一百二十四〈詞臣〉，頁 14 上。

[7] 見徐世昌等編纂《清儒學案》卷四十九「高安學案」，頁 35。

[8] 此事獨見於方苞所撰之「敘交」一文，收於《國朝耆獻類徵初編》卷
十三「宰輔」，頁 33。

倡踐履之學，[10]朱軾案臨蒲城時曾往訪李塨，並自謂神交恕谷二十年。[11]則李塨亦當入其交游之列。

　　張德純生平資料記載較詳者唯王昶與楊名時撰作之小傳，楊名時於〈張德純小傳〉文末稱，兩人同出「石首熊夫子」之門，有同門之誼。「石首熊夫子」無可考。楊名時字賓實，一字凝齋，江南江陰人，康熙三十年進士，曾督順天學政，尋遷侍讀，先後又擔任陝西考官、直隸巡道、雲南巡撫及吏部尚書等；高宗朝，以禮部尚書銜，兼國子祭酒，並直上書房、南書房，卒諡文定。

　　《清儒學案》於楊名時之交游錄有方苞、朱軾等人。楊曾薦舉官獻瑤任國子監助教，官字瑜卿，安溪人，乃方苞高足弟子；[12]楊名時之師李光地(西元 1642～1718 年)[13]又是薦舉方苞，使免牽連於戴名世（西元 1653～1713 年）一案之貴人。[14]則楊名時與方苞交誼應是不淺。此外，《四庫全書總目》卷一六八「別集類」二一錄有《梧溪集》七卷，並稱：「是書傳本甚稀，王士禎屬其鄉人楊名時訪得明末江

9　見《清儒學案》卷四十八「凝齋學案」，頁 30。

10　康熙十八年，李塨入顏元門下，顏元（習齋）之學因恕谷而名聞當世，世稱「顏李」。

11　詳參徐世昌著《顏李師承記》四，頁 9～10。

12　官獻瑤生卒年不詳，乾隆四年進士，年八十卒。受薦事詳《清史稿校註》卷四百八十二（儒林一）及卷一百十六（選舉四）。

13　《清史稿校註》卷二百九十七楊名時本傳云，康熙三十年楊名時中式，時李光地為考官，深器之，故從受經學。

14　事詳《清史稿校註》卷二百九十七方苞本傳及卷二百六十九李光地本傳。

陰老儒周榮起手錄本，乃盛傳於世。」[15]則楊與王士禛(西元 1634～1711 年)當亦相善。

李光地字晉卿，福建安溪人。順治九年進士。曾任翰林院掌院學士、侍讀學士，卒諡文貞。《清儒學案》於其交游，錄有顧炎武(西元 1613～1682 年)、方苞等人；弟子則有楊名時、何焯(西元 1661～1722 年)等。

方苞字靈皋，江南桐城人，康熙三十八年舉人，四十五年中式，適母病而歸侍，未應殿試。五十年戴名世《南山集》案，方苞因為其寫序而牽連入獄，幸賴李光地力薦而免。《清儒學案》於方苞之交游，錄有李光地、朱軾、楊名時、戴名世、劉大櫆(西元 1697？～1779 年)等。

李塨字剛主，號恕谷，河北蠡縣人。康熙二十九年舉進士第，二十一歲時入顏元門下，三十七歲南遊，翌年獲交毛奇齡(西元 1623～1716 年)。李光地撫直隸時，曾薦其學行於朝，固辭；[16]四十二歲入京，又與萬斯同(西元 1638～1702 年)及胡渭(西元 1633～1714 年)論學。《清儒學案》於李塨之交游，錄有方苞、楊名時等。[17]

王士禛字貽上，號阮亭，山東新城人，順治乙未進士（順治十二年，西元 1655 年），曾任揚州府推官、翰林院侍講、刑部尚書，卒諡文簡。康熙十七年王士禛由戶部轉任翰林院侍讀，十八年充《明史》纂修官，當時與王士禛

---

[15] 頁 1457。

[16] 《清儒學案》卷十三〈恕谷學案〉，頁 1。

[17] 卷十三〈恕谷學案〉，頁 48。

同在翰林的有施閏章(西元 1618～1683 年)、汪琬(西元 1624
～1690 年)等人，時相與酬唱。[18]王士禛典試所得士，如楊
名時、陳鵬年 (西元 1663～1723 年)、黃叔琳(西元 1672～
1756 年)等，後皆成名儒名士。

　　茲將上述師友關係簡化如下圖：

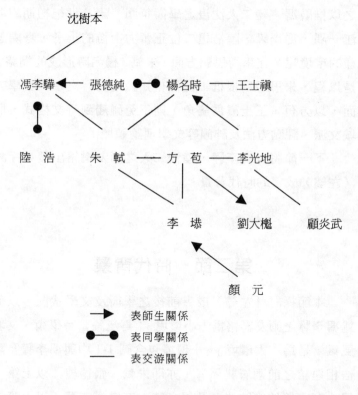

圖一：《左繡》作者師友圖

---

[18] 詳參《漁洋山人自撰年譜》。

上述諸人中，如楊名時、李塨、方苞、王士禛等，證據雖
不足以顯示彼等與馮李驊及陸浩有密切或直接之交游關
係，因而也不能遽稱彼此有「影響」等互動行為；然對馮、
陸二人而言，諸儒者或與師尊有同門之誼，或與長官有論
學之實，間或壤地相接，聞風興起亦屬自然，故仍不妨用
之以推敲馮、陸二人沈浸之學術氛圍。十八世紀初期的浙
江一隅，馮李驊、陸浩這二位正奮力上游的士子，身處怎
樣的環境呢？在學術思想方面，朱軾、楊名時形成的網絡，
是以程、朱思想為根柢，提倡化知識為力行之學；文學方
面，以方苞、王士禛為觸角，則不免碰觸到時文格式、桐
城文派、評點方法及神韻等文學理論領域。

　　下一節將以馮李驊、陸浩二人之師友網絡出發，探討
《左繡》成書的時代背景。

第二節　時代背景

　　本節探討《左繡》成書前後之學術及文學狀況，以前
述馮李驊之師友網絡為「小環境」；再泛論當時學術、文壇
風氣，是為「大環境」。小環境包含圖 1-1 中與馮李驊及陸
浩相連結之前兩層關係者，亦即朱軾、張德純（以上第一
層，有直接往來證據）及楊名時、李塨、方苞（以上第二
層，與朱、張二人有直接往來證據）等人；學術大環境以
簡介當時之程朱風熾為主；文學方面則有桐城文派、八股

文及評點風潮。

一、學術環境——徵實走向

（一）小環境

　　以馮李驊、陸浩身處的地域環境來說，清初浙東學術，以史學著稱，「是明清史學領域中最能體現實學思想的一個重要學派。」[19]「多經史兼治」，[20]而《左傳》一書恰恰兼有經史性質，則馮李驊等人以之爲論學文本，恐或有環境誘導因素在。

　　以師友氛圍來說，朱軾於康熙四十八年提督陝西學政時，以張載「知禮成性」「變化氣質」之學爲諸生摩刮；[21]史傳言其篤信程、朱之言，以躬行自徹，乾隆御製詩稱其：

> 每爲闡經旨，漢則稱賈董，宋惟宗五子，恆言不在言，惟在行而已。[22]

朱軾爲乾隆講學，以宋五子理學爲內涵，而以踐行爲督促，亦嘗自言：

> 顧惟士所貴讀書者，窮理格物，明善以復其初耳，

[19] 陳鼓應、辛冠潔、葛榮晉主編《明清實學思潮史》，頁 1332。
[20] 張高評先生〈方苞義法與《春秋》書法〉，頁 246。收於《清代經學國際研討會論文集》，頁 215～246。
[21] 詳見清李元度《國朝先正事略》卷十二「名臣」，頁 9。
[22] 見清國史館原編《清史列傳》卷十四「大臣畫一傳檔正編十一」，頁 5。

> 非欲其博文強記以資口說、工文詞已也……然制藝
> 之設，所以闡發六經之微言，必於聖賢義蘊精研熟
> 習，體察於身心之間，而實有所得而後能津津言之
> 有味，此取士之法，所以寓課行於衡文之中，以求
> 得真才實學而用之也。今之士，朝夕諷誦，未嘗一
> 體察於身心，及搦管為文則多方揣摩日，如此而元，
> 如此而魁，是以文章為邀榮之階，儒其名，市井其
> 心，可恥孰甚乎？[23]

朱軾認為士子讀經之目的，乃在「求得真才實學而用之」，
若但以之為榮身之階，有其名而無得於心，則甚為可恥。
可見其學術傾向與清初實學之主張[24]並無大別。朱軾歷官康
熙、雍正、乾隆三朝，備受榮寵，生平事功卓犖，大抵以
水利實業為主；又謂神交恕谷，綦之以其交游及生平行事，
朱軾確然為力學篤行之士。著有《家儀》、《名臣名儒循吏
傳》、《禮記纂言》、《周禮註解》、《大易春秋詳解》、《輶車
雜錄》、《廣惠編》等書；訂正《大戴禮記》、《呂氏四禮翼》、
《溫公家範》、《顏氏家訓》，尤精於三禮。[25]

　　張德純於康熙三十九年成進士，康熙四十七年至五十
五年任常山縣知縣。少工詩，六、七歲所作對聯詩句為人

---

[23] 見唐鑑所輯之「學案」，收於《國朝耆獻類徵初編》卷十三「宰輔」，
頁 39。
[24] 關於清初學風及「實學」名義之考索，將於下一節詳述之。
[25] 詳參張廷玉及黃永年所撰之「文瑞公墓誌銘」，分別收於清錢儀吉編《碑
傳集》卷二十二，頁 10，及《國朝耆獻類徵初編》卷十三「宰輔」，

傳誦，有神童之目。[26]楊名時稱其喜誘進後學，南北及門經
指授之士，有內登館閣、外列監司者。晚年一意窮經，尤
精研易學，著有《松南詩鈔》、《儀禮周禮箋釋》、《詩經解
頤》、《孔門易緒》、《離騷節解》、《六書統宗》等書。其中
《莊》、《騷》、《史記》以己意箋釋，不屑屑求附古人。[27]

　　與張德純同門的楊名時則官位榮顯，可謂學業事功兩
全。著有《周易劄記》、《詩義記講》、《四書劄記》等書，
對師說多所發揮。[28]其學術本於程朱，以存誠力行為主，其
釋「誠意」曰：

> 誠意是誠其為善去惡之意，故朱子誠意章章注云：
> 「皆務決去，而求必得之。」可見力行之功，盡於
> 誠意內。[29]

楊名時認為「力行」的原動力在於「誠意」，亦即在訴諸行
動之前，得先務去惡意、必求善意。其論學大抵如此；《清
儒學案》稱其「教諸生以立志居敬致知力行，不專文詞。」

頁 22。
[26] 詳參王昶所撰之「張德純傳」及《常山縣志》（雍正二年刊本）卷之六
上「職官題名」頁 6 下。
[27] 詳參《國朝耆獻類徵初編》卷二百二十五。
[28] 《四庫總目》卷六「經部六易類六」錄有《周易劄記》二卷，評曰：「名
時本光地所取士，故其易學多得知光地。」又卷一六經部一六詩類二
錄有《詩經劄記》一卷，評曰：「是書乃其（楊名時）讀詩所記，大抵
以李光地《詩所》為宗。」
[29] 見《大學劄記》，收於《清儒學案》卷四十八〈凝齋學案〉，頁 6。

30可見楊名時學術所張,與朱軾同調。此外,《四庫全書‧總目提要》說楊名時論學一以師說爲本,因此此處不得不附帶略窺其師李光地的學術。

李光地之學以濂洛關閩爲門徑,以六經四子爲依歸,曾讚嘆朱子之學曰:

> 反覆於知行,而始終於敬,朱子之學可不謂躋《中庸》之庭而入其室者歟?31

此段文字極力稱譽朱子對「知行」學說的闡發,則李光地本身之治學興味可知。著有《周易通論》、《周易觀象》、《尙書解義》、《詩所》、《古樂經傳》、《大學古本說》、《中庸章段》、《中庸餘論》、《論語劄記》、《孟子劄記》、《朱子禮纂》……等。其中《詩所》一書,非名物訓詁之作,而主文句之涵泳,以此得美刺之旨。32這個解經特點,與《左繡》評點《左傳》方向頗爲契合。而其《尙書解義》一書則多考證,已非講學家的「據理懸揣」33風格,則清代漢學的興

---

30 卷四十八「凝齋學案」,頁 1。
31 《尊朱要旨》「主敬一」,收於《清儒學案》卷四十一〈安溪學案〉,頁 9。
32 《四庫全書》「經部(三)‧詩類」收有《詩所》八卷,書前提要評曰:「大旨不主於訓詁名物,而主於推求詩意,又主於涵泳文句,得其美刺之志而止……光地邃於經術,見解終深,其詮釋多能得興觀群怨之旨……其言皆明白切寔,足闡朱子未盡之說,亦非近代講章揣骨聽聲者所可及也。」(第八十六冊頁 2)。
33 《四庫全書》「經部(二)‧書類」收有李光地《尙書七篇解義》二卷,書前提要評曰:「所說不以訓詁爲長……(然所論)皆實有考證之言,非經生家之據理懸揣者矣。」(第六十八冊頁 99~100)。

起，於此已露端倪。[34]

　　方苞，字靈皋，又字鳳九，號望溪。以大學士李光地之薦，由身繫戴名世《南山集》之獄，一步青雲，入直南書房；後遷內閣學士，屢參與編校典籍的事務。為學宗主程朱，嘗自論為學宗旨是「學行繼程朱之後，文章在韓歐之間。」[35]方苞為文務以扶道教、裨風化為任，其〈周官集注序〉曰：

> 蓋是經之作，非若後世雜記制度之書也……學者必
> 探其根原，知制可更而道不可異……然後能神而明
> 之，隨在可濟於實用。[36]

史傳說他「蒙聖祖恩圉，奮欲以學術見諸政事。」[37]又屢上疏論時弊，朱軾又譽其學「皆濟於實用」。[38]則其學術亦以致用篤行為趨向。

　　李塨師事顏元，顏元，號習齋，力黜道學訓詁注疏為空言，曾說：「必有事焉，學之要也。」[39]強調學必以「習」[40]。李塨傳其學，「以三物六行六藝為學之本，期於致用」[41]，

---

[34] 李光地生平及學術，詳參《清史稿校註》卷二百六十九本傳及《清儒學案》卷四十、四十一〈安溪學案〉。
[35] 見蘇惇元〈方望溪先生年譜序〉，收於《方望溪全集》。
[36] 《方望溪全集》卷四，頁 41。
[37] 見《清史稿校註》卷二百九十七本傳。
[38] 見方苞所撰之「敘交」，收於《國朝耆獻類徵初編》卷十三「宰輔」，頁 33。
[39] 《清儒學案》卷十一〈習齋學案〉，頁 2。
[40] 顏元〈總論諸儒講學〉：「惟願主盟儒壇者，遠溯孔孟之功如彼，近察

世以「顏李」並稱。則李塨之學雖亦高懸「致用」之目標，
[42]只是入手方法，迥異於前述拳拳服膺程朱之學者。著有《周
易傳註》、《筮考》、《詩經傳註》、《春秋傳註》、《論語傳註》、
《大學傳註》、《中庸傳註》、《論語傳註問》、《大學傳註問》、
《中庸傳註問》、《小學稽業》、《大學辨業》、《聖經學規纂》、
《論學》、《學禮》、《學射》、《學樂錄》、《平書訂》、《擬太
平策》、《閱史隙視》、《評乙古文》、《瘳忘編》、《宗廟考辨》、
《恕谷後集》、《天道偶測》、《訟過則例》、《學御錄》、《恕
谷詩集》。據史載，李塨後來之學術漸向程朱靠近，轉折即
在於在他出遊南北，廣交各地名儒，汲納不同見解。如三
十七歲南遊，翌年獲交毛奇齡，學術趣味漸轉；[43]四十二歲
入京，又與萬斯同及胡渭論學，至此則其學已由「外王」
經世，轉向「道問學」趨近。[44]今觀其著作不少，則固已未
能謹遵顏元「空言相續，紙上加紙。」[45]的告戒，其中甚至
不乏考證傳註之作，則他融納時學的學術趣味轉變，不證

諸儒之效如此，而垂意於『習』之一字；使為學為教，用力於講讀者
一二，加功於習行者八九，則生民幸甚！吾道幸甚！」，見《四存編·
存學編》，頁 3（總頁 191）。

[41] 見《清儒學案》卷十三〈恕谷學案〉，頁 1。

[42] 《顏譜》：「若但窮經明理，恐成無用學究。」（頁 44）

[43] 《清儒學案》云：「先生自從西河游，北面稱弟子，遍序其書，服膺其
說，註經考典，多取之。」（卷十三「恕谷學案」頁 2）。

[44] 李塨學風之轉變詳參李紀祥《明末清初儒學之發展》第五章「外王經
世（下）」第二節「顏元」；錢穆《中國近三百年學術史》頁 203～218；
余英時〈清代思想史的一個新解釋〉第四節「經世致用與顏李學派」，
收於《歷史與思想》頁 136～142。

[45] 《習齋記餘·大學辨業序》。其他反對著書之言論如：「心中惺覺，口
中講說，紙上敷衍，不由身習，皆無用。」（《四存編》頁 56）「虛言
已蠹世矣，猶云講讀纂修，而生民之禍烈矣！」（《顏譜》）

自明。

　由上述諸儒之學述不難描繪出一個以程朱之學爲其主要對象，以「通經致用」爲共同訴求的學術輪廓。

（二）大環境

　清初學風，歷來學者概以「實學」或「經世」目之。關於「實學」與「經世」二詞之名義，眾說紛紜，範疇不一，[46]大抵可別爲二種看法。其取義較廣者，以《大學》之「齊家治國平天下」說「經世」，亦即將之等同於「外王」思想；只是沿平方略包含有德行感化及經營實務二方面，因此「經世」一詞遂含融了「己立立人」與「經濟事功」兩個範疇。[47]其取狹義者，則但以「經國濟世」爲論述指稱。[48]至於「實學」一詞亦然，廣義言之，「實」字只是與「虛」相對之詞，則「實學」之實際指涉，但視其針貶之對象而定；如儒者視釋道之學爲「虛」，則自稱爲「實學」；守程朱之學者指王學末流爲「虛」，則自謂「實學」。[49]「『實學』這個概念雖屢見於宋明，但在宋明理學的氛圍中，它主要是強調理、氣、心的實有或實行。」[50]而狹義之「實學」，

---

[46] 詳參林保淳《經世思想與文學經世——明末清初經世文論研究》及李紀祥《明末清初儒學之發展》。

[47] 持此說者如張灝〈宋明以來儒家經世思想試釋〉，收於《近世中國經世思想研討會論文集》，頁 3～19。

[48] 如蕭一山〈經世釋義〉，收於《非宇館文存》，卷三，頁 7。

[49] 持此說者如岡田武彥〈宋明的實學及其源流〉，收於《唐君毅先生紀念論文集》，頁 233～268。

[50] 見成復旺〈返回經典，走向實學——略論明清之際學術思想的轉變〉，

則只是稱「實用之學」。

　　本文於這兩個詞彙的義界，取其字面最直捷的意義，所謂「經世」，就是「經理世務」，即「通經致用」主張中「致用」的部分；而「實學」，就只是「實用之學」的意思。依此，則「經世」與「實學」實乃二而一之稱呼。至於這種徵實學風如何激發的呢？學術之畫界不若朝代之更迭，可截然分斷，根據葛榮晉之研究，以為當由宋代說起：

> 　　從北宋以降，許多學者都用「實學」這一概念說明和概括自己的思想和學說。[51]

此時的「實」，主要在對反於佛道之虛無，強調宇宙實體之「實有」。[52]以及「達用」的責任，[53]而明清時期的「實學」，更由宇宙本體論降至關懷經理世務的「實」，亦即更注重「達用」一端，陳鼓應認為「明朝正德年間至萬曆前期，是明清實學思潮興起和發展時期。」[54]謝國楨在《明末清初的學風》一書中提到：

> 　　明末學術，自啟三途：理學、文章、經世，而八股

　　　頁 6～8。全文收於《第四屆清代學術研討會論文集》頁 1～16（國立中山大學中國文學系，1995 年 11 月）。
[51]　見氏編《中國實學思想史》，「導論」頁 1。
[52]　「在程朱看來，『理』不只是宇宙萬物的『根實處』，也是寓于宇宙萬物之中的實有之理。」（葛榮晉前揭書，頁 2）
[53]　「中國所謂實學，實際上就是從北宋開始的『實體達用之學』。」（葛榮晉前揭書，頁 9。）
[54]　陳鼓應、辛冠潔、葛榮晉主編《明清實學思潮史》，「引論」，頁 1。

不與焉。其中唯經世之學，崇禎倡於上，虜寇刺激
於下，遂成此際顯學。為理學者，無論朱、王學派，
皆有向此合拍之勢，隨時代而作自我轉化與調
整……為文章者，則復社之張溥、張采，幾社之陳
子龍、徐孚遠等，莫不群向於經世有用之實學……
實學之產生，亦有其時代之特性……明末實學之所
以發生，最主要還是來自於一股「時代的危機感」，
此種承自萬曆朝東林運動而來的危機意識，至天
啟、崇禎時又繼續深化，不僅經由復社表現於政治
上，亦且在學術上表露出來，而蔚成一股學風。因
此，此際的實學，就晚明思想史而言，其中實隱含
著「實用主義」(Pragmatism)的導向，實用主義比較
不注重形而上——道之類的探討，而注重形而下——
器……包含了國勢、經濟、軍事、水利、民生等現
實的種種層面之需要。[55]

成復旺的看法類似，他說：

這一時期（明清之際）學術思想的出發點是很明確
的，那就是對陽明及其後學的反駁。……他們的撥
亂反正，概括起來也集中在如下兩個方面：首先是

---

[55] 頁7。

返回六經。……其次是走向「實學」。[56]

謝國楨以為明末清初時主張之「實學」，激發於當時學者的「時代危機意識」，故論學主張「實用」——切合當時急迫改革或救世之需求；成復旺則以「對王學及其末流之反駁」為動機，說明治學方向轉向治經，再引伸出通經致用的呼聲。此二說正好代表學術風向興變之外內兩種觸媒。一代思潮之捲起，自是八方風雲所致，絕非片面而單一之觸發，故前述兩因，皆有其歷史份量。然本文所重者，不在其源，而在其流——亦即「實學」在當時的意涵及其流變。由明末至清朝早期，「實學」的內涵是什麼呢？謝國楨認為是「國勢、經濟、軍事、水利、民生」等現實需要之探討，成復旺則以為是一種學術方法，他解釋道：

> 尤其值得重視的，是在走向實學的傾向中所包含的那種面向實事、注重實證的學術方法。「實學」這個概念雖屢見於宋明，但在宋明理學的氛圍中，它主要是強調理、氣、心的實有或實行，並無重要的方法論的意義。作為一種特色鮮明的學術方法，它濫觴於明末清初，以顧炎武為主要奠基人，至清中葉而發揚光大。[57]

雖然上述二位學者對實學內涵解析角度不同，但一言其治

---

[56] 同註 49。

學內容求現實性，一言其治學方法求實證性，皆點出此期學術「實事求是」之特色。這樣的「實用主義」或「實證方法」之學術傾向，在前述朱軾、楊名時、李塨及方苞等人的論著、行事中，都可看得到。

值得注意的是，謝、成二位學者對「實學」內涵看法的差異，卻正是「實學」轉變的軌跡。原先懲於偽儒、憤於時弊而產生的「實行之學」、「實用之學」，已因時移事往而質變。對時代的憂憤，隨著故國之不可復而遠去；親歷動盪的大儒也逐漸凋零，「實學」的內涵逐漸有不同，全祖望（西元 1705～1755 年）在顧炎武身後不久，就已嗅出學風的轉變，其〈顧亭林先生神道表〉曰：

> 讀先生書者雖多，而能言其大節者已罕。[58]

這觀念的轉變時機，恰好就在清初康、雍時期，錢穆《中國近三百年學術史》云：

> 蓋東林承王學末流空疏之弊，早有避虛歸實之意，惟東林諸賢之所重在實行，而其後世變相乘，學者隨時消息，相率以實學為標榜，而實行顧非所重，捨實行而言實學，則非東林之所謂實學也……蓋清初諸儒，尚得東林遺風之一二。康雍以往，極於乾

---

[57] 同註 49，頁 11。

[58] 收於《顧亭林遺書彙輯》第八冊，引文見該表第 7 頁。

嘉,考證之學既盛,乃與東林若渺不相涉。[59]

錢穆認為自明東林時期,論學就有歸實之意,但隨著環境
之變易,學者所歸之「實」已非東林時所重之「實行」,到
了乾嘉,轉成治學之實證態度,就已非東林時期「實學」
的面目了,錢穆歸結此乃時代需要不同所致:

> 至於(亭林論學之)研治道,講救世,則時異世易,
> 繼響無人,而終於消沈焉。[60]

陳祖武先生也提到學術因環境需要而轉向的情況:

> 事實上,無論是黃宗羲的《明夷待訪錄》也好,唐
> 甄的《潛書》也好,還是顧炎武的《日知錄》和王
> 夫之的《黃書》、《噩夢》也好,乃至顏元的《四存
> 編》也好,其間都存在一個根本的共性,那就是對
> 明亡的沈痛歷史反思。所以。我才這樣說,清初學
> 術是明清更迭促使學術界進行歷史反思的產物。因
> 此,當明清更迭的歷史過程於康熙中葉結束之後,
> 基於其上的歷史反思也就隨之而完成自己的歷史使
> 命。於是隨著時間的推移,經濟、政治、軍事、文
> 化諸方面實際問題的探討,逐漸讓位於經史諸學的
> 篤實講求。以康熙後期朱子學獨尊格局的確立和對

儒家經學的表彰為標誌，一代學術終於翻過了清初
的一頁。[61]

如若以朱軾、楊名時、李塨及方苞等人的學術來驗證
清初學風的轉變，亦可掌握一二。前述諸儒論學雖有經世
共同傾向，第猶有細部之差異可說。以時間先後之次來看，
李光地極稱宋儒。其盛讚朱子之處，在於朱子能「反覆於
知行」；而朱軾、楊名時論學，一申「踐行」，一重「力行」，
則此三位儒者，猶不失東林重實行之遺風；至方苞，則唱
言「濟於實用」；而李塨所代表的顏李學派，更是屢以「有
用」「無用」評論學術。[62]於此已可見出東林時期之「實行」
式的「實學」，已漸入清儒「實用」式的「實學」。猶有可
說者，李塨後來學術興味往「道問學」靠近，正正契合了
前述錢穆「捨實行而言實學」之評論及陳祖武「實際問題
的探討讓位於經史諸學的篤實講求」。所以，造成「實學」
內涵之演變，原因之一即時代不同，儒者所要面對的社會
責任有異所致。

前文提及另一個激發明清實學產生的內在因素，為對
王學末流蹈空之反響，而所謂的「王學末流」，隨著朝廷對
程朱理學之提倡，也漸漸消寂或轉化，加上新政權懷柔高

---

[61] 陳祖武〈論清初學術〉，頁 20。收於第四屆清代學術研討會論文集，
一九九五年十一月，頁 17～31。

[62] 錢穆《中國近三百年學術史》，謂習齋論學，「必得之於習行，必見之
於身世，必驗之於事功，此三者，乃習齋論學大經也。」頁 171；另
參本章註 39、42。

壓輪番並來的手段,所謂的「通經致用」,逐漸泯了「致用」
之終極目標,徒滯留於「通經」手段,一縱數百年。

　　清初對程朱理學之提倡,可由康熙帝親御講筵,好談
性理窺知。康熙十六年,聖祖曾諭大學士云:

> 帝王之學,以明理為先。格物致知,必資講論……
> 今思講學必互相闡發,方能融會義理,有裨身心。
> 以後日講,或應朕躬自講朱註,或解說講章,仍令
> 講官照常進講。[63]

此論表明自己將躬自講解朱註,一直到康熙五十年,聖祖
仍以親自講學殷殷諭大學士,而其講論主題更點明對性理
之側重:

> 朕御極五十年,聽政之暇,勤覽書籍,凡《四書》、
> 《五經》、《通鑑》、《性理》等書,具曾研究。每儒
> 臣逐日進講,朕輒先為講解一過,遇有一句可疑,
> 一字未協之處,亦即與諸臣反覆討論,期於義理貫
> 通而後已。[64]

《清史稿校註》卷一百十五「選舉」中也提到康熙時代,
科舉內容看重性理:

---

[63] 《康熙政要》卷七「勤學」頁4～5。
[64] 《康熙政要》卷七「勤學」頁8～9。

> 論題舊出《孝經》，康熙二十九年，兼用《性理》、《太
> 極圖說》、《通書》、《西銘》、《正蒙》。五十七年，論
> 題專用《性理》。

則康熙對宋儒學說之偏好可以見出。《清史稿》聖祖本紀直
言其「潛心理學」：

> 時上潛心理學，旁闡六藝，御纂《朱子全書》及《周
> 易折中》，《性理精義》諸書，皆命光地校理。[65]

侍聖祖講學最親且久者，洵為李光地，《清史稿》本傳稱其
「得君最專」，康熙曾言：「知光地莫若朕，知朕亦莫若光
地。」[66]《清儒學案》屢屢提到李光地對康熙諸多影響，[67]如：

> 康熙朝儒學大興，左右聖祖者，孝感、安溪後先相
> 繼，皆恪奉程朱……聖祖所契許而資贊助者，安溪
> 為獨多。[68]

又如：

---

[65] 《清史稿校註》卷二百六十九李光地本傳。

[66] 《清儒學案》卷四十〈安溪學案〉，頁 2。又《清史稿校註》卷二百六
十九李光地本傳及《康熙政要》卷四「任賢（下）」頁 14，於此語皆
有記載。

[67] 《康熙政要》則認爲是康熙影響了李光地治學方向，卷四「任賢（下）」
頁十三曰：「聖祖臨御久日，潛心六藝之文、河圖象數之學，下逮濂洛
關閩之書，旁及曆算聲音之道，反覆研索，由源達流。光地故篤信程
朱，因以上窺羲文之秘。」此蓋各書立場有異故耳，於君臣兩人之相
互切磋、帶動潮流之事實無損也。

> 清獻（陸隴其）端居獨學，以濂洛關閩為聖學正軌，
> 身體力行，排斥陽明，尤不遺餘力，李文貞（李光
> 地）張清恪（張伯行）達而在上，闡揚擴大，康雍
> 間講學必奉程朱為準。[69]

而李光地治學正是以程朱為祈嚮。此外，由文廟從祀之典，亦可看出在位者之好尚，及其對學術趨向潛移默化之居心。康熙五十一年朱子入祀十哲；雍正二年，增祀陸隴其，[70]「入祀者程朱學者居十三位，卻獨無一位為陸王學者。」[71]，可見當時文廟之從祀，係以程朱之學為正宗。所謂上有好者，下必甚焉，皇帝的嗜好加上李光地等學者論學之取向，終使程朱蔚為一代顯學，可見清初理學之轉向程朱，實以帝王好尚為有力之提倡。

清廷對士儒思想之引導，是多方而細密的，其牢牢大者如群書之編纂及科舉取士，是為懷柔之策。清初世祖朝已有敕纂書籍之動作，[72]然以兵馬倥傯，加上世祖在位時日並不長，成果並不顯著；康、雍兩朝由朝廷敕編之典籍至夥，如聖祖朝的《明史》、[73]《性理精義》、《朱子全書》、《易

---

[68] 《清儒學案》卷四十〈安溪學案〉，頁1。

[69] 《清儒學案》卷十〈三魚學案〉，頁1。

[70] 分見《清史稿校註》卷九十一（志六十六）「禮三」，頁2744及2745。

[71] 龐鍾璐《文廟祀典考》卷二，頁13。

[72] 如順治十二年敕纂《御定人臣儆心錄》一卷，十三年敕纂《御定易經通註》四卷，分見《十通‧清朝通志》卷九十九「藝文略三」，頁志7323；及同書卷九十七「藝文略一」，頁志7311。

[73] 《明史》的修纂工作，始於順治二年開館詔修，然實際運作，要一直等到康熙十八年重開明史館。《明史》的修撰持續到乾隆四年才告完

書詩春秋纂》、《佩文韻府》、《淵鑒類函》、《分類字錦》、《康
熙字典》、《圖書集成》、《皇輿全圖》、《全唐詩》、《歷代賦
彙》、《子史精華》、《駢字類編》等；[74]雍正朝的《古今圖書
集成》；乾隆朝的《四庫全書》，這對消耗前朝遺留文人之
精力、泯弭儒者反抗意識，很有效果，又可收「稽古右文」
[75]之美名。

　　如果說編纂大型典籍可以消耗「舊」學者之精神，則
科舉乃對「新」學者之引導。清代科舉制度一仍明制，以
八股取士，還擴充了名額，《清史稿校註》卷一百十五「選
舉三」云：

> 有清科目取士，承明制用八股文，取四子書及《易》、
> 《書》、《詩》、《春秋》、《禮記》五經命題，謂之制
> 藝。……（順治）二年，頒科場條例……《四書》
> 主朱子集註，《易》主程傳、朱子本義，《書》主蔡
> 傳，《詩》主朱子集傳，《春秋》主胡安國傳，《禮記》
> 主陳澔集說。其後《春秋》不用胡傳，以《左傳》
> 本事為文，參用《公羊》、《穀梁》。

　　成。詳參《清史稿校註》卷一百五十二「藝文一」：「（世祖）二年，又
　　有議修《明史》之詔。」（頁 3996）及《國朝先正事略》卷三十二〈萬
　　季野先生事略〉：「康熙戊午，詔徵博學鴻儒……明年修《明史》。」（頁
　　5）
[74] 詳參清張壽鏞纂《皇朝掌故彙編》內編卷四十五「經籍」。
[75] 乾隆三十七年正月初四諭：「朕稽古右文，聿資治理。」根據吳師哲夫
　　《清代禁燬書目研究》第一篇第二章之統計，康熙朝修纂之群書計有
　　三十三部，乾隆朝則有五十五部。（頁 7～14）

不只考試內容偏向程朱，朝廷甚至將《朱子全書》頒行太
學，[76]則科舉內容幾乎全以程朱爲依歸，尤重朱子，這在以
科舉爲主要晉身門階的時代，等於對士子念茲在茲的學術
預作了選擇，士子幾何不聯袂交袵以縱身其中？

　　除了懷柔羈縻方式以外，文字獄則是嚴酷而有效的高
壓手段。胡奇光研究歷代文字獄後，認爲清代是我國歷史
上文禍悲劇的高潮，而其波峰，就在清初：

> 文禍悲劇到清代，逐漸掀起「高潮」……清代前期
> 的文禍演變，便可說是波浪式前進，螺蜒式上升了。
> [77]

文字獄對向來以文字立足的文人，成了震懾且如影隨形的
緊箍咒。康、雍、乾三朝文字獄見諸記載的有百餘起。[78]因
此大儒章太炎(西元 1869～1936 年)說：

> 清人入關，網禁嚴酷，經世之務，既遭時忌，學士
> 大夫，家有智慧，遂大湊於說經，亦以紓死，其術

---

[76] 《清史稿校註》卷一百十五「選舉三」。
[77] 胡奇光《中國文禍史》導言，頁 6～7。
[78] 據彭國棟《清史文讞志》之統計，順治朝有三案，康、雍、乾三朝合
計一百〇四案；杜景華等撰之《清代文字獄案》則稱滿清一朝之文字
獄，不下百起，多集中在康、雍、乾三朝，而「乾隆朝文字獄案更多
而慘，主要發生在乾隆四十六年前。」（見該書「前言」，頁 2）。吳師
哲夫《清代禁燬書目研究》收有八十四起，且分別就「發生地點」、「分
類」及「主犯處決情形」等三項，依順治、康熙、雍正及乾隆四朝統
計；值得注意的是，文字獄發生地點以浙江居冠，直隸（含北京）爲
次，湖南第三。

乃近於工眇踔善。[79]

近人孟森也提到文字獄對清代學風轉變之影響：

> 乾隆以來多樸學，知人論世之文，易觸時忌，一概
> 不敢從事，移其心力畢注於經學，畢注於名物訓詁
> 之考訂，所成就亦超出前儒之上，此則為清世種族
> 之禍所毆迫，而使聰明才智出於一途，其弊至於不
> 敢論古。[80]

這種學風影響治學方法甚巨，「徵實」是它的主要表現，[81]講
究證據，由文本著手，不空泛論說，強調有一分證據說一
分話。

《左繡》成書在康熙末年，綜上「實學」內涵之流轉，
就不難理解為何《左繡》不是談《左傳》的經世致用之學，
而徒留「徵實」的治學方法，這樣的轉變，在與馮李驊時
代相當的方苞身上，就可明顯看出，本文上一節談到方苞
之學「皆濟於實用」，[82]下一節所論則只見方苞大唱「義法」
理論，[83]由這樣治學興趣的移轉，正可以小窺大，對清初「實

---

[79] 章太炎《檢論》卷四，頁 23。

[80] 孟森《清代史》，頁 268。

[81] 章學誠(西元 1738～1801 年)〈與汪龍莊書〉：「近日學者風氣，徵實太
多，發揮太少，有如桑蠶食葉而不能抽絲。」，《章氏遺書》卷九，頁
25。

[82] 見方苞所撰之「敘交」，收於《國朝耆獻類徵初編》卷十三「宰輔」，
頁 33。

[83] 張高評先生云：「方苞義法說，承經史兼治之萬斯同揭示綱領，又得擅

學」內涵之遞轉有所掌握。事實上這種治學方法，不只表現於對經書的闡釋方面，其震波甚至漾至文學批評的領域，故近代文學研究者稱：

> 前代論詩，往往邏輯不清，論證不足，語焉不詳，需要加以詮釋才能顯明原意。清代論詩，則大都條理清楚，論證充分，闡述詳明，令人一目了然。[84]

其實不只論詩，他類文論也都有此傾向；比如幾乎籠罩有清一代文壇的桐城文派，其論文主張「義理、考據、詞章」並重，這「義理、考據、詞章」三詞，不論就字面意或其指涉，較諸前人之以「采采流水、蓬蓬遠春」[85]或以「風水相遭」[86]論文，的確是徵實易於掌握多了。而盛於清初之評點，於字句、段落、篇章之旁之上，或圈或點或評，直指其佳構、弊處，尤為明白實在，凡此皆文學方面之徵實走向，此或亦影響馮、陸二人以評點方式解讀《左傳》之環境因素之一。以下就來看當時之文學批評環境。

講史之戴名世點定指正，復因《南山集》案之株連，及清廷《春秋》大義之禁忌，故方苞義法雖宗師《春秋》書法，卻止取修辭謀篇，而揚棄大義微言。」（〈方苞義法與《春秋》書法〉，頁 215，收於《清代經學國際研討會論文集》，頁 215～246）

[84] 黃保真、蔡鍾翔、成復旺等著《中國文學理論史》第四冊，頁 366。

[85] 唐司空圖《詩品》。

[86] 蘇洵〈仲兄字文甫說〉。

二、文學批評環境──評點與義法

（一）小環境

此處之「小環境」亦以前述師友表第一、二層師友網絡為範圍，這兩層人物有沈樹本、張德純、朱軾、楊名時、方苞、李塨，獨方苞的論文主張較受矚目，影響也較大，故本節主要是介紹方苞的文論。方苞為桐城派初祖，論文以「義法」為中心。他認為「義法」乃為文之基，欲從事古文者，若能立足義法，則庶免於馳騖之苦：

> 苟志乎古文，必先定其祈嚮，然後所學有以為基，匪是則勤而無所。若夫《左》、《史》以來相承之義法，各出之徑涂，則期月之間，可講而明也。[87]

究竟何謂「義法」？其〈又書貨殖傳後〉提到：

> 《春秋》之制義法，自太史公發之，而後之深於文者亦具焉。「義」即《易》之所謂「言有物」也；「法」即《易》之所謂「言有序」也。義以為經而法緯之，然後為成體之文。[88]

在這段短短的文字中，方苞不僅推溯「義法」根源於《春秋》，又揭示其內涵乃「言有物」及「言有序」，並標榜「義

---

[87] 〈答申謙居書〉，《方望溪全集》卷六，頁 81。
[88] 《方望溪全集》卷二，頁 29。

法」為文章之骨架——文章有「義法」,方是「成體之文」。
義法既係為文之鑰,方苞以為學者倘能切究於此,則不論
治古文、為時文,皆無入而不自得,其〈古文約選序例〉
云:

> 蓋古文所從來遠矣,六經、《語》、《孟》其根源也,
> 得其枝流而義法最精者,莫如《左傳》、《史記》,然
> 各自成書,具有首尾,不可分劙……惟兩漢書疏,
> 及唐宋八家之文,篇各一事,可擇其尤,而所取必
> 至約,然後義法之精可見……學者能切究於此,而
> 以求《左》、《史》、《公》、《穀》、《語》、《策》之義
> 法,則觸類而通,用為制舉之文,敷陳論策,綽有
> 餘裕矣,雖然此其末也。[89]

但是,義法非死物,非可執一而範天下,蓋文體不同,則
義法自異,在〈答喬介夫書〉一文中方苞即指出義法「隨
體斟酌」的特性:

> 蓋諸體之文,各有義法。表、誌尺幅甚狹,而詳載
> 本議,則擁腫而不中繩墨;若約略剪截,俾情事不
> 詳,則後之人無所取鑒,而當日忘身家以排逆議之
> 義,亦不可得而見矣。《國語》載齊姜語晉公子重耳,
> 凡數百言,而《春秋傳》以兩言代之。蓋一國之語

---

[89] 《方望溪全集・集外文》卷四,頁 303。

> 可詳也，傳《春秋》總重耳出亡之跡，而獨詳於此，
> 則義無取。今試以姜語備入傳中，其前後尚能自運
> 掉乎？[90]

在這段文論中，方苞以晉公子重耳出亡為例，比較《左傳》
與《國語》記載重耳離齊時與齊姜對話繁簡之異，《國語》
以國為軸，詳一國之語，故細寫；《左傳》鳥瞰重耳十九年
出亡經歷，故略寫。可見，法隨義轉，所言之物不同，所
言之序就視情況而或剪裁或疏通，如此才是活法。方苞強
調義法互動之有機性，尚可在〈書五代史安重誨傳後〉一
文中看到：

> 記事之文，惟《左傳》、《史記》各有義法，一篇之
> 中，脈相灌輸，而不可增損。然其前後相應，或隱
> 或顯，或偏或全，變化隨宜，不主一道……夫法之
> 變，蓋有其義有不得不然者。[91]

又如《左傳義法》評秦晉韓之戰，提到：

> 古人敘事或順或逆，或前或後，皆義之不得不然。

方苞既以「義法」為文章內在精神，故在評論他人文學成
就時，亦以「義法」為準繩，如評前代著述云：

---

[90]《方望溪全集》卷六，頁 67。
[91] 《方望溪全集》卷二，頁 32。

> 左邱明、司馬遷、班固，志欲通古今之變，存一王
> 之法，故記事之文傳；荀卿、董傅，守孤學以待來
> 者，故道古之文傳；管夷吾、賈誼，達於世務，故
> 論事之文傳。凡此皆言有物者也。[92]

「志欲通古今之變，存一王之法」、「守孤學以待來者」、「達
於世務」是想在文章中存放的東西，是「義」；因「義」之
不同，而有「記事」、「道古」、「論事」等不同的表達方式，
是「法」。此段列舉《左傳》、《史記》、《漢書》諸書及荀子、
董仲舒、管仲、賈誼等人，認爲彼等咸因「言有物」，從而
文體各異（屬於「言有序」的表現），故得以傳世。又如歸
有光乃方苞爲文取法之對象，[93]然方苞評歸文曰：

> 震川之文，於所謂有序者，蓋庶幾矣，而有物則寡
> 焉。[94]

方苞以「言有序」、「言有物」檢視歸有光作品，亦即以「義
法」爲尺規，繩律之後認爲震川言雖有法度，於義則有缺，

---

[92] 〈楊千木文稿序〉，《方望溪全集・集外文》卷四，頁 301。
[93] 方苞曾謂歸文多近於古，其善者「不俟修飾而情辭并得，使覽者惻然
有隱，其氣韻蓋得之子長，故能取法於歐、曾，而少更其形貌耳。」
（〈書歸震川文集後〉，《方望溪全集》卷五，頁 57～58）。吳仲倫《初
月樓古文緒論》云：「方望溪直接震川矣。」（第五十條，頁 30）；陳
柱《中國散文史》亦持此看法：「桐城方苞，亦喜言歸氏，以爲言之有
序者。爲文陽言左馬義法，而實陰宗歸氏之抑揚。」（頁 291）；尤信
雄《桐城文派學述》亦提及歸有光對方苞之啓發：「自桐城方望溪以古
文大宗，承清初三家之後，近繼震川，遠法歐、曾。」（頁 57）。
[94] 〈書歸震川文集後〉，《方望溪全集》卷五，頁 58。

對師法對象猶嚴視若此，則方苞對義法說之看重可知。

至於方苞對文章風格之要求，則以「雅潔」爲標的：

> 凡爲學佛者傳記，用佛氏語則不雅……豈惟佛說，
> 即宋五子講學口語，亦不宜入散體文。司馬氏所謂
> 言不雅馴也[95]

> 古文氣體，所貴清澄無滓。澄清之極，自然而發其
> 光。[96]

佛氏用語、語錄體不宜入文，原因無他，只因「不雅馴」；
古文所貴，也無他，正在其「清澄無滓」；不論「雅馴」或
「清澄無滓」，都屬於「雅潔」風格。但是「雅潔」風格如
何可得呢？方苞說：

> 蓋明於體要，而所載之事不雜，其氣體爲最潔耳。[97]

> 欲理之明，必溯源六經而切究乎宋元諸儒之說；欲
> 辭之當，必貼合題義而取材於三代兩漢之書；欲氣
> 之昌，必以義理灌濯其心，而沈潛反覆於周秦盛漢
> 唐宋大家之古文，兼是三者，然後清真古雅而言皆

---

[95] 〈答程夔州書〉，《方望溪全集》卷六，頁 82。
[96] 〈古文約選序例〉，《方望溪全集・集外文》卷四，頁 304。
[97] 〈書蕭相國世家後〉，《方望溪全集》卷二，頁 28。

有物。[98]

欲得文體「簡潔」，須明體要，可見「潔」之風格表現係扣
合文義之「雅」而來；蓋文章內容能言之有物，則不落俚
俗，故而能「雅」；文章形式能言之有序，則不流蕪雜，因
而得「潔」。故欲得「雅潔」之風格，須正源以明理、切題
取材以求措辭允當、滌心效古以昌其氣，總之方苞以為循
乎「義法」，則「雅潔」可得，於此，他將文章之內在精神
組織與外在風格表現之主張扣合在一起。其評柳宗元文
章，即以此切入：

> 子厚自述為文，皆取原於六經，甚哉！其自知之不
> 能審也。彼言涉於道，多膚末支離而無所歸宿……
> 蓋其根源，雜出周、秦、漢、魏、六朝諸文家，而
> 於諸經，特用為采色聲音之助爾。故凡所作效古而
> 自汨其體者、引喻凡猥者、詞繁而蕪、句佻且稚者，
> 記、序、書、說、雜文皆有之，不獨碑、誌，仍六
> 朝、初唐餘習也。[99]

柳宗元文章取原不純，未能根基於六經，故不能「言有物」，
以致於有「膚末」、「引喻凡猥」、「句佻且稚」之病，有失
乎「雅」道；又不能「言有序」，因而文章「支離而無所歸
宿」、「自汨其體」、「辭繁而蕪」，復不得於「潔」法。其評

歸有光亦同,方苞以為歸竭心力於時文,寡於「言有物」,故「其辭號雅潔,仍有近俚而傷於繁者。」[100]方苞對「雅潔」之要求,不僅止於古文,甚至對時文亦持相同之衡量標準,其〈欽定四書文凡例〉說明評選時文之尺度為:

> 凡所取錄,以發明義理,清正古雅,言必有物為宗。[101]

所謂「清正古雅」,正是「雅潔」倒說也,方苞以「雅潔」風格,匯通古文與時文,其實正可見其對「雅潔」風格之鍾愛,加上論義法時,也提到掌握古文義法之後,則「用為制舉之文」亦綽有餘裕,以「義法」與「雅潔」兼論時文與古文,正可見出他論文主張之焦點,卻因此招來「逢迎上意」及「以時文為古文」之譏。這又與當時文學大環境之風尚有關,故留待下節討論之。

　　方苞文論中,與《左繡》關係較為密切者,為其對《左傳》文章之看重。前引方苞「義法」說之諸般言論,稱《左傳》為「義法最精」者,故屢引以為義法說之範本,甚至以為前人之擅於文者,咸以《左傳》為師:

> 夫紀事之文,成體者莫如《左氏》。[102]

> 序事之文,備於《左》、《史》,退之變《左》、《史》

99　〈書柳文後〉,《方望溪全集》卷五,頁55。
100　〈書歸震川文集後〉,《方望溪全集》卷五,頁57~58。
101　《方望溪全集》集外文,卷二,頁288。
102　《方望溪全集》卷二〈又書貨殖傳後〉,頁29。

之格調而陰用其義法。[103]

此言古文宗師韓愈亦由《左》、《史》吸收養分，則其重要
不喻可知。除了一再強調《左傳》之文學成就，方苞並著
有《左傳義法舉要》以作爲習古文者更直截之指導，而指
導之內容當然不是解經種種，而是行文謀篇遣詞造句之規
撫，也就是幾乎已將《左傳》視爲「作文範本」，故日人青
木正兒說：

> 繼承康熙年間，伴隨唐宋八家文之流行的經學尊重
> 風氣，堅持「文以載道」說的第一人，是康熙末葉
> 至乾隆初年，榮極一時的方苞……他論文嚴格講求
> 「義法」，即義理，即文的內在理法和文法──亦即
> 文的外形法則。「義」是以儒家道義，尤以孔子《春
> 秋》之義為根柢，堅持所謂「載道」之說。「法」是
> 體《春秋》褒貶筆法之意。「義法」乃主張應以《左
> 傳》、《史記》降至唐宋八家的文法為宗，以此二者
> 相表裡，相關地去批評和作文。故並非單是抑揚、
> 頓挫、波瀾、照應等技巧的文法，而是論如何以義理
> 判斷內容，加以取捨，並將之表現為文字的方法。[104]

---

[103] 《方望溪全集》集外文，卷四，〈古文約選序例〉，頁 303。
[104] 青木正兒著，陳淑女譯，《清代文學評論史》，頁 151～152。當然方苞
所主張是否純然是「儒家道義」及「春秋筆法」，猶待商榷，今觀清方
宗誠〈桐城文錄序〉所言，是有此趨向，卻未必只以此爲限：「我朝論
文家者，多推望溪、海峰、惜抱三先生。而三先生實各極其能，不相

方苞時將《左傳》、《史記》並舉，對二書皆有評點；[105]馮李驊則更進一步將《左傳》由經書的束縛中解放，專論《左傳》之文。此外，方苞以「雅潔」風格同時論說古文與時文，馮李驊的評點則多有借用時文概念之處，兩人時代相當，若非彼此有啓發之功，至少可見出《左傳》被解讀的層面已與前人不同，因此《左繡》以評點方式解讀《左傳》，自亦有其時代精神在。

（二）大環境

清代文壇幾乎爲桐城文派所籠罩，薛福成談及桐城派之勢力範圍曰：

> 自淮以南，上沂長江，西至洞庭沅澧之交，東盡會稽，南踰服嶺，言古文者，必宗桐城，號曰桐城派。[106]

則桐城派與《左繡》作者有地緣關係；而尤信雄研究桐城文學，認爲「桐城派既因緣風會崛起於康雍之間。」[107]則

沿襲。望溪先生之文，以義法爲宗，非闡道翼教，有關人倫風化者不苟做。」（《柏堂集次編》卷一）

[105] 方苞全集存有《史記評語》，未見有關《左傳》之評點。然據《清史稿藝文志補編》「經部·春秋類」所錄，方苞撰有《左傳評點》二卷；此外，尚口述《左傳義法》一書，由王兆符手錄，是目前所見方苞對《左傳》之評點。另邵懿辰於方苞《史記評語》前加小識云：「學者由是可悟作史爲文之義法。」則知其所重在文，見《方望溪全集》集外文補遺，卷二，頁 425。

[106] 〈寄盦文存〉，《庸盦全集》第一冊《庸盦文外編》卷二，頁 36（總頁 228）。

[107] 《桐城文派學述》頁 14。

桐城派與《左繡》有共時之關係。因此以下以桐城派爲切
入點,探究《左繡》成書之大環境。

　　上一節已提到方苞對「義法」及「雅潔」之看重,其
中「雅潔」之風格主張,或有「逢迎上意」之譏。蓋因康、
雍兩帝重實黜虛,每以諭旨表達對「醇雅」之愛尚,如康
熙四十一年六月戊午,聖祖御製〈訓飭士子文〉,勒石太學,
誥誡士子曰:

　　　　文章歸於醇雅,毋事浮華;軌度式於規繩,最防蕩
　　　　軼。[108]

雍正十年七月壬子,世宗諭誡考官云:

　　　　所拔之文,務令雅正清真,理法兼備……而支蔓浮
　　　　夸之言,所當屏去。[109]

十一年正月丙午又諭內閣云:

　　　　士子讀聖賢書,果能講求明體達用之學,則以平日
　　　　蘊蓄發為文章,自然法正理純,得聖賢語氣,可以
　　　　傳世而行遠,此則有本之學,有用之文,為國家所
　　　　重賴者。若不於根柢講求,而但以華靡相尚,則連
　　　　篇累牘皆屬浮辭,聖賢經義既全無發明,聖賢語氣

又毫不相肖，國家亦安用此浮夸之士哉？[110]

聖祖以「醇雅」期勉士子之為文；世宗又以「雅正清真」指示考官取士之標準，並告諭內閣，士子當以「達用」為治學目標；在此目標底下，為文自然求有本有用，故當以「法正理醇」為尚，而黜其浮誇者。所謂「醇雅」、「雅正清真」、「法正理純」皆與方苞古文主張之「雅潔」趣味相投，方苞是否投上所好，姑且不論，當時之文章風向卻可由此窺知，在上位者有此明定指示，欲以文章顯達者，如何能不自範於此好尚之下？則一代文風之醞釀可想而知。

　　另一個對方苞之譏諷為時文與古文之無別，如錢大昕（西元 1728～1804 年）〈跋方望溪文〉云：

　　金壇王若霖嘗言：「靈皋以古文為時文，以時文為古文。」論者以為深中望溪之病。[111]

在〈與友人書〉中，譏刺之意尤顯：

　　蓋方所謂古文義法者，特世俗選本之古文，未嘗博觀而求其法也，法且不知，而義於何有？[112]

錢大昕於此書信中，不只不滿方苞混同古文與時文，也否定其文論之中心——「義法」說，更有甚者，直斥方苞「乃

---

[110] 同前書，頁 6 上。
[111] 《潛研堂文集》卷三十一，頁 17。
[112] 同前書，卷三十三，頁 16。

真不讀書之甚者」，不滿之情橫溢文表；又如包世臣〈讀大
雲山房文集〉云：

> 然古文自南宋以來，皆為以時文之法，繁蕪無骨勢。
> 茅坤、歸有光之徒程其格式，而方苞系之，自謂真
> 古矣，乃與時文彌近。[113]

此言以時文法式創作古文之風氣，可溯自南宋；然真正混
淆二者之別，乃在方苞。欲追究此類評論之產生，得先由
桐城古文談起。

方苞為桐城派始祖，其文論已見上節；劉大櫆（西元
1698～1779 年）字才甫，號海峰，為方苞弟子，姚鼐（西
元 1732～1815 年）之師，其文論對桐城派之形成具有重要
承轉地位。劉大櫆論文主要見於《論文偶記》，桐城派所主
張之「義理、考據、詞章並重」說，雛型即創於劉大櫆：

> 義理、書卷、經濟者，行文之實；若行文自另是一
> 回事。譬如大匠操斤，無土木材料，縱有成風盡堊
> 手段，何處設施？然即有土木材料，而不善設施者
> 甚多，終不可為大匠。故文人者，大匠也；義理、
> 書卷、經濟者，匠人之材料也。[114]

此處之「義理、書卷」，即上承方苞「義理」下開姚鼐「考

---

[113] 《藝舟雙楫》論文三，頁 55。
[114] 《論文偶記》第三條，頁 3。

據」之主張；而所謂「設施、大匠操斤」即是文人駕馭文字之能力，此則關乎「詞章」之表現。此外，劉大櫆文論中，最受矚目的，尚有「神氣」說：

> 神氣者，文之最精處也；音節者，文之稍粗處也；字句者，文之最粗處也；然論文而至于字句，則文之能事盡矣。蓋音節者，神氣之跡也；字句者，音節之矩也。神氣不可見，于音節見之；音節無可準，以字句準之。[115]

劉大櫆不以玄虛的字眼說文章，反而落實至文章最基本單位——字句；欲求虛渺之「神氣」，不可廢字句，甚至得階此粗跡才能得到神氣；劉大櫆弟子姚鼐對此持相同看法：

> 凡文之體類十三，而所以為文者八：曰神理氣味格律聲色。神理氣味者，文之精也；格律聲色者，文之粗也；然苟舍其粗，則精者亦胡以寓焉？學者之於古人，必始而遇其粗，中而遇其精，終則御其精者而遺其粗者。[116]

姚鼐編纂《古文辭類纂》一書，分文體為十三類，並認為不論哪一類文體，咸得透過「格律聲色」之講求，乃能掌握文章之「神理氣味」，前者雖為粗跡，卻不可或無。綜上

---

[115] 同前書，第十三條，頁5。
[116] 《古文辭類纂》序目，頁26。

所述,方、劉、姚三人之文論皆重字句等所謂「粗跡」之
講究,以為立於此乃能進一步求文章之「氣體」、「神氣」、
「神理氣味」,此種論文走向與本章第一節末所提到之「徵
實」風氣果是相合。而桐城文派文論中心——「義理、考據、
詞章並重」之主張,原有調和漢宋齟爭之野心,然其說可
通乎八股文程式之要求,卻也是不爭之事實,這也是引來
「混同古文時文」譏議所在,如近人啟功研究八股文,即
稱桐城派不過是「打著古文旗號的八股先生」,因為:

> 這三大項(義理、考據、詞章)乃是為應舉做文章
> 而說的。所謂「義理」,即是琢磨出孔孟以至宋儒的
> 思想論點;「詞章」即是作文章的技巧,從詞句、辭
> 藻、章法、層次以至邏輯推理等等的鍛鍊;「考據」
> 的作用即是對歷史故事、典故出處不要弄錯。[117]

八股文不過是一種文章體式,甚至可說是一種能同時考核
讀書人思想、才學、文筆等諸多才藝的文章體裁,本身並
無是非功過可說,但由於明末清初儒者,懲於明亡之痛,
努力想找出歷史教訓,八股文遂成代罪羔羊、眾矢之的。
啟功先生此段談論八股文之習作特色,甚為中肯,但在比
附八股文與桐城文論時,不免語帶譏誚,則不僅有窄化桐
城文論之嫌,似乎連八股文都被看輕。不過此說正可見出
桐城文論見譏之源由及狀況。張榮輝研究桐城文學,認為

---

[117] 《說八股》,頁 38。

桐城派與八股文間之所以會產生糾葛，除了當時「以八股
爲文學」的時代影響外，主要是因「義法」說可通於八股，
供制藝之用。[118]本研究則以爲其取論與實際作法──由評點
說義法，更是主因。以下先看桐城派三位大師本身對時文
的看法究竟如何。

　　方苞雖以「雅潔」風格同律古文與時文，時文創作更
被人稱爲「江東第一」，[119]論文主張也受到「混淆時文與古
文」之譏刺，然未曾正面肯定時文地位，其論時文云：

> 時文之於文，尤術之淺者。[120]

到了劉大櫆，則勇於承認時文乃文體之一，與他類文體原
無高低之別：

> 八比之文，如詩之有律，用排偶之辭代聖賢之口語，
> 不惟發舒其義，而且摹繪其神……故習其業者，必
> 皆通乎六經之旨，出入於秦漢唐宋之文，然後辭氣
> 深厚，可備文章之一體。[121]

依劉大櫆看法，習時文必須「通乎六經之旨，出入於秦漢
唐宋之文」，亦即古文可作爲時文創作之模範。劉大櫆猶以

---

[118] 詳參張榮輝〈清代桐城派文學之研究〉，第二章「桐城派與八股文」。
[119] 郭英德《長河落日》，頁 40。
[120] 〈楊千木文稿序〉，《方望溪全集・集外文》卷四，頁 301。
[121] 〈方晞原時文序〉，《國朝文錄》卷二十一「序跋類九」，頁 34（總頁 1550）。

時文為文章之一體,姚鼐則又更進一步,反認為時文創作
可為古文打根基:

> 明時定以經義取士,而為八股之體;今之學古之士,
> 謂其體卑而不足為。吾則以謂此其才卑而見之謬
> 也……余生平不敢輕視經義之文,嘗欲率天下為
> 之。夫為之者多,而後真能以經義為古文之才,出
> 其間而名後世。[122]

姚鼐認為鄙視八股者,實乃才卑而見謬;因此他甚至宣言
「欲率天下為之」。蓋因姚鼐以為才高者所為之八股,可上
達聖人之精,通乎古作者文章之盛,故不僅不當卑視,甚
至宜尊為至高文體,其〈停雲堂遺文序〉云:

> 士不知經義之體之可貴,棄而不欲為者多矣……苟
> 有聰明才傑者,守宋儒之學,以上達聖人之精,即
> 今之文體,而通乎古作者文章極盛之境。經義之體,
> 其高出詞賦箋疏之上,倍蓰十百,豈待言哉?可以
> 為文章之至高,又承國家法令之所重,而士乃反視

---

[122] 〈陶山四書義序〉,《惜抱軒全集·文後集》卷一,頁 208。關於古文
與時文當由何者先入手,姚鼐本身意見頗有分歧,在本序中,姚鼐稱
當「以經義為古文」,但在〈與管異之六首〉中,則又以為由古文通向
制藝,為功甚易,其言曰:「大抵從時文家逆追經藝古文之理甚難,若
本解古文,直取以為經藝之體則為功甚易,不過數月內可成也。」不
論如何,由此處可看出當時通融兩體之創作手法,實已成慣習。

之甚卑，可歎也。[123]

桐城文派與時文關係之密切，由此三大祖之大力創作——如方苞「江東第一」之稱，或肯定——如劉、姚之論，已可窺得八九。

時文在當時文人心中，除了功名之階外，是否已漸次取得與古文相肩之地位？混泯二者之別，是桐城派之獨見或時人普遍想法？在第一節「作者之師友考述」部分，曾提及王士禛與楊名時有交誼，楊名時又與馮李驊師尊張德純有同門之誼，故除了桐城文派以外之文學大環境鳥瞰，就從此著手。

王士禛左右清初詩壇，史傳稱其詩爲「一代正宗」，[124]著有《帶經堂集》、《池北偶談》、《分甘餘話》、《香祖筆記》、《漁洋詩話》⋯⋯等，並曾評點《聊齋誌異》。王士禛雖爲北人，但曾任揚州府推官，對江浙士風頗有影響，由《揚州畫舫錄》一段引冒襄的話可以窺其梗概：

> 漁洋文章結納遍天下，客之訪平山堂、唐昌觀者，日以接踵。[125]

《清儒學案》曾有一段記載，亦可見出王士禛對南方文風之洗滌：

---

[123] 《惜抱軒全集・文集》卷四，頁 39～40。
[124] 清李元度〈王文簡公事略〉，收於《國朝先正事略》卷六。
[125] 卷十「虹橋錄（上）」，頁 3。

> 盧見曾，字抱孫，號雅雨，德州人。康熙辛丑進士……
> 前後兩官淮南，慕其鄉王文簡士禛風流文采，接納
> 江浙文人，唯恐不及。[126]

盧見曾效王士禛風采，熱絡接納江浙文人，則王士禛之論
文評詩主張，對於江浙士子當亦不陌生。[127]

王士禛論詩主神韻，然直接標出「神韻」二字之處並
不多，以是其義界眾說紛紜。其自述神韻而定義較清晰者，
有下面這一則：

> 汾陽孔文谷天胤云：「薛西原論詩，獨取謝康樂、王
> 摩詰、孟浩然、韋應物，言：『白雲抱幽石，綠篠媚
> 清漣。』清也；『表靈物莫賞，蘊真誰為傳？』遠也；
> 『何必絲與竹，山水有清音。』『景昃鳴禽集，水木
> 湛清華。』清遠兼之也。總其妙，在神韻矣。」「神
> 韻」二字，予向論詩，首為學人拈出，不知先見於
> 此。[128]

這一條筆記中，王士禛自揭論詩綱領為「神韻」，且自忖此

---

[126] 《清儒學案》卷六十七「味經學案」頁 23。

[127] 其實，王士禛名氣灌天下，影響並不只在江南，宋犖於所撰之王士禛墓誌銘云：「公弱冠稱詩，五十餘年海內學者宗仰如泰山北斗。」；黃叔琳〈漁洋山人本傳〉亦稱：「公以文學顯，詩歌為當代稱首。」（以上收入《王士禛年譜》）《四庫全書》有一段記載，最是生動呈現王士禛望重文林的現象，《四庫全書總目》卷一七七《精華錄》題要：「其聲望奔走天下，凡刊刻詩集，無不稱漁洋山人評點者，無不冠以漁洋山人序者。」

論為首創，卻原來孔文谷論詩主清遠，已以神韻為至妙之
稱。亦即「清」、「遠」或「清遠」等作品，之所以動人，
乃因有「神韻」在其中。王謂此為「先見於此」。依是，則
以「清遠」來掌握「神韻」之範圍，當與王士禛「神韻」
說相去不遠。其他可供旁敲之證據如：

> 表聖論詩有二十四品，予最喜「不著一字，盡得風
> 流」八字。[129]

所謂「不著一字」者，蓋云下筆時之「清淡」或「拉遠距
離」，總之非刻畫殆盡、直接呈露者。如此乃能得「神韻」
境界，因此錢塘吳寶崖就以「味外味」定義「神韻」：

> 司空表聖論詩云：「梅止於酸，鹽止於鹹，飲食不可
> 無酸鹹，而其美常在酸鹹之外。」……酸鹹之外何？
> 味外味。味外味者何？神韻也。[130]

酸鹹是直接之刺激，「味外味」則是直接刺激後之反芻，總
之，就是講究「不直露」，留點空間以供讀者咀嚼。

---

[128] 《池北偶談》卷十八，「神韻」，頁 4。
[129] 《香祖筆記》卷八，頁 148；又〈鬲津草堂詩集序〉：「昔司空表聖作
《詩品》，凡二十四品，有謂沖澹者……有謂自然者……有謂清奇
者……是三者，品之最上，而子益之詩有之，視世之滔滔不返者，不
可同日而語矣。」除了司空圖，王士禛對嚴羽說詩，也一再表示贊同
之意，如在所編《唐賢三昧集》序中，即以嚴羽論詩為評選標準；又
〈畫溪西堂詩序〉：「嚴滄浪以禪喻詩，余深契其說。」
[130] 《漁洋山人自撰年譜》卷上，頁 13，「順治十三年四月觀海於蠡勻亭」
條。

　　另外，王士禛詩論既以「神韻」為標竿，於文章風格
之要求，自不以繁麗競豔為訴求：

> 劉知幾云：「敘事之工，以簡為主。」因思《左氏》
> 記晉平公飲酒。杜簀云：「辰在子卯」云云，幾三四
> 十言。《檀弓》只以十七字盡之。云：「子卯不樂。
> 知悼子在堂，斯其為子卯也大矣。」語益簡，味愈
> 長，可為文章之法。[131]

此段評騭《左傳》與《檀弓》對於「晉平公飲酒」一事之
文字，王士禛贊同劉知幾尚「簡」之意見，認為《左傳》
敘事不夠精簡，故其味不若《檀弓》雋永。這種以雋永求
簡的看法，與他論詩主張「神韻」，都帶有「雅」的取向，
整體而言與方苞「雅潔」主義，亦可曰同趨。不只方苞，
王鎮遠研究桐城派，甚且稱「桐城派之拓大者──劉大櫆」
論文深受王士禛神韻說之影響。[132]王士禛於康熙十七年由
戶部轉任翰林院侍讀，十八年充《明史》纂修官，時同在
翰林者有施閏章、汪琬等人，時相與酬唱。[133]汪琬又係桐
城先驅，故王士禛雖不以文論見長，然友朋之間相與切磋
洗發，其論文當仍具有時代意義在。他論古文取法對象說：

---

[131]　《池北偶談》卷十七，「左傳檀弓敘事」，頁七。
[132]　詳參王鎮遠《桐城派》第三章「桐城派之拓大者──劉大櫆」第二節
　　　「《論文偶記》」，頁 54～52。
[133]　詳參《王士禛年譜》，頁 37～38《漁洋山人自撰年譜》「康熙十七、十
　　　八年」條；及頁 62，惠棟《漁洋山人年譜補》，「順治十五年」條。

> 故今之學者,為古文必宋,宋必歐陽,吾皆無取焉,
> 惡其同也。本之乎六經,斟酌乎唐宋,勁而不詭,
> 舒而不俗,可以傳矣。[134]

此謂學古文當取法乎上,然後不廢不偏唐、宋,須各取其
長,文乃可成。此外,時文的習作,有助於理路思考,亦
是為詩作文入守法門:

> 予嘗見一布衣,有詩名者,其詩多有格格不達。以
> 問汪鈍翁編修,云:「此君坐未嘗解為時文故耳。時
> 文雖無與詩古文,然不解八股,即理路終不分明。」
> 近見王惲《玉堂嘉話》一條:「鹿菴先生曰:『作文
> 字,當從科舉中來。不然,而汗漫披猖,是出入不
> 由戶也。』」亦與此意同。[135]

這個意見頗為特殊,簡直將時文高捧,此雖係汪琬、王惲
之見,然王士禛慎重筆錄,則其時代風向意義倒是值得斟
酌。王士禛論為文之法,強調文章首、中、尾各有所重:

> 元(按:當是「王」)秋潤王暉,述承旨王公論文語
> 曰:「入手當如虎首,中如豕腹,終如蠆尾。首取其
> 猛,腹取其楦穰,尾取其螫而毒也。見本集。喬吉
> 夢符論作今樂府法,亦云「鳳頭豬肚豹尾」,大概起

---

[134] 〈半部集序〉,《帶經堂集・蠶尾文》卷一。
[135] 王士禛《池北偶談》卷十三,〈時文詩古文〉,頁3~4。

　　要美麗，中要浩蕩，結要響亮。見《輟耕錄》。[136]

此條筆記引王暉與喬吉之語，認爲創作文章及曲，起手當
要能攫獲讀者注意，中段繼之以充實，結尾則宜快、狠、
準。此段用語，諸如「虎首」、「鳳尾」、「豹尾」等，與時
文教本用詞類似，與前則引文相參照，可嗅出當時文壇慣
以論八股文習作之法，旁及其他文類。

　　乾隆三年，兵部侍郎舒赫德曾上章言科舉空言無用之
弊，上覆曰：

　　　凡宣之於口，筆之於書，皆空言也，何獨今之時藝
　　　爲然？時藝所論，皆孔、孟之緒言，精微之奧旨。
　　　參之經史子集，以發其光華；範之規矩準繩，以密
　　　其法律。雖曰小技，而文武幹濟、英偉特達之才，
　　　未嘗不出乎其中。[137]

這等於由皇帝親自曉諭文人「時文之不可輕」，且所謂「參
之經史子集，以發其光華；範之規矩準繩，以密其法律。」
與方苞主張之古文「義法」，實無大別。將王士禎筆記所錄
之文論、乾隆覆議，與前述方、劉、姚文論相參看，可見
出將古文、時文並舉而論，或混同其創作方法、風格主張，
並非方苞或桐城文派所特有，而應視爲當時八股取士環境
下，文人自然而然流露之融合主義，因此，獨歸罪於桐城

---

[136] 《池北偶談》卷十三，「王秋澗論文」，頁 4 上。

文人，似不公平。而且，此風似可溯及更遠，艾南英、章
學誠認為「以古文為時文」之風，當推自明代歸有光等：

> 歸氏之於制藝，則猶漢之子長，唐之退之，百世不祧
> 之大宗也。故近代時文家之言古文者，多宗歸氏。[138]

> 夫制舉之業……周孔之業，輔之以《史》《漢》之氣，
> 得源流而合之，何往而非經國籌邊之概……震川、
> 荊川始合古今之文而兼有之。[139]

王葆心甚至以為此風更當溯至宋代：

> 科舉勢盛之時，乃遂覺其與古文動輒有關，其端蓋
> 遠肇宋人。爾後嘗有一種議論以濡沫學者，如樓迂
> 齋為《崇文古訣》，謂可作發策持論之助，故其時之
> 從遊者多騰達。此誼既著，於是攻時文者，往往以
> 古文為時文之先導。而包安吳有古文與時文並讀之
> 法，葉元愷謂時文之佳者皆從古文來，因作《古文
> 話》以為時文之助，塗轍既廣，舉凡讀種種書，無
> 不以為時文之補助，而持論者至以時文容納一切之
> 學。[140]

137　《清史稿校註》卷一百十五（志九十），〈選舉〉三，頁 3173。
138　《文史通義》內篇二，「文理」，頁 63。
139　《天傭子集》卷五，〈李龍溪近藝序〉。
140　《古文辭通義》卷二，〈解蔽篇〉二，頁 27。

此言自宋以來，文人已多認爲古文可爲時文寫作之助，甚
至著書論說以張之。可見科舉時代之文人，一方面爲前途
力作時文，一方面又與文友切磋古文，兩類文體在作法乃
至風格上之匯通，自非稀奇之事；清初文壇，有直接主張
時文乃寫作入門者；亦有申明古文有助時文創作者，有譏
刺此種「以時文爲古文」或「以古文爲時文」之流風者，
甚至批評用語假八股批語爲之，意見或有分歧，然古文與
時文雜糅之風氣，由此可睹。

　　除了論古文夾有時文氣息外，桐城派與《左繡》尚有
雷同之處——對《左傳》文采之發掘與歎譽，方苞對《左傳》
之看重已於前一節提及，於此不再贅述；劉大櫆《論文偶
記》則稱《左傳》「文彩照耀」、「精彩濃麗」：

> 左氏情韻並美，文彩照耀。[141]

> 昔人謂:「……不著脂粉而精彩濃麗，自《左傳》、《莊
> 子》、《史記》而外，其妙不傳。」此知文之言。[142]

除了文論中對《左傳》的讚賞，劉大櫆與姚鼐並皆有評點
《左傳》之作。[143]

　　綜上所述，清初文壇不論在創作或批評方面，皆有混
同古文與時文之情形；同時有不少文章宗師揄揚《左傳》

---

[141] 《論文偶記》，第二十二則，頁9。
[142] 同前書第二十四則，頁9。
[143] 參劉聲木《桐城文學撰述考》卷一及卷二。

之義法；因此，馮李驊及陸浩兩人，深抉窮索《左傳》文章之呼應頓挫、字法句法章法篇法，視《左傳》爲文章之極致，實時代漸起之風趨。

接著需要探討的是，爲何《左繡》採取評點的賞析方式？這種方式是否亦有時代因子？

前文曾提及桐城文人好用評點以說義法，關於評點的發生，眾說紛紜，然此種文學批評方法，因時文、古文創作上對「法」之講求，及文學欣賞尤其是小說之興起等推波助瀾之下，[144]體式完善於明末，應用盛衍於清，其勢至道光年間猶昌，則是不爭之事實。康來新研究晚清小說理論時說：

> 評點之作原是針對「詩」與「古文」而來。特別是後者，因宋代以來科舉制度以文取士，爲應考生需求，批註古文的參考書籍應運而生，此類書籍莫不以解析章法，並示人門徑爲其旨趣……而小說評點逐漸蔚爲成風正是在明代中葉以後……明清之際，金聖歎將小說的評點發揮得更加成熟更爲完善，流風所及，從事小說評點的人也越來越多。[145]

其實不只從事小說評點的人越來越多，應該說以「評點」法來進行解讀書籍的人越來越多，而這裡所謂的「書籍」，

---

[144] 詳參陳萬益〈金聖歎的文學批評考述〉頁 39～47；尤信雄《桐城文派學述》頁 112～118。
[145] 《晚清小說理論研究》，頁 35～36。

範圍涵蓋經、史、子、集各部之作品。總之，以評點方式
讀書，是明末以來文人慣用手法，到了清代，桐城派更是
慣以評點說義法，根據劉聲木《桐城文學撰述考》之統計，
曾從事評點之學者自歸有光以下凡十六家，其中方苞評點
六種，劉大櫆八種，姚鼐十五種，桐城後學吳汝綸之評點
甚至高達九十九種，[146]且這些評點，並不限於純文學作品。
[147]依前所述，則《左繡》以文章之角度、以評點體式來解
讀《左傳》，就非天外飛來一筆式的奇思妙想，而實是時代
逐漸凝聚之風氣。如此一來，《左繡》實具有時代表徵意義。

　　本章考述《左繡》作者生平及時代環境，藉以探討該
書之形成背景暨時代精神。研究發現馮李驊及陸浩兩人名
不見經傳，生平資料佚失難索，僅能得知兩人為康熙中期
浙江士子。「知人」一端既扼，因此只能「論世」，以康雍
時期（偶及乾隆初期）之學術及文學狀況，逼探《左繡》
之培釀。

　　康、雍時期之學術思想，程朱學說復興，治學講究實
用，漸呈「徵實」之風，不論論學對象、方以及或終極目
標，皆主實黜虛；文學批評方面，則桐城一派隱然成形，
論文之「義法」「雅潔」主張，創作、批評上又有匯通古文

---

[146] 分見卷一頁9上；頁15上；卷二頁1下～2上；卷四頁7上～9上。
[147] 如方苞評點之書籍中有《左傳》（經、史）、《史記》（史）；劉大櫆評
點之書籍中有《孟子》（經）、《莊子》（子）、《揚子法言》（子）、《古詩
選》（集）；姚鼐評點之書籍中有《禮記》（經）、《易經》（經）；吳汝綸
評點之書籍中有《書經》（經）、《國語》（史）、《陳書》（史）、《老子》
（子）、《蔡中郎集》（集）。

與時文之處；批評體式方面則「評點」披靡文壇，乾隆以後甚至遍及經史子集諸部。總之，此期之治學、論文皆踏實在文本本身，在這種氛圍中，《左繡》以文章義法角度解讀《左傳》經，採用評點方式專注於文本本身，皆爲時代輝光投映之暈影。

　　以讀者的期待視野來談，第二章說過，形成讀者期待視野的因素約略有「讀者原先各種經驗，包括對他將閱讀的文本類型的先在了解」、「審美趣味」、「素養」及「理想」。那麼，經過這一章的考索，馮李驊解讀《左傳》時，可能有的期待視野，在「讀者原先各種經驗，包括對他將閱讀的文本類型的先在了解」方面，就有〈刻左例言〉提到的《左概》、《春秋五傳》、杜林合註等《左傳》傳統註解形式之書，甚至後來在《左繡》定稿後蒐集到的關於《左傳》的評點著作，多少都形成了、或修正了他的期待視野；而「審美趣味」方面，〈讀左厄言〉就明白提到他評點《左傳》其實受到習作八股文經驗之影響：

> 小時學爲八股，好作馳驟文字，先師王約齋夫子指謂：「先輩點題尚用對偶，何一往不返爲？」驊因此求之古文，亦無不散中有整，且往往純以整御散者，今之評《左》，猶師說也。或謂奈何等《左傳》于時文，則吾不知之矣。[148]

---

[148] 同上註，頁 10 上。

而以上這些閱讀或創作的先在經驗，正形成了《左繡》作
者閱讀《左傳》時之基本「素養」；而馮李驊評點《左傳》
之目的，據〈刻左例言〉云，是「專論文法」，據評點及陸
浩的跋，有為初學示法的用意，[149]再加上時代氛圍之籠罩，
其「理想」的解讀角度也呼之欲出。以上種種來自於作者
個人經歷及生存環境之誘導，都成為凝聚馮、陸二人期待
視野的因子。

---

[149] 評點云：「此等處，閎博之士必以吾言為織為鑿，然初學者于此留意，
則鹵莽之失吾知免耳。」(頁 976)陸浩跋則云：「《左傳》，日也；《左繡》，
牖也。生而眊者，不知有日，語日形則扣槃；語日光則捫燭。夫日精
非形光之跡，而日象非槃燭之肖，以《繡》求《左》，虧牖斯在。」皆
有指導初學之意。

第四章 《左繡》之結構及解讀進路

本章簡介《左繡》之基礎、骨架及解讀《左傳》之角度，第一節「《左傳》之文釆」簡述《左傳》鎔裁文史之特色，並瀏覽在馮李驊之前學者對《左傳》文釆之揄揚，以檢視《左繡》之前已立下之基礎點。第二節「《左繡》之架構」介紹其評點架構。第三節「《左繡》之解讀進路」論述其閱讀《左傳》時所採用之視角，及其背後透顯之認知。

第一節 《左傳》之文釆

《左傳》兼具經、史、子、集各部之特質，早已爲歷來學者認同。[1]故張高評先生《左傳導讀》讚嘆曰：

---

[1] 宋葉適《習學記言》云：「既有《左氏》，始有本末，而簡書具存，實事不沒，雖學者或未之從而大義有歸矣，故讀《春秋》者不可以無《左氏》。」（卷九，頁 3）；清朝李惇《群經識小》云：「三傳以《左傳》爲長，與二傳相傳陋說迥殊。」（卷五，〈三傳一〉，「三傳」條，頁 10）張素卿先生則以「敘事與解經」說明《左傳》以「敘事」手法註解經書之特質（民國八十六年台灣大學中國文學研究所博士論文），可見不

　　《左傳》之為書，義經體史而用文，而亦周秦兩漢
　　諸子學之淵藪與左券也。[2]

其中尤以文學特質，因後代文人之仰慕模習、深抉讚譽，
而成不祧之祖，在漢，揚雄就已能抓住《左傳》經、史、
子、集諸面中最璀璨的一抹光芒：

　　或問《周官》，曰：「立事。」《左氏》，曰：「品藻。」
　　太史遷，曰：「實錄。」[3]

在史著中，《左傳》之所以以「品藻」為特質，與其內容以
敘事為主，以及敘事時的「浮誇」手法有關，所謂「浮誇」
當非貶詞，而是指其有別於流水帳式的紀錄，故韓愈以《春

論《左傳》之產生是否源於疏經，其具有闡明《春秋》之功能則是不
爭之事實。而敘事與編年之格式，本即屬於史學範疇，故魏禧《左傳
經世序》云：「《左傳》，史之大宗。」唐啖助《春秋集傳纂例》云：「（《左
傳》）比餘傳，其功最高，博采諸家，敘事尤備，能令百代之下，頗見
本末。」史著之存在，不正是存本末以昭來世乎？故皮錫瑞稱《左傳》：
「即以史論，亦當在司馬遷班固之上」（《春秋通論》三十一篇）可見
《左傳》洵為良史。而春秋時代奮奮展翼之傑才雄將，其言語謦欬、
舉措瞻矚皆歷記其中，不少君子之思想，獨賴以存，故張高評先生研
究《左傳》，又許以「饒諸子學之價值」（《左傳導讀》，頁 159）。以
文學特質來說，梁劉勰曾譽曰：「辭宗邱明」（《文心雕龍》卷四〈史
傳〉篇贊，頁 3。）唐劉知幾《史通》則謂《左傳》敘事之才「殆將
工侔造化，思涉鬼神，著述罕聞，古今卓絕。」（卷十六〈雜說（上）〉
「左氏傳」條，頁 55）其文學性質自不待多言。綜上所述，《左傳》
的確兼具經史子集諸部之特質，且在各部中之成就，亦屬不凡。
[2] 自序頁 3。
[3] 《法言義疏‧重黎》卷第十，頁 614。清汪榮寶注「品藻」曰：「多文
采也」。

秋》謹嚴,對說於《左傳》浮誇,[4]這種體式(敘事)與風
格(浮誇)上的特色,正是造成《左傳》有豐富文學性之
因:

> 歷史與小說之所以存有如此密切關係,主要是因為
> 二者都是以敘述為主的文體,而既然有敘述,就難
> 免會牽涉到情節的安排,人物的描寫,觀點的運用
> 等等……因為歷史學家的任務不應該只限於對事件
> 做流水帳式的羅列,或對某一個或數個特定事件的
> 意義進行分析,更重要的是研究事件發生的來龍去
> 脈,或是在眾多孤立事件之間建立起某種關係,或
> 是從混亂而無條理的現象中找出某種道理和意義。
> 所有這些活動都需要海登懷特(Hayden White)所謂
> 的「情節的編造」(emplotment),而歷史家在編造情
> 節時,一如小說家一樣,所考慮的是故事的合理性
> 與完整性。因此,這種「情節編造」的結果就不一
> 定和事實完全符合。[5]

當史家敘事時關注到情節安排的問題,史著就難免呈顯出
文學的輝芒,所以《左傳》敘事「固有過誇且失實者,然
觀其言當思其所以言而推見其不言之隱。」[6]因此,以文學
角度視之,「浮誇」當即是所謂的「詩化」——一種與現實

---

[4] 見〈進學解〉。
[5] 王靖宇〈歷史・小說・敘述——以晉公子重耳出亡為例〉,頁 2~3。
[6] 清錢維城《讀左補義》序。

若即若離的距離：

> 我們所有的敘事文學一直都很發達，而且時時侵入
> 了所謂詩的園地。論作品，自浮誇的《左傳》算起，
> 它既含有浮誇的成分，便也夾帶了詩人的作風……
> 《左》、《史》、《莊》、《騷》，後人視之為同類的作品，
> 這已顯示詩文合一的文學觀念。[7]

正因行文落筆有此一番推敲，《左傳》遂於經、子、史諸切
面中，又多一分「詩」之玓瓅，由此恰可解釋，為何在眾
經注以及前秦史著之中，《左傳》獨領風騷，以文學表現引
人側目。關於《左傳》敘事之功力，唐劉知幾述之甚詳：

> 《左氏》之敘事也，述行師則簿領盈視，嗷聒沸騰；
> 論備火則區分在目，修飾竣整；言勝捷則收獲都盡；
> 記奔放則披靡橫前；申盟誓則慷慨有餘；稱譎詐則
> 欺誣可見；談恩惠則煦如春日；紀嚴切則凜若秋霜；
> 敘興邦則滋味無量；陳亡國則淒涼可憫。或腴辭潤
> 簡牘，或美句入歌詠，跌宕而不群，縱橫而自得。
> 若斯才者，殆將工侔造化，思涉鬼神，著述罕聞，
> 古今卓絕。[8]

諸如此類對《左傳》文學成就之發掘，絲縷不斷，明清文

---

[7] 王師夢鷗《中國文學理論與實踐》序，頁 23。
[8] 《史通》卷十六〈雜說（上）〉「左氏傳」條，頁 559。

人於《左傳》文采，更是推崇備至：

> 六經而下，《左》《國》之文，高峻嚴整，古雅藻麗，
> 而渾樸未散，含光醞靈，如江海之波，汪洋浩淼，
> 非有跳沫搖漾之勢，而千靈萬怪，淵乎深藏；明月
> 照之，則天高氣清；長風蕩之，則排空動地。可喜
> 可愕哉左氏之為文矣！[9]

> 六經孔、孟之書尚矣。自聖經不復作，而左邱明以
> 華整之才，易古人之高渾簡質，文人之文，於是焉
> 始。[10]

> 《左氏》之文，無所不能，時時變其行陣。[11]

> 《左氏》一書，傳孔門微言，為百世文章宗祖。[12]

明屠隆認為《左傳》之文既廣博又明朗復能動；清程廷祚
則以「文人之文」刺之，此在程廷祚雖為貶語，[13]以今日經
書不再獨大之角度視之，倒是點出《左傳》由經、史向文
學開拓之特色；至清末曾克端則已將《左傳》高推至文章
宗祖之位。除了諸如此類零星閃爍之讚譽，明清時期，藉

---

[9] 明屠隆《由拳集》卷二十三〈文論〉。
[10] 清程廷祚《青溪集》卷十〈復家魚門論古文書〉。
[11] 林紓《左傳擷華》序。
[12] 曾克端《左傳微》序。
[13] 程廷祚謂《左傳》「不獨修飾安頓有痕跡，且有腔調蹊逕……文人之
文，於是焉始。」原係不滿桐城義法說而貶《左傳》之語。

由評點對《左傳》文采勾深抉微之作漸多，如明凌稚隆《春
秋左傳注評測義》、明孫鑛《閔氏分次春秋左傳》、明馮時
可《左氏釋》、清金聖歎《左傳釋》及《天下才子必讀書》、
清馮李驊《左繡》、清方苞《左傳義法》、清姜炳璋《左傳
補義》、清李文淵《左傳評》、清林紓《左傳擷華》、清吳闓
生《左傳微》……等等，皆可看出學者研讀《左傳》已漸
能拋開以經史爲主位的束縛，而放鬆享受閱讀《左傳》時
帶來的文學欣賞之樂。沈玉成、劉寧《春秋左傳學史稿》
云：

> 過去的史學家和評論家早已注意到了《左傳》敘事
> 記言的特色。唐代劉知幾的《史通》，有許多篇章論
> 及這方面的問題。清朝人的研究更爲細緻，章學誠
> 總結了順敘、逆敘、次敘等等二十種左右，馮李驊
> 則分得更細，說是有二十八種。這種分法不免於評
> 點氣和八股氣，但可以說明《左傳》的敘事方法確
> 實多種多樣，不拘一格。[14]

近人著作由文學角度探討《左傳》者尤多，如張高評先生
《左傳文章義法探微》及《左傳之文學價值》、劉莉君〈左
傳戰爭文學寫作技巧研究〉、簡師宗梧〈左傳屬辭比事的成
就──以記晉惠公和晉文公爲例〉、崔炳圭〈左傳人物描寫
藝術〉、劉淑爾〈左傳寫作技巧研究──以「晉文圖霸」爲

---

[14] 頁 93。

主〉等等，皆是明清這一脈文學研究之延續。

隨之而來的問題是，馮李驊及陸浩之《左繡》，在《左傳》文學研究之時間縱軸上，有何地位？在此領域之成就又如何？有別於其他評點《左傳》之著作之處何在？要回答上述定位問題，必須先展現《左繡》之風華，故下二節專論《左繡》之架構及期待視野。

第二節　《左繡》之結構[15]

《左繡》首有朱軾次有張德純之序，其次是三十卷之目錄，並言明：「杜林合註分卷五十非其舊也，今依《漢書・藝文志》古本三十卷為正。」首卷錄有杜預〈春秋左氏經傳集解序〉，及馮李驊之〈刻左例言〉、〈讀左卮言〉，並附錄馮張孫由馮李驊《左貫》一書中摘出之〈春秋列國時事圖說〉──〈春秋三變說〉、〈列國盛衰說〉、〈魯十二公說〉、〈周十四王說〉等文。

正文版面分上下二欄，上欄為馮李驊及陸浩之主要批評及分析，下欄為左傳正文及晉杜預、宋林堯叟之註解與唐陸德明音釋，正文之旁又刻有馮、陸二人之夾批文字，

---

[15] 此處所稱「結構」兼指與版本有關的內部架構與文本本身內容結構。版本架構方面，「主要名稱有序、目錄、跋、凡例、卷首、卷末、附錄、外集、卷端、小題和大題……等。」（詳參曹之《中國古籍版本學》頁33。）

評點符號則依功能不同而或在正文之旁，或標於正文之中。每卷首頁上欄皆刊刻有參與評點、輯校諸人之府治及姓氏名字，詳見本文第三章註四。每卷首頁下欄亦皆刻有「晉杜預元凱原本、宋林堯叟唐翁附註、唐陸元朗德明音釋、後學馮李驊天閑增訂」等字，以言明所據之版本。

依上所述，則《左繡》內容結構上有「註解」及「評點」兩部分，大抵即依欄位爲分，下欄雖有夾批與圈點，仍以註疏爲主，至於其註疏成就，《四庫全書總目》以爲「無新義」，[16]實則《左繡》雖以論文爲軸而成書，於經傳註疏亦不苟且，故馮李驊於〈刻左例言〉最前面兩條凡例，即言明所據版本，並詳細交代去取，治學態度之謹嚴於此可睹：

> 近人皆以杜林合註爲讀《左》善本，張松南夫子與沈操堂先生俱云：「此係俗刻，林不得與杜並。」故本註悉遵杜氏《經傳集解》原本，一字不敢刪動，林註則刪蕪駁謬，略存其明切者而另刊姓名氏以別之，庶不失古人遺意。

> 杜解詞意高古，典制詳明，誠爲《左氏》功臣，其纖悉異同處，備載《註疏》、《經解》諸書，《經解》書帙浩繁，不能摘錄，今但採孔氏《正義》及顧氏炎武《補正》三卷，參訂一二，而閒附鄙見，皆以

　　黑圈隔之或加一按字為別，總期折衷前賢，非妄為
　　掎摭也。

第一條凡例說明所據底本為杜預《春秋左氏經傳集解》，林
堯叟註則以〔林〕字領之，以與杜解區別。第二條凡例有
補充說明為何以杜解為底本之功能，並兼記其他參考書
目。由此二條凡例可見出馮李驊治學態度有三長，一**不隨
俗**，俗本皆杜林合刻，隨俗不只討好讀者又省事，馮李驊
卻願費神以事刪蕪駁謬；第二**能握要**，以杜為本則一字不
刪，而將其他見解附帶於下，且不同參考來源，皆有不同
引領符號或字眼，於讀者而言可收綱舉目張之效，不致迷
失於註解之海中；第三長為**不竊據**，起首即標明全書註解
之安排，乃受張、沈二人之啟迪，而凡例第九條更是一筆
一筆臚列曾過目之參考書籍及其所從來。

　　此外，第五條凡例再次強調其不隨意改竄原文之原
則，即使細如句讀，亦只別為訂正，不敢遽易：

　　杜林合註本有當斷不斷，不當斷而斷者，皆編書之
　　誤。今于當斷者增黑圈以界之，不當斷者刊小圈以
　　界之，而本來面目不敢遽易，以云慎也。

如此之治學方法與態度極為科學，尤其註解並非《左繡》
所重者，猶孜孜辨析，力求「不失古人遺意」、「總期折衷
前賢」，則其註解之「無新義」正在料想之中，原不可以之
為非議，尤不可據以為貶棄之因。

　　「評點」部分多寄於上欄，此種安排，仍是出之於眉目清楚之原則，不欲雜混註解與評點；且評點範圍只及於《左傳》，不夾經文，〈刻左例言〉第三、四條云：

　　本註單訓義例，不論文法；鄙意則專論文法，然無混入本註之理，故另列上方，所以尊杜也。

　　此書單論傳不論經……傳則剽竊篇法作意以見其為古今文字準繩，或有千慮一得，此愚之所矻矻致力者耳。

至於《左繡》所用之批點符號計有下列七種：[17]

　　一　大段落止處；施於《左傳》正文中

　　－　小段落歇處；施於《左傳》正文中

　　∟　敘事斷而另起，斷於此；施於《左傳》正文中

　　·　略讀之處；施於註疏中，表示以下註疏略讀即可

　　◎　^　。　、　此四種皆用以標示線索關鍵或詞意警妙之處，施於《左傳》正文旁或上欄之析評旁，分為四種，乃為方便前後照應，可同時收觀覽勝句與提領結構之效。

---

[17] 詳參〈刻左例言〉第七條，頁2上。

而評點之行文亦有層次，並非順手拈來或隨興點染，據馮
李驊自言，其層次為：

> 先論全旨，次分大段，又次詳小節，又次析句調，
> 務令完其本來，獨開生面，要為初學撥其雲霧，指
> 其歸趣。[18]

由上述數條凡例可得馮李驊之評點具兩大特色，其一，明
訂範圍：所論之對象只有《左傳》，不雜《春秋》；所論之
方向為篇法作意；其二，釐清格式：為便觀覽，以上下欄
分寄評與註，評點符號皆有清楚說明。凡此皆足證《左繡》
為一有系統組織之批評，非隨興欣賞之讚嘆。此又為作者
一絲不苟之例證，更是吾人對此書不可等閒視之之因。

第三節　《左繡》之解讀進路

以評點的體式架構而言，《左繡》較諸其他評點，除了
更為深細切實且有系統外，並無其他別出之處；但以作為
《左傳》之讀者而言，其期待視野與他家卻有所不同。依
張高評先生之研究，評點《左傳》之書可大別為文評、史
評兩類，其歸為文評之屬而先於《左繡》者，有明凌稚隆
《春秋左傳注評測義》、明孫鑛《閔氏分次春秋左傳》、明

---

[18] 〈讀左巵言〉，頁2。

穆熙文《左傳評鈔》、清盧元昌《左傳分國纂略》等。[19]其
中除了《左繡》，無一是純然以文學爲切入點去解讀《左
傳》。如明王世貞序《春秋左傳注評測義》，一劈頭即曰《左
傳》之產生乃源於注經：

> 為《春秋》而著者凡四家，《左氏》家先出，而其大
> 要在紀事與言。

而對《春秋左傳注評測義》一書的評價，則曰：

> 凌以棟少習《春秋》，而於《左氏》尤稱精詣……乃
> 盡采諸家之合者而薈蕞之，發杜預之所不合者而鍼
> 砭之；諸評騭《左氏》而微者，皆臚列；《左氏》
> 之所錯出而不易考者，或名或字，或諡或書號，咸
> 實之編首，一開卷而得之，不唯《左氏》之精神血
> 脈，不至闕索，<u>而孔夫子之意，十之得八九矣</u>。

以「得孔子之意」爲價值依歸。范應期序《春秋左傳注評
測義》也強調《左傳》解經之功能：

> 傳《春秋》者三家，而《左氏》為最……蓋《左氏》
> 羅集國典，<u>羽翼聖經</u>，旨遠詞文，膾炙人口。後有
> 作者，蔑以加焉。

---

[19] 見氏著《左傳導讀》、《左傳之文學價值》、《左傳文章義法撢微》等書
之參考書目。其實，王源《左傳練要》一書亦當擢前。

而對《春秋左傳注評測義》一書的評價則曰：

> （凌以棟氏）頃復潛心《左氏》，搜輯群書，閱五載
> 而成注義，**大都宗元凱之旨**，而離則傳之。總諸家
> 之粹，而複則鐟之。支分節解，脈絡貫通，錯名古
> 地，並加配合，可謂纖悉無遺，
>
> 菁華畢萃矣。又為之上下今古，折衷持衡，諸所按
> 次，指摘廪（按：當作凜）然，**一稟于正經**。

亦以「一稟于正經」爲衡價尺度。凌稚隆本人在〈讀春秋
左傳測言〉也強調《左傳》與《春秋》經之密切關係：

> 《左氏》、《公羊》、《穀梁》**各以其說傳《春秋》**……
> 竊謂《左氏》時當《春秋》古書未燼，諸史具在，
> 而又親承聖教，故其所傳原始要終，皆得故實。若
> 二氏，去聖既遠，而且經秦之後，書史皆亡，其所稱
> 述，或出傳聞，或由意揣，雖得意義，終屬不根。[20]

以《左傳》「親承聖教」，爲「得故實」，爲有根，凡此已可
看出，《春秋左傳注評測義》一書或凌稚隆之評點，皆非爲
《左傳》之文采而發。其他諸書情況大抵相同，如孫鑛之
評《閔氏分次春秋左傳》，固是以文爲論，然觀該書韓敬之
序，也以《左傳》與《春秋》關係之密切作爲提升《左傳》

---

[20] 收於《春秋左傳注評測義》。

地位之手法：

> 《春秋》志憤也，經何言乎「志憤」也？憤莫大於
> 刑，刑莫大於亂臣賊子，故以萬六千六百七十二字
> 時寄一憤以繩檢二百四十二年之間，此《春秋》之
> 所為刑書也……《春秋》成，以授左丘明，丘明躬
> 為魯太史，博綜諸故籍，而以憤世為救世之具，<u>此
> 脈則得之孔氏心眼</u>。

閔齊伋〈閔氏家刻分次春秋左傳凡例〉第一條也黏附《左
傳》於《春秋》：

> 按《左氏》之傳《春秋》也，經自為經，傳自為傳，
> 未始相配合也。晉杜元凱始分經麗傳。

凡例最末才提評點一事：

> 《左傳》一書膾炙千古，無容贅矣。但從來評騭率
> 都鹽稱，而其中頭緒貫串之妙，及立意攄辭、命句
> 拈字、情態萬出，未有能纖悉曲折窮其神者。至其
> 瑕瑜不相掩處，尤概置不較。大司馬孫月峰先生研
> 幾索隱，句字不漏，其所指摘處，更無不透入淵微，
> 豈唯後學之指南，即起盲史面面證之，當亦有心契者。

可見孫鑛評點，固是以文為主，然猶寄乎經史大纛之下，
未若《左繡》申明解讀立場與體例於前；更毋論孫鑛評點

所透顯之立場，猶特重《左傳》解經功能，如其第一條批
點，評隱公元年前記「惠公薨、隱公立」等事，就認為《左
傳》係解經之作：

> 自此起至「攝也」，總是釋「不書即位」之義。文氣
> 甚貫，宜附元年經後，不宜止據傳「元年」字，截
> 置經前。

可見這些評點，即便已探及《左傳》文章義法，卻仍出之
以「徵聖宗經」的思維，猶置「經」、「史」於主位，而非
正視或承認《左傳》即便非經非史，都依然有其文章藝術
之獨立價值存在。這恐或與清代經世致用之學風不無牽
帶，清初大儒楊名時曾云：

> 學者之於經義，必得其條理，而後可究指趣之歸，
> 求致用之實。[21]

當時對典籍施以評點者，或亦有此心態，欲透過對《左傳》
文本之理解，進而對《春秋》可以「索其神，合其莫」。清
錢維城《讀左補義》序云：

> 且吾所取於《左氏》者，謂能備其事而可循，是以
> 求聖人筆削之跡也。

---

[21] 楊名時「讀詩所紀後」，《清儒學案》卷四十八，頁26。

姜炳璋《讀左補義》自序亦云：

> 《春秋》非聖人不能作之，非《左氏》不能述之；
> 作之者即事而為經，述之者論本事而為傳，事舉而
> 義存焉，豈徒以其文而已哉？後之躁心嘗者，嗜其
> 文而不求其義、而好學深思之士又為例所蒙，並其
> 事而疑之，毋乃與傳經者之心相剌謬乎？

皆一再表明評點的對象雖為《左傳》，最終的目標卻是《春
秋》的微言大義，如此一來，將使《左傳》之文學成就附
麗於經史需要之下，亦即容易落入下述窠臼：只要能清楚
闡釋《春秋》微言大義，其章法就是美，反之則不善；只
要能交代歷史本末，其篇法就是美，反之則不善。難怪清
賀濤要說：

> 《左氏》傳經也，捨經以求之，而《左氏》之文乃
> 見。[22]

由「經」或「傳」的視角出發，探求的是哲學思想，因之
如若不放下這個腳銬，讀者就不易自在飛舞於藝術美的舞
池，[23]因此賀濤雖承認《左傳》有經傳性質，但強調若欲探
究《左傳》文章藝術之美，就得先離開注經這個視角。《左

---

[22] 〈吳先生點勘史記序〉，《賀先生文集》。
[23] 簡師宗梧曾以「帶著腳鐐手銬跳舞」比喻律賦創作，(詳參簡師《賦與
駢文》，頁 170～173)，今藉以喻解經論題加諸《左傳》讀者於純文藝
欣賞時之束縛。

繡》之作，正與此概念相合。[24]《左繡》是如何標誌其解讀
進路的呢？異於上述作品，馮李驊於《左繡》首卷即開宗
明義申明將以文論《左傳》之旨：

> 本註（杜林合註）單訓義例，不論文法，鄙意則專
> 論文法。[25]

> 《左傳》但當論文不當論事，論事自《博議》、《史
> 懷》外，往往互相勦襲，塵飯土羹，見者欲嘔。茲
> 但錄其豎議新雋精切者以資初學識力，餘不濫登，
> 弗以墨漏為嫌。[26]

> 《國語》、《公》、《穀》與《左》互相發明，本欲附
> 載，但專論《左氏》篇法作意，不當旁雜他文，另
> 有《四傳異同》嗣刻呈教。[27]

> 《左傳》所載何等經濟，何等學問，今概置不論，
> 僅僅以所謂篇法作意者當之……今余專以文論《左
> 氏》，本未嘗專以文盡《左氏》。[28]

由上述引言可以見出，馮李驊對《左傳》之研究，並不偏

---

[24] 此言概念之不謀而合耳，無傳承、影響之暗示。賀濤為光緒丙戌進士，
晚於馮李驊。
[25] 馮李驊〈刻左例言〉頁 1 上。
[26] 同上註，頁 3 上。
[27] 同上註，頁 3 下。
[28] 馮李驊〈讀左卮言〉頁 1 上。

執，也非所謂場屋餖飣之學，故言「《左傳》所載何等經濟，
何等學問」，表示自己並非只窺得《左傳》文章之學而未見
其他，因此一再申明《左繡》一書特存其發明《左傳》文
章篇法之成果，其餘研究成果則另成他書。[29]而「《國語》、
《公》、《穀》與《左》互相發明」等語，正明示其治學即
非廣博，卻也非獨抱一經之流；而對以史評為主之諸書，
敢大膽評曰：「論事自《博議》、《史懷》外，往往互相勦襲，
塵飯土羹，見者欲嘔。」並言只錄「新雋精切者」，其所檢
擇究否為「精切者」，讀者自可公評，但是吾人於此條評論
與作法，卻可見馮李驊對自己治學功力之自豪，大有「真
金不怕火煉」的氣概。馮李驊透過這些凡例、卮言，不僅
清楚地表達自己評點《左傳》時之解讀視角，也婉轉地表
明自己治學並不狹隘。再由《左繡》序文也可看出該書執
著之點：

> 《左氏》文章也，非經傳也……當陽以後訓詁無慮
> 數十百家，要無能統括全書，指其精神脈絡以見作
> 者之才，以盡行文之態……（《左氏》）誠文之至也，
> 然則《左繡》之論文，亦論文之至也。[30]

---

[29] 除了前文提及之《四傳異同》，〈刻左例言〉第十三條尚提到《左貫》
二冊：「《左傳》事類最多，有相似者，有相反者，有相對者，有相錯
者，暇日纂得《左貫》二冊，即當盡刻，以為初學佩觿（原註：一貫
本傳事實，一貫前古後今）。」
[30] 朱軾〈左繡序〉。

（《左繡》一書）說傳非說經，論文而不論事，馮子
固自言之矣……自有書契，六經炳垂，是時元氣渾
淪，菁華未洩，於是乎有闢生人靈慧之府軒，襲極
致以章天地之大文者，丘明氏實為之創，而莊周、
屈原乃繼之，馮子工於論文而本乎其初，故矻矻焉
於是致力云爾……（《左氏》）思力之精銳，矩律之
謹嚴，機態之變化，從衡而不詭於正，是則昔之人
所會心而未始有言，近世屢有言之而不能詳且盡
者，馮子有志庤是，是亦搴裳去之之一候也。[31]

朱軾之序循《左繡》意旨，謂《左傳》為文章而非經傳，
並譽《左繡》論文已至極頂；張德純之序則以答客難的方
式為《左繡》以文論經史之手法辯解，並點出其開創性與
讚譽其成就。再由《左繡》第一條評點與前述孫鑛第一條
評點作比較，可以更明白馮李驊所謂「論文不論事」、「說
傳非說經」之確切意涵：

孫鑛評：自此起至「攝也」，總是釋「不書即位」之
義。文氣甚貫，宜附元年經後，不宜止據傳「元年」
字，截置經前。

馮李驊評：此篇為不書即位傳，所謂先經以始事也。
要表隱讓國之賢，須先見桓之不當立，今平平敘置，

---

[31] 張德純〈左繡序〉。

> 絕不著一筆低昂，只於隱公所生，詳寫名分；於桓
> 公所生，詳寫符瑞，而兩君之是非，了然言外，史
> 公封禪等書便純是此段筆意。

孫鑛認為此段傳文既是釋經之義，宜附經後，以「經」為
主的心態甚為明顯，故於事件先後、傳文結構一概不之論。
馮李驊亦以解經視之，卻詳論傳文結構，及寄託於此結構
下之深意，回證之前所說的「先經以『始事』」，故其所論，
的確是在「文」本身，至於文本分析之後，可旁證經文則
旁證經文，可明史事則明史事，此乃結構分析後衍生之功
能，非分析時之依據，這是不可不辨明之處。由此可知《左
繡》一書之部分期待視野乃在「以文章論《左傳》」也。而
對這個期待視野，馮李驊亦頗自詡其開創性，其子馮張孫
曾有一段記載：

> 昔蜀張南本與孫位並學畫水，南本以為同能不如一
> 勝，去而學火。夫子是書略古所詳，而詳古所略，
> 此物此志也，不肖窺尋偶及，夫子笑而頷之矣。[32]

由這段文字可以看出，馮李驊非懵懂於《左繡》視點之異
於常態，反而是一再強調《左繡》之立異，甚且時而微露
自得之色呢！

　　然由前節「《左傳》之文采」所論與上述評點《左傳》

諸書可知，由文章篇法之角度以論《左傳》，此期待視野乃
勢有馴致，《左繡》雖非首開風氣之先，但「專以論文」且
範圍全書者，則始於《左繡》。《四庫全書總目》曾提到以
文章角度治《左傳》風氣之轉變始於宋朝：

> 《左傳評》三卷，國朝李文淵撰。《春秋左傳》本以
> 釋經，自真德秀選入《文章正宗》，亦遂相沿而論文。
> 近時寧都魏禧、桐城方苞於文法推闡尤詳，文淵以
> 二家所論尚有未盡，乃以己意評點之，僅及僖公二
> 十四年而文淵夭逝。[33]

但是像上述凌稚隆等人的評點，於論《左傳》文采時，或
遮掩於論事之下，或掩映於注經之中；或雖表明以論文為
重心，卻嫌不夠全面，如金聖歎，其《天下才子必讀書》
將《左傳》與《國語》、《戰國策》、秦文、西漢文、東漢後
漢晉文、唐文、宋文等並列為天下才子必讀書，以「文」
為度之意，甚為明顯。然所評只有四十八篇記事，[34]評語又
多主觀式讀後感，如「妙」、「奇」、「胸中無數關隔噎咳之
病，讀此文便一時頓消」、「直欲血迸」、「讀萬遍不厭也」
等，間有闡釋用字之意及其效果者，卻嫌過於簡潔快閃；
而其《左傳釋》一書，所評之事僅止五則。此外，方苞《左

---

[33] 《四庫全書總目》〈經部・春秋類・存目三〉，頁 1 之 643。
[34] 卷之一「左傳」評有四十六則，卷之末「補遺」有二則，收在《金聖
歎全集》第三冊。

傳義法》一書雖也是「單言文法,不說經義」,[35]但只是口
述,「單言文法」是後人之體會,所以也不像《左繡》對期
待視野有直接而明白之宣告,[36]且書僅只一卷,所評只有六
篇,[37]解讀範圍過小。而與《左繡》直接關係的王源《左傳
練要》,[38]雖也於凡例中直標「特論文耳」,但這句話又放在
「傳以翼經」一句之下,且亦是摘事為評;以上三書,對
《左傳》解讀之進路雖與馮李驊接近,然皆非如《左繡》
般範圍全書。因此《左繡》期待視野之開創性,正在其勇
於宣示之態度與一以貫之之精神,其成就因而能度越前
修,故可別創新猷。所以不論《左繡》影響力如何,都具
有時代潮流動向之指標義,亦即由文章角度來解讀《左
傳》,由《左繡》起已隱然有成為「公眾期待視野」的趨勢。

　　由旁人對《左繡》之看法,亦可嗅出馮李驊對其期待
視野之宣告,在當時仍算是大膽而標新之舉,如朱軾序文,
於首附和該書宗旨,於末卻仍不脫傳統儒者心態,期勉馮、
陸二人當以此為嚆矢,進而談經,終至經世濟用,不當以
此為研讀《左傳》之終點:

---

[35] 李光廷《左傳義法》跋。

[36] 如第三章所言,在〈刻左例言〉、〈讀左卮言〉中詳細交代「閱讀或創
作的先在經驗」;此處又反覆強調解讀進路之所在。

[37] 王兆符手錄五篇,又卷首有「他手所錄」一篇,計六篇。詳見該書之
跋。

[38] 《左繡》在〈刻左例言〉中所列參考書目有《左傳練要》十卷,不過
馮李驊強調這些參考作品皆是《左繡》成書以後所見,為了強調自己
看法的新創性,他也直言「全部評論皆一意孤行,直至脫稿,方廣羅
校訂。」因此若有與前人暗合之處,因「本非勦說」所以坦言「無媿
雷同」。因此本文不敢遽言兩書之間有「影響」關係。

> 《左繡》之論文，亦論文之至也，學者得此而讀之，
> 自不至買櫝而還其珠，亦不至以辭而害其志矣。抑
> 余又有為生告者，學人不朽事業，得志則在經濟，
> 不得志則在著述，以生之渺思微會，由論文而進之以
> 談經，更必有卓犖不群之識也，此猶其嚆矢也夫。[39]

顯然以朱軾力學篤行之治學走向，並不鼓勵學子效此書之
所為。而張德純的序文中，不厭其煩地「答客難」，更有為
弟子辯之於前的意味；[40]此外，馮李驊之子張孫為了證明其
父並非擣揰釰割經籍之流，甚且摘錄馮李驊《左貫》之文
附於《左繡》，則有申明於後之意，其言曰：

> 外人頗疑家君偏於論文不及論事，今從《左貫》中
> 摘錄數則于首，略見大意而全部了然其視世之論事
> 者何如也。[41]

《四庫全書》總目提要的批評，正可代表傳統儒者對馮李
驊這種「離經叛道」行為之驚詫或蔑視：

> 《左繡》三十卷，是編首載〈讀左厄言〉、〈十二公
> 時事圖說〉、〈春秋三變說〉、〈列國盛衰說〉、〈周十

---

[39] 朱軾〈左繡序〉。
[40] 張德純〈左繡序〉文章主體以「或有問於予曰」及「予曰」等問答架
構成之，末以「客既敘容而退，因識其語以弁是書之端」作結。
[41] 馮張孫所摘之文為〈春秋列國時事圖說〉之〈春秋三變說〉、〈列國盛
衰說〉、〈魯十二公說〉、〈周十四王說〉等文，皆附於《左繡》首卷。

四王說〉，書中分上下二格，下格列杜預《經傳集解》
及林堯叟《左傳解》；杜解悉依原本，林解則時多刪
節；又摘取孔氏《正義》及國朝顧炎武《左傳補正》
二書與杜氏有異同者，附於其後，別無新義。上格
皆載李驥與浩評語，則竟以時文之法商榷經傳矣。[42]

《左繡》旨不在註釋經傳，於《左傳》之註解只盡量融取
前人說法，自然「別無新義」；對抱持傳統不肯鬆手者而言，
《左傳》尊為經、貴為傳疏，而馮李驥以文視之，當然是
「竟以時文之法商榷經傳矣」。《左繡》一書之架構但有上
下兩格，但下格之註解可見其治學融會前說之功力；上格
評語，可見其研幾文章法式之用心，而四庫館臣卻昧於此
番「新」意，執意以傳統註疏律之，（故列此書於〈經部·
春秋類〉），則其價值非但無以得顯，甚而見棄不錄，所以
只能落得個「存目」罷了。想來著述之命運同人無別，其
與主流之附和或扞格，關乎飛潛之殊遇，《左繡》之未能得
顯，恐繫因於此。

事實上，此等「三家村塾夫」之譏，馮李驥早有預見，
故如前文所述，在〈刻左例言〉與〈讀左厄言〉中一再言
明《左繡》一書乃用以論《左傳》之文采，而非用以括盡
《左傳》之學問，而且，在命名上亦刻意作此聲明。據張
高評先生之統計，評點《左傳》而屬文評之書，除了本節

開頭提到諸書，尚有清王源《左傳評》、清方苞《左傳義法
舉要》、清姜炳璋《讀左補義》、清陳震《左傳日知錄》、清
李文淵《左傳評》、清周大璋《左傳翼》、清豫山《會心閣
春秋左傳讀本》、清作者不詳《三研齋左傳節鈔》、清鄒美
中《左傳約編》、清林紓《左傳擷華》、清吳闓生《左傳微》
等。由此可以清楚看到，除了《左繡》之外，其他諸書書
名咸不脫《春秋左傳》或《左傳》等字眼，其以《春秋左
傳》命名者，顯然仍將《左傳》視爲解經之作；其以《左
傳》命名者，猶視該書爲《左傳》之徒從；獨馮李驊與陸
浩直以《左繡》爲名，雖掛有「左」字，然去「傳」字，
令其與「繡」在書名上分量相當，由書名已暗寓其作乃異
於前人之評。又「繡」字亦有深意，《說文》：「繡，五彩備
也。」故冠有「繡」字之詞彙，多有「華美」之義，如「繡
瓦」、「繡衣」、「繡妾」，從而富有詩文才華或詩文華美者亦
稱「繡」，如《獨異志》一段有趣而神奇之記載：

> 《武陵記》曰：「後漢馬融勤學，夢見一林，花如繡
> 錦，夢中摘此花食之，及寤，見天下文詞無所不知。
> 時人號為『繡囊』」[43]

可見「錦繡」或「繡」咸有文才或文采之比喻用法，故宋
晁補之〈送慈明師〉云：「文章錦心仍繡腑，屠龍殫家安用
許。」宋蘇軾〈王晉卿示詩欲奪海石詩〉云：「平生錦繡腸，

早歲藜莧腹。」五代貫休〈寄馮使君詩〉云:「清吟繡段句,默念芙蓉章。」陸浩之子麟書也點出馮李驊及陸浩以「繡」作為書名之用心:

> 有疑「繡」字為與《左》不稱者,夫自「繡壤」、「繡裳」以及「繡腸」、「繡虎」,經史子集指不勝屈,莫古豔大雅于繡,而何《左》之不稱為?[44]

因「繡」字古豔大雅,能指出《左傳》之瑰麗,故取以為名。事實上,《左繡》評文時,亦以「繡」字喻文字安排之巧妙慧心:

> 徐揚貢曰:「四段插兩喻,文如錯繡。」[45]

> 事則看其錯落,文則看其精神綺綰繡錯。[46]

因此,「左繡」,意即「《左傳》文采」也。此外,金元好問〈論詩絕句〉為中國詩評名論,其中有謂:「鴛鴦繡出從君看,莫把金針度與人。」馮李驊亦用其義:

> 觀其自全篇以至一字,剪裁配搭、順逆分合、提束呼應,無一點錯亂,無一點掛漏,無一點板滯,無一點偏枯,極參差又極整齊,極變化又極均勻,直

---

[44] 〈讀左巵言〉,頁9下。
[45] 《左繡》評隱公四年「眾仲論州吁必不能免」引,頁125。
[46] 《左繡》評僖公二十三年「晉公子重耳在曹」,頁461。

以夜來之鍼,製天孫之錦。前人有謂:「鴛鴦繡出從
君看,不把金鍼渡與人。」《左氏》則竟將金鍼普渡
天下後世,但黐心人睹面失之耳。吾特以繡自《左》,
實有望于天下後世之貪看鴛鴦者。[47]

章法圓變之極,細尋之,脈縷一絲不亂,鴛鴦繡出
金針何在,人自鹵莽,作者豈欺我哉?[48]

馮李驊認為,鴛鴦(文章之美)具在,讀者只要懂得細尋,
則繡出鴛鴦之針法(文法)自可按得,作者從未藏巧,故
不可誣其「不把金針度與人」。乍讀此言,看似把藝術美之
完成歸於作者,細繹之,則又未必然,蓋馮又言讀者若粗
心魯莽則不能得見此藝術美。今設若宇宙中有一顆Ω星,
在人類未有足夠工具或知識以測得之前,Ω星是不存在於
星象圖中的,亦即在被發現之前,它是不存在的──不存在
於人類之認知中。如以此角度來看,則「鴛鴦」不論是否
為《左傳》既成的,都必得經由馮李驊細尋按得之後而「存
在」,故他又說「愚特以繡自《左》」,如是說來,則馮李驊
以《左繡》為名,又有「以《左傳》為布底,繡出花團錦
簇」之意。只是,此書之作,恰反元好問之說,反而力求
「尋章摘句,探流溯源,金針盡度,鴛鴦能言。」[49]
　　前文曾提及唐劉知幾對《左傳》文學成就之驚豔,可

[47] 〈讀左巵言〉,頁9。
[48] 《左繡》評僖公二十二年「宋襄公與子魚論戰」,頁452。
[49] 廖燕〈評文說附評文頌〉,《二十七松堂集》卷十一,頁513。

謂推崇備至，錢鍾書繼軌劉知幾之說法，乃又擴大之，認
為傳統以詩作史來研究，吾人則當效劉知幾，於《左傳》
經、史身分中，體察其詩心、文心：

> 劉氏（知幾）復終之曰：「夫讀古史者，明其章句，
> 皆可詠歌。」則是史是詩，迷離難別。老生常談曰：
> 「六經皆史」，曰：「詩史」，蓋以詩當史，安知劉氏
> 直視史如詩，求詩於史乎……劉氏舉《左傳》宋萬
> 裹犀革、楚軍如挾纊二則，為敘事用晦之例。顧此
> 僅字句含蓄之工，《左氏》於文學中策勳樹績，尚有
> 大於是者，尤足為史有詩心、文心之證。[50]

錢鍾書此論，恰標誌著兩種不同的文學批評方向，「以詩當
史」者，視文學作品為某個階段歷史文化之表白或反映，
其基本認知是，每一件文學作品都是社會及文化因素交互
影響下的產品，故批評者努力的方向是就文學作品的形式
及內容，由此尋繹社會、文化的歷史發展；這樣的文學批
評其實是「把文學作為政治、歷史的附庸的作法。」[51]即不
然，就是「通過傳記資料、歷史事實的考證來解釋作品。」
[52]也就是將文學作品的文獻價值作為其全部或主要價值。而
「視史如詩」者，則反是，純粹只談閱讀過程之感受與解
讀後之成果，至於文本原來是經是史是子，並不妨礙所謂

---

[50] 《管錐篇》第六，頁164。
[51] 張廷琛編《接受理論》，頁9。
[52] 同上註。

詩心、文心之發掘——以接受美學理論來看,此發掘實即閱讀文學作品時一種參與創造的樂趣。錢鍾書此論,恰恰可指出馮李驊的期待視野以及批評方向異乎傳統之處。

總之,不論就序文、凡例或書名而言,《左繡》一書皆明白宣示其解讀進路乃「純以文章篇法入手以論《左傳》」,此種「視史如詩」的文學批評,為明清時期漸起而尚未形成之「公眾期待視野」,[53]但「純」以此期待視野作視窗並且大聲宣示,是《左繡》異於前人之處。錢鍾書曾觀察到明清時期文學批評「重文」之轉化,只是多數批評家並未自覺或未敢於不同,因而明明探的是詩心,卻猶寄生於「以詩為史」的觀念底下,冀由「攀援正史」而增聲價:

> 明清評點章回小說,動以「盲左」、「腐遷」筆法相許,學士哂之。哂之誠是也,因其欲增稗史聲價而攀援正史也。然其頗悟正史稗史之意匠經營,同貫共規,泯町畦而通騎驛,則亦何可厚非哉![54]

由此更可見出馮李驊敢於有為之可貴,以及其所為果然瘏闇於俗世聲浪之可惜。

---

[53] 此種「視史如詩」之批評風氣,與八股、評點之盛行相助長,曾國藩云:「自有明以來,制義家之治古文,往往取《左氏》、司馬遷、班固、韓愈之書,繩以舉業之法,為之點,為之圈圈以賞異之;為之乙,為之鐵圍以識別之;為之評注以顯之。」(〈謝子湘文集序〉,《曾文正公全集・文集》,頁13。)如歸有光五色評點《史記》、金聖歎之評點《天下才子必讀書》等,皆是先驅;而其他以文評為評點重心卻掩掩映映不敢明言之著作,亦有開拓風氣之功。
[54] 《管錐篇》第六,頁165。

　　歷來學者對《左傳》文學成就之讚譽可稱駢駢；評點
著作之中，提到《左傳》篇法作意之論也不寥落，面對前
修壓力，馮李驊如何證論自己之解讀進路優於他人呢？他
對自己之評《左》如何定位呢？以下言論可以為說：

> 《左傳》原通長寫去……各成篇法，若強取其首尾
> 而一之，事雖貫而文則岐矣。[55]

> 《左氏》格調變換不窮，長者千萬言，短者一二字，
> 卻都筆筆有法，其中有獨自成篇者，有類聚成篇者，
> 有絕不相蒙而連綴成篇者，世本或去前取後……或
> 去後取前……或去兩頭取中間……或去中間取兩
> 頭……本二也而誤合為一……本一也而誤分為二，
> 凡此不一而足，要皆只論事實，不論篇法作意之故，
> 誠審於篇法，求其作意，則自知一字不可移易矣。[56]

> 《左傳》刪本最多，然長篇無論，即如「漏師」、「城
> 邘」單辭隻句，無不工緻，更從何處割愛？愚故全
> 刻而評之。[57]

> 自來選《左》讀《左》，不外詞調、故實兩項，即有
> 標舉章法、句法、字法，稱為奇奇妙妙者，但言其

---

[55] 〈刻左例言〉，第六條，頁 1 下。
[56] 〈讀左卮言〉，頁 1～2。
[57] 同上註，頁 2 上。

然而不言其所以然；又或約指大端而遺其委曲；或
細分句節而不露全神。雖前輩引而不發，使人自思，
而後人則一概囫圇吞棗矣。僕深惜《左氏》妙文千
載埋沒，不憚備加評註，先論全旨，次分大段，又
次詳小節，又次析句調，務令完其本來，獨開生面，
要為初學撥其雲霧，指其歸趣。[58]

可見馮李驊自認為《左繡》超越前人之處，一在「專論篇
章作法」，如此一來，其批評對象是以《左傳》為主角，而
非以歷史事實為主角，錢鍾書所謂「視史如詩」也；以此
觀點視之，則《左繡》所持之期待視野非但不是對《左傳》
之窄化，反是注重文本本身就具足呈現的價值或意義，而
不再是只能以附屬於「經」或「歷史文化」的角度來肯定
它；二在前人往往只指出精妙之處，而《左繡》復能言其
所以精妙之因，批評家與讀者之別正在此，讀者只要能欣
賞、感應作品之美即可，批評家卻須追問「何以為美」，直
至究出根柢，其批評家之身分乃告成立；三在前人所論不
夠完全，有掛一漏萬之憾，至於剆切文本，取其部分而為
評者，又易招「據今人之法，上溯千載以律古人之文」[59]之
嫌，而《左繡》範圍《左傳》全書，不裁文字，評述又層
次井然，能兼顧細節與大局。總括言之，馮李驊肯定自己
之評《左》，較前人別開生面，而又既深且廣也。

---

[58] 同上註，頁 2。
[59] 張德純《左繡》序語。

　　既是以論文爲主要論述角度，則所評所點自然圍繞文
章之結構修辭，而又曰「文亦道之所寄」，可見馮李驊所自
許的目標，並非如一般供士子習文所用之選文評點，徒示
人以篇章鍛鍊之美，他解析篇章，正在於可透過結構以求
「作意」，若此意可供解經之參考，他也附論《左傳》解經
之功能；可見馮李驊所謂的「專以論文」指的是「專由文
章結構的角度來論《左傳》」，「文章結構」是其進路，而非
終極目標，故以下分「結構修辭之分析」、「主題思想之揭
示」、「解經功力之闡發」三大端以述《左繡》風貌。

第五章　《左繡》對《左傳》
結構修辭之分析

　　由第四章之論述可知,《左傳》具有敘事文學之本質已無庸置疑;而「修辭」之有無正是敘事與史料最大之區別,「rhetoric(修辭)更含有美學上的創造意義,是敘事的核心功能之一。」[1]本章主要論述《左繡》對《左傳》敘事修辭的分析。《文心雕龍·鎔裁》篇云:「規範本體謂之鎔,剪截浮詞謂之裁。裁則蕪穢不生,鎔則綱領昭暢。」〈章句〉篇又說:「篇之彪炳,章無疵也;章之明靡,句無玷也。句之清英,字不妄也。」故以下以「謀篇安章」、「鍛句鍊字」兩端來探討《左繡》對《左傳》鎔裁文采之分析。

第一節　謀篇安章

　　張高評先生《左傳文章義法撢微》一書,是目前探討《左傳》文學美學最涵富之著作,是書分析《左傳》謀篇

---

[1] 浦安迪《中國敘事學》,頁98。

之例，別為三類，計三十二種：

> 前茅、破題、中權、關捩、後勁、收結、餘波、論
> 斷（以上篇什架構之安排）；映襯、賓主、虛實、明
> 暗、離合、斷續、順逆、輕重、詳略、擒縱、開闔、
> 寬緊、奇正、變常（以上情境對比之設計）；伏應、
> 逆攝、激射、旁溢、側筆、線索、原委、類從、集
> 散、配稱（以上脈絡統一之規劃）。[2]

安章之法亦有三大類，共計三十九種：

> 順帶、穿插、橫接、遙接、側敘、逆述、夾寫、互
> 見、補筆、附載、自注（以上段落位次之調配）；表
> 現、直書、說明、點綴、點染、閒筆、錯綜、奇偶、
> 想像、形容、析分、援引、概餘、時中（以上主題
> 表達之權宜）；眼目、點睛、關鍵、波瀾、特筆、取
> 影（以上一篇警策之建立）。[3]

不唯名目繁瑣，所撢亦的確至微，而據張先生言，該書係
以方苞《左傳義法舉要》、王源《左傳練要》（亦即《左傳
評》）、馮李驊《左繡》、林紓《左傳擷華》、吳闓生《左傳
微》等五書為藍本，[4]事實上，五書中獨《左繡》對《左傳》

---

[2] 詳該書第二章。
[3] 詳該書第三章。
[4] 詳該書例言第七條。

作全面評點，[5]成果也最深細，故當居藍本首功。如此說來，若以張高評先生之擇微逆窺《左繡》，則其對《左傳》剖析之用心與功力於此可掌握八九。因本研究之旨不在《左傳》之文采，張先生之《擇微》亦已含括殆盡，故以下但以馮李驊於〈讀左卮言〉中提到之篇法章法為綱，例證說明於下，以《左繡》勾深功力為重點，不以《左傳》文采之發揚為目的，庶免與前賢重複。

　　此外，本章與第六、第七章亦將以方苞《左傳義法》、王源《左傳練要》、姜炳璋《讀左補義》作為比較。目的是以方苞所論，看《左繡》之評點與桐城義法說之契合程度；而王源、姜炳璋之作，則與馮李驊有先後之接觸，[6]引以為比較，用以探究馮李驊評點之功力及特色。由於《左傳練要》不論義理，[7]《讀左補義》以義為重，[8]而方苞《左傳義

----

[5] 範圍《左傳》全書而施以評點的，尚有吳闓生《左傳微》，該書例言曰：「全書於《左氏》原文無一字增損」，可見其評點亦涵蓋《左傳》全文本，但又說：「為之移易次第，分別聯綴」，則文章結構已非《左傳》原貌；且所論重點在「專以發明《左氏》微言為主」，故張先生所舉五書，真正全面評點《左傳》，且以文采為對象者，只有《左繡》。

[6] 依〈刻左例言〉，馮李驊曾讀過王源之《左傳練要》（又名《左傳評》），雖是得之於成書之後，但由馮李驊將王源之評點，擇取若干增補入《左繡》中，亦可見其看重。而姜炳璋《讀左補義》評點興趣在「詳義略文」（〈刻《讀左補義》例言〉）、「發明聖經之義」（〈讀左補義序〉），與《左繡》迥殊，但引用書目中列有方苞《左傳義法》，其弟子毛昇又補綴評文的部分，且言「融會馮天閑、周聘侯二家之長，書中多所採用。」（〈刻《讀左補義》例言〉），因此說此二書與《左繡》有直接關係。

[7] 《左傳評·凡例》云：「《傳》元以翼經，《左氏》之不合經義者，先儒駁之詳矣，茲皆不論，特論文耳。」

[8] 詳註6。

法》兼論義與法，故第五章取方、王作比較；第六、七章
兼取姜書作比較。而且爲了避免主觀篩選之譏，引錄的原
則，是以本文提到之《左繡》例證爲主，全面核勘其他各
家，以主題相當爲擇錄標準，例如主題是「篇法整齊」，而
其他各家於同一篇章雖有評點，但談的是「眼目」，則失去
比較之基礎，故不引。所以以下例證，或有比較或無比較，
其無者，只有兩種原因，一是無評，一是評論重心不是正
要討論的主題。

一、謀篇法

「謀篇」主要在使文章結構完整而有條理，以使思想
內容得以清楚表達。〈讀左巵言〉中提到謀篇法的地方有五
處，以下一一論述舉證。爲便檢覆，引《左繡》評點爲例
時，除非有更進一步之說明，否則頁碼直標於引文之末，
不再加註。

（一）分合

> 一部《左傳》大概每篇合成大片段，分之又各成小
> 片段。彼可分而不可合，則氣脈不完；可合而不可
> 分，則條理不密，皆未講於篇法者也。[9]

---

[9] 〈讀左巵言〉，頁 2 下。

此處言篇章段落之間宜一脈相承，而保持若即若離的關
係，所謂「可分而不可合」者，指各片段之間聯繫不強，
完全可獨立，故可不必合觀，如此則表示章節間氣脈根本
沒有貫暢；反之，若只能渾淪統觀而不能分段，即「可合
而不可分」，又表示敘述缺乏層次條理，無章節段落之劃分
可言；此二弊咸因「未講於篇法」者也，馮李驊言下之意，
認爲《左傳》則不如是也，證據當然就在隨文評點之中。
茲舉數例證之。

莊公二十年鄭伯和王室不克，又目睹王子頹樂禍，而
對虢公提出納王之議。二十一年鄭伯納王事成，卻遭原伯
「效尤」之議；後又怨周王對鄭、虢賞賜不公，終與王交
惡。《左繡》對此記事篇法之評論爲：

> 此敘鄭伯納王本末，兩篇可分讀亦可合讀。分讀則
> 前篇先敘後議，以「和王」起，「納王」止，鄭伯為
> 主，虢公語只于結處一帶，輕重有法；後篇則兩敘
> 兩斷，以「將王」起，「惡王」止，亦鄭伯為主，虢
> 公事，各以對舉相形，平側有法。合讀則由「和王」
> 而「納王」，由「納王」而「將王」、而「享王」，而
> 卒于「惡王」，總以鄭伯為主，「遍舞」、「樂備」；「樂
> 禍」、「效尤」，遙遙相對。而「寶器」即為「鞏鑑」
> 之根，「櫟」、「鄔」亦伏「虎牢」之脈，雖前文整片，
> 後文零星，筆墨各變，而線索呼應，首尾極靈，所
> 謂分而為璋，合之成璧者，于此益信也。(283～284)

馮李驊認為此二篇雖記一事之前因後果，然二篇皆首尾自
足，各有獨立結構，前篇先敘鄭伯和王室不克，以及王子
頹享五大夫樂及遍舞之事，再以鄭伯對王子頹之評論及向
虢公提出納王之提議作結；後篇則敘鄭之納王及惡王兩
事，分別小結以「亦將有咎」及「始惡於王」兩論斷。起
結既各自完整，則可分讀。但合讀之，又可尋繹出二篇呼
應之蛛絲馬跡，如「樂禍」、「效尤」、寶器、地名等之刻意
相對，及「虢公曰：『寡人之願也』」一句作為兩篇之螺絲，
[10]則合讀不僅宛如合轍，復有參差變化之佳，故馮李驊讚嘆
此番敘事分如璋、合如璧，分合皆可得賞玩之致。

又如莊公三十二年有神降於莘，《左傳》記內史過以
「德」回答周惠王之問，以及虢公享神二事，馮李驊評曰：

> 上下以兩「德」字為眼目，而前以「德」字起，後
> 以「德」字結，一順一逆，恰作兩頭呼應。所謂分
> 而為二，合而一者，于此益信。(315)

所謂「上下」指上載內史過答問，與下載史嚚預言虢國將
亡二事，內史過以「國之將興，神降之，監其德也」展開
議論；史嚚以「虢多涼德，其何土之能得」作結斷；一個
順著「德」字鋪展，一個迎逆「德」旨作結，故稱「一順
一逆」，二事可完全獨立，但行文上又以「德」字合二截為

---

[10] 該句旁夾批曰：「拖尾妙甚」，眉批曰：「前後總以鄭伯為主，中間偏著
虢公『寡人之願也』一句，束上遞下，跨節生枝。」(284)

一篇,成為中心主旨,此就是所謂「屬辭比事」之功能。

又如閔公二年,狄人滅衛及齊侯餼遺衛公與夫人之事,《左傳》先敘狄人伐衛、滅衛事,焦點放在衛懿公好鶴失民,以及石祁子、寧莊子二人守國,華龍滑、禮孔二人入告國不可守等事;後半則敘衛人立戴公,及齊侯之餼贈二事,並細記遺民人數與齊侯餼贈之數,馮李驊評曰:

> 又上段「伐衛」、「滅衛」、「入衛」作章法,下段連寫「七百有二(三)十人」、「五千人」、「三百乘」、「三千人」,又「乘馬五稱」、「皆三百」、「三十兩」,許多數目,與前「二子」、「二人」兩「國人」,多少相映,皆文字各成片段處。　大概文字長短疏密,都要相濟相錯,出沒不拘,而合之則成一大章法,分之則自成小章法,乃千變萬化而不可易者耳。(333)

王源對此文結構之批評,則強調其必合而為一:

> 結尾一段鋪張,妙絕妙絕!原是一篇亡國敗家文字,寫衛侯之敗,狄人之入,衛人之亡,戴公之立,亂離光景,如落葉秋風,雨零星散,衰颯極矣。使如此即索然而住,文章便無收煞,故借齊侯戍曹,歸公乘馬云云,極力鋪張,將從前景況,洗發淨盡,渙然復覺氣象維新,如大寒之後,萬物凋零,忽爾春

風鼓動，欣欣向榮。文章至此，那得不令人快煞！[11]

比較馮、王兩人之評點，可以看出馮李驊對結構線索掌握
清晰，至少解析得較清楚；馮評多切實之證據，王多意象
之比喻；最重要的是，馮評真正討論到結構章法之細細安
排，故能整理出前後兩半篇的不同筆法；卻又能在不同筆
法中細尋出前後脈絡聯結之處，故曰篇章可分可合；王則
流於欣賞式批評，未能掌握結構線索，故視此篇只是「一
篇」文字。因此，以文學批評而非欣賞感興而言，馮李驊
的確比王源更多一層體會。

又如僖公七年齊人伐鄭，鄭殺申侯以求悅於齊國，《左
傳》於本篇前半主要記載孔叔請下齊之語，後半則追述楚
文王使申侯速行之語，馮李驊評曰：

> 見為齊伐鄭，鄭殺申侯傳。兩節合讀，以現齊「用
> 譖」為兩節關鍵。「說齊」句束上，應「知其所由來
> 矣」一層文字；「用譖」句遞下，領「弗可改也已」
> 一段文字，與鄭伯逃歸篇一樣章法。「諺有之」、「古
> 人有言」首尾相映，而「競」、「病」、「強」、「弱」；
> 「待我」、「待君」，語語對待交互，「予取予求」、「女
> 疵女容」字字轉換錯綜，一樣筆意，分之不必兩傷，
> 合之則成雙美。人巧極天工錯，古人可作，知不河
> 漢斯言。(374～375)

馮李驊認為這兩段記事可以獨立來讀，皆各自有伏應對稱
之美；但合而讀之，卻又可得首尾相映之巧。類似這樣環
中包環的結構又如僖公二十七年晉文公始入，《左傳》記晉
文公教民、示信、示禮，終於一戰而立定霸業，馮李驊評
曰：

> 兩「教」字于本段自為起結；兩「霸」字于通篇共
> 為起結，此吾所謂分而為二，合而為一者。(502)

王源評曰：

> 以前炤後，後映前為章法。(卷三，頁 13 下)

但王源的「前後」，範圍與馮李驊不同，馮李驊所分析的文
本是自「冬，楚子及諸侯圍宋」說起，分析此篇可分為上
下兩截，而論其起結，結構如大圓包小圓。王源則併先前
「楚子文治兵」一事，稱此為「前」，而「晉侯教民定霸」
一段為「後」。[12]所以單就「晉侯教民定霸」一段而言，王
源並無結構之分析。也就是說對於結構之分析，馮李驊除
了鳥瞰全篇，尚及各段，較王源深細。

又如文公六年晉襄公卒，《左傳》記諸大夫立長立孌之
爭議，馮李驊評曰：

---

[12] 當然馮李驊亦有以此範圍為論之評點，也是以前後提應相配為章法，
然而此處所論重點在於篇章之「分合」而非「提應」，故不贅引其他評
點。

> 此篇作兩截讀，上截各出論頭，下截兩兩比對，純
> 用複說筆法，下截複說上截，而下截每扇又各自複
> 說，妙在上截亦先作複說以配之，分之則上下各成
> 片段，合之則上下共成片段也。(594～595)

此篇上半先敘趙孟、賈季各有擁立，趙孟主張立公子雍，
理由是「好善而長，先君愛之，且近於秦」，接著就論凡立
有此四德之君，國難必抒；賈季主張立公子樂，理由是其
母嬖於二君，立之可安民，「安民」實即「抒難」，故馮李
驊說「上截亦先作複說」。下半則記趙孟論公子樂及其母懷
嬴不合於前四德，而公子雍之母杜祁有四德，故馮李驊說
「下截複說上截」；且論公子樂與論杜祁的部分又是各自複
說，故馮李驊說「下截每扇又各自複說」，因此此篇結構若
分而爲二，是「複說格」；合而爲一，仍是「複說格」，有
連環之妙，難怪馮李驊要讚嘆此種用法是「《左氏》用法最
圓處」(595)。

又如文公七年寫晉靈公之立，《左傳》於前半寫趙孟畏
穆嬴之逼而立靈公，及秦晉刓首之戰；後半寫先蔑奔秦。
馮李驊評曰：

> 上段寫三「同寮」，兩「弗聽」，下段連寫四「不見」，
> 又兩兩相配，真妙筆也。 不但末二段相配，并與
> 前半兩「朝」、兩「抱」、兩「先君」、兩「何罪」及
> 「才」、「不才」、「子賜」、「子怨」，中幅「受」、「不

受」、「善謀」、「善政」筆意無不相配，所謂筆墨各
有氣類者，于此益信。

《左傳》大概分合皆成章法，若分之不各成章法者，
必合之不共成章法者也。小小片段，亦何處著得一
率筆耶？(605～606)

下半篇先蔑奔秦，士會從之一事，《左傳》於首段追記先蔑
使秦迎公子雍時，荀林父一再以「同僚」爲說，企圖打動
先蔑以阻止他「外求君」，無奈先蔑「弗聽」。次段寫士會
在秦，三年不見士伯，馮李驊找出這兩段章法相應之處，
並認爲筆法與前半穆嬴之逼亦相配，可見《左傳》作者有
意使這上下兩篇綰合成一大篇，但無損於上下篇各自獨立
之結構，故馮李驊稱其可分可合。類似篇法又如襄公九年
諸侯伐鄭，《左傳》於伐鄭事記諸侯不欲戰而許鄭成；於盟
鄭一事，則記鄭晉大夫因盟書而起之辭令，馮李驊認爲兩
篇可獨立來看，皆各自有提應；但合而觀之，又有章法相
配整齊之效，故亦以「分之爲二，合而爲一」爲評：

通篇作兩半讀，上半提筆曰「諸侯伐鄭」，便以諸侯
爲主，「令于諸侯」、「諸侯之銳」，處處提攝；末以
「諸侯不欲戰」作收煞。下半提筆曰「鄭服也」，便
以鄭爲主，「開（盟）于鄭」、「六卿從鄭伯」，直至
末連寫「終必獲鄭」、「豈惟鄭」、「何恃于鄭」作收
煞，各有主腦，此片段之所以成也；上半乃「許鄭

成」，下半乃「盟而還」，相承對結，裁配明整，分
之為二，合之為一。蓋《左》法之大略耳。(1048)

王源則評曰：

> 第一段序伐鄭之聲勢，見鄭之所以請盟；第二段序
> 武子之謀，見晉所以許鄭之盟……俱就事直寫，未
> 嘗有意為文，而波瀾萬狀，至文存焉，亦可悟為文
> 之本矣。(卷六，頁7下～8上)

兩人對章法及主旨看法相同，但馮李驊認為本文小段相承
對結，全篇又相應搭配，故就文字之裁配明整來看，是刻
意鋪排之文。王源則說本篇「就事直寫，未嘗有意為文。」
因而也就沒有深入挖掘文字之間的脈絡線索。

又如襄公十四年，晉率諸侯以伐秦，《左傳》於前半寫
晉師遷延，後半寫欒黶之汰，馮李驊評曰：

> 文前半譏晉師之還，後半評欒黶之汰，各以「報櫟
> 之役」作提，而一煞以「晉人謂之遷延之役」，一煞
> 以「秦伯以為知言」，兩兩對說，片段極其明整。然
> 晉師之所以遷延者，實欒黶之汰為之，故兩截文雖
> 截對，而意仍串遞也，離而為二，合而為一，蓋往
> 往以此見剪裁鎔鑄之奇矣。(1110)

兩篇可合而為一的證據，主要是結構上之對應，其次是文

意之貫串，於此更可見馮李驊「專以論文」的確實意涵——「論文以見義」，亦即由篇法之講論以見文本意義。這也是《左繡》評點呼應當時徵實學風之處，凡其所論，皆切實有據，故其評點，絕非印象式之批評。

又如襄公二十一年，欒盈出奔楚國，范宣子殺其黨而囚叔向，《左傳》記叔向回應他人之譏問，皆引詩作結；又記祁奚向范宣子求赦叔向時，引詩書作開頭，馮李驊評曰：

> 上半兩引詩都作煞腳語，下半便開口兩引詩書以配之；上分下合，上尾下首，章法之變不待言，若其既引前言，又徵往行，「十世宥之」既抉進一步，「多殺何為」又推本一層，層層解釋，不遺餘力，乃所謂重筆也。 輕筆自成一片段，重筆自成一片段，前輕後重，又共成一片段，如璋如圭，分合皆至寶矣。(1182)

「輕筆」指前半叔向答問之輕描淡寫，「重筆」指祁奚求赦之不遺餘力，兩篇筆法輕重有別，又各有結構，可獨自成篇；但引詩引書之間，又透露篇法之錯綜相應，故亦可連成一篇，故馮李驊讚其「如璋如珪」。王源則通論整個欒盈奔楚為一篇，評曰：

> 此傳序欒盈見逐之故……所惜者以叔虎而累叔向。叔向可不詳乎？於是轉入叔向，別開丘壑……序向既畢，又追述二母，序叔虎而合盈以結之，然後遙

接樂盈，結其出奔之案。(卷六，頁 22 下～23 上)

就叔向答客問與祁奚求赦這兩個部分來說，王源並沒有注
意到其結構之特色，故無評點。若就整大篇的評點風格來
說，馮評以結構切入，再論其筆意輕重之別；王評則專就
事件本末論文章脈絡，這正好可用以說明馮李驊「論文不
論事」及「專以文論」的確切意涵。一般評點家皆如王源，
以事件脈絡做為批評依據，再來看文章如何穿織事件；[13]馮
李驊認為既是文學批評，則當以文本為對象，這就是「專
以論文」與「論文不論事」的意思，不能明白於此，難免
誤會其評點是村塾夫子之時文講解，故不可不辨。

又如昭公元年晉侯有疾，《左傳》前述子產飲食哀樂致
疾論，後述秦醫和不節不時致病說，馮李驊評曰：

上半篇以「弗可為也已」然，下半篇便以「疾不可
為也」起，此作者明以上下聯絡告我後人，分之為
二，合之為一矣。(1446)

王源評點並未直接說明本篇結構，但於「時」字、「節」字
皆加以大圈，[14]以評點符號點出上下兩半隱隱有線索存在。

---

[13] 王源自己也提出論史論文不可相溷的說法，其《左傳評・凡例》云：「序
事之文，全看序法，不論事之善否。今人惶惶以事之善即認為文之善，
不知文之善有在事中者，有不在事中者，論史論文，可相溷乎？」但
與馮李驊比較起來，王源對文章結構線索的追探，仍不免是由事件脈
絡中來。

[14] 見卷八，頁 6～8。

又如昭公四年記叔孫家禍，文長評亦極長，《左繡》依
然抓立層次，井然呈現，依馮李驊之分析，本則記事亦屬
可分可合之謀篇法，如曰：

> 通篇作五大截讀。(1503)

既曰「通篇」，表示可合讀，復曰「五大截」表示可分看，
用「截」而非「節」字，是爲了更強調其結構之獨立性，[15]
接下來之評點一一說明各截之起結及主旨，中細細論其伏
應穿插之妙，末總結篇法云：

> 此事若分作兩半讀，則前文原爲叔孫豹卒作傳，後
> 文自爲舍中軍作傳，乃其傳豹卒也，舍軍事即帶起
> 于前文之尾；其傳舍軍也，葬豹事又夾敘于後文之
> 中，二子報讎，附結于後，昭子之立，預伏于前；
> 分而爲二，合而爲一。于前則爲先經始事，于前後
> 則爲後經終義，錯綜串插，亦足以觀斷續起伏之奇。
> (1508)

馮李驊盛讚此則記事之篇法不僅有文章錯綜之美，斷續起
伏之奇，且附帶說明《左傳》解經一大特色：以對事件之
源流敘述包覆經文前後，則經義之掌握可由事件之斷續變
化窺知，關於此類對《左傳》解經之探討，將於第七章專

---

[15] 該則評點有「第一截又分兩節」、「中二截各分三節」等文字，則「截」、
「節」涵義之別可見。

節討論，於此不再贅敘。王源對此篇則評曰：

> 舍中軍，魯之大事，又在逾年，與叔孫之卒無涉，
> 自應另為之傳，只因豎牛有誣豹之言，杜洩有投書
> 之舉，故序之于此，然亦以見豹存則中軍尚存，豹
> 沒則中軍遂舍。(卷八，頁 22)

「只因……故序之于此」言下之意，這段記事並非為了文
章前後照應而錄，純是「直書其事」，如此一來，就談不上
「謀篇法」，與馮李驊的結構斷續起伏說法，其間認知差距
頗大。

　　總之，於篇章之或離或合，馮李驊皆能於結構中尋繹
線索，一一呈現《左傳》「剪裁鎔鑄之奇」，示後人解讀《左
傳》時，於文章結構之不可忽視；並因其能勾勒提應、對
映之處，切實可睹地「繡」出《左傳》文采之「鴛鴦」，因
而成功地證明「專以論文」的確能挖掘前人所不見之處。

（二）提應

> 篇法最重提應，或單提或雙提，或突提或倒提，或
> 原提或總提，或分提或直起不提，卻留於中間以束
> 為提，乃是變法；或順應或倒應，或分應或總應，
> 或正應或反應，或借應或翻應，或明應或暗應，或
> 應過又應，或不應而應，亦是變法，逐篇比對，始

知其變化不窮。[16]

對於上述提應，馮李驊沒有進一步定義，但云：

> 凡文必有總括之筆，在首為提，在尾為束。(365)

《文心雕龍‧章句篇》云：

> 啟行之辭，逆萌中篇之意；絕筆之言，追媵前句之
> 旨，故能外文綺交，內義脈注，跗萼相衝，首尾一
> 體。

所謂「啟行之辭」就是「提」，須能「逆萌中篇之意」；所
謂「絕筆之言」，就是「結」、「束」，須能呼應「前句之言」。
可見「提」指在文章中揭開事件、引入人物及情節之法；「應」
則指對前文之關照或交代，皆有以見文本佈收線之巧
思。第四章第一節曾提到「歷史與文學作品」敘事上之差
異，乃在「情節編造」，[17]「提應」是為了使文章情節得以
連貫與一致，這正是對情節編造之關注。方苞《左傳義法》
也注意到《左傳》行文有情節編造的考量，所以他對《左
傳》文法之討論，主要也是對篇章佈局脈絡之搜尋，如僖
公十五年秦晉韓之戰，《左傳》先敘晉惠公一串背恩行為，
而以「故秦伯伐晉」小結，方苞批曰：

---

[16] 〈讀左卮言〉，頁 2 下～3 上。
[17] 參第四章註 5 所引文。

備舉晉侯失德，而束以「故秦伯伐晉」，通篇脈絡皆
總會於此。(頁 4)

「備舉」是就事件之臚列而言，但接之以「束」字，「束」
乃就文法而言，可見這些備舉之事件，於文章佈局中，同
時具有提頭功能。「提」指將情節線索提示篇首，實即置於
篇首之情節歸納；「束」就是對「提」之照應，因在文末，
有歸納、結束前文之功能，故曰「束」，篇章「脈絡」正由
提應中按得。而馮李驊認爲《左傳》篇章之提應「變化不
窮」，需「逐篇比對」，正可顯現《左傳》敘事手法之多端，
幾乎無「法」可追，從這個想法再進一步延伸，則提應之
抉出，存乎一心，而這「一心」實即讀者之慧思；《左繡》
最好言篇章之提束呼應、相配對映，凡此「變化不窮」之
篇法，須經馮李驊慧心抉出乃得以呈現，因而可說是馮李
驊與《左傳》互動後之新成品。以下舉數例一以見《左傳》
謀篇提應之妙，二則冀由馮李驊實際批評以範圍諸提應之
意涵。

1・提

（1）單提與雙提

「單提」提出一條情節線索；「雙提」則是提出二條情
節線索。篇法出之以單提之例，如僖公二十一年邾人滅須
句一事，《左傳》以介紹須句爲風姓作開場，而以成風請魯

僖公「崇明祀、保小寡」爲主敍，馮李驊評曰：

> 風姓單提，下亦用單應揭過，輕重有法。(445)

開篇先言須句之姓，再敍及爲邾人所滅，以「提」預埋一
篇重點，可見本篇主旨不在須句之亡國，而在魯僖公能修
祀保寡以尊周禮。

以雙提爲篇法之例，如隱公元年鄭伯克段於鄢一事，
馮李驊評曰：

> 最重姜氏，故用重筆首提，而次提叔段，只起手一
> 行已定通篇大局。 (101)

《左傳》以鄭武公娶武姜一事爲首提，以「生莊公及共叔
段」爲次提，正見此番亂事全由「母子之間」，擴及「兄弟
之際」，故馮李驊眉批云：

> 蓋依經立傳，本在鄭莊兄弟之際，開手卻從姜氏偏
> 愛釀禍敍入，便令精神全聚于母子之間；故論事以
> 克段于鄢爲主，論文以實母于潁爲主。(100)

故謂「只起手一行已定通篇大局」，可見「提」法得當，的
確可「逆盟中篇之意」。

又如桓公五年王鄭交兵，《左傳》以「王奪鄭伯政，鄭
伯不朝」爲提，以下詳寫鄭軍將屬及禦王戰略，末以「王
卒亂」、「王卒大敗」及「王中肩，王亦能軍」作小結，以

鄭伯勞王作收。馮李驊評曰：

> 王、鄭雙提，卻從王引出鄭；王鄭雙結，卻從鄭收
> 到王，中間詳鄭略王，而王起王束。「亂」、「敗」、「能
> 軍」，疊連三點敗意之事，匠心之文。(190)

提篇之處除了引介「周王」及「鄭伯」兩個事件主角，並
以「奪政」、「不朝」預埋交兵線頭，故謂「提」能「逆萌
中篇之意」。又如莊公十二年宋萬奔陳，《左傳》以「猛獲
奔衛，南宮萬奔陳」作提，馮李驊評曰：

> 以宋萬為主，猛獲陪客也。今兩奔雙提，「皆醢」總
> 結，似無輕重，然「乘車」、「犀革」皆寫萬之多力，
> 而安放兩頭，包猛獲于中間，則固始終著筆在萬矣。
> 此最用筆微而顯處。(265)

宋萬、猛獲雙提而文意側重在宋萬，可見雙提並非表示兩
個事件或主角的輕重相當，如前篇王鄭交兵，詳鄭卻正是
貶鄭，[18]此篇先提猛獲，重心卻在宋萬。而用筆輕重有時關
乎褒貶，有時關乎人物、事件之歷史輕重，有時是出於刻
畫之所需，這就是「情節編造」之考量，與小說創作時對
情節、人物之照顧無別，故孫綠怡先生認為《左傳》是我

---

[18] 此篇篇法反客為主，馮李驊提出的解釋，是詳寫鄭伯正用以顯其不臣，
眉批云：「前寫其謀之毒，中寫其事之悖，後寫其詞與禮之詐，而深惡
痛絕之意，正在言表。」(189～190)

國古典小說之源：

> 司馬遷《史記》直接繼承和發展了《左傳》的文學
> 成就，它的確具有明顯小說因素的「列傳」，看來雖
> 然好像是小說產生的「因」，但同時它又是《左傳》
> 影響下的「果」。[19]

> 以《左傳》為代表的先秦史傳文學是中國古代小說
> 產生的主要源頭。《左傳》曾經對古代小說的形成和
> 發展產生深遠的影響。[20]

於此，《左傳》是敘事文之事實，更清楚浮現，自然具有敘
事文的屬辭比事特質。

　　有時同一篇章卻雜用不同提法，用以收篇法變化之
效，如昭公二十七年記費無極譖殺郤宛一事，同年末尾，《左
傳》接續交代郤宛遭難之後，楚國「國言未已，進胙者莫
不謗令尹」之情況，馮李驊以夾批提醒讀者注意前後兩篇
之關係：

> 前篇「國」字起「國」字結，此篇亦「國」字起「國」
> 字結，聯絡為一。(1857‧L3)[21]

---

[19] 《《左傳》與中國古典小說》，頁 75。
[20] 同上註，頁 125。
[21] 眉批部分直接標明頁碼，夾批則多注行數，以便檢索，故「1857‧L3」
　　指「一八五七頁下欄第三行」。以下從此例，不再一一加註。

然後再眉批此篇之結構及提法之變化：

> 此文是兩對格，又一頭兩腳格。以殺人興謗為不仁，
> 愛讒自危為不智，都用雙調開合，對仗分明。然前
> 半「夫左尹」與「中廄尹」單提，下半「無極」「鄢
> 將師」雙提，藏奇偶于兩對之中，因方為珪，遇圓
> 成璧，此文兼之。(1857)

所謂「前半」指沈尹戌對左尹與中廄尹之評論，兩人人名
一起提出，合論其興謗之罪，故曰「單提」；後半對費無極
及鄢將師之批評，則分別為之，故曰「雙提」。結構上，前
後兩半又有相對之妙。

（2）突提與倒提

除了以「單」、「雙」為別，提法尚可以出現於篇章的
起首或他處別為「突提」與「倒提」，突提之例有成公九年
諸侯蒲城之會，《左傳》劈頭即言明此會乃因「為歸汶陽之
田，故諸侯貳于晉」，馮李驊評曰：

> 凡文皆先敘後斷，此獨以斷語突起，而別以不了語
> 敘事作結。(877)

哀公二十七年魯哀公欲去三桓事，《左傳》以「公患三桓之
侈也，欲以諸侯去之。三桓亦患公之妄也，故君臣多間」
作提，馮李驊評曰：

> 雙調突起，又一手法。《左氏》臨了，筆意不窮如此。
> 第一筆先透後段，第二筆次引中段，對起遞承，順
> 逆有法。若將君臣多間，提在前；欲以諸侯去之，
> 提在後，便嫌其平板矣。(2191～2192)

所謂「後段」指末段，描寫魯公欲以越國之力而去三桓；「中
段」指緊接在提句後之文字，主要在刻畫哀公之妄。雙提
皆蘊含後文之內容，且變化對應之章法，故馮李驊以「對
起遞承，順逆有法」稱之。又哀公六年記陳乞逐高張、國
夏事，《左傳》劈頭即直指陳乞擺弄之詐：「齊陳乞偽事高、
國者」，此即馮李驊〈讀左卮言〉所稱之「突提」：

> 此篇極寫陳乞之譖，劈頭一筆提破，下分兩段，先
> 以大夫之言激高國，而勸高國去大夫，既即以高國
> 之言恐大夫，而令大夫去高國，縱橫閣押，曲折詭
> 祕，描寫入神。(2056)

王源意見相似，其評雖不特別抉出「提」與「應」，但亦認
為此篇以「乞」為結構主軸：

> 召陽生入者，乞也；養于家納諸宮者，乞也；立為
> 君而廢孺子者，亦乞也。始終皆乞，獨至弒孺子而
> 曰：「我不知」，欲使弒君之名倖以免也，欺天乎？
> 欺人乎？(卷十，頁33下)

　　以上是直接提出該篇主題之突提法，至於「倒提法」，
在馮李驊的評點中，並無直標「倒提」的例子，但由許多
「倒敘」、「倒掣」、「倒插」等例證可以凝聚出「倒提」的
意涵指在敘述某事時，又倒提往事，等於倒敘、倒插等敘
述手法，其例如文公十一年鄋瞞侵齊，《左傳》先敘鄋瞞侵
齊伐魯事，又倒敘春秋前鄋瞞伐宋、宣公十五年晉滅潞及
宣公二年鄋瞞伐齊等事，而鋪敘這些征伐，皆只是要逐一
說明最後一句「鄋瞞由是遂亡」，此句正是本篇主意，馮李
驊評曰：

> 此編乃類敘法也，因敘新事直追敘舊事，又倒掣後
> 事，重敘前事……末以一句作收。(625)

王源亦視此篇為類敘法：

> 頭緒愈多，文愈妙，蓋多則錯綜顛倒分合穿插種種
> 妙法俱可施展……此傳敘僑如一人，連類以及緣
> 斯，又連類以及焚如，又連類以及榮如簡如……「鄋
> 瞞由是遂亡」非結榮如簡如，並非結僑如，蓋總結
> 之。而實以結焚如耳。(卷三，頁 36)

　　又宣公四年記楚若敖氏滅，《左傳》於「遂滅若敖氏」
句後，倒提令尹子文之出生，馮李驊評曰：

> 一筆結應起處第一層，以下當直接子文之孫箴尹云

云矣，重又倒敘此段，前為若敖氏作註腳，後為改
命曰：「生」作緣起也。而鬥穀於菟特表所生之異，
與「狼子野心」相映成趣，不虎乳者反以野心滅宗，
乳于虎者獨以勸善留後，分明人面獸心，獸面人心
之別，蓋天生奇事成此奇文者矣。　　《左氏》最是
倒敘處見文法之變，文情之濃。(713～714)

這一段記事雖是做為收束前文之用，但又是倒提前事，故
曰「倒提」。又如成公二年，魯楚陽橋之役，《左傳》簡述
此役何以興之後，倒提楚令尹子重訓眾等事，馮李驊評曰：

從「受盟于晉」敘入，為畏晉匱盟伏根也。詳子重
用眾惠民以見所以畏晉而竊盟之故。首三行領起通
篇，正追敘前事而為陽橋之役句，忽倒掣後事作提
筆，不過伐某以救某之變文，而奇突可喜。文總以
生動脫化為佳。(834)

這種「倒掣後事作提筆」的方法即為「倒提」法。又如昭
公四年記叔孫家禍，《左傳》首敘穆子之夢豎牛、遇豎牛，
次敘豎牛之亂，馮李驊評曰：

「逆之以上」安頓頭緒已畢，「丘蕕」二句為近事提
綱，下牛欲亂室，又倒補前事，錯綜入妙。(1504)

「豎牛欲亂其室」一句，是下半文章之提頭，為突提法；

卻又有補足前事之功能，故就整篇文章而言又爲「倒提」。
同樣的，篇末敘杜洩盡職以卿禮葬叔孫，文末卻又轉寫季
孫謀捨中軍，豎牛爲媚季孫而誣叔孫固欲去之。馮李驊評
曰：

> 「乃使以葬」已作結筆，忽將後文舍軍倒插一筆作
> 拖尾，斷而復連，以住句爲提句，跨節生枝，文勢
> 如飛樑關榍。(1508)

這種以「住句爲提句」實即「倒提」法。王源對此篇之分
析雖不如馮李驊仔細，但也籠統稱讚此篇安頓之妙，其言
曰：

> 凡幻境、奇情、怪物、誕語皆文之美料，但看其描
> 寫何如，安頓何如耳……看《左氏》是如何生動，
> 如何精彩，首尾聯貫，奇姿橫溢。(卷八，頁 22 下)

單看此篇評點，就能了解爲何說馮李驊之評點是「切實可
睹」，而王源是印象式批評了。

（3）原提與總提

馮李驊並沒有確切定義「原提」與「總提」，在實際評
點中，亦不見「原提」字眼，但由其評點「總提」篇法之
例證中，可以得知「原提」、「總提」當是依其與事件之先
後爲分。「總提」指串連許多事件，而將頭緒總縮於前，以

下再一一分敘；依此，「原提」應是不將線索一次提清，而
是隨事件一一提起。先看總提之例，閔公二年狄滅衛、齊
存衛事，馮李驊評曰：

> 此篇作兩半讀，前半敘狄入衛事，後半敘立戴廬曹
> 事。亡衛以國人，故上半國人起、國人結；存衛以
> 齊侯，故下半總提以齊子起，分敘以齊侯結。至上
> 下聯絡映帶，則大題小做，純以零星點綴見姿致，
> 蓋畫家小李將軍金碧山水筆意也。(330～331)

「總提以齊子」指文章下截以宣姜「生齊子、戴公、文公、
宋桓夫人、許穆夫人」為提，將下截所述情節中之人物一
次介紹，以下則歷述「文公」適齊，「桓公」逆諸河，立「戴
公」，「許穆夫人」賦詩再及齊侯之存衛。故稱為「總提」，
此句旁之夾批亦云：

> 總提一筆，以下分敘，錯綜入妙。(332・L5)

總提之例又如隱公七年陳及鄭平事，《左傳》以「陳及鄭平」
為提，帶出「陳」、「鄭」兩個主角，以下分敘陳如何、鄭
如何，馮李驊評曰：

> 此篇先總後分，以對為遞格。首句「陳」、「鄭」總
> 提，下分兩對，然陳蒞鄭而鄭斷陳人；鄭蒞陳而又
> 斷陳國，是以陳為主也。至一曰「不免」，一曰「將

亂」，明係對說，而陳之亂實五父為之，故對斷之中
又以五父為主。觀其前重後輕，前詳後略，平中帶
側，用筆極圓。(143)

由提法及斷法就可掌握篇旨大要，這是馮李驊重結構分析
的原因。而對於此篇詳敘好鶴一段，王源則認為純是為了
文章「有趣」的效果：

> 文字惟不可捉摸，方臻勝境，如懿公好鶴，將戰而
> 先敘國人使鶴之語，其敗可知，若徑序其敗，何趣
> 乎？惟特地將他規劃方略鋪敘于前，然後方將敗亡
> 敘出，人豈能捉摸得定乎？(卷二，頁5上)

比較王源及馮李驊兩人對此篇敘法之分析，又再次看出王
源的批評是欣賞式批評，馮李驊則是結構分析批評，其間
差異至為明顯。

又如昭公二十七年記費無極譖殺郤宛一事，《左傳》於
啟行即曰：「郤宛直而和，國人說之；鄢將師為右領，與費
無極比而惡之；令尹子常賄而信讒，無極譖郤宛焉。」馮
李驊眉批曰：

> 起手一行將一篇之線提清，以下一一分應。前半詳
> 寫無極用讒，後半重寫令尹信讒，末段則用讒者行
> 以自斃，而信讒者且還而自病也。是一首極有摹畫
> 文字。(1852)

所謂「一一提清」正是「總提」之法，馮李驊以對「應」
處之分析，順帶點明所謂「提清」之線頭有哪些，又可見
出《左繡》評點本身亦行文有法。總之，「總提」指將篇章
中之人、事或主題，先於開頭一次引介。原提無例，但由
總提逆推其意，當是放於各個事件開端，以作「原委要終」
之「原委」用，則其與分提或無差別，名稱之異，當只是
分類角度之不同罷了。依此，則前述文公十一年鄋瞞亡種
一事，就全篇篇旨而言是倒提法；而就所述征伐事件而言，
《左傳》分述鄋瞞侵齊、伐魯、伐宋、及晉滅潞諸事，並
於其中敘諸侯所獲之長狄家人，則是原提（分提）法，故
馮李驊又評曰：

> 此編乃類敘法也……不過分提總結，而聯終映帶，
> 奇麗天成。似此結搆，固史漢諸公所寢食以之者已。
> (625)

因此，「總提」指將人、事或主題匯總於篇首或段首，「原
提」則指置於個別事件之「原來」位置。

（4）分提與以束為提

　　「提」也未必全置於文章之首，有時分散各段之首，
有時置中作轉關，分別稱為「分提」與「以束為提」。定公
六年記陽虎辱季孟之事，就將「提」分散文中：

> 往還出入皆虎所使，卻不提于首，而微點于四者之

中，是參差法。(1954)

四者指「往，不假道於衛」、「還，陽虎使季孟自南門入，
出自東門」等「往還出入」四個行動。此之謂「分提」法，
其例已於前述「總提」、「原提」中得見，不再贅述。

「以束爲提」之例有隱公八年鄭公子忽如陳逆婦事，
《左傳》敘其逆婦，而以「先配而後祖」作小結，其後引
陳鍼子非禮之論斷作結束，馮李驊評曰：

> 前敘後斷，「先配後祖」句特立一案，以束爲提，此
> 亦以中間貫兩頭法。(147)

則「先配而後祖」一句，是全篇事件主軸，因置於篇中，
又有結束事件、引發議論之功能，故稱爲「以束爲提」。又
如僖公五年周王召鄭伯使叛齊，《左傳》先記諸侯之盟及周
王召鄭伯，再敘鄭伯且喜且懼，末以鄭伯「逃歸不盟」作
結。馮李驊評曰：

> 凡文必有總括之筆，在首爲提，在尾爲束，此篇獨
> 用之中間。「喜于王命」承上，「懼不朝齊」起下。
> 于上爲束，于下又爲提，蓋以中權作首尾關鍵也。
> 章法奇甚妙甚。(365)

「喜于王命而懼其不朝於齊」一句總括全篇重點，故馮李
驊認爲此句有「提」之功能，因置於上下章之間，故稱「以

束爲提」。又成公六年楚因鄭從晉而伐鄭，晉欒書救鄭，趙
同、趙括欲與楚戰，荀首、士燮、韓厥反對，文意本結於
晉師「乃遂還」，但《左傳》復加一句「于是軍帥之欲戰者
眾」，下半篇則述欒書「以善爲眾」之一番議論。馮李驊評
曰：

> 上文只點同、括欲戰，故特補此筆，開出下半篇文
> 字，接落最緊健有力也。　上敘下議，中間作一關
> 捩，以轉筆爲提筆，如戶之有樞，妙絕！ (861)

可見「欲戰者眾」一句，絕非泛泛寫來，而是在文意上具
有總括全篇主旨，在結構上具有總結上半敘事，帶起下半
議論之樞紐地位，故馮李驊稱此句爲「以轉筆作提筆」。

　　除了上述單提、雙提、突提、倒提、原提、總提、分
提、以束爲提等提法，在馮李驊實際評點中尚有「以伏筆
爲提筆」之法，僖公三十三年秦晉有殽之戰，《左傳》在三
十二年晉文公卒一事上，已預爲伏線，透過卜偃之口，不
只預言「將有西師過軼我」，而且更露骨地說「擊之，必大
捷焉」。馮李驊評曰：

> 此篇爲戰殽起本，極寫蹇叔先見之明。起手卻寫一
> 先見之卜偃作引，蓋照定「諫師」、「哭師」兩段文
> 字，以伏筆爲提筆也。「其誰不知」暗應「將有西師」；
> 「禦師于殽」明應「擊之，大捷」。于事則各不照會，
> 于文則彼此回環，于格則一頭兩腳，頗似授璧篇章

法也。(543)

將看似毫無因果關係的兩件事前後並書，又於結構上或明
或暗地呼應，諸如此類「屬辭比事」之用心，若只是註釋
字句，並不能看出，還真必得「以文論之」，才能由結構掌
握微隱之旨，這或許是馮李驊勇於堅持其期待視野——「以
文論之」，並頗為自豪之因。

　　由上述「提法」之抉出，可以見出光是「提」法即有
如許眾多之考量，見微知著，可見《左傳》絕非援筆直述
的起居注之流，其下筆行文時，當有不少屬辭比事之用心，
當然以接受美學來說，這些用心不論是否為《左傳》原有，
若不經馮李驊評點，是不存在於這場審美經驗之中的。不
過，《左繡》所歸納的眾多義法，若以「作者為意義給定者」
的歷史批評角度來看，它可證明《左傳》作者具有不世出
之靈心妙腕；若以「意義全寄乎文本」的形式批評角度來
看，它可呈現《左傳》這本書之文學價值；若以「意義存
於讀者與文本的互動中」的接受角度來看，它可說明馮李
驊的讀解實具慧心又能深中肯綮。則《左繡》之價值實遠
遠超乎《四庫全書總目提要》「別無新意」之評斷。

2・應

　　「應」是對「提」的回應，對「提」或作補充詳說，
或作對映反襯，或作總結論斷，所謂「既立言於前，必有

應於後。」[22]馮李驊將「應」與「提」的關係，分成「倒、順」、「分、總」、「正、反」、「借、翻」、「明、暗」、「再應與不應而應」等數種，以下一一舉證說明。

（1）順應與倒應

「順應」、「倒應」是指呼應的順序與「提」的關係，先提後應的叫「倒應」；「順應」則指直接承領前意做照應者。其例如成公十六年晉楚鄢陵之戰，《左傳》於戰前鋪排范文子不欲戰，屢言「晉國之憂可立俟」、「逃楚可紓憂」、「外寧必有內憂」；後半分由不同人口中提到「晉楚唯天所授」、「國之存亡天也」、「（楚）犯天忌」、「天敗楚也夫」等，馮李驊評曰：

> 文中前半三「憂」字，中後四「天」字，乃一篇之
> 主。以「文子」起，「文子」結，結處「命」字順應
> 「天」字；「德」字倒應「憂」字，總見鄢陵之勝，
> 適有天幸，德不配命則憂方大耳。(930)

馮李驊認為前文先提范文子之「憂」，再提「天意」，而文末范文子告訴晉君「唯命不于常，有德之謂」，「命」字乃順著前文「天」之文意作照應總結，故謂「順應」；「德」字則照應篇首范文子多煩憂，先提卻後應，故謂「倒應」。方苞《左傳義法》對此篇照應的分析只有一處：

---

[22] 《修辭學發微》，頁 133。

> 此戰實無大勝負，但楚君既集矢於目而復宵遁，子
> 既反之卒又奔，故以敗績書，得此二語情勢了然。
> 蓋日終而戰未已，楚師未大奔也，以「旦」遙接「晨
> 壓晉軍」，簡明而曲暢若此。(頁 54)

指「旦而戰」一句，乃是照應「甲午晦，楚晨壓晉軍而陳」
一句，點明日已終而戰猶未了。

　　又如昭公十五年周王向晉求彝器一事，籍談答以王靈
不及，故無器可獻。周王又以數典忘祖責之，馮李驊評周
王之語曰：

> 「唐叔」、「文公」相對遞說，前「分」字在提句，
> 後「分」字在煞句；又「叔父其反無分乎」一筆喝
> 起，下以「非分而何」順應「無分」，再以「不登叔
> 父」倒應「叔父」，明畫之極。(1678)

馮李驊認為就周王這段話來說，「叔父其反無分乎」一句是
突提，故曰「喝起」；以下議論就扣著「叔父」與「有分無
分」兩個主題來談；歷數周朝對晉之賞賜，以「非分而何」
作為對「反無分乎」之回答，故曰「順應」；再以周對晉既
奉撫之、復又旌明之，以「福祚不登，叔父焉在」照應「叔
父」，因「叔父」先提，「有分無分」後提，卻先應「分」
字，後應「叔父」，故曰「倒應」。王源則以評點符號標出
文章脈絡所在，全文但凡「器」字、「典」字，王源皆以大
圈圈出；而於「非禮也」、「一動而失二禮」兩句，則另以

雙線標明，[23]點出篇旨所在，所以雖未能如馮李驊細說呼應，但對結構線索與主題思想之揭示，也堪稱明切。

（2）分應與總應

「分應」指將「提」處所立意旨，分別照應；「總應」則是將前文提及之線索一次呼應而盡。分應之例如隱公五年臧僖伯諫隱公如棠觀魚，馮李驊評曰：

> 「講事」、「備用」，前用對起，後用遞收。講事正說，器用反說。以器用即在講事中也。而兩層分應，講事則先點而後排，器用則先排而後點，便令實處反正相接在中間，而眼目呼應包絡在兩頭。此種格律，極其平易，然古今作手實無能出其範圍者。(129)

臧僖伯以「講大事」、「備器用」作為國君舉物舉材之要件，其下則依此二個主題申論，故曰「兩層分應」。王源評此篇之呼應則是以「正應」、「反應」視之：

> 曰「講事」，曰「脩用」，曰「軌」，曰「物」，兩扇也，而後應「講事」正且詳，應「備用」反且略，非錯綜之法乎？未有不錯綜而可以言文者。(卷一，頁11上)

又如閔公元年《左傳》合記晉畢萬之興與太子申生之

---

[23] 詳參卷九，頁 17～18。

不得立，篇首總提曰「為太子城曲沃……賜畢萬魏」，以下
則借士蒍、卜偃之口分別承接這兩個主題作議論。馮李驊
評曰：

> 此篇總提分應，乃借賓形主格也。申生主，畢萬賓，
> 兩兩相對，申生以逃為令者，畢萬以魏為大名；申
> 生之天祚幾幸于或然，畢萬之天啟直決于見在；行
> 文亦略于主而偏詳于賓。(324)

像這樣於篇首提清一篇之主題，再一一交代收結，稱為「總
提分應」。

至於「總應」的例子有桓公二年臧哀伯諫納鼎一事，
馮李驊評曰：

> 上截「昭德塞違」並提，下截亦以「滅德立違」並
> 提，特作對仗以清眉目。前以「臨照百官」起，「臨
> 照百官」束；後以「實賂器于太廟」起，「昭違亂之
> 賂器于太廟」束，是每截各為首尾。末以「君違諫
> 德」雙收應起，又合全篇為首尾，重規疊矩，極變
> 極整。(177)

桓公元年宋華督弒殤公而立莊公，以郜大鼎賂魯桓公，臧
哀伯以「君人當昭德塞違以臨照百官」，諫阻桓公納鼎，故
全文議論就循這兩個主題而發，此是「分應」。而文末以周
內史贊譽臧哀伯「君違，不忘諫之以德」作「雙收應起」，

是為「總應」。

又如莊公二十八年晉驪姬之亂，《左傳》詳記群公子之所從出，接著寫驪姬如何分別譖害群公子；文末以「群公子皆鄙，唯二姬之子在絳」作結。馮李驊評曰：

> 前路平寫五個「生」字，中間頻頻寫三個「無主」，兩
> 個「主」字，又三個「居」字；「太子」、「申生」、「重
> 耳」、「夷吾」說上兩遍，又總一筆「群公子」，末後單
> 結一筆「二姬之子在絳」，是為畫龍點睛。(305～306)

中間寫「無主」、「主」、「居」等，是一一分應驪姬之譖；寫「太子」、「申生」、「重耳」、「夷吾」等，是分應「群公子」；而末以「群公子」及「二姬之子」不同之際遇對前文作總應收束。王源對此篇之前後照應則是以評點符號抉出，他在文章開頭處「驪姬嬖，欲立其子」二句，及文末「二五卒與驪姬譖群公子而立奚齊」一句之旁，皆以雙線標明，[24]顯示此二句前提後應之關係。

（3）正應與反應

「正應」指正面照應，「反應」則是以反面描寫作為照應。「正應」之例如隱公五年臧僖伯諫如棠觀魚者一事，《左傳》詳述臧僖伯諫言之後，以「書曰：『公矢魚於棠』，非禮也，且言遠也。」作結。馮李驊評曰：

---

[24] 卷一，頁 40。

> 以解書法作結，直應起「如棠觀魚者」句。蓋于文
> 自為起訖，而于事又自為起訖也。嗚呼密矣！(131)

此為以結語正應起句之例。又如僖公八年晉敗狄於采桑，
晉帥論是否當從逐之，馮李驊評曰：

> 三論不同，以末條為主，「期月」正應「斯（期）年」
> 也；由靡本與射意合，但只言從之之利，射更言不
> 從之害；里克以從之為速狄，射更言不從正所以速
> 狄，意議各出而主筆特精，此《左氏》之別裁，非
> 獨晉人之多智矣。(380～381)

虢射認為若輕縱狄人，一年內狄必再來，《左傳》於篇末敘
狄果來，且強調「復期月」，以作為對虢射預言之正應。
　　又如宣公十二年楚伐蕭事，馮李驊評曰：

> 兩「遂」字相映，一人之怒又不如三軍之感也。明
> 日蕭潰之速，正應此，乃兩截一串處。(773)

「一人之怒」指楚王怒蕭人殺熊相宜僚及公子丙；「三軍之
感」指楚王接受申公巫臣之建議，撫慰三軍之受寒，三軍
士卒大受感動，故而第二日「蕭潰」，敘述這個結果正是照
應收束楚王慰勞士卒，「三軍皆如夾纊」一事，亦為「正應」。
馮李驊重「夾纊」一段，認為「蕭潰」正應夾纊事，其具
勝敗關鍵性於此可知。王源不分析敘事之提應，但認為「井

経」才是本篇重點：

> 挾纊，賓也；井経，主也，以賓引主，反映于前，
> 而正敘於後也，何以知「挾纊」為賓？曰「蕭潰」
> 焉耳。(卷四，頁 31 下)

「反應」之例有成公六年晉人商議遷都一事，諸大夫
以為遷郇瑕則國利君樂，韓厥認為不如遷新田。馮李驊評
曰：

> 遷國本謀樂利……文于前段言不利，後段言不樂，
> 卻以新田夾寫在中間，而國利則用借應，君樂則用
> 反應，章法不板。(857～858)

韓厥先言遷郇瑕之不利，再言其地饒富，民富則公室貧，
是為不樂，因此建議遷往新田，晉公聞言而「說」（悅），
馮李驊認為「公說」是對「公室貧不可謂樂」的反應。又
如哀公十一年齊魯郊之戰，馮李驊評曰：

> 一篇以「能不能」為線索。前兩「不能」一屬二子，
> 一屬季孫；末以兩「能」字反應之。中段兩「不能」
> 正一篇眼目，其餘如樊遲「非不能」、「齊人不能師」，
> 以及孺子「能嘿」、「不如也」、「賢也」、「弱也」、「用
> 命也」、「不成丈夫也」，皆與「能不能」相映，如點
> 水蜻蜓，穿花蛺蝶也。(2089)

此評不只將眾人之議論紛紛一抓見領，復點出貫串全篇之
線索，呼應如響，所舉之證確鑿而不牽強。以「反應」爲
篇法之部分，則在季孫不能使叔孫、孟孫二子從公禦諸境，
冉求以「不能戰，子之恥」激之，而文末特述顏羽自述其
「能默」，以及冉有「能入齊軍」作爲前文「不能」之反應。

（4）借應與翻應

「借應」指借描寫他事以照應本事，「翻應」指以翻進
一層或翻轉文意爲呼應。「借應」之例如僖公九年秦師納晉
惠公，秦伯問郤芮「公子誰恃」？郤芮答語頗多忌刻，秦
伯認爲如此適足自害，反是秦之利。馮李驊評曰：

> 「利」字乃借應法，所以回顧「重賂」作結也。輕
> 颺一筆聊復爾耳，如聞其聲。(389)

晉惠公以重賂入國得位，《左傳》借秦穆公「吾利」之語，
照應「賄賂」一事，藉著寫秦日後之利，回應納惠公入國
收賂之前利，又借寫秦利照應惠公入晉於晉乃不利，故曰
「借應」。

「翻應」之例有前述閔公元年晉畢萬之興與太子申生
之不得立事，士蒍論太子不得立，以「天若祚太子，其無
晉乎？」作小結；卜偃論畢萬之後必大，以「必復其始」
作結。馮李驊評曰：

> 「天祚」翻應「不立」；「復始」正應「必大」，各爲

起結而筆法不同。(325)

此篇實以天祚畢萬為文意，卻偏於士蔿口中論太子不得立
後，以「天祚」反其意而照應，稱為「翻應」。又如昭公五
年楚伐吳，吳使蹶由犒楚師，楚王執之而問「卜來吉否」，
蹶由先言卜來吉，次論「有備有虞」是為大吉。馮李驊評
曰：

> 文作兩半讀，前半又分兩層，一層虛引，一層實講，
> 此是正說。後半亦分兩層，先就自己抉進一步，又
> 就對向推廣一步，乃是翻說。摠句句透發一「吉」
> 字也，層轉層快，筆舌互用之文。(1526～1527)

可見「翻應」正是「抉進一步」說或「就對向推廣一步」
說。下一個例子更為明顯，昭公二十年齊侯疥而不瘳，欲
誅祝史，晏子以修德諫之。馮李驊評曰：

> 先著諸侯之賓多在，為諸侯謂我不敬欲殊祝史起
> 本，尚有畏人之多言意思在，故末段即借「祝」字
> 翻出「詛」字，以點醒之；東西兩句亦暗與諸侯多
> 在相應，此等伏脈真在有意無意之間，若概以穿鑿
> 而置之，辜負文情不少矣。(1744)

諸大夫認為齊侯之疥乃祝史失職，故當誅祝史以辭諸侯之
賓，晏子則由「祝」更進一層說「詛」，以「祝有益」正應

前文文意，帶引到「詛亦有損」，作爲對前文之對向照應，
「詛」與「祝」相似而對反，故稱此爲「翻應」。

（5）明應與暗應

「明應」指明白顯露地呼應前文立意；「暗應」則是隱
性呼應，不於字面點破。「明應」之例有前述桓公二年臧哀
伯以「君人當昭德塞違以臨照百官」，諫阻桓公納鼎。馮李
驊評曰：

> 上截寫昭德，而不敢易紀律，卻暗拖「塞違」；下截
> 寫塞違而滅德，則明帶「德」字作聯絡；昭違則明
> 抱「昭」字作回應，細針密線妙不可言。(177)

「不敢易紀律」引伸而言，即能阻塞邪惡，故暗應「塞違」
之意；至於明言「昭其儉也」、「昭其度也」、「昭其數也」、
「昭其文也」、「昭其物也」、「昭其聲也」、「昭其明也」與
「今滅德立違」諸句，皆是明應「昭」與「德」。王源則評
曰：

> 此文以「德」、「違」二字作眼，「立違」為主，「昭
> 德」為賓。(卷一，頁 13 下)

> 前以清廟種種陪一鼎，奇矣；後又陪之以九鼎，更奇。
> 清廟種種，德也；郜鼎，違也；而九鼎在德違之間，
> 賓邪？主邪？以之作結，豈不奇邪？(卷一，頁 14 上)

兩人對於篇章主旨與文字線索看法無大差別，馮李驊之分析，則更細及字句之中找證據，所謂「趨實」，亦可由此看出。

又如僖公二十四年秦伯納晉文公一事，

> 以一串看則開手子犯「知罪」、「同心」便見通篇大旨；而寺人一段暗應，頭須一段明應，「心」字、「罪」字，字字對照，又恐後人眼光不到，併羈綫二字亦索性照出，令首尾結搆（構）了然。蓋特特聯作一篇，為晉文繼霸，報德修怨一生作用張本。(467)

對晉文公而言，寺人披有斬祛之罪，文公願釋前嫌則兩人有同心之利——以難告，與前文「同心」之旨相應而不於字面點明，故曰「暗應」；頭須盡用文公守藏，故文公不欲見之，頭須以「心覆」、「罪居者」為論，直接點明前文「知罪」之意，故曰「明應」。又如前述成公六年晉人商議遷都一事，韓厥認為郇瑕土薄水淺，不如新田環境好且百姓易化。馮李驊評曰：

> 「土薄」、「土厚」既以並說連對于前；「易覯」、「國饒」又以複說遙對于後；「且民從教」上照「民愁」，下照「驕佚」。 (857～858)

這裡不論是「連對」、「遙對」，或是「上照」、「下照」，都是明顯與前文呼應之處，皆屬「明應」之例。

「暗應」之例有隱公元年鄭伯克段一事,馮李驊於文末評曰:

> 前人云:「『遂』字結上兩『遂』字;『初』字直應起手一『初』字,然言外卻是只多了一個兄弟也。暗應冷甚!」(105)

本篇起手言莊公寤生,姜氏「遂惡之」,鄭伯克段後「遂寘姜氏于城潁」,後因潁考叔之微諫,「遂爲母子如初」;又以「遂爲母子如初」回應篇首「初,鄭武公娶於申」,此皆爲明應;而以莊公母子作爲起結,相準而立文,又暗暗呼應兄弟之爭,故此線索在明應的同時,竟亦是暗應手法。

又如隱公四年衛州吁之亂,眾仲論其以亂不能和民,復又眾叛親離,難以成功。馮李驊評曰:

> 凡三點「亂」字,斷煞州吁;「難以濟矣」應「芬之」,暗結「成」字。「必不免矣」應「自焚」,明結「成」字。而「德」字、「亂」字前提後應,首尾回環,章法極整又極圓也。(125)

凡言「點」、「斷」、「煞」、「應」、「明結」,皆是對前文之明白照應;「暗結」則是暗應。又如桓公六年楚侵隨,鬥伯比建議自贏其師以張隨之侈,隨少師果中其計而擬追楚師,季梁亟論「民和而神降福」之理以阻止隨公。馮李驊評曰:

> 以上泛論以下說入本位，答還公語，暗應伯比而又
> 與「今民餒」一段文法相配，結搆（構）之密，毫
> 髮無遺憾也。(198)

鬥伯比說隨「張」，季梁答公語則多言祭祀所奉牲畜之肥
碩，並以「君獨豐」爲結，皆暗暗回應「張」之文意，故
曰「暗應」。

此外，如襄公三十一年，子產相鄭伯如晉而未能得見，
故盡壞館垣，而與士文伯有一段充滿機鋒之對話，馮李驊
評其應法多端曰：

> 「君之府」實暗對「寇盜」說，蓋「寇盜」上文所
> 有，故用暗點；「燥溼」上文所無，故用明點，立此
> 兩意，後文兩番分應。于反應，則「寇盜」、「燥溼」
> 都用明說；于正應，則「盜賊公行」明應「寇盜充
> 斥」，「天癘不戒」暗應「燥溼不時」，恰好每項都兩
> 番明一番暗也，呼應勻密如此，不知者方以予言為
> 鑿耳。(1396)

此段評論除了點出回應之處，尚一一說明或用明應，或用
暗應，或用正應，或用反應之原因，此正馮李驊所自豪之
「知其然，復能言其所以然」也。以王源之評點作比較，
更能明白馮李驊的確有足以自豪之處，王源對此篇之評論
全文如下：

> 子產能言,《左氏》善序,故寫得婉暢切摯,曲折纏
> 綿,使讀者魂動心死,千載下如親炙其徽,而聆其
> 娓娓,何其妙也。

> 有子皮之賢,而後子產能為鄭國,垂訓深切著明,
> 可為千古謀國者龜鑑。共用五喻,疊層芊眠,點染
> 生動,最耐看。(卷七,頁 35 上)

如何是「婉暢切摯,曲折纏綿」,如何是「疊層芊眠,點染
生動」全未進一步指出,而所謂「使讀者魂動心死,千載
下如親炙其徽,而聆其娓娓,何其妙也。」及「最耐看」
等,又皆是主觀感受,由此對勘,馮李驊評點的「知其所
以然」特質,也就更突出了。

又如昭公四年晉楚爭諸侯,晉司馬侯論楚王方侈,建
議晉侯修德以待其歸,否則將不暇於覆亡,晉雖有三不殆,
又「何能濟」?其後楚王問子產「晉其許我諸侯乎?」子
產以「晉大夫多求」等推論晉必許;楚王又問以諸侯來不
來,子產以繫乎「求逞」、「同欲」答之,馮李驊評曰:

> 前文從「求」字生出「許」字,又生出「爭」字、「濟」
> 字,此處三層前後明應「許」「濟」,中「來不來」
> 乃暗應「爭」字也,密甚。

> 結句一應「侈」字,一應「德」字,無一字不收拾。
> (1489)

本篇之「提」，一置篇首晉司馬侯之論，一置篇中鄭子產之
答，然後一路或明或暗地細細循線鋪排，至結語總應二提
收束，故馮李驊讚嘆為「無一字不收拾」。

（6）「應過又應」與「不應而應」

「應過又應」的例子如如桓公十三年楚屈瑕伐羅，鬥
伯比言其舉趾高，必因心不固而敗，並以「必濟師」諷楚
子。夫人鄧曼解釋鬥伯比所言「濟師」並非增加兵力的意
思，而是訓眾以撫民。馮李驊評曰：

> 前調「其非」、「其謂」作呼應，連在一處；後調「夫
> 固」、「夫豈」作呼應，分在兩頭，抑揚開合，極文
> 之致。(221)

「其非眾之謂」、「其謂君撫小民以訓諸司」正面解釋「濟
師」之意；「夫固謂君訓眾而好鎮撫之」、「夫豈不知楚師之
盡行也」則是再一次解釋「濟師」之意，以作為強調之用，
這就是篇法「應過又應」的例子。又如僖公九年晉里克殺
奚齊，《左傳》於篇首以「里克、丕鄭欲納文公」為提，於
里克殺奚齊後又附記殺公子卓與大夫荀息，馮李驊於此三
處分別夾批：

> 提。(386．L1)

> 應。(387．L5)

再應。(387．L8)

對於此篇爲何要有雙應，馮李驊的解釋是「前（荀息）對
獻公作兩番，後（荀息）答里克亦作兩番，故敘事亦各寫
兩遍。」(387)更確實的證據就在字句的呼應上：

> 前後都是雙調，中幅略作參差，然兩「乎」字反復
> 呼應，亦仍是雙調格律，此片段不雜處也。(387)

可見提應之安排，除了貫串文意脈絡之功能，尙有以篇章
整齊爲考量之處。

又如僖公十五年秦晉韓之戰，《左傳》於篇末追敘獻公
筮嫁女之事，對於這段文字，馮李驊評曰：

> 末段收拾通篇，忽追敘一晉獻嫁女事，不特與起手
> 「怨之」、中間「逆告」兩段照應有情，亦單爲惠公
> 在秦，與韓簡一番往復，論斷有力。「匪天由人」在
> 韓簡則借先君以諷切時事；在《左氏》亦即借旁論
> 以回繳前文，爲一篇之大結束也。此《左傳》開頭
> 第一首長文，用法至精，用意至密。名言莫罄，直
> 當鑄金事之。 敘事至此已用對煞之筆作收局矣，重
> 又掉尾迴應起手作斷結，蓋無此則文勢往而不返，
> 雖對煞亦收不住耳。(417)

依馮李驊意見，光靠前面敘事而無此段再應文字，則作者

對事件之評價不夠清楚明白；以文章篇法而言，全篇以「穆姬」敘起，加上此段追敘文字，乃能以「穆姬」作結，故馮李驊稱此段為「回繳前文」、「迴應起手」，如此才能成為馮李驊時加讚嘆的「章法如環」結構。王源能點明此段文意為通篇之主，但未能解說此段在結構安排上之用意與效果，其評曰：

> 此文序晉惠公之喪敗，全是自作之孽。故「職競由人」一語乃通篇之主。而前序其獲，後序其歸，序其獲，固見其孽由己作；序其歸，更見其孽由己作。(卷二，頁 29 下)

又如文公十五年齊伐曹，季文子論齊侯反天而討有禮，將不能免。馮李驊評曰：

> 「難免」已結應「不免」，下又引詩斷結，亦《左氏》常法，但以「畏」釋「不畏」，以「不畏」釋「畏」，反正錯綜，手法尤不測。(658)

季文子批評齊侯後，又引詩小雅論「不畏於天故以亂取國」的道理，馮李驊認為引詩論斷屬於再應，再應為《左傳》常用之篇法，但前應以「免」為主，再應以「不畏天」延伸「不能免」之意，且以對反為訓，使常法中亦有變化在，故稱其「手法不測」。王源亦注意到此篇引詩作結之效果，其評曰：

> 結尾數語，簡勁挺拔，以變通篇之局而束其勢，如挽
> 強命中，直透中堅，非復羽扇綸巾風流自賞者矣。(卷
> 四，頁3下)

但此評完全是「知其然」的評法，未能說明效果產生的原因，亦即不能「知其所以然」。

至於「不應而應」的例子有文公十六年楚滅庸一事，馮李驊評曰：

> 「戎麇」後無應筆，「秦巴」前無伏筆，皆以不照應
> 為照應，正章法相配處。(661)

本篇首段寫戎人因楚大饑來侵，蒍賈建議伐庸嚇敵以紓難；前半敘戎人時，提到「麇人率百濮將伐楚」，後文則不再提「麇」，故曰「不應」；篇末卻突然提到「秦人、巴人從楚師」，故曰「無伏筆」。但以全篇考量，則無應無伏本身就是相配作照應，此之謂「不應而應」。

又如哀公元年記吳師在陳，楚大夫皆懼，子西以「恤不相睦，無患吳矣。」為論，馮李驊認為這篇議論文字之結構特色，在將收尾性質之句段，轉化成對下文之「憑空提喝」：

> 「不當患人，但當憂己」此意在他處大抵用之收局，
> 作轉進一步說法，遂成常調，此文忽變在起手，憑
> 空提喝，尤妙于一點後更不複衍一筆，最是脫換熟

> 境妙法，曩時粗心，以為相睦意尚欠透發，真可笑
> 也。　相睦不必透發者，因大夫皆懼，只以無患吳
> 為對針也，文各有主，初非好為脫換耳。(2030)

此篇所提之旨有「不睦」、「患吳」兩點，以下敘述卻只應
「患吳」一事，馮李驊認爲「大夫皆懼」就是一種共同意
識，故不必再談，此亦「不應而應」。

　　除了單篇之提應，馮李驊甚至觀察了《左傳》全書之
提應，而掌握其脈絡：

> 《傳》于春秋之末，記悼之四年；于春秋之始，記
> 惠之季年，見世系之源流，亦所以攬一書之顛末，
> 蓋全部一大照應也。(107)

經此分析，則《左傳》全書起結的選擇是刻意的，有文法
在焉。若循此理念深究，則馮李驊當是認定《左傳》爲一
部完整之作品，非割裂他書而來，亦非步趨《春秋》而成
書；而且是一部對結構極爲看重之作品，故對篇法之講求，
大至全書，小至字詞，鉅細靡遺，咸有筆意技巧在。

　　劉勰說文章應當「首尾圓合，條貫統序。」[25]要達到這
個目的，就需靠篇法中的「提應」，提應是篇法骨架，骨架
先立，乃能於其中生肉注氣，所以馮李驊說「篇法最重提
應」。而其對《左傳》提應法門之探究，能由段落次序、文

---

[25] 《文心雕龍・鎔裁》篇。

意正反等各方面審度，已達秋毫不捐的地步。且〈讀左卮言〉「提」之於前，評點「應」之於後，《左繡》本身結構也是明朗有法的。

（三）篇法整齊論

> 古文今文體裁各別，自來皆以參差論古，固已，然乾奇坤偶，其不齊處正是相對處。愚觀《左氏》片段，無論本當屬對者必兩兩對寫，即極參差中未嘗不暗暗相準而立，相耦而行，散中有整，在作者尤精緻獨絕，蓋參差者，其跡；整齊者，其神。讀者慎毋以亂頭麤服為古人也。[26]

於不齊處求其整齊，於整齊中搜其變化，這是馮李驊頗為得意之「讀法」，甚至有以之為獨門秘方之勢。事實上，「對稱」本就是萬物常見的狀態，馮李驊也承認：「乾奇坤偶，其不齊處正是相對處。」在他之前，劉勰也提過：

> 造化賦形，支體必雙；神理為用，事不孤立。夫心生文辭，運裁百慮，高下相須，自然成對。[27]

但是，就文體而論，古文與其他文體之別，最主要的特色

---

26 〈讀左卮言〉，頁 3 上。
27 《文心雕龍・麗詞》篇。

是在其「散」而不求必整。[28]而《左傳》一向被古文大家列
為習古文之典範，如韓愈〈進學解〉提到自己習文對象就
有「《左氏》浮誇」；柳宗元給年輕士子開列的習文書單中，
亦有《左傳》。[29]馮李驊卻大膽打破這最基本的文體區別特
色，強調《左傳》好以配對整齊來組織結構，在實際評點
中，也屢屢提及一般人論古文只得其參差，而己則反是；
其「獨得」之喜，溢於言表。事實上，方苞在《左傳義法》
也提及《左傳》章法之對稱特性：

> 敘事之文，最苦散漫無檢局，惟《左氏》於通篇大
> 義貫穿外，微事亦兩兩相對。(頁 23)

> （郟之戰一篇）凡事皆兩兩相映，如錦繡組文，觀
> 者但覺悅目，而無從覓其針功，後有作者，不可及
> 也。(頁 45)

當然《左傳義法》與《左繡》成書年代相當，無從考其先後，
縱知先後，馮李驊在〈刻左例言〉中所列知見書目，也不及
《左傳義法》一書，因此無法遽言兩者之間有影響關係。正
因如此，更可看出在八股文結構觀念薰習之下，以整齊求
古文篇章結構之概念的形成，似乎是個合理、能夠理解的

---

[28] 陳必祥《古代散文文體概論》提到「古文」之名，起於與「駢文」之
對反：「唐代韓愈、柳宗元反對六朝以來駢儷文風，主張恢復先秦兩漢
的文章傳統，即提倡寫作『古文』（所謂『古文』，即指西漢以前流行
的散文。）從此，『古文』與『駢文』對立。」（頁 1）
[29] 《柳河東集》卷三十四〈報袁君陳秀才避師名書〉。

現象。不過，方苞只敢說「微事」兩兩相對，馮李驊則大
張旗鼓，由篇章而節段而字句，都以整齊論來評點，茲略
舉數例以見其喜以齊整偶對論《左傳》章法之概況。

　　桓公二年宋督殺孔父而娶其妻事，馮李驊評曰：

> 此篇是倒裝法，他處皆先敘而後斷，此獨先斷而後
> 敘，蓋特出變格也。然不過以下半篇申說上半篇耳，
> 上截依經分項，下截「司馬則然」以上，申說弒君，
> 「遂相宋公」以上申說立華氏，乍讀似乎參差，熟
> 復乃見整齊，章法神化極矣。(174)

同年記晉王位之爭，評曰：

> 某年某年逐節鋪敘，又另一追敘法，後人紀事本末，
> 其法蓋倣諸此。

> 某年某年，乃參差中用整齊法，無此即渙亂不成片
> 段矣。(182)

桓公六年楚武王侵隨，馮李驊對隨大夫季梁論戰一段文
字，讚嘆曰：

> 整整三「告曰」、五「謂其」，又另以兩「謂」字作
> 首尾提束，而多少各極其致，乃整齊中藏參差法，
> 歷落生動，花團錦簇之文。(197)

閔公元年，晉大夫於太子申生得立與否之議論，乃《左傳》名篇，馮李驊解析其架構甚為精微：

> 此篇總提分應，乃借賓形主格也。申生主，畢萬賓，兩兩相對，申生以逃為令者，畢萬以魏為大名；申生之天祚，幾幸于或然；畢萬之天啟，直決于見在。行文亦略于主而偏詳于賓，絕妙反射法，總見獻公之愛其子，曾不若愛其臣之甚也，經微而顯，吾于傳亦云。

> 上段開口一句喝破，而以「分都」、「位卿」雙承之，下段亦開口一句喝破，而以「盈數」、「大名」雙承之；上陪一大伯，下陪一天子；上証一「諺曰」，下証一「占曰」，雖詞意多寡不侔，文格未始不相配也。世人好以參差論古文，亦知參差之育整齊其妙乃如此乎？ 「天祚」翻應「不立」；「復始」正應「必大」，各為起結，而筆法不同。(324～325)

以眾口之紛紜，又議又述兩人兩事，而以馮李驊力倡之「以參差見整齊」之章法解讀，結構竟可如此井然相對映，難怪馮李驊視為獨門秘方。且又有可說者，此類犬牙交錯、又準準相對之結構，其費心絕非無由，大多是為了透過情節之安排，以寄思想主題，此點留待下章「主題思想之揭示」詳論。

此外，僖公二十三年記晉公子重耳之亡，尤爲《左傳》
大文大事，馮李驊認爲即使是諸國出場之序，也非流水記
來，全無安排：

> 細思排敘諸國，由衛而秦凡七，雖逐段聯絡，亦必
> 有大關鍵存焉。看前半衛、齊、曹三國，以衛文公
> 不禮焉作提；後半鄭、楚、秦三國，以鄭文公亦不
> 禮焉作提，遙遙相對。中間以宋襄公做個界畫，猶
> 恐後人未暇細尋其篇法之精，故意將宋事點得極
> 略，寫來恰與九重閶闔旋轉于徑寸之樞相似，奇絕
> 妙絕！乃知千層萬疊，必非信手，連片掇拾也。　自
> 來人好以參差論古文，鄙意獨好以整齊論古文，以
> 此。蓋于參差見古人之縱橫，不如于整齊見古人之
> 精細耳，敢以質之當世好古知文者。(462～463)

這裡說於整齊處見古人之精細，「精細」恐怕不僅止於謀篇
安章之巧思，當更有所謂「微言大義」之用心在，關於馮
李驊對此點之發掘將置於下章論述。至於王源，也以此篇
叮嚀讀者當視作者神髓，但神髓不像馮李驊所說當於篇法
整齊處求之，王源認爲當由「不著意」處得之：

> 凡古人文字看其著意處便是神髓；著意於不著意處，
> 更是神髓；於不著意處著意，更是神髓……（本篇處
> 處有聲勢氣焰）其聲勢氣焰不在公子，而在從者，則
> 公子所以反國爭雄，取威定伯，非公子之賢，乃從者

之賢；非公子之才，乃從者之才，此作者之意也……
是其精神所在全在從者而不在公子，則其意之全在從
者而不在公子明矣，此所謂著意處也。尤妙在于不著
意處著意，則將得人二字藏在公子口中，全不著跡。
著意于不著意處，則于叔詹之諫，歸重于天，而以
男女同姓不靖晉國，與從者得人並言；及楚，又儘
力寫公子，從者不過夾序一筆，此所以著意處反不
易見，唯著意處不易見而確有著意處，乃其神髓所
在也，讀書者蓋可忽乎？（卷二，頁 36 下～37 上）

所論稍嫌迂迴夾雜，而且是對文意之分析，於結構全然未
論，自然沒有注意到整齊不整齊的問題。馮李驊則是由結
構入手，之後再一一剖析文意之主從，有提綱領見細目之
效，較諸王源之評點，除了多出對結構之講求，也因對結
構之講求而使講論文意時有眉清目楚之效。

　　總之依馮李驊「參差——整齊」互蘊之結構論，《左傳》
中但凡妙文，皆可得此篇構或章法，如文公元年晉因衛不
朝而伐之，衛復報晉，馮李驊評此文曰：

此篇前半是晉人伐衛傳，後半是衛人伐晉傳，分寫
有何妙義？文于晉則插敘一朝王事；于衛則插敘一
謀陳事，而「君朝王」、「臣從師」，「更伐之」、「我
辭之」恰作對仗；兩「使告」恰作呼應，事截而文
自聯。然晉免于效尤之禍，而衛不得託于越國之古

也。(563)

篇法求整齊則難免流於為求相對而截斷文意之弊,故馮李
驊尋繹整齊中互相勾連的部分(在此篇為「使告」),則更
見《左傳》比事屬辭之功力。

　　而成公十三年呂相絕秦,乃「文情絕世」[30]之妙文,其
參差,其整齊又如何相攜而立呢?馮李驊評曰:

> 此文處處要看其住法、煞法,尤要看其接法、起法,
> 于不變見其片段之整,于極變見其起伏之奇。又按:
> 古文看參差不難,最要識得整齊處。如論參差,則首
> 段「穆之成」一層,「報德」、「大造」卻兩層,次段
> 「穆不克逞」,著一「是以有」;「康絕我好」卻著兩
> 「是以有」。其餘伸縮順逆,盡態極妍,可望而知也。
> 論整齊,則末段兩「君亦」、兩「是以」相對;兩「告
> 我」、兩「君若」又相對;首段「穆之成」與「我有
> 大造」,對「穆不克逞」與「康絕我好」對,合兩段,
> 又兩「則是」對;與眾段獨別而尤妙者,「大造于西」、
> 「東道不通」直以「東」、「西」二字為眼目,蓋深
> 恐我後人紛紜,歷落中目迷五色,特標此以為段落
> 指南,其加惠至此,俎豆不祧,有以也。(906〜907)

「俎豆不祧,有以也。」言下之意,《左傳》之所以為文章

不祧之祖,其功完全來自於這種結構上之精巧,馮李驊對以整齊篇法讀《左傳》之看重與得意,由上述引論,昭然可睹。再以王源對此篇之評點來比較,則馮李驊對結構之講究可以更凸顯,王評全文如下:

> 文分八層,層層辯折其應絕之故,而「絕」字終篇不再見,高極!

> 波瀾騰踔,如海如潮,四十三「我」字,幻化萬狀,其氣之沈鬱,骨之聳秀,章法之渾成,句法之頓挫瀏灘,有目共見,非有奧賾難窺,而自覺深奇逼人,如龍虎不可狎視,童而習之,而能造其域者誰乎?

> 雖是妙文,卻非詞命上品,以其言多誣,未可服秦;而圍鄭一案,秦之大罪,反說得不甚警切,故較他命為遜。魏叔子先生亦曾發之,不可不辨。(卷五,頁 17 下～18 上)

此評第一段論及結構問題,卻只在「文分八層」就打住了,並未說明有哪八層。第二段雖言及「章法」及「句法」,然讀者讀來。仍是不能了解為何章法「渾成」,為何句法「頓挫瀏灘」?其他「波瀾騰踔,如海如潮」、「龍虎不可狎視」等評語,含糊籠統,對文章結構,文旨之掌握,乃至後人欣賞能力之提升,皆無甚助益,難怪王師夢鷗說有些批評,

評了也是「廢話」。[31]

當然，馮李驊這種篇章整齊論的產生，有其時代背景，八股文的結構對映是最直接的刺激，關於此點之探討，請詳本文第八章。此處須說明的是，馮李驊以整齊論古文，並非只是好奇標異，透過結構整齊論，他挖掘出更多微言大義，真真正正切切實實地把《左傳》屬辭比事的敘事特質闡揚無遺。蓋因對偶除了有強化印象之美學效果外，[32]更具有「聯想」之功能，張仁青先生提到駢體文之源起，就認為駢文對稱結構起源之一乃在對事物的「聯想」：

> （聯想）大別為類似聯想、接近聯想與對比聯想三類。類似聯想起於種類之近似……接近聯想則因經驗之某某諸觀念，於時間上或空間上本互相接近……對比聯想係以兩種殊異之事物對立……而使其特徵更加明顯者也。夫麗辭之起，亦猶是也，溢出於人心之能聯想也。[33]

相配偶對起於聯想，所聯想者不在字面，而處於文字之間，這也正是屬辭比事之法——將類似、接近、對比之辭或事相比並連屬，在兩兩相形之中見義。由讀者這一面來說，見到辭與事之比並，又引來不少聯想，故謂篇章之對應整齊，

---

[31] 詳參《中國文學理論與實踐》，頁 282。
[32] 黃慶萱《修辭學》云：「希臘的廟宇，羅馬的教堂，其正面總是採取對稱的形式，常給人莊嚴堂皇的感受，而且印象鮮明深刻。文學上對偶句亦具類似效果。」（頁 450）

可收聯想功效；因此，馮李驊以整齊論《左傳》章法，正
是攫住了閱讀的聯想本質，如此一來，又暗暗與接受美學
中「讀者之閱讀具有創造意義之本質」的說法契合。

總之，馮李驊透過「篇法整齊論」，一方面開拓《左傳》
文章藝術美之欣賞角度；一方面又站立在這個基礎上，馳
騁聯想力以激揚《左傳》文章內含之深意，一舉囊括文章
「義法」兩個面向。本研究復又透過「篇法整齊論」，看到
馮李驊如何在《左傳》文本中穿梭、聯想，從而建構《左
傳》意義，形成《左繡》這個新文本；而這種利用聯想補
綴文本空白以建構意義的閱讀活動，正是接受美學家關注
的焦點。是以本文採用接受美學來解釋馮李驊的閱讀行為。

（四）賓主

> 賓主是行文第一活著，然不過借賓形主而已，《左》
> 則有添賓並主之法，如「反自箕」竟將胥臣與先軫、
> 郤缺雙結；「遂霸西戎」竟將子桑與秦穆孟明雙結，
> 所謂水鏡造元，直不辨誰為賓主者。又有略主詳賓
> 之法，如要寫太子不得立，卻將畢萬必復其始極力
> 鋪張；要見晉文憐新棄舊，卻通身詳寫季隗，而叔
> 隗只須起手一句、對面一照，無不了了。又有賓主
> 互用之法，如克段是主，卻重在姜氏；殺州吁是主，

---

33 《駢文學》，頁 60～61。

> 卻重在石厚，于事為主，于文則為賓；于事為賓，
> 于文則為主。[34]

「賓主」是對文章層次的安排，一篇文章由一個以上的事件組成，也大多涵蓋一個以上的主題或思想，如此一來，就必須有主從之發落，謂之「賓主」。王源也認為作者精神要由賓主之中看出：

> 作者精神不在此也（按：指文字表面）。不在此，將何在？曰：「在賓主離合之際耳。賓主離合，章法也。」（卷一，頁14上）

馮李驊提出的《左傳》賓主謀篇法，計有「借賓形主」、「添賓並主」、「略主詳賓」、「賓主互用」等，並各舉有例證，以下各添一例說明之。「借賓形主」之例，如僖公二年晉假道於虞一事：

> 兩「為不道」，借賓形主，參差中必有整齊，方成片段。(347)

---

[34] 〈讀左卮言〉，頁4。不過閔公二年敘晉太子申生不得立一事，馮李驊認為是「略主詳賓」之敘法，王源則認為是「二主並列」之法，其說曰：「賓可多，主無二，文之道也。獨此二主並列而互為賓別，開境界，大奇大奇。蓋前為殺申生張本，申生主也；後為魏氏之興張本，畢萬亦主，不可以為賓也。然前後聯絡，以天二主總攝于一主，彼此互相射映，二主又可為二賓，奇變至此，所謂聖而不可知之神邪？」（卷二，頁2下～3上）

馮李驊認為荀息為了假道，論「虢之不道」，事實上「攻虢
之不道」是賓，「假道後再滅虞」才是主；又「不道」一詞
亦為賓，「假道」才是主，但添了這一番言論及「不道」這
個詞彙，除了能烘托主題外，於篇章又可收整齊之效。

　　「添賓並主」之例，如成公十三年成肅公受賑于社不
敬，劉康公論其將不能反，馮李驊評曰：

> 將事不敬一筆摠領，以下先說「不敬」一層，再說
> 「將事」一層，乃是一意分作兩層說。而「亡」字
> 起結，則仍併兩意為一層矣。平淡文字用法自精。

> 一篇都用添賓陪主，兩兩相對，前半賓後半主，不
> 必言；而後半以「小人」陪「君子」，以「敦篤」陪
> 「致敬」，以「祀」陪「戎」，以「敬」陪「惰」，以
> 「定命」陪「棄命」，以「福」陪「禍」，以「能」
> 陪「不能」，「定命者」、「能者」，「養以之福」者也；
> 「棄命者」、「不能者」，「敗以取禍」者也，賓在首，
> 主在尾，而以「能不能」夾在中間作一篇之關捩，
> 章法為至佳也。(901～902)

依此評論，則「添賓」目的乃為「並主」、「陪主」，以達到
結構上之整齊，如此一來，此說又與「其於參差中見整齊」
之論一貫。

　　「略主詳賓」之例，如宣公二年晉靈公不君，趙盾驟

諫之，靈公遂遣鉏麑賊殺趙盾，馮李驊評曰：

> 大抵文字主詳賓略，此正法也。有時略主而反詳賓
> 者，主即于賓中見也，此文中三段詳寫鉏麑三人，
> 而宣子之賢自見，故并諫亦詳寫在士季甲裡，所以
> 成詳賓略主片段，而又預為書弒君留地步也。若前
> 半驟諫寫得詳盡懇到，則後書弒君，便未免有觸背
> 之病，作文須照顧通局，古今大作手，亦何以易此
> 哉？(697)

鉏麑事本為賓，卻詳寫其歎，正因欲形塑趙盾之賢，這就
是「略主詳賓」的目的。王源看法相同，其評曰：

> 大書靈公不君，君無道也，而通篇處處借他人寫趙
> 盾，見弒君之罪，非其罪也。初以士季並序，觀士
> 季之忠而盾可知。繼序鉏麑，觀鉏麑之俠而盾更可
> 知。既又序提彌明、靈輒，觀明與輒之義勇而盾愈
> 可知。(卷四，頁9下～10上)

「賓主互用」之例，如昭公三年鄭罕虎如晉賀夫人，
罕虎為賀夫人而至晉，《左傳》卻全不錄相關辭令，只以「且
告曰」引出罕虎言鄭朝楚之兩難，韓宣子則答以「君其往
也，苟有寡君，在楚猶在晉也」，馮李驊評曰：

> 此篇亦賓主互用章法，本為賀夫人而來，卻詳及朝

> 楚一番往復，然只完得「且告曰」一層，卻不料于
> 罕虎如晉內，另有一段文情，前段于人（文）屬主，
> 而事則賓；後段于人（文）則賓，而事則主也。(1477
> ～1478)

就全篇而言，前敘「賀夫人」一事，後敘「鄭朝楚」一事；
而以「朝楚」爲主要敘事對象，故「賀夫人」一事是賓，「朝
楚」之討論是主。前段文章卻全在述罕虎言鄭朝楚之兩難，
故曰「于文屬主，于事爲賓。」後段述韓宣子針對「朝楚」
一事之議論，及敘因尊夫人故鄭派罕虎而非叔向至晉，本
段乃爲了呼應篇首之「提」，故曰「于文則賓」，但宣子所
論，又是本篇篇旨所在，故曰「于事則主」。

（五）斷結

> 斷結有許多手法，或分斷總斷，或一事兩斷，或兩
> 事一斷，而莫妙于會鄫篇，懸空掉尾，此語不屬景
> 伯，亦不屬之子貢，意味無窮。一部書尤愛此一結，
> 爲飛仙之筆也。[35]

會鄫事見哀公七年，魯哀公與吳會於鄫，吳徵百牢，復召
季康子，子服景伯及子貢分別以禮論譏之，馮李驊評曰：

---

[35] 〈讀左卮言〉，頁7下～8上。

> 此篇傳會鄙事。詳寫吳之無禮,為黃池起本。以末
> 句「無能為也」為主意,不在文而文乃特工……通
> 篇平寫兩段,末忽憑空下一斷語,既不屬之景伯,
> 亦不屬之子貢,一部《左傳》從無此結法,真愈出
> 愈奇,愈奇愈妙者矣。(2065～2067)

《左傳》述完子貢一段話之後,忽記「反自鄙,以吳為無
能為也。」依文意看來,這兩句話既非景伯的話,也非子
貢的評論,所以說「憑空下一斷語」,馮李驊於這兩句之旁,
尚有夾批曰:「結悠然不盡,使人做十日思。」故馮李驊稱
之為「懸空掉尾」。

「文章大體,不外首尾起結。」[36]故劉勰《文心雕龍‧
鎔裁》云:

> 草創鴻筆,先標三準:履端於始,則設情以位體;舉
> 正於中,則酌事以取類;歸餘於終,則撮辭以舉要。

「起結」正是範圍一篇文章之法,屬於「起」的部分,已
於「提應」中論及;而「斷結」除了承接前文、結束篇章
之外,更重要的是呈現作者對事件、人物的評價,故馮李
驊在〈讀左巵言〉中以「斷」結稱之。而且依其在篇章中
的位置分成「分斷」、「總斷」,又依價值判斷與事件的相稱
性而分成「一事兩斷」及「兩事一斷」。在評點中,又有依

---

[36] 傅隸樸《中文修辭學》,頁19。

斷與敘之次序而分「先敘後斷」與「先斷後敘」等等。以
下舉數例以見《左傳》對敘事與評價之安置。

莊公十一年記宋大水一事。馮李驊評曰：

> 此篇是一案兩斷法，前一層斷宋當興，後一層斷公
> 子宜為君。前詳後略，前實後虛，贊公子即是從贊
> 宋內抽筆另提而轉遞，圓融跳脫，不板不渙，運局
> 新。(262)

這個看法與王源意見略有參差：

> 「宋其興乎」一句，虛虛提起，下分兩段，一罪己，
> 一稱孤，罪己全不說宋，只引禹湯以證之，又引桀
> 紂以形之，虛描也。稱孤實寫，卻以單行變上排耦，
> 然後以「言懼」二語總束之。又「罪己」明接「興」
> 字，束語暗應「興」字，看他整齊中綜變之法，小
> 小結構中，有起有結，有正義有餘波，有變化。(卷
> 一，頁 33)

馮李驊認為斷宋之當興是「實」，斷公子宜為君是「虛」；
王源則認為宋興是因宋公能「罪己」，言語中又以「孤」自
稱，但「罪己」一段虛說，稱孤一段才是重點。兩人評點
意見相同之處，在於稱讚此篇斷結極佳，但對實說、虛說
範圍之認定不同；此外馮李驊由結構整齊（兩斷法）的角
度來看，多看出了「公子宜為君」一層意思。

又文公二年記躋僖公於大廟一事。評曰：

> 此篇是一事兩斷格，前斷逆祀，後斷縱逆祀。用筆
> 前詳後略，蓋逆論得透，則縱逆祀者，只以一言斷
> 之而足矣。此寫一層而兩層皆到之法，然亦前一層
> 妙。(573)

王源則評曰：

> 「逆祀」二字，斷案如山……「君子以為失禮」以
> 下，乃申言逆祀之非禮；「仲尼曰」以下，乃結言逆
> 祀之不知，總是波瀾。(卷三，頁 30)

馮李驊以結構整齊論（兩斷格）延伸，認為之所以需兩斷
其事，是因為除了斷「逆祀」本身，更斷「縱逆祀」之尤
非，如此一來，馮李驊透過結構之仔細剖析，的確比王源
多看出了一些「微言大義」。

　　由上述引證與比較，可以見出馮李驊對《左傳》結構
之解剖，可謂鉅細靡遺，翻騰縱橫，且又證據確實，關析
入理，一點都不令人覺其有牽合之跡。其師張德純稱之為
「陽秋之博徒，武庫之扶輪」，然而，直封其為《左傳》功
臣，恐怕比比附於杜預更公平。但「功臣」之功不在於重
建《左傳》義法，因為如上所述行文考量之深細與面面俱
到，即便馮李驊所解所析並無絲毫牽強，但要全歸諸《左
傳》作者之殫精竭慮，實又真真令人匪夷所思，因此，以

接受美學「閱讀具有創造本質」的理論來解釋上述《左傳》
義法之產生，說它是馮李驊基於《左傳》文本之再建構，
更能給予馮李驊的慧心一個公道的評價。

二、安章法

　　舉凡對事件、人、物、言論等材料之篩選，以及對段
落次序之安排，與情節線索之安置，皆屬於安章法。據仇
小屏之歸納，「秩序」、「變化」、「聯絡」、「統一」是章法的
四大原則；[37]〈讀左卮言〉中提到的安章法門有三大重點，
一是「埋伏」，一是「兩大筆訣」，一是「敘法」，「埋伏」
及兩大筆訣──「牽上搭下」、「以中間貫兩頭」等，側重章
法之「聯絡」原則；「敘法」則包含眾原則而以「秩序」為
主；前一節謀篇法所談的「整齊論」、「賓主」則又是「統
一」原則，可見馮李驊對篇章結構技巧的掌握，頗為全面
周到。由此也不難看出馮李驊亟欲闡發《左傳》文章學價
值的努力。以下依段一一舉證說明。

（一）埋伏

　　　　埋伏是文字線索，而用筆各變，有倒伏又有順伏之

---

[37] 詳參氏著《篇章結構類型論》，頁四。需進一步說明的是，本書所稱「章
　　法」指「組織篇章的方法」（陳滿銘序，頁 1），亦即包含本論文所稱
　　之「篇法」與「章法」而言。

法,如屈瑕盟貳軫篇,「師克在和」便伏于「君次郞」、
「我以銳師」,兩「君」字、「我」字中;「不疑何卜」
便伏于「必不誠」、「必離」兩「必」字中,隨手安
插,令下文有根也。有明伏又有暗伏之法,如寫子
元欲蠱文夫人勉強出師,處處寫他心頭有事,寫郤
克忿兵倖勝,處處寫作齊侯不弱,便令讀者得之筆
墨之表也。有正伏又有反伏之法,如子產將誅子皙,
卻先放子南,字字偏袒子南,卻正字字激射子皙,
為絕隱秀可思也。有因文伏事之法,如石碏諫寵州
吁,卻先寫莊姜一段緣故。有因事伏文之法,如晉
屬敗秦麻隧,卻先寫絕秦一篇文字是也。[38]

張高評先生置「伏應」於謀篇之中,但視馮李驊以「倒順」
「先後」論之,又有「順手安插」等語,近於張先生所謂
「段落位次之調配」之章法論,故本文置於章法之下討論。

馮李驊在〈讀左卮言〉中明列出來的埋伏有「倒伏與
順伏」、「明伏與暗伏」、「正伏與反伏」、「因文伏事與因事
伏文」等四種,以下一一舉證說明。

1・順伏與倒伏

按一般習慣,伏在前,應在後,「順伏」即是如此;但
有時爲了遷就敘事或刻意營造文意,會顛倒之,因而有所

---

[38] 〈讀左卮言〉,頁5。

謂「倒伏」。「順伏」之例如僖公十七年齊國爭位之亂,馮李驊分析其結構云:

> 敘齊亂作兩截讀。上半原敘,節節伏;下半正敘,
> 節節應;中以「五公子皆求立」句為上下關挨。通
> 篇有案無斷,前後四「內」字,四「寵」字,所謂
> 直書其事而意自見者矣。(431)

本篇上半截追敘五公子之所從出,而以「寵」、「嬖」等字
伏帶文意;後半截則描述易牙、寺人貂等因內寵以作亂事。
向這樣前伏後應的結構,稱為順伏。

又如昭公十二年楚伐徐,《左傳》詳記楚靈王與右尹子
革之對話,前半對談示現靈王之貪侈,後半諫言轉入收肆
心以修昭德,馮李驊評其結構曰:

> 此篇只兩截文字,前半用縱,後半用擒。起手數行
> 為後車轍馬跡寫照;「雨雪」、「執鞭」云云,為王度
> 金玉作反映。「與鼎」、「與田」三段都為肆心醉飽立
> 案。前則步步伏,後則步步應,絕妙章法,全在中
> 間一斷,頓挫生姿,若一連寫去,尚嫌直而少致。
> (1622)

《左傳》於此篇,以靈王狩州來、次潁尾及伐徐為開頭,
而於篇末述子革之諷諫時,有穆王肆心,天下將有其「車
轍馬跡」等語,故曰起手為正後文寫照。篇首又細寫靈王

裝飾之盛，文末引詩為諷時，就有「思我王度，式如玉，式如金」以反諷之，故曰「反映」。子革與靈王前半之對話，靈王屢問「求鼎」、「求舊許」、「畏我」等事，野心昭昭，篇末引詩「形民之力，而無醉飽之心」諷之，故曰前三段（三問）正在為「肆心醉飽」這個斷語立案。所以，總括整個結構來看，前半全是埋伏，後半又或正面或反面作回應，整篇是以「順伏」安排章法的結構。王源評此篇則曰：

> 此為楚靈王亡于乾谿起案……（雨雪、剝圭兩段）然使與乾谿之敗·渺不相涉，亦無謂耳，惟靈王驕尚之氣，于此二段中，亦隱隱襯出，如月窗花影，波鏡雲光，惝恍迷離，半無半有，故覺其妙用無窮。此用閒筆法也。(卷八，頁44上)

言「起案」，則若依馮李驊之定義，此篇乃「為事伏文」之例。至於此篇結構之伏應，除了對「雨雪」、「剝圭」兩段之分析略略沾了埋伏的意味，其餘則未提及。

「倒伏」之例則有僖公五年虞國宮之奇諫假道於晉一文，馮李驊分析其篇旨云：

> 此篇傳晉執虞公事，只一「易」字盡之。看其前議後敘，處處伏一「易」字，至末一筆點出，絕世奇文。(366)

依馮李驊的體會，本文主旨在於呈現晉國得虞國之容易，

但這個意旨並不先於文章開頭觸及，反而放在文末「虞不臘矣。在此行也，晉不更舉矣」點出「易」字，[39]如此一來，則前面之敘述皆緊扣此意而來，形成倒伏的結構。

2 · 明伏與暗伏

「明伏」指其埋伏可由字面之呼應看出，較爲明顯可掌握；「暗伏」則無字面線索可求，須另行體會尋繹乃可得。「明伏」之例如桓公六年楚侵隨事，馮李驊分析其結構云：

> 起手特詳伯比一番策畫，預為結處伏脈。《左氏》于各開話頭，亦必令其彼相顧，章法所固然耳。「懼」字伏後「懼」字，「小國」伏後「兄弟之國」，首尾一線。(195)

像這樣在文字的使用上，即可看出前後呼應的情形，謂之「明伏」。

而僖公十五年記晉惠公背恩無德，致有秦晉韓之戰，馮李驊分析其章法，就包含有明伏、暗伏與倒伏：

> 通篇分四大段，首段在秦伯伐晉截，是一篇緣起；次段至秦獲晉侯截；又次至作州兵截；末段又一篇結斷。大要中兩段乃正敘之文，分上下半篇讀：上半步步回顧首段，暗伏一「入」字；下半忽提起妖

---

[39] 馮李驊於此段文字之旁，亦夾批一個「易」字。(369・L5)

> 夢，于穆姬口中明透一「天」字，步步為結處伏脈，
> 而「罪天由人」竟以一筆倒捲中間，繳還起手，此
> 等結搆，世豈有兩也。(407)

本篇主要敘述秦晉兩國之爭戰，卻從晉惠公回國說起，文
末又以「下民之孽，匪降自天，僔沓背憎，職競由人」作
論斷，可見論事件是以戰爭為主，論文意則在評價惠公其
人；因而篇首第一句「晉侯之入也」，則成暗伏。在本篇開
頭數句之旁，馮李驊亦利用夾批以點明文章主旨之埋伏，
如於「晉侯之入也」句，夾批曰：

> 此句總領。(407‧L3)

表示本篇重點應當放在惠公身上。「總領」就是總提，將一
篇主旨完全提示於此；但下文所述事件，並不直接就此而
寫，故使這個提頭成為暗伏。馮李驊為了點清文與事兩條
脈絡之不同，又於此句之下，「秦穆姬屬賈君焉，且曰『盡
納群公子』」旁，夾批曰：

> 此條伏妖夢併伏筮嫁，然與秦伯伐晉無涉，故另以
> 「怨之」一筆揭過，賓主有法。(407‧L4～5)

以上是馮李驊對本篇「暗伏」章法之分析。「明伏」則至穆
姬以死要脅秦伯釋放惠公時，以「上天降災」一句點出，「天」
字明伏結語字面而反用文意，此句之旁，馮李驊亦以「明

伏」兩字夾批。而於「三敗必獲晉君」之卜辭及秦伯「必歸晉君」等句旁，分別夾批云：

先透一筆(408‧L6)

亦先透一筆，與「必獲晉君」前後遙對(414‧L5～6)。

「透」或「與後文『遙應』」皆是明伏。又於「晉之妖夢是踐」、「上天降災」句旁分別批云：

暗伏。(412‧L6)

明伏。(413‧L6)

本篇發展到結尾，本是對前面埋伏之結應，但《左傳》刻意於韓簡之論筮嫁中，帶出「敗德」、「匪降自天」等語，以「敗」字倒伏前文的三戰三敗；以「降自天」倒伏前文惠公言行之敗德邀孽，是對前文的呼應，也是埋伏，故曰「繳還」起手。一篇敘事，透過原敘晉侯之入，正敘韓之戰，追敘筮嫁等情節剪裁文與事；以暗伏、明伏、倒伏安排章法，令文意與史實並行互見，難怪馮李驊要讚嘆其結構「世豈有兩也」！王源對此篇之評析，則以奇正為論，不及伏應，但言：

惠公之敗，由于自取，鑒戒昭然；而序晉不亡，即

> 伏文公之興;秦不取晉,即伏穆公之伯,皆意所包
> 羅。(卷二,頁 30 上)

方苞《左傳義法》的評點近於馮李驊,不只注意到結構的
伏應線索,也認爲本篇旨在評價惠公,其評「晉侯之入也」
主「故秦伯伐晉」云:

> 備舉晉侯失德,而束之以故秦伯伐晉,通篇脈絡皆
> 總會於此。(頁 2 下)

「備舉」、「總會」是「提頭」也是「伏線」,所以說方苞也
注意到本篇結構的安排。評「卜徒父筮辭」曰:

> 此篇大指在著惠公為人之所棄,以見文公為天之所
> 啟,故敘惠公愎諫失德甚詳,而戰事甚略。(頁 3 上)

評韓簡語曰:

> 晉侯先事而敗德,臨事而失謀,孽由己作,作通篇
> 關鍵。(頁 5 下)

所以方苞評此篇,也是由結構線索,歸結出文旨激射之處。
又哀公八年記吳伐魯,馮李驊評曰:

> 景伯與懿子一番議論,實為一篇之主,回顧起句、
> 埋伏結句,兜裏完密,線索玲瓏,其妙非可以鹵莽

睹也。(2073)

言若魯莽讀去，則諸般埋伏無由索得，由此亦可證知，對
文本意義讀出了多少，實繫乎讀者身上。

又如昭公二十五年敘昭公出奔事，《左傳》於本篇前半
交代昭公出奔原因，後半敘述出奔而不能回國之因，卻於
前半中間插敘叔孫昭子到闞地之事，馮李驊認為這段插
敘，正是遠遠埋伏其家臣鬷戾謀救季氏之事：

> 憑空插「昭子如闞」一筆，前後無著，讀至末段平
> 子一番往復，乃知伏筆之妙，如國手布子在數十著
> 之先也。　又冷著此句，見昭子若在家，必無鬷戾
> 之謀矣。此暗伏法 (1817)

說「暗伏」是因為行文時並不直接表明因昭子不在，家臣
只好自行商議，而以「若之何」、「莫對」顯示群臣拿不定
主意，以此呼應「昭子如闞」一句，故為「暗伏」。與此筆
法相同之例有昭公二十七年吳光弒王僚事，文中橫插「使
延州來季子聘于上國」一句，馮李驊於此夾批曰：

> 橫插此筆，為末段伏脈，與敘昭子如闞法同。(1848・
> L8～1849・L1)

總之，明暗指埋伏之顯與隱，直接與間接而言。

3·正伏與反伏

　　「正伏」指就所要敘述之主旨作埋伏；「反伏」則是反文意作埋伏。「正伏」之例如莊公二十八年寫驪姬之亂晉，馮李驊分析其章法脈絡云：

> 通篇大旨有開手第一筆即與提出者，有第二筆方與提出者。如此文要寫驪姬欲立其子，卻須先與說明來歷，蓋正敘之前有原敘也。看其筆筆為後文伏案，處真有輕雲籠月之奇。(305)

以原敘、正敘為後文作埋伏，是正面點題，故曰「正伏」。

　　「反伏」之例如如昭公二十年衛齊豹之亂，《左傳》先敘齊豹欲亂，以此引出宗魯，中述宗魯歸死公孟之言，末附齊公孫青聘衛之辭令，而以苑何忌與孔子之議論作結。馮李驊由結構分析全篇要旨云：

> 此篇前敘後斷，不重齊豹，而重宗魯。以宗魯不善處主臣朋友之間，觀結語可見也。衛侯因公孟見殺，而出而入亦本不重，卻詳敘公孫青一番禮辭，所以為告寧作地，以便引何忌語，為宗魯作反照之筆也。篇中頭緒雖多，處處留意宗魯一人，則自串成一片矣。　凡讀史皆此法。(1734～1735)

亦即，光就前半文章來看，似乎文旨在寫宗魯之不貳，但

讀至公孫青一段，乃知宗魯事爲後文伏筆；[40]及讀至苑何忌
處，又知公孫青之禮辭亦爲伏筆，目的是先爲苑何忌辭共
賞作鋪排；而讀至末尾孔子譏宗魯之貪名利、非禮義，至
此全文合觀，其伏應脈絡皆出，才明白宗魯一段，正與文
意相反，單就敘事而言，宗魯看似忠義兩全，直待全文應
結完畢，才見其食姦、受亂、爲利疢回、以回待人、蓋不
義及犯非禮等罪，故宗魯一段是全文反伏之處。而王源則
認爲齊豹才是傳主，宗魯是賓：

> 此傳序齊豹殺公孟，則齊豹主也，殺公孟主也……序
> 宗魯一段，其情苦，其詞曲，其意可傷，而其事不可
> 訓，故詳之于前，而以仲尼之言斷于後，夫詳賓妙矣，
> 而賓中之賓尤詳……重重花閣，疊疊雲山，望者為之
> 目迷，遊者為之神眩，其孰能與于此哉？古之化裁盡
> 變通乎晝夜之道而知者夫。(卷九，頁 39 下～40 上)

王源對此篇之評是以賓主爲論述焦點，並未提及章法伏應
之關係。但也因此與馮李驊對文章焦距之看法不同。王源
提到賓主錯綜變化之妙，但也只以效果之離奇爲讚嘆，對
修辭功能之體悟，尚停留在「藝術美」的欣賞，完全未能
觸及所謂「屬辭比事」的敘事特色。也因此，對所謂「微

---

[40] 馮李驊於衛侯出奔段，眉批云：「告寧辭爵一節本歸結公孫青案，卻正
映起宗魯正案，線索逼清。」(1737)可見宗魯事爲公孫青事之伏筆；而
公孫青又爲告寧、辭爵兩事之伏筆，貫串而看，宗魯事又爲告寧、辭
爵之反伏。

言大義」的抉發，不及馮李驊深刻。

4・因文伏事與因事伏文

「因文伏事」，指爲了篇章整齊或文意之委婉曲折而選擇紀錄某些事件以作伏筆；「因事伏文」則是爲了清楚呈現事件發展，故在行文之中安加伏筆。前面提到的宗魯之事，安插公孫青聘衛、附載苑何忌辭爵及琴張欲弔宗魯等事，正是爲了使對宗魯行爲之評價得以清楚呈現，故是「因文伏事」之例。又如隱公三年衛石碏諫寵州吁，馮李驊評其結構曰：

> 此篇特詳石碏諫寵一番議論，為州吁弒君張本。起手從莊姜敘入，為六逆等伏筆也。石碏因其父子之間，趁便併論其夫婦嫡妾之際，本是暗諷，《左氏》卻先替他敘明來歷，此最是史家伏案精細處，使後之讀者不知為是因文而綴其事，不知為是因事而綴其文，但見其照應入妙而已矣。(119～120)

其意以爲本篇篇首敘衛莊公之婚娶生子，本與州吁好兵無涉，但綴此事於開頭作伏筆，則後文石碏所論六逆之激射對象更形清楚，以此說來，是「因文伏事」；而若不補敘這一段有子無子事，則石碏所論「賤妨貴」等議論與「莊姜惡之」等事，又太突如其來，以此來說，又是「因事伏文」，因此馮李驊稱讚此篇於章法之埋伏照應可謂「入妙」矣。

　　不論是順伏、倒伏、明伏、暗伏、正伏、反伏、「因文
伏事」或「因事伏文」，皆是爲章節之安排作考量，昭公二
十七年吳光借專諸以弑王僚，文中細寫吳光享王僚時，王
之親信對進羞者檢查之嚴密，氣氛十分嚴急；而於結末處，
但言「抽劍刺王，鈹交於胸，遂弑王。」馮李驊於此句旁
不斷以夾批讚嘆其「捷」。故馮李驊借此例提到埋伏的功能
有二，一能凝鑄氣氛，使情節有跌宕效果；二能使脈絡淸
楚，敘事不忙亂：

> 「羞者」、「執羞者」凡寫兩遍，其難其險使讀者亦
> 爲之擔憂。而下文成功分外駭疾也。　妙在預先摹
> 寫詳細，則臨時實劍用筆，便得徑疾，否則拖沓忙
> 亂矣。此敘事全在伏筆有法，善作地步則寬然有餘。
> (1850)

「使讀者爲之擔憂」、「下文分外駭疾」皆是因埋伏得當而
產生的藝術效果；「用筆徑疾而不拖沓忙亂」則是因埋伏有
法，使結構嚴密，故敘事能寬緩不亂。

（二）兩大筆訣

　　（《左傳》）有兩大筆訣，一是「以牽上爲搭下」，如
曲沃伐翼，本以「建國弱本」對上「成師兆亂」，卻
以「惠之二十四年」與下「三十年」、「四十五年」
作類敘。又如王巡虢守，「與之酒泉」，本連下「請

器」，卻抽出與上文「與之虎牢」作對敘是也。一是
「以中間貫兩頭」，如郯戰前後十六轉，只以「盟有
日矣」一句為關捩。重耳出亡前後凡歷六國，卻以
宋襄贈馬一節為界畫是也。此兩法處處皆是，蓋得
此則板者活，斷者聯，渙者聚，紛者理，不獨敘事，
即議論亦以此為機杼，乃通部極精極熟極得力極得
意處，特為拈出一斑，而全豹盡窺矣。[41]

此條安章法門可與第一條論「分合」合看，第一條談到篇
章內容之聯繫，須可合又可分，且不論分合皆各有風情。「兩
大筆訣」則細論縮結段落章節之法，縮合有法，自然可分
可合，可見安章與謀篇本自一貫相繫。

1・以牽上為搭下

馮李驊提出的筆訣之一為「以牽上為搭下」，意指文章
中的某一節具有呼應、收結前文之功能，卻又有帶起後文
之功能，是使文章節奏緊湊的方式之一。其例如本章第一
節「分合」謀篇法提到的襄公十四年晉伐秦暨欒鍼死等事，
馮李驊又評曰：

欒鍼事本與上半相連敘去，但因士鞅奔秦，直歸到
秦伯論汰一段，斷結文字，故以遷延之役頓斷，而
另以報櫟之敗作提，蓋亦牽上搭下敘法也。(1109～

---

[41] 〈讀左卮言〉，頁6上。

1110)

「報櫟之敗」回應篇首晉伐秦是爲了「報櫟之役也」,但主要是用來引起下文士鞅奔秦之事,又因奔秦而引起秦伯論汰之事,故此段有聯繫上下文之功能,謂之「以牽上爲搭下」。

又昭公元年晉侯有疾,卜人以爲實沈、臺駘爲祟,公孫僑如先論實沈、臺駘爲何神,再以「抑此二者,不及君身」作結,接著又論日月山川之神當在風雨不順時禜之,人之生疾則來自飲食哀樂之不節,馮李驊評曰:

> 此段結上轉下,先將不及君身虛插一句,而以兩「禜
> 之」撤去上文,及跌落君身,卻又帶山川星辰一筆,
> 牽上搭下,圓密之極。 雖是轉下,其實用雙綰之
> 筆,收束上兩節也,看他對寫得筆筆有精神。(1443)

王源對此篇轉折處看法相似:

> 「抑此二者不及君身」一筆打轉,覆雨翻雲,天矯
> 崩騰,飛神決貳,然後轉入君身而正言之,何其變
> 也,何其動也。(卷八,頁9上)

又如宣公二年記晉靈公不君,宣子驟諫,從而引出靈公使
鉏麑賊之以及趙穿弒靈公等事,馮李驊評此篇章法之聯繫
曰:

《左氏》慣用牽上搭下法，如「宣子驟諫」，本應上
「將諫」，卻起下「公患」；「攻之」，本對上「賊之」；
而「彌明殺之」，又對下「靈輒免之」，以「遂自亡
也」作總結之筆。解此伸縮敘置，方變而活。

末段以「亡不越竟」承上「未出山而復」，「反不討
賊」起下「使趙穿逆公子」，尤牽上搭下之至妙者，
用筆真如環也。(697～698)

其評點對段落之貫串，分析極為仔細，證據也極為分明，
難怪馮李驊以兩「大」筆「訣」稱之，彷彿有獨得密笈意
味。

2・以中間貫兩頭

至於「以中間貫兩頭」之法，指篇章中某一段或某一
句為全文關鍵或情節轉捩點，須得此部分，全文才能成篇。
馮李驊在〈讀左卮言〉提到宣公十二年晉楚邲之戰以「盟
有日矣」為關捩，於該篇眉批則說明曰：

通篇雖分三大截十六轉，看其實以「盟有日矣」句
為一大關鍵，乃通身關捩處也。自桓子欲還，至晉
人許成，中間雖作幾番頓折，卻已首尾一串，自此
以後便筆筆作戰□之勢，你來我往，你往我來，遂
至不可收拾，而總此一筆，為之倏忽幻化也……楚
之懷詐，晉之受欺，勝敗全伏于此四字中，文即以

> 此做通身樞紐，奇絕。(750)

方苞《左傳義法》則認為「觀釁而動」才是全篇關鍵，於該句之下，批曰：

> 晉人怙亂之釁為楚所窺，而楚君重言戒，無釁可乘。此句乃通篇關鍵。(頁 26)

文後總評又曰：

> 怙亂為此篇樞紐，眾所共知，然以著晉之所以敗，而楚之不可敵，不能該也；以著先縠、趙括、趙同、魏錡、趙旃之僨事而林父及群帥之失謀，不能該也，故以「觀釁而動」貫穿前後。而楚君之明於七德，修其六事，日夜警備，無釁可乘；楚令尹之臨事而懼，當幾而決，伍參之知彼知己，料敵得閒，皆統攝於此矣。(頁 41)

兩人看法有別，對文意之領會各異，姑不論其是非，就評點而言評點，兩人之關鍵、關捩或樞紐等說法，皆顯示《左傳》中有「以中間貫兩頭」的安章文法，而馮李驊比方苞多了一些屬於結構上的證據，關於此點，將於「以結構論字句」小節中說明。

又如隱公八年記鄭公子忽如齊逆女，先配而後祖，馮李驊評曰：

> 前敘後斷,「先配後祖」句,特立一案,以束為提,
> 此亦以中間貫兩頭法。

> 如陳入鄭,所謂「先配後祖」也,橫插送女句于中,
> 則「先配後祖」便向鍼子目中看出一宗成案,令下
> 斷語有根。敘法入妙。(147)

馮李驊認為由「陳鍼子送女」,看出「先配後祖」一事,「先
配後祖」句乃收束鄭公子逆婦一事,卻又提起下文陳鍼子
之譏評,故曰「以中間貫兩頭」之章法也。又如襄公三年
寫楚子重奔命,馮李驊評曰:

> 此篇寫子重奔命結局,蓋欲報仇雪恥而反增其恨
> 也。前案後斷,以「所獲不如所亡」句為主,下即
> 將「以是咎子重」轉落,帶議帶敘,是亦以中間貫
> 兩頭法。(992)

「前案」指子重克鳩茲、失鄧廖、復失車駕三事,「後斷」
指君子曰,貫串前後兩段的是「既飲至」一句,把由得意
而失意的轉關抓在此事之上,謂之「以中間貫兩頭」。

　　細按這些例子可知,「以牽上為搭下」與「以中間貫兩
頭」之區別,在於「牽上搭下」的段落通常是對上文的埋
伏作呼應,有結束上文之功能;而同時帶起下文,亦有提
頭的功能,因而利用「牽上搭下」法成篇者,其中節段各

自完整，偏重言其可「分」，是側重「文法」而言者，故對
文字字面之伏應較爲講究。「以中間貫兩頭」則特指情節之
轉變關鍵，偏重言文章節段之合，對「文意」能否貫串較
爲看重。

（三）敍法

對《左傳》敍事安插之法，王源、方苞已約略提及，
如僖公二十八年秦晉城濮之戰，方苞有批語曰：

> 正敍晉之得鄭，因追敍鄭之從楚，與魯、衛、曹之
> 從楚。（頁 20）

而馮李驊對此剖析更爲深細，除了前述兩大筆法，馮李驊
尙簡列許多筆法，幾萬變不可繩律之：

> 傳中議論之精，辭令之雋，都經妙手刪潤，然尚有
> 底本，至敍事全由自己剪裁，其中有正敍有原敍，
> 有順敍有倒敍，有實敍有虛敍，有明敍有暗敍，有
> 預敍有補敍，有類敍有串敍，有攤敍有簇敍，有對
> 敍有錯敍，有插敍有帶敍，有陪敍有零敍，有複敍
> 有間議夾敍，有連經駕敍，有述言代敍，有趨文滾
> 敍，有凌空提敍，有斷案結敍。正敍、順敍、實敍、
> 明敍不必言，原敍如成師兆亂；倒敍如敗狄采桑；
> 虛敍如鄆戰巢車之望；暗敍如城濮齊秦之賂；預敍
> 如嬰齊具舟先濟；補敍如巫臣夾縚傳蕭；類敍如鄭

瞞伐我；串敘如二憾皆命；攤敘如重耳出亡；本末
簇敘如宋鮑禮于國人；對敘如聲伯嫁妹；錯敘如戴
公廬曹；插敘如鄭門內蛇；帶敘如晏子更宅、反宅；
搭敘如郤犫送孫林父；陪敘如畢萬之後必大；零敘
如三點屬之役；複敘如樂伯致師；滾敘如敗秦剹首；
提敘如晉文一戰而霸；結敘如子產擇能而使。種種
手法開天地未有之奇，作古今莫越之準，況詞條豐
蔚，經術湛深，又有溢乎重規疊矩之外者哉！[42]

此段提到的「敘法」，大抵以行文次序與事件發生時間之先
後為主如順敘、倒敘；其次是就同一篇中各事件之間的關
係而分，如原敘、正敘、陪敘、實敘、虛敘等；有時是依
線索的安置而分，如簇敘、對敘、串敘、攤敘等；有時是
就文意本身之斷續而言，如插敘、補敘；有時是以敘事與
論斷的安排來分，如間議夾敘、述言代敘、斷案結敘等。
皆用以證明《左傳》雖有經傳、史書性質，卻不是字詞訓
詁或流水帳、起居注，甚至語錄之屬，其下筆行文之際，
必有諸般經營，乃能得此文章藝術之變幻美。馮李驊舉出
之敘法計有二十八種，而實與其他文法互有重疊，且馮李
驊於各法已各舉一二例，本文第六章、第七章亦會隨文引
證，故於此不再一一舉證說明，以下但引其評點以見《左
傳》敘事手法之變化多端。

---

[42] 〈讀左卮言〉，頁 3～4。

此夾敘法也，本敘鄭屬入國誅貳，從傳瑕引入原繁。《左氏》好奇，便敘入蛇妖一案，令文字另換一番色澤。然安在篇首即不見其妙，妙在正敘事間，忽然夾入，篇法遂有橫雲斷嶺之奇。(268)

「初亡」、「後亡」正應「五世」、「八世」，可見首尾本屬一片，卻嫌篇法寂寥，重又夾敘少時占《易》一事，反反復復，添出許多話頭，而又恰作前占註腳，使文情濃至，奈何概以浮夸目之。(289)

憑空立案，語語為後文張本，謂之突敘法。(445)

後半帶敘，正是回應前半正敘作歸結，分明以敘為斷，不得此意，幾疑前後篇法不屬矣。(603)

看來通篇以小國之事大國一段為主，「今大國曰」以前，歷敘陳蔡及敝邑事，所謂「德則其人也」;「文公」以後，又歷敘朝齊成楚事，所謂「不德則其鹿也」;篇法是常山蛇勢，擊中而首尾皆至者也。直起直收，年月日零星敘述，于《左氏》又別出一格矣。(669)

起結兩點會粗，中間卻又別敘一會鍾離事，與本題不涉，變格。(1060)

經分三項，傳寫成一片，卻以中一項為主。看其提

主敘入，而帶敘去疾，插敘疆田，末單以棄人斷苢
展。簡淨處，字字有法。(1440)

此篇是兩對格，上半問疾起，博物重賄結；下半祝
疾起，良醫厚禮結。又各後半都有出後一番餘文遙
遙相對，此篇法最明整者。或乃分而二之，辜負作
者豈淺鮮哉！(1440～1441)

以昭子作結，如梨園之有團圓，亦可以止矣，然于
首尾照應，篇法終未完密，故重又倒敘初生，以收
拾全局，固知此兩篇之當為一首也。(1513)

此篇敘述相錯而行，以兩「遂」字為段落，上半敘
詳于述，寫得極其洶湧；下半述詳乎敘，寫得極其
和平。其結局在「和之如初」，而其轉關全在「遂如
陳氏」。讀去似一氣遞下，卻不知其界畫在此也，特
著兩「遂」字作對，作者蓋明告我以篇法矣。(1572
～1573)

作文類敘先後之間，以剪裁為第一義也。(1798)

文凡六番起伏，「叔輒」一起，「不狃」一伏；「鄭人」、
「王犯」一起，「斯與之戰」一伏；「克東陽」、「獲
叔子」一起，「國未可望」一伏；「次泗上」、「殺國
士」一起，「一夕三遷」一伏；然後跌落「吳人行成」，

竟可收局矣，而「少待其歸」又一起，「負載造門」
又一伏；「請釋子服」、「吳人許之」又一起，「姑曹
當之而後止」又一伏，然後以「盟而還」收拾。二
篇<u>層波疊浪之文</u>，此種篇法，曰城濮、邲戰而後，
亦未數數者也。(2075)

此篇為世叔齊奔宋作傳，卻詳敘孔圉妻疾、攻疾事，
又因止圍、攻疾，并詳敘夫子歸魯事，謂之<u>「因事</u>
<u>及事」</u>例。於事之關係，文之針線，本無涉也，然
前半輕伏「仲尼止之」一筆，留于結處複說，作一
篇之照應結束，蓋事渙而文自聯，則篇法所必講者
矣。(2098)

　　綜觀本節所述，可以看出馮李驊對《左傳》謀篇安章
法的分析，極為細緻，而且舉證詳盡，切實有據，較諸王
源、方苞的評點，有加詳而無闕寡；其中最具特色的是以
整齊論結構，雖然方苞也略略提及這個概念，但率直而行，
且大張旗鼓的去作，仍有待馮李驊。這個篇章整齊論，有
兩點值得注意，一是當馮李驊說他人總以參差論古文，己
獨以整齊視之，也就是「結構整齊論」這個概念並不存在
於他人對《左傳》的解讀中，卻存在他對《左傳》的理解
中，這樣的認知，事實上就是接受美學所主張的「意義存
在於文本與讀者的互動中」，亦即，讀者參與了意義的創
造，馮李驊參與了整齊結構論之產生。雖然馮李驊的意思

是別人魯莽未識作者音,而以知音自詡,可見他仍是將文
本意義歸諸作者,與接受美學看重讀者創發本質有不同;
但不論他是否已能自覺,這種論說的潛在認知及其實際評
點之呈現,的的確確與接受美學的基本論點不謀而合。第
二,馮李驊大膽挑戰傳統對古文文體之定義,以駢對整齊
來談古文結構,這種期待視野的形成,必有其歷史因素,
這又不免得觸及當時八股取士以及從而帶起的八股文風
潮。從《揚州畫舫錄》一段記載,可以看出科舉之文,如
何由「小道」而至可「致遠」的地位:

> 凌廷堪,字仲子……庚戌科進士……始不為時文之
> 學,既與黃文暘交,文暘最精於制藝,仲子乃盡閱
> 有明之文,得其指歸,洞徹其底蘊。每語人曰:「人
> 之刺刺言時文法者,終于此道,未深時文,如詞曲
> 無一定資格也。」[43]

本文第三章也考述了清代早期的文學批評,有混同時文與
古文而論的趨勢,在這種時代風趨底下,馮李驊的古文結
構整齊論,自然深具時代表徵意義,這也就是接受美學家
姚斯主張的文學史就是作品的消費史,讀者對作品的理解
是一種以己身經驗接受作品的過程,作品的存在就在「接
受」之中,作品得以一代一代在不同的時空背景中流轉,
也正在於此:

---

[41] 卷五〈新城北錄(下)〉,頁2。

> 文學史是一種審美接受和審美創造的過程。這個過程是在具有接受能力的讀者、善於思考的批評家和不斷創作的作家對文學本文的實現中發生的。[44]

> 文學作為一個事件,其連貫性首先是以當代和以後的讀者、批評家、作家的文學經驗的「期待視野」中得以傳遞的。[45]

> 當先前成功作品的讀者經驗已經過時,失去了可欣賞性,新的期待視野已經達到了更普遍的交流時,才具備了改變審美標準的力量。[46]

同一部作品,在不同的歷史背景與讀者經驗下,有不同的理解,文本呈現的內容意義也因而不同,這也就是本研究採用接受理論來探討《左繡》對《左傳》解讀現象及意義的原因。

第二節 鍛句鍊字

正如《文心雕龍・章句》篇所云:「夫人之立言,因字

---

[44] 姚斯〈文學史作對文學理論的挑戰〉,頁 2。(收在張廷琛主編、朱立元等譯《接受理論》,頁 1~43。)
[45] 同上註,頁 3~4。
[46] 姚斯〈文學史作為向文學理論的挑戰〉,頁 33~34,(收在姚斯、霍拉勃著《接受美學與接受理論》,頁 3~56。)

而生句，積句而成章，積章而成篇。」字句的鍛鍊，亦關
乎文采之表現，因此《文心雕龍‧練字》篇又云：

> 綴字屬篇，必須練擇。

明王士貞《藝苑卮言》卷一云：

> 首尾開闔，繁簡奇正，各極其度，篇法也；抑揚頓
> 挫，長短節奏，各極其致，句法也。點掇關鍵，金
> 石綺彩，各極其造，字法也。

居桐城派重要承轉地位而時代稍晚於馮李驊的劉大櫆，對
於一般論文以字句爲末的觀念很不以爲然，他的文章精粗
論，就申明「字句」雖爲粗處，但不由此，則神氣之精亦
無由而得：

> 神氣者，文之最精處也；音節者，文之稍粗處也；
> 字句者，文之最粗處也；然論文而至于字句，則文
> 之能事盡矣。蓋音節者，神氣之跡也；字句者，音
> 節之矩也。神氣不可見，于音節見之；音節無可準，
> 以字句準之。[47]

這種不遺字句的看法，對其弟子姚鼐頗有啓發，故姚鼐主
張文章有「神理氣味格律聲色」八個要素，並且說：「苟舍

---

[47] 《論文偶記》，第十三條，頁 5。

其粗，則精者亦胡以寓焉？」[48]此外，八股文習作，也講究
「磨勘」之法，對於文章之錘鍊，由字而詞而句而章而篇，
絲毫不敢鬆懈。馮李驊〈讀左卮言〉於《左傳》之鍛字練
句，雖不如謀篇安章有詳細論述，然也強調《左傳》遣詞
用句具有法度可尋：

> 《左氏》字有字法，句有句法，章有章法，毫髮不
> 苟。(頁 5 下)

張高評先生分析《左傳》練字鍛句之術，多達五十四種，
其錘鑄如此。事實上，《左繡》除了利用圈點等符號，點出
警動之字句，在眉批、夾批中對字法句法之分析，更是浩
繁難盡，以下舉數則，以見其概。

一、鍛句法

（一）簡鍊法

　　文句簡鍊，可收節奏緊湊、強勁以及「文氣不弱」[49]的
效果。唐代劉知幾對史著的最高要求就是「簡」：

> 國史之美者，以敘事為工；而敘事之工者，以簡要

---

[48] 《古文辭類纂》序目，頁 26。
[49] 黃永武先生《字句鍛鍊法》云：「洗煉字句到最精簡的地步……這樣使
辭意義濃縮了，文氣自然不弱。」（頁 58）

為主。簡之時義大矣哉！[50]

《左傳》在「簡要」這方面的表現如何呢？王源就多次提及《左傳》的簡鍊之美，如隱公元年鄭伯克段於鄢一事，王源就盛讚「鄭志」兩字錘鍊至精：

> 「鄭志」二字將克段一案括盡，通篇若網在綱，千錘百鍊，後人每誇千言立就，嬰兒戞耳，何足語哉？(卷一，頁4下)

方苞《左傳義法》也稱《左傳》鍛句簡鍊有法：

> 《左氏》之文有太史公不能及者……連稱如何自言，其從妹何由通無知之意於宮中而謀伺襄公之間，若太史公為之，曲折敘次，非數十百言莫備，此但以「因之作亂」及「使間公」二語隱括，而其中情事，不列而自明。(頁2)

不過劉、王、方三人所論仍偏重謀篇之簡潔，真正考究字句簡鍊之功夫，猶待馮李驊之發掘。馮李驊稱讚《左傳》鍛句簡鍊之例，如前一節「因文伏事」部分，提到的昭公二十七年專諸弒王僚一文，馮李驊就盛讚弒王之句「徑疾」、「捷」，而這種簡捷句法，就使該段之節奏「分外駭疾」。又如隱公五年六月，「鄭二公子以制人敗燕師于北制。君子

---

[50] 《史通釋評》卷六〈敘事〉篇，頁199。

曰：『不備不虞，不可以師。』」段，馮李驊評其句法簡鍊：

> 句句不用虛字煞腳，文亦可稱簡練之師。(133)

《左傳》之簡鍊甚至可到一字成句的地步，如隱公元年祭仲以先王之制論使共叔居京之不妥，馮李驊於「中，五之一；小，九之一」旁，批曰：

> 《左氏》最多一字句法。(101‧L6)

又如桓公五年王鄭交兵，馮李驊評其鍛句曰：

> 看通篇勤于敘鄭，至王只一筆煞住，極詳略之妙。
> 此篇字字詳，卻筆筆簡，知詳簡而簡詳者，可以作
> 史矣。(191)

又宣公十年「公如齊，奔喪。」馮李驊認為短短「奔喪」兩字，就足道盡一切，[51]也是以簡潔出色：

> 只註兩字而詫異聲情不啻自其口出，妙筆正不在
> 多。(730)

不只簡鍊，馮李驊認為《左傳》鍛句的功力已由簡鍊更達既能「簡」復能「奧」的地步，如隱公九年，北戎侵鄭，公子突提出「嘗寇速去」之法，《左傳》寫祝聃等「衷戎師」

---

[51] 杜預註解云：「公親奔喪，非禮也。」

（前中後圍伏），卒敗戎師。馮李驊評曰：

> 「嘗寇」句許多層折，只二語寫透；「衷戎師」句許
> 多情事，又只以一字寫盡，凡文字簡者不曲，奧者
> 不亮，兼之者《左氏》也。(153)

文字求簡，通常易流於徑直，即所謂「簡者不曲」；爲求奧折曲深，又往往太過隱澀，即所謂「奧者不亮」；馮李驊認爲《左傳》之鍛句，卻可同時融納「簡」與「奧」這兩個矛盾的特質，其功力之高，的確可由此「一斑」而「窺全豹」。

（二）駢儷法

前一節論篇法之整齊時，已提到「對稱」的藝術美與聯想功能，文句的駢儷，亦復相同。傅隸樸先生就以「對仗」爲文章求美麗的法門之一。[52]馮李驊提到《左傳》的鍛句亦有駢儷之美，如隱公四年五月《左傳》追記鄭伯請成于陳，陳侯不許。文末引「君子曰」作評斷，馮李驊評此段君子之言造句清雋而有四六文駢儷之美：

> 長惡四句，筆意輕雋流逸，宋人四六乃時似此。(139)

又隱公十一年記鄭莊貪許，齊侯以許讓魯公，鄭伯使許大

---

[52] 詳參《中文修辭學》第六章第一節。

夫百里奉許叔以居許東偏，三事並有一番辭令，馮李驊謂
其以雙調造句：

> 「東偏」、「西偏」分明兩對，而詳略變化，處處兩
> 意往復，兩「寡人」、兩「不能」、兩「無」、兩「我
> 鄭國」、兩「而既矣」，皆雙調也，而抑揚開命使人
> 不覺。(161)

又如前述文公十五年齊伐曹一事，馮李驊又評曰：

> 「己則反天」即疊前句作雙調，意足而味濃。(658)

季文子批評齊侯「禮以順天，天之道也；己則反天，而又
以討人」，馮李驊認為「己則反天」一句，是刻意要與「順
天」句作照應，一來可收文章「雙調」之美，又可加強諷
刺之意，故曰「意足而味濃」。

又莊公十一年秋宋大水一事，馮李驊評其句法參差又
齊對，與論篇法之「於參差中見整齊」相似，其言曰：

> 一語看出兩意，「言懼」、「名禮」，本可平對，而公
> 講處一用偶句，一用單句，以參差為比偶，恰與通
> 體文格相稱，細心烹鍊之文。(262)

關於本篇的評點，馮李驊先論篇章結構，於參差對反中相
映整齊；再論造句用語，讚其能「以參差為比偶」，又能「與
通體文格相稱」，所以他關注句法之駢偶，並非只重文句之

美，而是以章法籠罩句法，觀察《左傳》使用駢儷句法在
文章結構上的意義。這是《左繡》評點修辭之一大特色，
不可輕忽。

（三）變化法

再美的修辭，若了無變化，就成死板，因此馮李驊除
了關注《左傳》篇章結構之變化多端，也注意其文句之靈
動，如前述隱公四年鄭伯請成于陳一事，馮李驊就認爲其
句法因變化而靈活：

> 「陳桓之謂」句乃橫插法，活甚！ (139)

「橫插」屬於「跳脫」修辭法之一，「與錯綜、倒裝一樣，
都企圖通過異乎尋常的句法，引起聽者讀者的注意。」[53]除
了橫插，馮李驊也注意到《左傳》的倒裝修辭法，如如成
公十四年鄭伐許一事，馮李驊評「許人平以叔申之封」句
云：

> 倒句法，簡妙！(917)

此句之所以簡妙，是由於顛倒句法，亦即因變化句法而得
妙句。又如成公十六年齊聲孟子通僑如，馮李驊評「使立
於高國之間」與「奔衛，亦間於卿」兩句云：

---

[53] 黃慶萱前揭書，頁 574。

> 兩「間」字以相映作章法，以倒換為筆法。(953)

兩個「間」字，明顯有前後對照的意味，但為了避免文短而句式重複，故倒換其詞性，也是以變化鍛鍊句子的例子。

又如昭公二十年楚人城州來，沈尹戌論楚平王不能撫民，必敗，馮李驊評其鍛句曰：

> 「未撫吾民」、「可謂撫之」、「吾聞撫民」、「非撫之也」，只此反復，遂成清轉文字。(1727)

這段文字，以鍊字法來看，是反覆法，不斷重複「撫」字與「撫民」之意，用以強調篇旨所在；但以句法而言，同一個「撫民」意思，在重複之中，卻正說反說順說逆說，錯綜其句法，以達複而不煩的效果，經此變化，「遂成清轉文字」。

又如昭公二十八年閻沒、女寬以進食而三嘆微諫魏獻子收賄事，馮李驊評其句法曰：

> 三嘆，兩項用明，一項用暗，變甚！活甚！(1872)

魏獻子問閻沒、女寬二人何以嘆，二人回答的句子有「恐其不足，是以嘆」、「（豈有不足）是以再嘆」、「畢願以小人之腹為君子之心」，故馮李驊稱前兩句明釋「嘆」字，最後一句改為暗釋，以收造句變化，文章活潑之效果。

又如襄公二十九年寫宋饑，平公出粟以貸大夫，馮李

驊評其句法曰：

> 連寫四「貸」字，生色。前後三「貸」字都在句尾，
> 中一「貸」字在句中，一變而三者皆活，此筆妙也。
> (1350)

這也是屬於「錯綜」[54]修辭法之一。王源評僖公三年齊侯歸
蔡姬一事，以字數之變化論《左傳》鍛句功夫：

> 十句文字，一句九字，七句二字，二句四字，共三
> 十一字，而文有七層轉轉摺摺，螺若瀠若，真蟻封
> 盤馬本事。(卷二，頁12上)

總之《左傳》雖歷述二百四十二年之事，卻仍照顧到句子
之靈動，透過顛倒、跳脫、換言、長短等各種手法，以求
句法變化不板滯。

二、鍊字法

（一）眼目法

「眼目」指文章關鍵，又稱文眼、句眼，鍊字精確，
可使文意了然，甚至將情節關鍵濃縮在字詞之間，王源、
方苞也以關鍵論《左傳》文法，如方苞認為晉楚鄢陵之戰

---

[54] 黃慶萱《修辭學》列出錯綜的情況有「故意抽換詞彙」、「交蹉語次」、
「伸縮文句」、「變化句式」等。

的眼目是「憂」字,他在「晉國之憂,可立俟也」句下,
批曰:

> 「憂」字乃一篇綱領。蓋欒書、郤至所欲禦者外患;
> 而范文子所欲弭者內憂。諸侯外畔,庶幾君臣內懼,
> 而憂可弭耳。(頁46)

馮李驊論眼目鍊字法之例如莊公十八年虢公、晉侯、
鄭伯使原莊公逆王后於陳。《左傳》書曰:「陳媯歸于京師,
實惠后。」馮李驊評其鍊字曰:

> 只著一「實」字而禍胎了然。(278)

蓋陳媯後來成為惠后,寵溺王子帶而有周室之亂,所以馮
李驊認為「實」字有「一字褒貶」之功力。又如評宣公十
五年「王孫蘇與召氏毛氏爭政,使王子捷殺召戴公及毛伯
衛,卒立召襄。」段云:

> 一「卒」字寫出王孫蘇究竟寡不敵眾,為下出奔伏
> 筆。(788)

一個「卒」字,既總結前文之鋪敘,又帶起之後情節之發
展,馮李驊對字詞之考究,由此可見一斑。

又如昭公二十七年寫楚費無極譖殺郤宛,費無極之所
以能得逞,乃因令尹子常「賄而信讒」,故《左傳》通篇寫
費無極利用令尹貪賄之弱點行其讒言,文末以「(鄢氏、費

氏專禍楚國）令尹盡信之矣。」作結，馮李驊評其鍊字云：

> 兩「信」字，首尾關目。(1854)

兩「信」字指篇首「信讒」與篇末「盡信」，除了以「信」
字作起結，就事件的演變而言，其源由於令尹「信讒」；就
文章脈絡而言，全文寫其信讒而使小人道長君子道消，所
以「信」字的確爲全篇眼目，具有貫串文章結構與文意脈
絡的功能。

又如前一節討論「正應與反應」時曾提到哀公十一年
齊魯郊之戰，馮李驊點出全篇眼目正在「不能」兩字：

> 一篇以「能不能」爲線索。前兩「不能」一屬二子，
> 一屬季孫；末以兩「能」字反應之。中段兩「不能」
> 正一篇眼目，其餘如樊遲「非不能」、「齊人不能師」，
> 以及孺子「能嘿」、「不如也」、「賢也」、「弱也」、「用
> 命也」、「不成丈夫也」，皆與「能不能」相映，如點
> 水蜻蜓，穿花蛺蝶也。(2089)

眼目在「不能」，故全文扣著這個主題趨去，經馮李驊提領，
脈絡全現。

（二）反覆

「反覆」又稱「複辭法」、「類疊法」（涵蓋範圍較大），

乃「將同一之字，前後交錯於各詞之中。」[55]重複本就有加
強印象的效果，同一字詞的反覆也是如此，不只能暗示讀
者文章焦點所在，又可收文意連綿生動之姿，如前述齊魯
郊之戰一文，一再重複「能」、「不能」兩個字詞，故馮李
驊稱其有如「點水蜻蜓，穿花蛺蝶」之輕靈。黃慶萱《修
辭學》就提到類字造成的效果之一，正是「造成語文輕快
空靈的節奏，使文義更加明暢，感受格外深刻。」[56]馮李驊
也提到反覆的功能有二，一是使文意透顯，二是使字詞奇
美，這段評論放在文公十五年齊侯伐曹一文之評點中。齊
因曹國朝魯而伐之，季文子評其無禮，馮李驊分析此段議
論之遣詞用字云：

> 「禮」字凡六，「天」字凡七，故意複疊。意以複而
> 透，詞以複而奇，然字字簡雋，豈無理只攻□者所
> 得而效顰也耶。(658)

又如宣公三年追記鄭穆公之生，馮李驊評曰：

> 記鄭穆公卒極尋常事，卻從他生之所以然直敘到死
> 之所以然，筆筆從蘭字生情，夢蘭、御蘭、徵蘭、
> 名蘭、刈蘭、連寫數蘭字，事奇而文妙，《左氏》慣
> 于極纖悉事寫得極風致有色澤，如此文真清麗之作
> 也。(706)

---

[55] 徐芹庭《修辭學發微》，頁 198。

本文一再反覆「蘭」字,不只為文章敷加香色,也有令人
嘖嘖稱奇的效果,所以馮李驊說本文是「事奇而文清麗」。
且透過單一個字的重複,而使文意連貫,文氣生動,這正
是馮李驊一貫探討鍊字的方法——由結構視點來考察,並不
只是就字論字而已。以王源所評比較,更能看出馮李驊論
鍊字時側重結構的特點,王源評此文曰:

> 杜氏曰:「傳言穆氏所以大興於鄭,天所啟也。」故
> 「天」字是主,「蘭」字是眼。(卷四,頁 12 下)

王源說「蘭」字是眼目,屬於文意功能;馮李驊注意到「蘭」
字的反覆出現,屬於結構分析,其評點風味之別大抵如此。

(三)整齊法

　　整齊法其實與馮李驊之篇章整齊論及句法駢儷論是一
貫的,效果皆是具有藝術形式對稱之美,同時兼收兩兩相
形的功能。例如桓公十七年日食,《左傳》解釋日官之職守,
馮李驊分析此段之用字云:

> 因「日食不書日」,亦連寫六「日」字,而字字整對,
> 筆法之變如此。(232～233)

本篇是利用整對的結構強化閱讀印象,「日官失職」一事,

因「日」字的重複與整齊相對，而仿若被一再提及。

文公四年魯文公宴衛寧武子，寧武子不辭又不答賦，面對行人之私問，寧武子引詩作解釋，馮李驊評此文之鍊字曰：

> 兩「宴」字對上「宴」字，一安在詩上，一安在詩下，只此倒換法，便自參差整齊轉變。(585)

就全篇篇法而言，馮李驊認為前段敘事與後段議論，因「宴」字之相對而整齊；而寧武子的答語中，又因「宴」字出現於詩之先後，亦有參差中見整齊之效。

又如昭公十九年，有龍鬥於鄭洧淵，馮李驊分析本篇字法云：

> 末句亦用一「也」字，與上單句相配。此敘與議鎔貫成文者，方令字字靈躍也。(1727)

馮李驊認為有些字詞的使用，是出於篇章對應整齊的要求，即使是收尾的虛字亦然。如此篇「乃止也」一句，是為了與前半篇「我鬥，龍不覷也」相配，前半篇的「也」用在議論，文末的「也」用來敘事，所以馮李驊認為，本來只要說「乃止」就可以了，但為了前後相配整齊，同時將議論與敘事融成一體，所以故意加個「也」字。由此例可以看出馮李驊對「整齊」結構的喜愛或重視，又可看出其賞析修辭之美，真正做到「逐句逐字讀」的地步。

（四）變化法

　　與句法相同，《左傳》於字詞之使用，也講究錯綜變化，王源也提到用字活變，文章才能靈活：

> 文欲靈活，段段欲靈，字字欲活。(卷一，頁 30 下)

故其評僖公三年齊侯歸蔡姬一文云：

> 安頓四「之」字，錯落盡致；一「也」字，蕩漾可愛。(卷二，頁 12 上)

　　馮李驊論《左傳》鍊字多變之例如僖公七年齊伐鄭，孔叔諫鄭伯當示弱以下齊，馮李驊評此段用字遣詞曰：

> 古人有言，首尾相映，而「競」、「病」、「強」、「弱」，「待我」、「待君」語語對待交互，「予取予求」、「女疵女容」字字轉換錯綜，一樣筆意，分之不必兩傷，合之則成雙美。 (375)

篇章重視整齊，則往往需兩兩駢對，如此篇為了強調「示弱」這個主題，須一再重複此意，此時若不在字句上作變化，則文意、文字兩皆重複，適成冗贅，為了避免此弊，故須有錯綜變化，而且「分之不必兩傷，合之則成雙美」。

　　此外，前述宣公十二年晉楚邲之戰，馮李驊對欒武子之議論，尚有評論曰：

> 「于」字只作虛字連下之筆，不必解作「曰」字。
> 上兩疊用「于」字，下兩疊便一用「以」字，一用
> 「曰」字，變換可見。(753～754)

這都是又要有重複的形式美，又不要有累贅的毛病，因而
在字面上稍加巧思。由此例再度看到馮李驊對《左傳》文
章修辭之美，可謂辨析毫末，即使細如虛字，都一一考究
其下筆之深意。

又成公十六年晉郤至獻楚捷而伐其功，馮李驊評「今
而明之」一句云：

> 「今而明之」，以死字作活字用，最佳。(954)

「明」本形容詞，有「明亮」、「明顯」之意，今轉化為動
詞，有「張揚」、「顯稱」之意，謂之「死字活用」，現代修
辭學稱為「轉品」，是變化字詞詞類屬性的修辭法。

又如襄公十一年鄭人賂晉侯段，馮李驊評其用字曰：

> 三項用三虛字作串，「以」字在首句，「凡」字在末
> 句，「及其」字在句中，變而不失其常法也。(1086)

全以虛字作句首，正可見《左傳》行文必有鍛鍊。此段文
字變化字面而不變句式，故謂「變而不失其常」。

由這些例子再次證明馮李驊之評點，的確非僅止於「知
其然」，而是能指出「所以然」。這也是《左繡》評點並非

印象式的評點，而是實際的、實用的、切實的文學批評。

三、以結構論字句

「以結構論字句」是馮李驊獨具之鍛句鍊字論——以文
章結構功能來論鍛句鍊字；亦即馮李驊認爲，《左傳》對於
文句或字詞之鍛鍊，並非只是藝術美之考量，主要反而是
在結構之貫串。這樣的看法與結構主義相合，楊義先生談
到敘事文特重結構，因爲：

> 敘事作品的落筆雖然從一字一句、一節一章開始，
> 但從落筆之時，就已經隱隱約約或頭頭是道地感覺
> 到，這一字一句、一節一章在全局中的位置、功能
> 和意味著什麼……對於整體結構而言，某句或者某
> 段話語處在此位置、而不處在彼位置，本身就是一
> 種功能和意義的標志（誌？），一種只憑其位置，不
> 需語言說明，而比起用語言說明更為重要的功能和
> 意義的標誌。善於讀書的人，當在這種語言形跡之
> 外去領會結構的匠心和結構所蘊藏的意義。[57]

也就是即使是短短一句話或小小一個字，都具有黏合全篇
結構或寄託通篇旨意之功能，因此論鍛句鍊字就不能不以
結構功能爲考量。由於不論對鍛句或鍊字之討論，馮李驊

---

[57] 《中國敘事學》，頁39。

皆有「以結構爲關照點」這個特色，故特立此節合論以凸
顯之。

　　如前述隱公十一年鄭伯使許大夫百里奉許叔以居許東
偏，使公孫獲處許西偏，馮李驊拈出此篇字詞前後相應之
處，並認爲這些字詞具有縮合章段以成足篇的功能：

> 東偏西偏分明兩對，而詳略變化，處處兩意往復，
> 兩「寡人」、兩「不能」、兩「無」、兩「我鄭國」、
> 兩「而既矣」，皆雙調也，而抑揚開闔使人不覺。前
> 以兩「乎」字起調，中間複一「乎」字，末又複一
> 「乎」字，便令章法遙遙呼應。是《左氏》極有結
> 構之文。　有四「乎」字句中，句句安一「許」字，
> 亦明告後人以作法矣。(161～162)

以「乎」字做提，以「乎」字做轉作結，可見其論字句，
非但審字面之精麗，而是以章法功能爲論，所以說「章法
遙遙呼應」。類似這樣的評論又如隱公十一年周取鄭田而終
失鄭一事，馮李驊評云：

> 四「邑」安在「田」字之上，十二「邑」安在「田」
> 字之下，一是句中，一是句尾，兩「鄭」字又恰作
> 中間交接，只兩語而順逆長短筆法變化可喜。　連
> 綴十二邑作一句而不覺其累墜，筆力橫絕人。(164)

說「作中間交接」，說「順逆長短筆法」，皆是以章法功能

來看字句之構造連屬。又如宣公二年趙盾驟諫晉靈公，馮李驊評曰：

> 「猶不改」三字束上，「宣子驟諫」四字轉下，字字
> 筋節。(697)

「束上」、「轉下」亦是側重字句在篇章中之角色而發論。
又如宣公十二年晉楚邲之戰，馮李驊對欒武子議論一段之
字句分析，也是以篇章結構功能來看：

> 「盟有日矣」通身關鍵，前文只點「六月」，此處點
> 一「日」字，下文便點出「乙卯」戰日，并後文「日
> 中」、「日入」、「夜」字、「昏」字、「宵」字都從此
> 而伏，精妙至此。(757～758)

言「關鍵」，言「伏應」，明顯地是以篇章結構論字句。
　　又如成公十一年華元合晉楚之成，馮李驊評其鍊字云：

> 一「矣」字拖下，以文貫事，即以敘為議之法也。
> 貫穿得此神理，乃活耳。(893)

這是評「聞楚人既許晉糴茷成，而使歸復命矣」一句，用
「矣」字，表示尚有下文，因而此字有貫串上半寫華元與
晉楚大夫善，及下半華元合成二國之事。同時又點出華元
因利乘便，故曰「以敘為議」。
　　又如成公十三年寫曹成公告罪且留子臧，馮李驊評其

句法曰：

> 一篇都用虛字作穿，以文貫事，敘法輕逸。(913～914)

以虛字貫穿文脈指的是「乃請討之」、「乃懼」、「乃反」三句，把這場事件的三個主要角色及其活動以「乃」字作聯絡照應，故謂之「以文貫事」。

又如成公十八年宋人以魚石等人復入彭城為憂，西鉏吾以「何也」開場，論楚國逞姦攜服，不會形成鄭之憂懼，馮李驊分析這段議論曰：

> 接口用兩虛字起，亦變調。恰為「若」字、「不然」字、「且」字數虛字作引，大奇大奇。　此等處，閱博之士必以吾言為織為鑿，然初學者于此留意，則鹵莽之失吾知免耳。(976)

「作引」就是「提」的部分，則後來的「若」、「不然」、「且」等虛字的派用，都是為了回應提頭的「何也」，馮李驊再一次強調鍛句鍊字其實正是謀篇安章。

又如襄公二年齊姜薨，穆姜使人擇美檟，卻欲留以自用，馮李驊評此篇之用字云：

> 「擇」字見費苦心，「美」字見非易得，「自為」見婦不養姑、君不烝畀，絕妙筆法，字字伏一篇之案。(987)

也就是說，用字遣詞不僅要考慮字詞本身之優美，尚要顧及表義之清楚，更須照應篇章結構，這就是為何馮李驊說「《左傳》須一氣讀，一氣讀方能徹其全神；又須逐字讀，逐字讀方能究其委曲。」[58]

又如昭公五年韓宣子如楚，楚子欲折辱之，薳啓疆於此有一番議論，馮李驊評曰：

> 起手一段，便作排句，度通體文勢而預為之稱也。
> (1520)

在馮李驊看來，偶對之句固然可收駢美之效，然殊非徒為現美而作，乃「度通體文勢而預為之稱也」，亦是放在謀篇視野之下考量。

以上諸例，王源及方苞皆未分析其鍛句鍊字。而馮李驊對《左傳》文字之賞析，並不重其聲律之鏗鏘、音韻之諧拗，或字詞之奇美絕類，而是關注所謂「字眼」、「句眼」——這個字詞句子放在全文中，對結構起著怎樣的作用？對文義之表達，效力強度如何？這正是《左繡》對《左傳》修辭分析最為特殊之處。與印象批評或感興式的讚嘆極為不同。

---

[58] 〈讀左卮言〉，頁 10 上。

第三節　小結

　　關於《左傳》修辭賞析之切入點，如篇章之提應、賓主、斷結、敘法、伏應，以及字句之簡錬、駢儷、錯綜變化等，在馮李驊之前或同時的王源、方苞也多少曾提及，所不同的是，就每一個單篇評點來比較，馮李驊的分析更為細膩，且有見人所未見之處；此外，馮李驊的評點尚有三個特點，一是以結構分析為評論基礎，二是評點本身極具層次，非散論者可比，三是舉證切實。

　　首先，透過結構掌握篇章旨意，能夠充分發揚《左傳》屬辭比事的敘述本質。方苞《左傳義法》也約略提及法與義之關係，方向則與馮李驊逆反，馮李驊認為由結構可見微意，故特重文法之剖析；方苞則以為法隨義轉，故云：

　　　　古人敘事或順或逆，或前或後，皆義之不得不然。(頁
　　　　9)

甚至有時得因義之講求而輕略文法，如：

　　　　此節（按：指城濮之戰一文中衛侯請盟事）於篇法
　　　　為駢枝，以《左傳》義兼釋經故也。(頁2)

至於王源，對結構分析多用於展現《左傳》文采之美，因此緊接在結構分析之後的，常是讚嘆語詞或比喻，偏重文章形式藝術之發揚以及對人物、事件之批評，較少進一步

討論這樣的結構是否別蘊深意，與馮李驊入手處不盡相同，方向、目的也有差異。

其次，《左繡》的評論很有層次，「先論全旨，次分大段，又次詳小節，又次析句調。」[59]故其評點綱舉目張，王源《左傳練要》則零散論來，或評人事，或論情節人物之賓主奇正，間雜對文章之欣賞讚嘆，而這些評論內容在各篇評點中出現次序並不統一；方苞《左傳義法》因評論較少，讀來次序感比起王源好些，但皆不能如《左繡》般，其評點本身就展現充分的結構性。

第三，馮李驊雖與王源等人一樣，能注意到文章之提應、變化種種文法，但馮李驊能於字句段落等結構之中，提舉證據，使其所論極為實際，符合「金針度人」的成書宗旨；而方苞的《左傳義法》，於法側重篇章大局，不能如馮李驊逐字逐句剖析；王源的評點，則仍難免感興式批評籠統含糊之弊。而且這些文法分析的背後認知，就是認為《左傳》是言有序的，甚且次序本身就「言有物」，所以說不論《左繡》與桐城派是否有淵源，都不能抹煞其為清代散文義法理論之具體呈現之事實。

此外，就接受美學的角度來看，這些篇章結構上的法式，並非由作者完成，而是在讀者與文本互動之中產生的。雖然馮李驊將其歸諸作者，屢言魯莽的讀者是見不著這些文法脈絡的；這句話以接受美學的角度來解釋，正是說這

---

[59] 〈讀左卮言〉，頁 2。

些文法並不存在於魯莽讀者的審美或理解之中，如此一來，恰好證成了「意義存在於讀者與文本的互動中」。馮李驊提到篇章結構不可輕忽之處有：

> 「二公子」凡點三遍，分在兩頭，總在中間，章法極整。又「二公子」名，前不點明，留于末後陪黔牟作類敘之筆，極小小處都有結搆在，奈何鹵莽讀之。(229)

> 下段「五大夫」、「蘇子」分頂上兩項，竟以奉子類伐王、伐周對說，章法前散後整，分之不覺其奇，合之愈見其妙，鹵莽者未免交臂失之耳。(282)

> 章法圓變之極，細尋之，脈縷一絲不亂，駕鴦繡出金針在，人自鹵莽，作者豈欺我哉？(452)

> 此史家筆削妙用，而又無斧對痕，若鹵莽讀去，全不見得耳。(492)

> 文故意將兩遘寒叔句納住起訖，蓋收應前文，是明修棧道；弔動下文，是暗渡陳倉。稍一鹵莽，即墮作者五里霧中矣。(550)

> 接口用兩虛字起，亦變調，恰為「若」字、「不然」字、「且」字數虛字作引，大奇大奇！ 此等處，閱博之士必以吾言為織為鑿，然初學者于此留意，則

> 鹵莽之失，吾知免耳。(976)

> 只此兩筆，賓主互用，輕重適勻，是何等精細，奈
> 何鹵莽讀之。(1254)

馮李驊意識到別人或許將以穿鑿附會評論他對結構的解
析，事實上，由「爲織爲鑿」一詞，正可看出文本意義會
因讀者不同而變動，變動的主要原因是讀者在將意義具體
化的過程中，受個人期待視野之侷限，從而對文本補白的
深廣度有不同所致。馮李驊喜歡說「意在言表」；寫在言表
的「意」都會模糊有歧義，更何況「意在言表」，則其意之
不確定性尤高，也因此，意義之具體化，須賴讀者補白的
空隙更大，這是接受美學的重要概念之一，由「意在言表」
更肯定了馮李驊參與《左傳》意義確立的事實。以下舉若
干例證以見其論：

> 先女後男，申繡明知此行夫人為主也，事未見端而
> 使人恍然言表。妙筆！(234)

> 妙于兩邊都不著斷語，卻轉將二公子閒閒評論一
> 番，而理勢之短長，自在言表。(247～248)

> 似此布置，揚中有抑，抑中有揚，因乎自然，並非
> 私意臧否，將詩詞微吟一過，真乃意在言表，虛圓
> 不滯，天生妙語作此文，妙結者矣。(386)

蓋言在此而意在彼,《左氏》錯經合異,往往有此。
讀者得之<u>筆墨之表</u>可也。(664)

厚責朝聘而薄責弒君,二事連書,晉霸之衰可睹矣。
兩兩相形,<u>意在言表</u>。(721)

鞌戰以忿兵而勝,不可為訓,故前篇敘事處處作反
刺之筆。然請賦分謗、殿車集事,到底師克在和,
此意亦不容盡沒,故又特詳此段,以別見之。然不
從郤伯敘起,而反將文子後入作領,見才所以寓。
<u>予奪于筆墨之表</u>耳已。(832)

明以三罪解經,卻隱隱以「內宮之朝」、「夫人之宮」
及「二慶之用」、「國氏之嗣」舉其實而傳之,而<u>讀
者自得之筆墨之表</u>。(971)

起手一行敘得輕脫,隱隱有「無信」二字在<u>筆墨之
表</u>,妙矣!(1015)

兩「追」字、一「執之」、一「貫臂」皆蓬大夫所謂
「雖奸庸愈者」也,而公之幸免,亦<u>在言表</u>矣。(1115)

<u>不言之言</u>,<u>意在言表</u>,作者以此說經,後人亦須以
此讀傳。(1220)

<u>其妙在字句之表</u>,細味乃得之耳。(1258)

「無瑕者可以戮人」，有賓句無主句，下文只說慶封
不肯從戮，而王之瑕在言表矣。妙筆！(1498)

又以齊之害形晉之衰也，皆意在言表。(1683)

言「予奪于筆墨之表」、「讀者自得之筆墨之表」、「不言之
言」，皆可看出批評實具有「創造」本質。附帶說明的是，
馮李驊強調由事件或結構之「連書」、「相形」可以得言外
之意，也因為秉持這種看法，所以他對《左傳》文本結構
之分析不餘遺力，這個批評論點，將於下一章討論。

　　義大利文藝理論家阿奎那提出「美的條件有三，第一，
完整性或全備性……第二，適當的勻稱與調和；第三，光
輝和色彩。」[60]馮李驊對篇章修辭所提出之「提應」、「斷結」、
「埋伏」、「牽上搭下」、「中間貫兩頭」等，正是重視篇章
的完整以及事件前因後果交代的完備與否；而「篇法、句
法、字法整齊論」則是注重文章之「勻稱」；篇法論「賓主」、
鍛句鍊字論「變化」，皆是注意到文章用字以及情節、人事
物的「調和」；其他論駢儷、簡鍊、反覆等，又是文章的「光
輝和色彩」。由此可見，馮李驊對《左傳》文章美之剖析，
完全照顧到美的三個元素，的確是面面俱到，剖析無遺了。

---

[60] 伍蠡甫《西方文論選──論現代各種主義及學派》，頁 149。

第六章 《左繡》對《左傳》
主題思想之揭示

　　由前一章之論述，可以看出《左傳》雖以編年記事成
書，但並非單純而客觀地直述史事或言論，至少在馮李驊
的認識中，《左傳》是經過「絕佳剪裁」的。而一曰「剪裁」
就涉及認知上的主觀，以及因文字並置、錯置等而碰撞出
來的「言外之意」。以接受美學角度來說，這些「言外之意」
不論是作者有意無意之「意」，都得在讀者連綴文字與文字
之間的空隙後形成，屬於讀者再創的主要部分。如若馮李
驊對《左傳》之研讀，只及於字面藝術之審美，固亦有其
聯想與創發，於閱讀之終極目的——理解，卻不可謂有極佳
之掌握。[1]然由前述《左繡》對《左傳》謀篇安章及字句關
鍵之考求，可以嗅出其中具有強烈「屬辭比事」之概念。
以下先論「敘事之『屬辭比事』本質」，再分「以情節結構
揭示主題思想」、「以字句關鍵揭示主題思想」兩節，展現

---

[1] 當然此處之「極佳」非以一外在客觀標準來衡量，而是就一個批評家
之本質來律定，批評家若只停留在字面欣賞，是不求甚解之欣賞者耳，
未盡「求其所以然」之批評責任，以是批評之佳不佳，由其本身職責
之完成與否論定。

馮李驊對《左傳》主題思想之體悟。

第一節　敘事的本質

　　「敘事」又稱「敘述」,「就是作者通過講故事的方式把人生經驗的本質和意義傳示給他人。」[2]「任何敘事文都要告訴讀者,某一事件從某一點開始,經過一道規定的時間流程,而到某一點結束……雖然人生經驗的本質和意義歸納在敘事文的體式當中,但敘事文並不直接去描繪人生的本質,而以『傳』(transmission)事為主要目標,告訴讀者某一事件如何在時間中流過,從而展現它的起訖和轉折。」[3]從這個定義可以很明顯察覺到史著與敘事幾近完全重疊,史著也具有「講故事」兼傳遞「經驗意義」(史論)的本質,因此早在漢代許慎就把它跟記事並說:

　　　史,記事者也。[4]

許慎觀察到「史」具有敘事的內容──事;但可能尚未注意到敘事的另一個重點──敘。因為若要嚴格區分,「記」與「敘」的差別正在講故事時的「次序」問題。敘事的經緯分別是材料與組織方法,亦即內容與修辭;而修辭,始於

---

[2] 浦安迪《中國敘事學》,頁 5～6。
[3] 同上註,頁 6～7。
[4] 《說文解字》三篇(下),頁 20 下。

組織材料時對次序的考量,「藝術的基本性質是由秩序概念
確定的,藝術的目標相當於任何創造秩序的活動的目標。」
⁵《禮記‧經解》篇或許正是以此理念來看待《春秋》這本
帶有史著性質的經書:

> 屬辭比事,《春秋》教也。

> 屬辭比事而不亂,深於《春秋》者也。

關於「屬辭比事」的定義,鄭玄、孔穎達皆以「春秋大義」
——亦即「褒貶」說之,鄭玄注云:

> 屬,猶合也。《春秋》多記諸侯朝聘會同,有相接之
> 辭,罪辯之事。

孔穎達疏云:

> 屬,合也;比,近也。《春秋》聚合會同之辭,是屬
> 辭;比次褒貶之事,是比事也。⁶

其實撇開「春秋教也」的經學籠罩,來看「屬辭比事」之
意涵,正可得敘事文學之本質,清莊有可《禮記集說》註
解其義云:

---

⁵ (比)J. M. 布洛克曼(Jan M. Broekman)著,李幼蒸譯,《結構主義》,
  頁 135。
⁶ 鄭注、孔疏皆見《禮記註疏‧經解二十六》。

屬，聯合也；比，比次也。因其詞之異同而比例其
事之是非也。[7]

因此，事實上，「屬辭比事」就是「對文字材料之安排，而
在文字安排中同時存放意義。」此固源於說《春秋》，[8]但由
上一章之解析，不難看出《左傳》亦深得其致，蓋因「歷
史敘述中總是有情節，也就是說，歷史敘述和藝術敘述一
樣，對底本──真實的歷史──進行加工、調節、選擇、刪
略，最後形成的是符合作者的道德價值與文化意識形態的
一個情節。」[9]因此，對《左傳》之掌握若只及於「辭」之
審美，而不見其「屬」、「比」次序間之深意，「就像百年佳
釀，處理不當，逸失其香氣，而留其糟粕。……我們能發
見屬辭比事的精彩處，才能領略左氏的言外之旨，而後深
知孔子春秋之教，了解其經學價值；也才能深入欣賞它的
藝術成就，更肯定其文學地位與價值。」[10]然而根據王靖宇
先生之研究，論《左傳》之文者，大部分只及於「辭與事」
之欣賞而未能探討其中之意義：

---

[7] 卷二十六，頁 1097。
[8] 張高評先生歸納諸家說法云：「所謂屬辭者，聚合其上文下文之辭；比
事者，連比其相類相反之事。其大者，合二百四十二年之事而比觀之；
其小者，合數十年之事而比觀之；或捨大論細，或彼此相形，或前後
相絜，或並敘類及，或側筆見義，或微婉顯晦；凡此，皆屬辭比事之
書法。」（〈方苞義法與《春秋》書法〉，頁 243。收於《清代經學國
際研討會論文集》，頁 215～246）
[9] 趙毅衡《當說者被說的時候──比較敘述學導論》，頁 207。
[10] 簡師宗梧《鎔裁文史的經典──左傳》，頁 176。

綜觀前人談《左傳》文藝欣賞，有一特色，就是他
們絕大多數是「文章」而不是敘事文來看待的。他
們談《左傳》中的煉字造句和總體結構，而對於書
中的敘事過程或輕描淡寫地帶過，或未曾論及……
（《左傳》）固然可以說是文章，是散文，但更重要
的，它還是敘事文。敘事是一種程序，我們必須同
時捕捉事件演變的意義，才能真正欣賞敘事文的藝
術魅力。[11]

《左繡》對《左傳》之讀解，如第四章所述，的確是宣稱
「把《左傳》當作『文章』」，故而在結構及字句的鍛鍊上百
般翻攪搜索；但卻從無不把《左傳》當作「敘事文來看待」，
也就不會有「對於書中的敘事過程或輕描淡寫地帶過，或
未曾論及」之弊，它對結構及字句之講求，只是起手，落
下的正在「捕捉事件演變的意義」上。正因馮李驊看出《左
傳》不論是否為經傳，不論是否單純為史著，都不泯其敘
述文學之本質，而敘述文學之特點，正在其形式中亦寄有
思想，有些作品甚至將思想全寓於形式中：

敘述形式對於敘述作品的意義來說，決不是一個外
加的、輔助性的因素，敘述從來不會讓內容單獨承
擔傳達作品意義的任務……有時甚至超過內容中可
能發掘的意義……說故事的方式，與意識型態必然

---

[11] 〈怎樣閱讀中國敘事文——從《左傳》文藝欣賞談起〉，頁1~3。

有密切關係。[12]

楊義先生稱此為「雙構思維」，並且認為文學批評若少了這一個視角，就會「知其然而不知其所以然」：

> 中國人思維方式的雙構性（道與技的雙構思維），也深刻地影響了敘事作品結構的雙重性。它們以結構之技呼應著結構之道；以結構之形暗示著結構之神……以顯層的技巧結構蘊含著深層的哲理性結構，反過來又以深層的哲理性結構貫通著顯層的技巧性結構……讀中國敘事作品……是不能忽視哲理性結構和技巧性結構相互呼應的雙重構成的。不然，就會只知其然而不知其所以然。[13]

「知其然不知其所以然」一語恰可用來說明馮李驊之評點異於王源之處。王源亦欣賞《左傳》文采，也標舉「論文」作為其閱讀之期待視野，但評點結果仍有大量印象式「只知其然」的批評，與馮李驊甚異其趣。其間差別正在於馮李驊極重結構修辭之分析，並且將分析所得與篇章思想主題綰合，使結構技巧與深層哲理相呼應，故而能說明「其所以然」。在〈讀左巵言〉中，馮李驊一再申明此點：

> 《傳》中議論之精，辭令之雋，都經妙手刪潤，然

---

[12] 趙毅衡前揭書，頁 244。
[13] 《中國敘事學》，頁 51～52。

尚有底本，至敘事全由自己剪裁。[14]

載道者謂之文，文亦道之所寄。[15]

「底本」與剪裁後之「敘事本」，其別就在傳述者加進去的
論斷，這裡所謂的「加進去」未必以改變文本的樣態存在，
有時它是敘述時的順序，有時它是敘述時的表情口氣，有
時它是敘述時刻意的停頓或滑過，故曰「全由自己剪裁」，
這樣的文本因已「載道」，[16]才叫「文」，否則只是原料罷了，
不能成為閱讀之文本。因此，「剪裁」就幾乎超越材料本身，
成了締造意義的關鍵：

> 應當說，結構不是敘述藝術本身的內在要求，而是
> 敘述藝術做為人類交際工具的社會功能的要求，是
> 推動敘述中的情節起承轉合的力量，是展現一定的
> 價值觀，而結局就是價值判斷。[17]

在這種對敘述本質的掌握下，馮李驊如何透過對結構的分
析，進一步深探《左傳》思想之驪珠呢？以下分別「以情
節結構揭示主題思想」與「以字句關鍵勾勒主題思想」兩
個角度來討論。

---

[14] 〈讀左卮言〉，頁 3～4。
[15] 同上註，頁 1。
[16] 「道」者，意義、意涵也。
[17] 趙毅衡前揭書，頁 174。

第二節　以情節結構揭示主題思想

　　楊義先生《中國敘事學》提出敘事的結構要素有三：順序、聯結與對比。以下就以此三元素，探討馮李驊如何在結構的順序、聯結以及對比等技巧中揭示文本之「哲理性結構」，亦即主題思想。

一、由結構之順序揭示主題思想

　　「敘事作品的眾多片斷在素材形態的時候，是東鱗西爪、零散雜亂的。順序性要素的介入，於無序中尋找有序，賦予紊亂的片斷以位置、層次和意義。結構之所以爲結構，就在於它給人物故事以特定形式的時間和空間的安排，使各種敘事成分在某種秩序中獲得恰如其分的編排配置。因此順序性要素，是結構得以成形的要素。」[18]桐城派以義法說論古文，強調「言有序及言有物」，也是將次序看成文章元素之一，因爲「敘事有先後，抒情有跌宕，只有依據一定的藝術秩序，文字才能表達特定的情感，描述生動的形象，寄寓內在的意蘊，才能構成一個文本完美的藝術機體。」[19]前一章討論《左繡》對《左傳》結構修辭之分析，歸納出「倒提」、「順應」、「預敘」、「插敘」……等，皆有以見馮李驊對結構順序之看重。以下舉數例以見馮李驊如何由分

---

[18] 楊義《中國敘事學》，頁 66。

析情節結構之順序（法之掌握），揭示文本之主題思想（義之取得）。

　　《左傳》好奇嗜誕，因之而來的譏評，自晉范寧「其失也巫」[20]以下，一直成為揮之不去的陰影，經學家謂其背離《春秋》大義，史學家謂其失去史著紀實之特質，馮李驊則以「屬辭比事」觀點來看，認定情節結構具有揭示主題思想之功能，

> 《左氏》好奇，每每描寫鬼神妖夢怪異之事，如登僕見巫篇，凡寫兩遍；二豎大厲篇，凡寫三遍；鄭瞞凡寫五遍；伯有妙于突起；蛇鬥妙于插入；陸渾妙于倒煞，須識其誕戲皆有筆法，故不墮齊諧惡道中。[21]

馮李驊說這些記事，表象是「誕戲」，然篇章安排個個不同，與這些誕戲所屬之上下文、與這些誕戲所比之上下事件皆有異，故閱讀時應當由其筆法之前後聯絡比合而觀，以原始要終，沿波討原，才不會墮入齊諧惡道。在馮李驊舉出的例證中，「蛇鬥」、「伯有」、「陸渾」三篇的評點，皆是透過結構順序而得主題思想，茲論述於下。

　　莊公十四年寫鄭厲公入國誅貳，卻追敘六年前有蛇鬥於鄭南門之事，馮李驊總評曰：

---

[19] 曹明海《文學解讀學導論》，頁153。
[20] 《春秋穀梁傳集解・序》。
[21] 〈讀左卮言〉，頁6下。

> 此夾敘法也,本敘鄭厲入國誅貳,從傅瑕引入原繁,
> 《左氏》好奇,便敘入蛇妖一案,令文字另換一番
> 色澤。然安在篇首,即不見其妙,妙在正敘事間,
> 忽然夾入,篇法遂有橫雲斷嶺之奇。(269)

其意以為,在敘事中插入蛇鬥情節,就文章表現而言,有
「另換色澤」、「橫雲斷嶺」之美學效果,問題是,為何要
截斷文章敘事之流暢呢?為何截斷於此而不是在他處呢?
馮李驊接著分析文章結構線索曰:

> 前段凡寫四「妖」字、四「人」字;後段凡寫兩「二
> 心」、四「貳」字,以複為奇,筆意亦兩兩相配也。
> (269)

> 連寫「妖」字有意取鬧,屬突,君之妖也;瑕、繁,
> 臣之妖也。關照在有意無意之間。(269)

所謂「前段」指申繻之議論,「後段」指厲公與原繁之對話;
原來蛇鬥之情節插敘於此,一以引出申繻「人無釁焉,妖
不自作」之評論,若少了此段神異情節,則申繻之議論無
從安置。二是藉以反諷厲公與傅瑕、原繁皆非善類。反諷
的證據除了申繻「妖」與「人」等字眼之對應,與後段原
繁「社稷有主而外其心,其何貳如之」、「苟主社稷,國內
之民其誰不為臣」等語也有照應:

> 「外」字、「內」字與「外蛇」、「內蛇」相映，此照
> 應一定之法，非穿鑿也，在有意無意間，則用筆之
> 輕耳。(270)

綜合此四段評點，方知記錄蛇鬥一事，並不純因《左氏》
尚奇，而是有結構上的功能；透過此節之夾入，以下情節
的安頓才平順；而若置於篇首，則會模糊了「鄭厲公入國」
的主要事件，情節也將平鋪直下，無轉折之致，因此插敘
於主要事件之後，做為以下文字照應之基地，每一層回應，
都帶出一層意思，先是由申繻一層看出「以妖為諷」；後是
由原繁內外之論，看出鄭國新舊君王位之爭。亦即由此節
之插敘，馮李驊見到「鄭國篡逆之亂」這個主題。王源分
析此篇結構曰：

> 前借蛇鬥起峰巒，後以原繁為襯貼。(卷一，頁 34 下)

對蛇鬥一節的結構功能與馮李驊類似，但所論過於簡略，
只能點出效果，而不能詳述產生效果之原委。至於篇旨，
王源則曰：

> 其實序傳瑕之貳耳。傳瑕之貳，厲公所由入也。(卷
> 一，頁 34 下～35 上)

忽略了申繻一節的反諷功能，將貶斥焦點只放在傳瑕，而
不及原繁與厲公。姜炳璋評此篇主旨，看法與馮李驊相似，

其評曰：

> 突殺瑕而不得謂討賊者，突亦篡兄之賊，且瑕之弒，
> 突使之也。(卷五，頁 327)

王、姜皆直揭文意，對結構之分析不足或根本沒有，因此
有「知其然」之發現，而少了「所以然」之追溯，當然，
也不能對《左傳》詳記鬼怪之風格提出合理解釋。

又如昭公七年記鄭伯有之鬼魂驚擾國人，以及子產論
鬼等事，馮李驊評曰：

> 此篇先敘後議，敘處極其奇特，議處極其精微，通
> 體似以前奇後偶立格。然公孫洩只是陪客，故敘議
> 皆只輕寫，而首尾全重伯有也，乃其理則互相發矣。
> (1553)

「敘」處之奇特在於突提，全篇以「鄭人相驚以伯有」起，
此句亦有夾批曰：

> 突如而起，書縫中竟有一伯有活跳出來，是為□神
> 之筆。(1552‧L7)

分析至此，談的是結構順序引起的藝術效果，而這種敘事
順序，對主題思想之呈現有何幫助呢？《左傳》在「鄭人
相驚以伯有」後，承以國人奇夢及惶懼，補充說明鄭人如
何「相驚」，以及由「驚」而「益懼」而「愈懼」的混亂情

況，終引出子產立良止、公孫洩及論鬼等事，故此段之功能在爲「立洩」、「論鬼」鋪背景，馮李驊云：

> 起句乃是國人愈懼下文字，然移之于後而以或夢從頭順敘，則同此數語，而一奇一庸，不啻霄壤。文章死生只於落筆爭先後也。(1553～1554)

鋪立背景卻說兩回，可見文意焦距在「伯有」身上，故馮李驊在總評就說立公孫洩只是「輕寫」，真正重心仍在伯有，亦即子產解釋立公孫洩是爲了「取媚立信於民」一段是過場文字，本篇真正主旨在於論鬼一段。而論鬼一段，表面論鬼，實則論伯有家族權勢傾鄭，證據在於趙景子問「伯有猶能爲鬼乎」，以下子產論鬼全扣著「能」字而來，先泛說「用物精多則魂魄強」，再一一證明伯有「用物精多」：爲「我先君穆公之胄，子良之孫，子耳之子」，故「從政三世矣」、「用物也弘矣」、「取精也多矣」、「所馮厚矣」，所以「強死能爲鬼」。馮李驊於這段文字旁一一標注「一」、「二」、「三」，最末夾批曰：

> （三處）應起「能」字，然得有力。(1555・L8)

可見重點不在「爲鬼」，而在何以「能」爲鬼，由伯有「能爲鬼」之中，直照其族在鄭國「權勢、用物、取精」之弘大，故眉批云：

> 連寫四「之」字，三「其」字，四「矣」字，筆氣
> 與起手一段相配，此照應之以神不以形者。(1555)

> 一篇說鬼文字，前半處置何等合宜，後半註解何等
> 明白，不作模糊紐捏見識。(1555)

> 前云「鬼有所歸乃不為厲」，至所以為鬼者，尚未說
> 破，故須此處透發始足。(1555)

第一則以文字之重複，抉出文意關注所在，以這一小段回
看篇首，更明白本篇主角是「伯有」，是伯有背後所代表的
強族亂政。第二則「後半註解何等明白」點出此段議論才
是文意重心，故須闡發明白。第三則「說破」、「透發」等
用語，更點明此篇微言大義須由此處發掘。總之，馮李驊
認為本篇突提伯有為鬼之事，正為了凸顯文章意義在後來
子產論鬼之議論中，而子產之說鬼，實是說鄭國大族之強
勢。故此篇一以顯示子產治鄭之難，由此又進一步益見子
產之治才。難怪馮李驊於〈讀左巵言〉中說「《左傳》大抵
前半出色寫一管仲，後半出色寫一子產。」[22]姜炳璋的評論
則全在立公孫洩與良止一事之妥不妥當以及子產鬼論之鑿
鑿可憑上，是論事的批評，文長不錄。

又如昭公十七年晉滅陸渾之戎，馮李驊評曰：

---

[22] 頁8下。

傳荀吳滅陸渾事，卻不從宣子夢授陸渾敘入，開開
寫一屠蒯請祭，萇弘警備于前，而獻俘應夢，輕輕
倒作掉尾，極變化有致也。

伐戎人事也，而以鬼事始終之，文即因之成章法矣。
(1703)

馮李驊認為本篇看似寫滅陸渾，實則諷晉之無周，故先寫
請祭之詐，再由萇弘口中點破，篇末更以一夢凸顯篇首請
祭之欺君，所以夢授陸渾一節雖置最末，卻有提起篇旨之
功能，故馮李驊又於此段旁密密加圈，以示文章關鍵所在。
[23]姜炳璋對本篇主旨之掌握與馮李驊相同，其評曰：

大書晉侯使屠蒯如周，又云荀吳帥師，讀者以是役
為晉侯、荀吳為之，及讀至一結，乃知韓起主之也。
(卷三十九，頁 1802～1803)

由上述三個例證可以看出，當他人認為《左傳》「其失也巫」
時，馮李驊卻能由結構找出這些神異記事背後隱含的深
意，不只洗刷《左傳》冤屈，甚且可由此看出《左傳》「屬
辭比事」的敘事文學特長，一翻而將所短變為所長，謂之
為《左傳》功臣，的確不為過。

---

[23] 〈刻左例言〉：「其于線索關鍵、詞意警妙處或〜或◎或。。。。或、、、、、
各就本篇照應，不拘一律。」（頁 2 上）

二、由結構之聯結揭示主題思想

敘事元素之二爲「聯結」，聯結是「兩個（敘事）部分間的連接、轉折、推移、過渡，是結構中極爲充滿活性的地方。」[24]前一章提到的「埋伏」、「兩大筆訣」、「斷結」等，正是馮李驊對結構聯結之探討。就前述〈讀左卮言〉提到的例子中，「鄋瞞」、「二豎大厲」兩篇之評點，就是透過結構之聯結以求文義，分述如下。

文公十一年記叔孫得臣敗狄而滅鄋瞞，馮李驊評曰：

> 此編乃類敘法也，因敘新事，直追敘舊事，又倒摯後事，重敘前事。敘其人則用整齊法，敘其事則用參差法，而五人五事，凡三點「鄋瞞伐我、伐宋、伐齊」，一主二賓，段落明整。末以一句作收，不過分提摠結，而聯終映帶，奇麗天成。似此結搆，固《史》、《漢》諸公所寢食以之者已。(625)

本篇類敘許多征伐，有鄋瞞侵齊（文公十一年）、鄋瞞伐魯（文公十一年）、鄋瞞伐宋（宋武公之世）、晉滅潞（宣公十五年）、鄋瞞伐齊（齊襄公二年），其間又歷記鄋瞞某人爲某國所獲，諸事有順敘、追敘、重敘，線頭多端而不亂，故馮李驊在總評已揭示本篇「聯終映帶，奇麗天成」，於文句旁亦以細密分明的符號，標出結構線索。如本篇主旨是

---

[24] 楊義《中國敘事學》，頁 71。

記鄋瞞之滅種，故於「鄋瞞侵齊」、「遂伐我」、「鄋瞞伐宋」、
「鄋瞞由是遂亡」等句旁分別標以「、、、」、「＼＼＼」、
「、、、」、「＼＼＼」，表示這條線索是主軸，而主軸之中
又有賓（、、、）主（＼＼＼）之別，而於「獲某某」等
句旁標以「、、、」，於「埋某人之首」等句旁標以「。。。」
將不同論述單元中相同的部分聯結起來，而鄋瞞之亡，就
此浮現。除了評點符號的使用，馮李驊於眉批也交代各節
之間的照應聯絡：

> 首段名門、命子，兩事見奇；中段則「豹門」句順
> 對「以命宣伯」；末段則「埋首」句倒應「子駒之門」，
> 合之便是一頭兩腳章法，而敘一事反用多筆，敘三
> 事反用少筆，以參差為整齊，必如此章法乃勻也。
> (625～626)

原本諸征伐事並不相干，但連類而敘，必有其因，馮李驊
由結構上之聯綴呼應，抉出「鄋瞞亡種」這個主題，而鄋
瞞之亡，又賴叔孫得臣此次之討，故馮李驊稱此為主，其
他附敘為賓。證據就如眉批所舉，後兩次征伐皆在文字上
照應第一段，攏聚主題的用意至顯。王源也讀出此篇敘事
穿插錯綜之妙，但一不能提出何以稱妙，二不能進一步解
釋這種結構有何背後之用意，茲全錄其評點，以見何以說
王源雖亦分析結構，卻仍是印象式批評：

> 頭緒愈多，文愈妙，蓋多則錯綜顛倒分合穿插種種

> 妙法俱可施展；若頭緒無多，便須分外生情，起鑪
> 做灶，所以多多愈善也。此傳敘僑如一人，連類以
> 及緣斯，又連類以及焚如，又連類以及榮如、簡如，
> 而或先或後，或略或詳，或分敘或合敘，層層疊嶂，
> 崢嶸偪人。

> 敘事之法，切不可前者前，中者中，後者後，若前
> 者前之，中者中之，後者後之，印板耳，如生理何？
> 唯中者前之，後者前之，前者中之、後之，使人觀
> 其首，乃身乃尾，觀其身與尾，乃首乃身，如靈蛇
> 騰霧，首尾都無定處，然後方能活潑潑也。

> 緣斯榮如、簡如之獲，在僑如之先；焚如之獲，在
> 其後，「郤犫由是遂亡」非結榮如、簡如，並非結僑
> 如，蓋總結之，而實以結焚如耳，乃焚如卻序於中，
> 蓋後者中知之法也。(卷三，頁 36)

首先，在第一段評點中，王源注意到此篇連類而敘的組織
特色及效果，故稱「層層疊嶂，崢嶸偪人」，但未能提出連
綴各段的方法；其次，第二段評點由此篇敘事特色泛論謀
篇安章之技巧，而以「如靈蛇騰霧，首尾都無定處」為指
標；最後一段評點看似指出本篇主旨——「郤犫由是遂亡」
為總結，但又說「實以結焚如耳」，又失了準頭。由此篇評
點可以充分看出王源與馮李驊評點雖皆有結構分析的部
分，但其間之切實程度相差頗大，從而對篇旨之掌握也有

模糊與肯定之別。至於姜炳璋於此篇之評點，眉批處多引
馮李驊之語，文後總評則曰：

> 傳蓋大得臣之功也。狄當齊桓之世，滅衛入邢，莫
> 敢誰何，至此幸鄋瞞入侵齊魯大敗，遂以不振。于
> 是述先後見獲顚末，以見狄倚鄋瞞爲用，鄋瞞倚長
> 狄而強，擾中國非一次，見獲非一人，而歸結于鹹，
> 皆所以大鹹之功也。(卷十五，頁 758)

姜評正是簡括馮李驊諸評而來，而若非馮李驊對結構聯結
之比對抽絲，「大得臣之功」這個主題思想並不能由文字字
面索得，可見情節結構之聯結，的確寓有深意。

又如成公十年寫晉景公之卒，《左傳》共錄三夢：晉侯
夢大厲、晉侯夢疾化爲二豎、小臣夢負晉侯登天，馮李驊
評曰：

> 此亦類敍格也。《左氏》好奇，因夢奇，遂以夢成章，
> 然剪裁貫串，段段有法。始也，因夢而病，繼復病
> 變爲夢，末更附以因夢而死者。妙以巫醫穿插生色，
> 巫則「食新」、「獻麥」，呼應在兩頭；醫則複筆，呼
> 應在中間，而二豎與大厲相映，小臣負公登天，又
> 與壞門請帝相映，事幻而文更奇。(886)

總評處先勾勒全篇聯結以見脈絡，但除了「事幻文奇」之
效果，《左傳》在挑選材料及安排材料上，有無深意呢？馮

李驎續評曰：

> 一篇凡三寫夢兆，看來以中段為主。夢不可知，而
> 醫實有理，前一夢是引筆，末一夢是帶筆，搆局最
> 輕重有法。 大厲之夢，以懼心感之；桑田之夢，
> 以邪心感之；登天之夢，以貪心感之；二豎之夢，
> 則真吾之精神為之，故曰疾為二豎子也。(886～887)

> 以人而論，則巫賤而醫貴；以理而論，則巫短而醫
> 長，故巫言如夢，醫言亦如夢，而詳略迴別，以醫
> 當禮而巫可殺也。小臣則因其夢而用之，亦如其人
> 而用之，斯已矣。傳虛幻事，亦煞有針線，豈比痴
> 人酋（猶）說夢耶？ 相其體製，分明以巫兜裏醫
> 事在中，而以「登天」、「請帝」首尾相映成章法，
> 如花之有菡萏也。類敘賓主，唯此最整而圓矣。 中
> 一段句句前後相應，自成生（片）段，不欲落稗官
> 家數也。(886～887)

馮李驎認為三夢以「疾化為二豎」一夢為主，故詳寫求醫、
禮醫，並在文字上「句句前後相應」。亦即本篇表面寫景公
之死，事實上是寫景公之疾；而寫景公之疾，事實上又是
寫其致疾之「懼」、「邪」，並以小臣之「貪」作映襯，以三
夢或直接或間接評定晉侯一生。姜炳璋之評論大抵相同：

> 景公誤聽婦人讒言殺其世臣趙氏，其心必有怵然不

> 安者,故常有懼心……懼心益甚,故心之靈爽夢幻
> 大屬,及聞巫言,貪生畏死,幢幢往來……故尸居
> 餘氣,夢幻二豎……傳述其殺桑巫稔惡于終;殺小
> 臣遺禍于後……氣昏力惰鬼神乘之,安能繼文襄之
> 業乎?(卷二十一,頁 1026～1027)

馮李驊以「夢不可知,醫實有理」點破通篇奇夢之迷障,
而以結構之聯絡照應,抓出醫與疾之主題,則三夢是表,
夢境背後所代表的景公心性才是主題。姜評前半以懼心為
論,頗能觸及核心,卻以「鬼神乘之」為結語,反落入馮
李驊所說之「稗官家數」。王源更是未能觸及一二,其評曰:

> 晉侯以夢得疾,疾而死,因序其一夢再夢,奇矣;襯
> 以巫醫,又奇,托序小臣亦以夢死,更奇。官官荒誕,
> 陰風颯起,讀者毛髮俱豎。(卷五,頁 6 下～7 上)

說「晉侯以夢得疾」完全停留在文本字面意義,甚至可說
與文意悖反,可見能不能掌握結構線索,對文意了解的深
度有時天差地別。

由結構之聯結以挖掘微旨之例,尚如襄公二十九年季
札聘上國,馮李驊批曰:

> 此篇與秦晉麻隧之戰同一創格,彼于敘戰前先著絕
> 秦一大篇文字,此于敘聘前亦先著觀樂一大篇文
> 字,而兩文格調又極相似,然彼處絕秦直起作一引,

而後只單敘一戰便畢；此于觀樂前先作一引，而後
歷敘諸聘，首尾包絡章法尤完。 「觀樂」、「歷聘」
蓋合「絕秦」、「出亡」兩文章法為一，自然異樣雄
奇。(1355)

此段評論釐析季札出聘一大長篇文字，以「觀樂」與「歷
聘」爲兩大主題，且以聘事爲重點。季札出聘，聘於何？
雖說「歷聘諸國」，對欲「通嗣君」的吳公子身分而言，實
聘於周朝也，故「觀樂」一節就以「周」字做經，以「德」
字做緯，把零零碎碎的觀樂感言串接起來，馮李驊評曰：

> 請觀周樂，看他處處點入「周」字處，可悟顧母之
> 法。 通篇以「德」字為線索，尤立論大處，無此
> 線索，則文意渙而不屬矣。其點「周」字，亦非信
> 手亂下，首三節于〈王風〉點入，次三節于〈豳風〉
> 點入，恰以「周之東乎」，「周公之東乎」相對；末
> 五節于〈秦風〉點入，「其周之舊乎」點在起處，與
> 上點在各段之末者又別；一是周之東，一是周之盛，
> 一是周之繼，恰好前偶後奇，兩逆一順為章法。後
> 于〈雅〉、〈頌〉節，點一「周」字，于五舞節，亦
> 點一「周」字，點法極整極勻，細密之至也。 其
> 點「德」字亦勻審有法，于〈風〉凡三點，前奇後
> 偶；于〈雅〉、〈頌〉亦三點，前偶後奇；于舞凡四
> 點，前單後複，處處有意，此等皆當細尋。人旦以

> 為瑣鑿而忽之矣。　五舞十三歌，都節節有配搭，
> 旁批詳之，總要初學細心，非敢以此束縛閎博之士
> 也。(1357～1359)

本篇眉批極繁，多以章法之變換為說，以上但舉首尾兩段
略觀之。馮李驊認為季札來聘上國，遇多少人多少事，故
以筆法之變化，對稱其觀上國禮樂與交接人事之繽紛也，
然七寶樓台串以「周德」一意，則不至於拆開來不成片段，
此亦敘事結構與敘事主題之相副也。而「歷聘」一節，旨
在寫季札藉著出聘以觀各國之政，故篇章結構就以「政」
字貫穿各國、眾大夫以及諸般辭令：

> 前後四段都以「政」作線索，猶觀樂之以「德」作
> 線索也。文未有無線索而成片段者。　俞云：「樂以
> 觀德，故每以『德』字貫；聘以觀政，故每以『政』
> 字貫，甚明。」(1364)

總之，就此長篇而言，馮李驊由文字之一再出現，找出結
構之聯結，再由此揭示章段之主題思想，可謂以簡御繁，
提綱挈領。王源於此篇則評曰：

> 論人中又有多少參差，又與論樂映帶，映帶者固映
> 帶，參差者亦映帶也。此種情文，鮮人領會，然則
> 截去首尾，單讀論樂一段者，蒙在不識字之下，而
> 罪在不讀書上矣。(卷七，頁23)

一再強調篇章結構之完整,即馮李驊所言之「合則兩美,離則兩傷」;也提及結構與文義之前後「映帶」,可惜未能如馮李驊呈現具體證據。姜炳璋對結構之評論與王、馮二人相同:

> 篇中(按:指觀樂一篇)一片游移宕往之神,以為歷聘作引起之勢而下,而歷聘之國先在評論中。(卷三十一,頁 1468)

而且也揭示「德」字做為篇旨:

> 《傳》於興衰交關處,必有一篇大文牢籠後來全局……又錄此篇已見德必如舜,風俗必如堯,功必如禹如湯武,而後可稱,若瑣瑣霸功,當時赫奕,久之日就陵夷……此《春秋》大旨歸處。 聞樂而知「德」,故前半以「德」為主;入國而知政,故後半以「政」為主。(卷三十一,頁 1473)

姜炳璋與王源一樣「言其然」,但並不特別舉證結構上的脈絡聯結以證「其所以然」。凡此皆可看出馮李驊評點與他人不同之處。

又如襄公十年記鄭子駟、子孔當國,馮李驊評曰:

> 此篇是子駟、子孔合傳,作三段讀。首段子駟當國,末段子孔當國,前後遞對,中間子產攻盜承上聚亂

> 引下定眾，作轉換之筆，尤妙在後半子孔事，先伏
> 于首段之中，未段子產語，不惟為子孔說法，亦所
> 以暗綰首段，總斷作結也，文只隨事平平敘述，而
> 首尾伏應一一自然。(1069)

此評對子孔野心，挖掘甚到，馮李驊認爲此篇在敘事上，
看似未經特別安排，「只隨文平平敘述」。但由首尾之伏應，
就能看出結構上曾相當用心，而此番用心又是爲了發掘子
孔貪位之種種機心，以是，若不能抓住結構上之伏應，則
不能揭穿子孔之虛僞。故結構豈可等閒視之哉？姜炳璋於
此篇結構之分析皆在眉批，眉批又裁引自《左繡》，而文末
總評完全是對篇旨之剖析，意見又與馮李驊相同：

> 尉止等欲報私讎，潛通子孔，揭竿而起，遂誅子駟
> 而并及發與輒……子孔主其謀，欲當國也。(卷二十
> 五，頁 1196～1197)

其見解恐怕是來自馮李驊之啓發。

又昭公二十年記宋華亥、向寧與君爭而出奔一事，馮
李驊評曰：

> 此等處，皆須通其事之顛末，以觀其文之結構者。

> 經書華向名，罪其與君爭而出也。傳從元公無信說
> 入，似罪在君矣。不知華向謀先，看其誘執拘殺，

> 劫公而質大子,著著占卻先手,罪狀昭然,文只為
> 後歸公子一篇作提,而「則」字、「遂」字亦字字寫
> 謀先之毒,信乎一文自有一文主腦,必取事而強聯
> 之,烏從得其作筆之所在乎?(1733～1734)

此篇亦是立意影響結構表現之例。馮李驊認為求褒貶之意
必須謹慎,否則顛倒是非,轉不能見歷史真相,故需於文
字之間密密按尋。華、向出奔,宋元公固亦非君,然華、
向尤為不臣,褒貶之輕重不可不別,故雖以宋元公無信做
起句,然選入文本之情節,皆扣住華、向惡謀在先,可見
其貶斥華、向之意。而由「則」字、「遂」字等串連情節結
構的字眼來看,此意尤明,所以說必須「觀其文之結構」。
姜炳璋眉批曰:

> 「謀先」二字久為賊臣衣缽。(卷四十,頁 1833)

承襲馮李驊之意極為明顯。而文末總評也不離此意:

> 華向二氏專宋政,其無君已久。元公,宋君之有志
> 者也……豈肯受制於賊臣者哉?於是欲除華向,而華
> 向先發。觀其執群公子求免不得,天經地義絕矣。(卷
> 四十,頁 1833～1834)

又襄公二十五年,齊崔杼弒其君,馮李驊評曰:

> 文必有案有斷,今此文于齊莊之淫、崔杼之逆、諸

> 人之死亡，一概不置褒貶，而隱隱都評定于晏子口
> 中，結構奇絕。(1237)

馮李驊認為敘事之文必有案有斷，[25]「斷」者，價值判斷也，此篇乍看因缺乏論斷而結構不完整，馮李驊依結構有案有斷之慣例，找出論斷存於對晏子之敘述中，透過記晏子之言而定評斷。馮李驊此番見解，亦是於結構之聯結（案與斷之照應）中尋得。

對《左傳》作意之探討，除了在〈讀左卮言〉提出的兩則，馮李驊的評點手法，事實上就是先論結構，再由剪裁論其寄意；而材料之選擇刪汰，造成情節之轉折，或焦距之集中，也是一種聯結的方式，以下即是馮李驊觀察情節去取以揭示主題思想的例證。

隱公三年記宋殤之立，馮李驊評曰：

> 上發出不可不舍馮而立與夷之意，前段虛後段實，
> 後段只申說前段，而語意各有所主，若複而無味，
> 何取于複也。兩段一句一轉，前「何辭」句以虛筆
> 作折，後「豈曰」句以反筆作折，尤婉轉有風致。
> 固知文無今古，以曲為工。 兩段皆以「主社稷」
> 為眼白，所謂命以義也。

---

[25] 馮李驊這個見解可與註 17 所引文參看，皆是表達「敘事結構展現一定的價值觀」之概念。由此可見出馮李驊對敘事文之特質能充分掌握，故其評點能盡現《左傳》屬辭比事之風華。

> 《公羊》以宋禍罪宣公，《左氏》極善附會，況「奉
> 馮」之對，「居鄭」之使，後事已明明料及，而篇尾
> 只有美無刺，若絕不知有華督之事者，此非疏也，
> 文各有局。此篇口口先君，自應以知人斷結，史家
> 得失互見，最識此意，若湊入旁意一筆，事備而文
> 雜矣。(118)

以全知觀點來看此篇，有爲後來宋華督之亂一事提頭之功
能，然爲何《左傳》對肇亂之宣公卻有美無刺？馮李驊認
爲此篇重點所在是宣揚宋宣公之知人，故特寫宋穆公對「社
稷」念茲在茲之形象，以證宣公知人之明。故情節安排就
側重「以社稷」爲念，伏應皆扣此而行——以「口口先君」
爲提爲伏，以「君子曰」爲應爲結，而不在「居鄭」一線
多著筆墨，這是因立意而剪裁事件並從而屬文之例，故欲
逆推其立意，得由文之剪裁入手。王源卻認爲本篇旨在表
揚穆公之義讓，其評曰：

> 穆公口口先君，聲中有淚，義讓也。穆公之義，宣
> 公為之也，歸美宣公，結穴「義」字，不必呆結穆
> 公而中有穆公在，此古人用筆最活處，亦最奇處，
> 不得視為以宣公結也。(卷一，頁6下)

姜炳璋雖不剖析結構，但意見與王源相同：

> 故于屬殤公事寫得極詳明，以著讓國之決，稱宣為

> 知人，非表宣也，正以表穆之賢耳。論者必窮亂本
> 歸獄二公，過矣。（卷一，頁 150～151）

王、姜二人皆認為本篇重點在美宋穆公義讓，馮李驊則由
章法安排線索，認為美穆公只是表象，更底層的意蘊是美
宣公能知人，依馮李驊的看法，如此解說，不僅不昧本篇
「屬辭比事」之深意，尚能解決與後文（華督弒君）情節
論斷上的衝突，由此可以看出透過情節結構之剪裁，的確
可以看出許多字面所無之意味。

類似之論尚見於莊公十四年楚滅息、蔡事，馮李驊評
曰：

> 此篇前敘後斷，單為荊入蔡作傳，故息侯之弄巧成
> 拙、息嬀之失身報怨，概不一論，而專罪蔡侯也。
> 文固以旁雜為戒矣。蔡哀侯起，蔡哀侯結，中間特
> 提一筆「楚子以蔡侯滅息，遂伐蔡」，是非以楚伐蔡，
> 特以息伐蔡，亦非以息伐蔡，直以蔡伐蔡耳。（271）

莊公十年時息侯為報蔡侯止息嬀之辱，使謂楚王曰：「伐
我，吾求救於蔡而伐之。」然此篇立意在述楚何以滅息滅
蔡，並歸罪源於蔡侯之失禮，故裁去對息侯、息嬀之論斷，
以凸顯之。馮李驊評點指出情節剪裁背後之命意，並以起
結結構做證據。姜炳璋亦認為此篇乃在描寫楚王之狠毒，
其評曰：

> 熊貲過鄧，入享，三甥請殺之，祁侯不許，此尚有
> 人心者也。熊貲入息，亦入享乃滅其國，殺其君，
> 虜其夫人，此絕無人心者也。兩傳直敘其事，若深
> 咎鄧、蔡兩侯者，其實天方授楚，凡祁侯、蔡侯、
> 息侯皆聽顛倒於未肯厭亂之天，而並受豺狼搏噬之
> 毒，王綱不振，無如何也。(卷五，頁 329)

總之，透過結構的聯結方式，可擴大或聚焦文本內容的意
義，甚或激射出文本字面所無之指涉，因此，馮李驊以結
構分析做評點入手，其長正在可充分而確實地抓住這些溢
出文本字面之意義。由上述比較，也可以看出馮李驊的評
點，即使在與前人意見無大出入處，也因切入角度不同，
析論之深度也因之不同。馮李驊一秉其〈刻左例言〉所宣
示之期待視野，由討論文章結構作基礎點，再扣著文章結
構分析之所得，引出篇章主之題思想，這種「由法以見義」
的評點方式，事實上也正是探索《左傳》屬辭比事特質的
方法。

三、由結構之對比揭示主題思想

　　前一章討論馮李驊對《左傳》結構修辭之分析，於篇
章則有「賓主」、「章法整齊」說，於字句則有「駢儷」之
法，可見利用結構之對稱，可收平衡整齊以及美麗鮮明的
藝術效果。而事實上，由於結構的雙線進行、對稱互映，

在互補或對比、反襯之下而有「言所不追」[26]的文外深旨。
馮李驊在〈讀左巵言〉也有「由剪裁以見意」的論點，提
到由結構之相合對看，可得言外之意：

> 作意如子產不與鄭環，語語剛執，其神理全為孔張
> 失位為客所笑故意作難，以殺其勢而爭其氣；篇法
> 如季扎（札）出聘前後，敘事都作連山複嶺局陳，
> 故亦夾一層波疊浪之文以配之，此皆合則雙美，離
> 則兩傷者也，一部《左傳》皆作如是觀。[27]

子產不與鄭環事見昭公十六年，全篇以「孔張失位爲客所
笑」與「晉宣子索鄭環」兩事成篇，且前後各有一番議論，
對此篇之剪裁與寄意，在眉批中言之甚詳：

> 此篇自是兩截事，下事與上事全不相關，然下文卻
> 全因上文生出。蓋孔張見笑于客，富子以之責子產，
> 子產雖怒其過當，然失位之患、鄙我之慮，終當爭
> 勝于大國，故恰好因其有請環強賈之事，盡情抑勒，
> 使客輸情服罪而去，而曩時之笑我，乃爽然自失矣。
> 前半「大國」及「鄙我」字，後半處處關照，所謂
> 失之東隅，收之桑榆，借他人之酒杯，澆自己之壘
> 塊也。灰線草蛇，至此文而極矣。 兩「失位」不

---

[26] 《文心雕龍‧神思》篇：「思表纖旨，文外曲致，言所不追，筆固知止。」
指出文章作意有「意在言外」的情形。
[27] 〈讀左巵言〉，頁2下。

> 同文而借作聯貫映帶，又一活法。兩「禮」字固一
> 篇之主腦也。(1685)

> 看此客多少宛轉，子產執意不肯，初疑未免太過，
> 細味頻以「大國」、「鄙我」為言，乃知全為前文一
> 笑發洩，絕不相涉事，寫得如許關照有情，奇絕！
> (1689)

馮李驊認為兩不相干之事並置而述，必有用意，尋繹文本
之後，才發現其脈絡連貫，只是如灰線草蛇，不易顯察。
所謂草蛇灰線，意指篇章或隱或顯皆有脈絡灌注其中，故
看似不相干之事件，卻連串說來，其中必有深意，若輕忽
而過，將使筋脈盡斷。「孔張失位」見辱在先，子產爭勝於
後，則爭勝一番議論並非單純只為索環而發，尚有報復先
前折辱之意，更有為長久以來鄭之屈忍於晉稍吐怨氣之
意。而這些層次之意義，既不存放於前篇，也不出現在後
文，若不並置兩文而一氣合觀，完全無法索得。故曰文意
有寄於情節之剪裁者。王源則評曰：

> 禮所以定位，無禮則失位。子產相鄭，以小事大，
> 全在持之以禮，無鉅無細，不敢一時自越，亦不肯
> 一事假人，所以能自立而不失位也。韓子求玉，事
> 甚微，而子產持之，始終不應，守此道耳。此傳特
> 序此事已見子產之能。而前一段借孔張點出無禮失

位之言，又借拒富子影起拒宣子之請，皆先驅也。
後一段序六卿賦詩餞宴，隱隱寫一禮字，相為遙映而
後點出辭玉作結，皆餘波也，分做三事看者，誤。(卷
九，頁 15)

認為韓宣子聘鄭一事之三截文段宜合而觀之，且以「禮」
為篇旨，這二點馮李驊與王源看法一致；而單就孔張失位
與子產辭玉合讀的這一篇而言，王源的評論注重前後情節
之連貫，是「以事為論」，故以「前驅」、「餘波」說之；馮
李驊認為韓宣子聘鄭，必然有許許多多可記之事，而《左
傳》特選錄孔張失位、宣子賈玉等微事，而兩事又不相干，
其間必有「比事」之用意，則循其篇章整齊論之思考模式，
注重前後兩小節之對比，於此尋繹比事屬辭之證據，所以
會說「此篇自是兩截事，下事與上事全不相關」、「絕不相
涉事」，又說「下文卻全因上文生出」，這就是所謂「以文
為論」，也因注重前後之對照，馮李驊比王源多嗅出了「為
一笑發洩」之旨，此處不論兩人見解之是非好壞，但馮李
驊之評點，的確多了一道「屬辭比事」的分析，姑不論是
否有推求太過之嫌，就其動機本身，的確較前人更清楚《左
傳》敘事的本質。至於姜炳璋《讀左補義》對結構與篇旨
之間關係之眉批，大抵承襲《左繡》而來，甚或不改字句，
故不再贅引。[28]

---

[28] 《讀左補義》之文後評則以「晉之所以失霸者，以晉之執政之封殖不
之公義也」為論述主軸。

　　至於季札出聘一文，馮李驊的評點側重其結構之聯結，已於上一小節論述。以下再舉數例以見馮李驊如何由分析結構的對比中，拈出文本的主題思想。

　　文公二年躋僖公於大廟一事，馮李驊眉批曰：

> 此篇是一事兩斷格，前斷逆祀，後斷縱逆祀。用筆前詳後略，蓋逆祀論得透，則縱逆祀者，只以一言斷之而足矣。此寫一層而兩層皆到之法，然亦前一層妙。(573)

> 通篇重寫逆祀，卻語氣未了，忽然轉出一縱逆祀者，前不預伏，後不另提，只閒閒折衷聖論，便有更上一層之嘆。筆妙！(575)

就情節結構而言，先斷「逆祀」後斷「縱逆祀」，除了依事件發生先後為成文之序以外，尚有對是非輕重之判別，輕者細述於前，重責之者略述在後，這是為了以詳述的部分，預為最後一聲霹靂做背景。王源則評曰：

> 逆祀非禮，此文正面；中間略逆而詳順，略非禮而詳禮，只在反面點染，反面寫得淋漓，正面自爾生動。(卷三，頁 30)

姜炳璋不論結構，但亦以縱逆祀罪大於逆祀為論：

> 然躋僖之祀，有縱之使躋者，孰縱之？文仲縱之

也……主其事者為夏父弗忌，而獨罪文仲，何也？
文仲為立言不朽之君子，篇中引證典故，夫豈肄業
而忘之？而竟為小人所惑，則餘子何誅焉？通篇未
嘗提出文仲，至夫子斥為縱逆祀，覺字字刺著文仲，
且將文仲一生罪案托出，千載下，使竊位者無可容
身。(卷十四，頁 690～691)

比較三家評論，可以看出王源之理解尚停留於文字之表，
故以「逆祀非禮」作篇旨；姜炳璋則以事為論，不能由文
章結構為論點提證據，同時也少了對《左傳》敘事手法之
品賞樂趣。

宣公七年晉止魯公一事，《左傳》言魯公見囚，係因「晉
侯之立也，公不朝焉，又不使大夫聘。」，馮李驊評曰：

> 厚責朝聘而薄責弒君，二事連書，晉霸之衰可睹矣。
> 兩兩相形，意在言表。(721)

「晉侯立」本屬宣公二年之事，晉靈公見弒而新君立，在
此年（宣七年）又提起，並作為魯公見囚之因，乃故意並
置，以見晉人薄責弒君卻厚責朝聘之失。此亦以結構之對
比見意之例。姜炳璋於此事之評論仍一貫論事不論文，評
趙盾「賊臣肆行無忌」，並感嘆「世道尚可問乎」，[29]於篇旨
之掌握與馮李驊稍異，馮李驊重在晉衰，姜炳璋則重在大

---

[29] 以上兩句並見卷十七，總頁 861。

夫專政。

又成公三年記晉郤克、韓厥與齊侯一番對談,馮李驊評曰:

> 此作者以閒心妙腕為鄶戰作收局文字也。寫郤、韓
> 兩人,梢帶前事處。一個說得今日之朝,全為親屈;
> 一個說得今日之宴,與有榮施,都是絕醞藉文字。
> 而一則刻薄,一則渾厚,栩栩欲活。筆有化工。

> 兩兩對寫,于克則齊侯不置一辭,于厥則留心酬答,
> 詳略中傳喜怒之神,亦即寓褒貶之法矣,妙甚!(846)

郤克受玉而提舊恨,韓厥與宴而登爵,馮李驊認為兩事合
讀,除了可見出郤、韓兩人個性之異,又可目睹齊侯前後
慍喜之不同,及窺知作者對二人作法之褒貶。可見透過情
節結構之對比,又可型塑人物,又有立體描繪之功,更可
得作書之褒貶,短短一節,把結構對意義之承載功能,分
析得淋漓透至。姜炳璋之評於此則全不見。

又成公九年記晉國執鄭伯、殺鄭行人事,馮李驊評曰:

> 如晉則執之,行成則殺之,全非柔服面目。文于第
> 一層不是處,卻將「討貳于楚」替他解釋;于第二
> 層不是處,只將「兵交,使在」薄責其非,總是放
> 重筆用輕筆之法,所以寬晉人者至矣。(879)

本篇評論以爲，晉兩大無禮之事，《左傳》卻無甚責備，則其偏曲晉人之情可睹。情節結構上，分記晉國兩無禮事，然緊跟著敘事之後的是對無禮事之解釋，利用敘述的並置，減弱其指責，則爲之開脫之意明顯矣。姜炳璋則認爲此篇重點是指責晉欒書之不敬君：

> 鄭伯悔過來朝，不以禮接而執其君、殺其使、伐其國，皆欒書爲之也……不敬其君者，必無禮于鄰國之君，欒書是也。《傳》止斷其後一著，以執君非禮，無待言也。(卷二十一，頁 1018)

就舉證推衍來說，馮李驊純以結構舉證爲說，贊同者，可說他證據確鑿；反對者卻也可說他推求太過。而姜炳璋的評論是三段辯證法，以「不敬其君者，必無禮于鄰國之君」做立論之大前提，以「執其君、殺其使、伐其國，皆欒書」爲小前提，而得出「欒書不敬君」這個結論。但這斷推論的大前提並不能必然成立，因此，推論也是不一定成立的。但是經此比較，可以確定，由結構以見意這個批評模式，的確是馮李驊有別於他人之最大特色。

　　由結構之對比以寄褒貶之例，又如哀公二年記納衛世子於戚一事，馮李驊評曰：

> 篇中詳寫子南不立，凡作數番轉折，前對君則委之于「夫人在堂」，後對夫人則又實之于「不聞君命」，反復推託，只欲以己之讓，感悟輒心，而歸之職也，

無奈輒既立後，一概抹殺，以致乃父跟蹌跋涉，宵
迷于途，哭告于門，寄身于戚，而公子郢亦付之無
可如何矣。此傳直作夫子不為衛君註腳。自來責郢
以讓國生亂者，不知郢心，且不知《左》文者也。
前半寫公子讓國之誠，後半寫太子入戚之窘，總是
照出輒據國拒父之非，文中一字不曾寫輒如何不
是，而意無不躍然，絕妙激射法。 「亡人之子」
四字八面俱圓，就夫人言之，此已亡人之子矣，不
妨立也；自輒言之，夫固亡人之子也，如之何其立
焉而不還之父也？妙絕！(2034)

馮言此篇之妙在情節中全不提輒據位之非，然前寫公子郢
之百般讓國，後寫其父蒯聵之狼狽，又以「亡人之子」做
前後文之輻輳，故此篇正是利用情節組織上之對比，將貶
斥之矛指向輒，若不講結構，則此番激射何由而得？姜炳
璋之評大抵同於馮李驊：

《傳》明寫蒯聵即暗寫衛輒；言世子宵迷而行，哭
門而入，悢悢無以至國都，而寄栖一邑，皆輒距之
而使之然也。(卷四十七，頁 2142)

但不認同「亡人之子」是刺輒當讓位其父。總之，姜評以
事成論，並不像馮李驊注重結構線索且由線索求文意。

此外，情節之賓主互遞，對文意也有補充激發的功用，
如襄公二十六年，記寧喜弒君一案，馮李驊評曰：

此篇傳寧喜弒君事，以寧喜為主，開手卻從子鮮為
復，敬姒強命敘入，反似罪在此二人矣。下文疾忙
補註出子鮮與寧喜言緣故來，寫得子鮮有許多勉強
不得已在，便見此罪全在寧喜。又詳伯玉近關之出，
以友右宰屢次攔阻，卒伐孫氏而殺子叔，總是貪政，
由寧氏一言遂爾身犯不韙。篇中凡兩寫「告」，三寫
「悼子曰」，總為寧喜罪案伏筆，步步趨到解經一筆
結斷也，是極有步驟極有佈置文字。(1267～1268)

夾批亦輔證此番見解，故於起首「衛獻公使子鮮為復」句
旁批曰：「賓」；於「敬姒強命之」句旁批曰：「賓中賓」；
而於「君無信」句旁批曰：「提破」；於「寧喜曰：『必子鮮
在，不然必敗』」旁批曰：「可見全是此人主意，前篇略，
留於此補寫。」以呼應眉批，點明結構與主題之關聯。

又昭公四年，楚王會諸侯伐吳、殺慶封，馮李驊評曰：

此文先敘後斷，敘事三段相接而下，而首段最詳，
末段最略，乃敘以最詳者為主，斷又以最略者為主，
此亦賓主互用，文無定格，神而明之，頭頭是道耳。
敘以首段為主者，以「無瑕戮人」，對面便是楚靈一
生定案，斷以末段為主者，以「禍首在此」一句，
直照從亂如歸起本也，一點一畫，都有其故，豈漫
然顛倒而已耶。(1497)

此篇章法採賓主互用法，所記諸事有詳有略，而以詳為主；

論斷長短不一，而以短者為重，以此與前半之敘述相副；
馮李驊認為採用這樣的繁簡交錯結構，皆是為了突出論斷
以見意。首段敘述較詳，乃為了用來描繪靈王之頑冥，以
反映「無瑕者可以戮人」一句，若無先前之鋪排，則此句
之針刺無著落；末段敘述最略，且排於「楚禍之首，將在
此矣」論斷之後，乃粗列其事以見此斷之不誣，為了使此
二論斷出於線外，故需有詳略之別。而前後兩論斷，又以
「禍首在此」為通篇立意所在，遠遠呼應先前晉司馬侯「楚
王方侈，姑修德以待其歸」之論。透過結構之解析，對主
題意旨之挖掘可深至此，又復遠遠聯絡，難怪馮李驊要說
《左傳》全書可當一大文讀。

　　單獨事件應如此觀看，整部《左傳》也當如此看。在
經學家看來，《左傳》結構是依附在《春秋》底下安插的；
在史學家來看，《左傳》是編年記事之體；在馮李驊看來，
《左傳》一大部書宛如一篇長文，自有其起承轉合：

> 《左氏》有絕大線索，于魯，則見三桓與魯終始，
> 而季氏尤強；于晉，則三晉之局蚤定于獻公之初；
> 于齊，則田齊之機蚤決于來奔之日。三者為經，秦
> 楚宋衛鄭許曹邾等紛紛皆其緯也。洵乎魯之春秋，
> 其事則「齊桓晉文」一言以蔽之矣。[30]

依馮李驊「結構綰合思想主題」之論點來看，結構之起結

---

[30] 〈讀左卮言〉，頁8上。

呼應人事之興衰，所以一旦記魯事，輒見三桓穿梭其中，
則三桓之弱公室，簡直是提揭書首，且一路佈線；曲沃併
晉後，晉一出場，就是獻公作二軍之事，事雖爲侯國之建
軍，文實記畢萬之必興，故曰三家分晉，伏筆於起始；陳
公子完以國亂奔齊，《左傳》卻詳記其卜吉之辭，並非好記
神異，而是預爲田姜篡齊做提頭。故曰《左傳》是「魯史」
其表，[31]而以「齊桓晉文」爲主線，以掌握春秋政治舞台之
實際面貌。這樣的解析，既賦予《左傳》獨立之生命，卻
又不廢其經史功能，蓋身爲魯史，自當完記魯事，而諸國
紛紜，又當控其脈絡，《左傳》三大線索，正合其史職；就
解經之事來看，馮李驊於《左繡》雖強調讀《左傳》「但當
論文不當論事」，但並非以此推翻其解經功能，蓋雖非爲經
而發，如若其文於經有註解之功，仍不妨用爲解經，孟子
說《春秋》「其事則齊桓、晉文，其文則史。」又說其義則
爲孔子竊取。[32]則馮李驊說《左傳》一言以蔽之「其事則齊
桓晉文」，暗指其可用爲解經。總之其「但當論文」之意，
是指當由《左傳》文本入手，由篇章結構之安排以索其思
想主題，非謂「只能停留於文章之審美層次」，此是對於《左
繡》極需釐清之觀念。事實上，這也是評點常被比附爲結
構主義或形構分析理論的原因，以馮李驊的評點來說，他
強調《左繡》讀《左傳》的方法是「專以論文」，並在實際

---

[31] 當然馮李驊認爲就身爲魯史這一點而言，《左傳》未曾失職，故說它「洵」
爲魯之春秋。
[32] 《孟子・離婁篇（下）》第二十一章。

操作評點時,以篇章結構之分析奠基,再轉進一層論思想
大義,這樣的作法與結構主義文論家的主張並無二致,結
構主義強調:

> 文學作品本身就是一個「系統」,文藝批評家的任務
> 是揭示這個系統的「結構」,說明其中各種因素的相
> 互關係及其轉化,而不是直接地評論作品的意義——
> ——因為作品的意義是結構分析的結果,而不是結構
> 分析的出發點。[33]

　　循諸上述理念,馮李驊對《左傳》篇章字句之鎔裁,
除了發揚其藝術成就,亦同時扣在思想主題之下來考量,
以見其「存道」之功。故曰:

> 《左氏》有絕大剪裁:齊桓晉文,孔子蚤為之分別
> 正譎,傳于晉文,寫來獨詳,然其鋪張神王處,都
> 暗暗露出詐偽本色;齊桓則老實居多,又生平全虧
> 管仲提調,而管氏亦都不甚鋪排,只一寫其救邢,
> 一寫其服楚,一寫其辭子華,一寫其受下卿而已。
> 簡書之從,賜履之征,是攘外;招攜懷遠是安內;
> 讓不忘上是尊王,只此四端足以該括此公一生勳
> 略,內政軍令等概從割愛,此何等眼界筆力。[34]

---

[33] 高宣揚《結構主義》,頁 224。
[34] 〈讀左厄言〉,頁 8。

前文提到《左傳》所記之事，一言以蔽之，曰「齊桓晉文」
也，然而兩者記事之比例，極不相牟，馮李驊對此提出之
解釋，亦從「以結構見大義」這個理念出發。他認為齊桓
正而不譎，故所為之事直記之即可呈現，捨之亦不妨礙歷
史對他的判斷；但晉文譎而不正，故其所為之譎處，若不
針縷密逢，恐將漏失於表象之下；則真相湮埋，故《左傳》
不憚其詳，藉鋪張文字以網其心計。

第三節　以字句關鍵勾勒主題思想

前一章提到馮李驊對字句之考究，亦由結構觀點出
發，故其由字句以闡論思想主題之處，多與論篇章結構之
處相連，而本文特立此節，主要是為了凸顯他這個評點特
色。因其他各家評點並未細及字句，即便有之，也不是置
諸結構功能做考量，更不用說由此做主題大義之聯想，因
此無例可做比較。

一、由字句之位置勾勒主題思想

隱公元年鄭伯克段於鄢，馮李驊分析本篇安排字句之
序曰：

> 城潁句另為下半篇作提筆。「遂」字本緊接伐鄢，

> 一氣寫下卻嫌文無淳滀；又鄭莊怨母深于怨弟，若
> 一連敘去不見賓主，故將書法隔斷，先安放大叔已
> 畢，然後抽出重筆另寫他處置其母一段公案，以發
> 洩起處一惡三請無數宿恨。此段落最分明最筋節
> 處，不獨起伏之妙而已。 (104)

這段評論說明《左傳》為何要以解釋《春秋》書法的文句
隔斷敘事。依馮李驊之見，「遂寘姜氏于城潁」一句，同時
具有三種功能，一是情節上收束前事（故曰「本緊接伐
鄢」）；二是結構上，下半篇必須有個提頭，此句挪置於此，
正可作下文之提頭（故曰「另為下半篇作提筆」）；三是主
題思想上，本篇旨在寫母子關係，與前事隔開另提，才能
凸顯焦點（「見賓主」），故「遂」字本是用以串連上下文，
而本篇卻故意將之與上文隔斷。所以這句話因位置之刻意
變動，除了得到美學效果——「一氣寫下，卻嫌文無淳滀」、
「起伏之妙」，更重要的是達到凸顯篇旨的目的。

文公二年記躋僖公於大廟一事，馮李驊於「明順，禮
也。君子以為失禮」旁批云：

> 口口說禮，接口便斷他失禮，快甚！(574．L3)

前二句「明順，禮也」為主逆祀之夏父弗忌之語，馮李驊
認為行文時將「君子曰」緊頂其後，貶斥之意更為明白。
這是由文字順序見意義關鍵所在。

二、由字句之聯結勾勒主題思想

首先以前一節提到的「子產不與鄭環事」爲例，馮李驊評論完結構用意之後，接著眉批曰：

> 前半「大國」及「鄙我」字，後半處處關照，所謂「失之東隅，收之桑榆」、「借他人之酒杯，澆自己之壘塊」也，灰線草蛇至此文而極矣。　兩「失位」不同文而借作聯貫映帶，又一活法；兩「禮」字固一篇之主腦。(1685)

除了對情節之解析，馮李驊還提出字句之呼應爲證，其中孔張「失位」是敘事，子產對宣子說：「大國之求，無禮以斥之，何饜之有？吾且爲鄙邑，則失位矣！」是論斷，利用「失位」一詞之同構異功，[35]除了做結構之連貫，尙以其雙關引起前後映帶之妙，並點出前後議論皆以「禮」爲主軸，由此可見這兩件事之並置，其思想主題正在於「禮」也，蓋孔張失位，所失者禮儀也，其事小；晉身爲客而笑主人，身爲大國而貪求於小國，於禮之失則大也，其剪裁

---

[35] 劉煥輝《交際語言學導論》提到：「僅以交際漢語爲例，便可看出它在交際中所表現出來的結構形式與被表達的思想內容的種種離合關係來：有時語言形式同所要表達的思想內容完全密合一致；有時語言形式同所要表達的思想內容正好相反；有時在一段話語中，同一語言形式表達不同的思想內容；有時同一思想內容卻可用不同的語言形式來表達……交際漢語中的同形同構異功的現象是客觀存在，若把握得好，又可在言語交際中利用它來造成一語雙關的交際效果……這種現象，從結構與功能的關係看，又可稱之爲一構多功。」頁106～107。

正欲表現這個主題。因此馮李驊強調曰「褒貶是作書把握」。[36]

又前述隱公三年宋殤立一事之評，有謂：

> 兩段一句一轉，前「何辭」句以虛筆作折，後「豈曰」句以反筆作折，尤婉轉有風致。固知文無今古，以曲為工。　兩段皆以「主社稷」為眼白，所謂命以義也。(118)

馮李驊細細拈出用字之虛實轉折，以凸顯立文之本意，並指出兩段皆有「主社稷」一句，此句甚具關鍵性——用以貫串該篇所欲呈現之命義。

又昭公二十年宋華向出奔事，馮李驊復以用字論用意曰：

> 文只為後歸公子一篇作提，而「則」字、「遂」字亦字字寫謀先之毒，信乎一文自有一文主腦，必取事而強聯之，烏從得其作筆之所在乎？(1733～1734)

「則」字「遂」字串連前後敘事，且字義本身就有邏輯上之「前因後果」義，故「則執之」、「遂劫之」都以一「則」字，一「遂」字，指明執、劫等行動之先有預謀。夾批亦於兩字旁點出「先」字，且在「公亦取」句旁點出「後矣」，

皆是以字句做褒貶意思寄託之關鍵也。

前述昭公四年楚靈王殺慶封一事，馮李驊尚有評析曰：

> 「無瑕者可以戮人」有賓句無主句，下文只說慶封
> 不肯從戮，而王之瑕在言表矣，妙筆！(1498)

> 斷語「此」字，指「城賴」而言，緊頂末段，重又
> 摠承三段，歸結「王心」，回應「無瑕」，字字完密。
> (1499)

前一則以句法之缺乏主詞，及下文戮字之再用，則主詞不
言自出，此乃以句法結構尋繹褒貶對象之法。後一則以字
詞之對應，再次肯定其褒貶之意。關於由字句相映之中得
出意義的例證，於下文詳述。

三、由字句之相映勾勒主題思想

前文提及之莊公十四年楚滅息蔡一事，馮李驊尚有評
點曰：

> 兩「遂」字相映，出爾反爾，一結真傳嬉笑怒罵之
> 神。(271)

以「遂」字之前後相映，拈出楚王兩番背信，一背息國，
弄假做真，「遂」滅息；一背蔡國，收息嬀後「遂」滅蔡。

有此一字做結構之貫串，則不只責蔡侯之意出，譏楚王之
意亦含帶而來，此以文字在篇章結構上之功能論立意也。

又如莊公三十二年神降於莘，馮李驊分析其用字造句
曰：

> 「聽」字透下，「享」字緣上，亦聯絡處。　興亡對
> 說，以將亡為主；看上下兩以「虢必亡矣」、「虢其
> 亡乎」緊相呼應也。(316)

此評前半以「聽」及「享」兩字之相遞，見虢之虐，所論
屬於前一小節「由字句之聯結勾勒主題思想」。後半則由「虢
必亡矣」、「虢其亡乎」之前後相映，抉出本篇主旨在於「虢
之將亡」。

又如文公四年楚人滅江，秦伯為之降服，馮李驊評曰：

> 名雖為人，其實自為，引詩亦全在「彼」字「此」
> 字見神理。緊照「為之」、「自懼」著筆，言之親切
> 而有味也。(584)

馮李驊認為秦伯所為，全是為了自己，而非真憐矜同盟之
滅，證據在於引詩「彼」「此」兩字互映；而「彼」字同時
又回應「為之降服」一句，「此」字又照應「自懼」一句，
馮李驊由字句之相映，勾出秦伯內心，故又評曰：

> 江雖小國，實中夏之助，今楚滅江，晉霸衰矣。秦

穆此舉，蓋儼然以伯自居云。(584)

由文字之對照，竟可讀出如許曲深之意，馮李驊聯想之功
夫，於此可得八九。

　前文提及之襄公十年鄭子孔當國事，針線亦多藏於字
句中，故馮李驊說它「只是平平敘述」，但有諸多伏應，這
伏應既然不在章法，當然就在字句，依馮李驊之搜尋，以
字句見真意之處有：

> 此文論經則子駟為主，後半乃後經以終義；論傳則
> 子孔為主，通體乃錯經以合異，前半一「族」字、
> 一「群」字、五「盜」字，後半七「眾」字，兩兩
> 相映，中間又連著「盜眾」二字，上下作關鈕，分
> 明寫作對局；而前云「子孔知之」，後云「子得所欲」，
> 是子駟之見殺于盜者，皆子孔為之。篇中從子駟敘
> 起，歸結到子孔，體方而意圓，事截而文貫，亦合
> 傳之變而正者也。(1069～1070)

言「上下關鈕」則是由字句之聯結看出文意焦點，此已於
前一小節論述。而「兩兩相映」、「作對局」、「前云、後云」，
皆是由字句之對看中，尋繹出微言大義。為了印證其發現，
馮李驊甚至不憚其煩地引他人之評論，作為旁證：

> 唐錫周曰：十九年傳大書鄭人討西宮之難，子孔當
> 罪，則《左氏》意中明明認定子孔是戎首矣，此處

偏不肯明白寫出，但用幾筆，旁敲側擊，寫得若隱
若現，而其陰謀乃愈明，罪狀乃愈白。起處敘五族
作亂根由，連下三「子駟」字者，見得五族所怨，
子駟一人耳，苟非有人欲代之執政，何故波及子國、
子耳也？鄭有六卿，撇下子展、子蟜二人，獨將子
駟、子國、子耳、子孔階級次序歷歷註明者，所以
明在子孔，下者不足復忌，而子孔位三人下，三人
為魚肉，子孔為刀俎，非一日也。三人死後，書「子
孔知之」者，所以明子孔知而不言，實為屬階也；
書「盜」無大夫者，所以明諸賊皆無能為，若非司
徒調遣，斷不能一朝而尸三卿也；書子西、子產聞
盜者，所以明舉國忙亂，司徒獨閉門高坐也，書子
蟜助戰者，所以明子孔袖手旁觀，并不以鄭伯為念
也；書子孔當國者，所以明子孔快心滿意也；書當
國後，即為載書以位序聽政者，所以明子孔胸中經
畫已有成算，令子西子展輩不得與之爭也；書子產
勸焚載書，連下幾個欲字者，所以明子孔為鬼為蜮，
遇子產眼如箕，舌如刀，便肺肝畢露無地自容也；
子孔于是茫然喪其所懷來，只得將載書勉強付之祝
融，而純門之師所以復起也。　真正妙批，只司徒
調遣句過於周內，蓋《傳》有「故不死」三字也。(1070
～1071)

綜上所論，一來可以看出馮李驊所謂「論文不論事」

是指切入點，而非禁足點，其實就是以「屬辭比事」來理
解《左傳》，他認為意義關乎所謂事件之安排，這就是為何
說「屬辭比事，《春秋》教也」。蓋所欲教者，未必皆顯豁
於事、於辭面，亦有寄乎「屬」與「比」之間者也。如此
一來，他的「但當論文」實匯通了《左傳》解經、史著及
敘述文學等文本特質。無怪乎他一再以此為標誌；二，馮
李驊堅持情節結構具有揭示主題思想的功能，這個主張並
非空泛之論，或靈光一閃式地論調，而是有論有據，先有
理念，從而證成之論，故能圓融而周密。以此看來，馮李
驊的評點十分符合楊義先生所謂「精彩的評點」：

> 精彩的評點之所以精彩，就在於它們把高深的敘事
> 理論的闡釋和高明的敘事謀略揭破。融合在對經典
> 作品的輕鬆愉快的解讀之中。它們往往能夠在複雜
> 紛紜的線索中剔出條理，在看似平淡無奇中點破作
> 者出手不凡的苦心，從而使評點也成了高品味的創
> 造，令人驚嘆於評點者胸有全局，眼有慧光。[37]

楊義先生說「點破作者出手不凡的苦心」，卻又說「使評點
也成了高品味的創造」，顯然他仍未十分肯定評點的再創造
特質。事實上，馮李驊所提列的這些敘事謀略乃至主題思
想，絕非《左傳》作者命意之全部，也非全部是《左傳》
作者之命意，因為：

---

[37] 楊義《中國敘事學》，368。

> 批評家們在作品中所發現的結構及其間所表達的
> 「訊息」，不一定是作者本人在創作過程中所意識到
> 的，因此，對於小說的結構分析結果，甚至可能發
> 掘出作者本人在創作過程中原來意想不到的「訊
> 息」。[38]

批評的創造本質由此得證，接受美學也是由此出發的。

馮李驊除了在《左繡》以此理念貫串全部評點，其《左
貫》當亦如之，今其書已軼，但可由附錄於《左繡》的〈十
二公時事圖說〉微窺一二：

> 隱公之世，鄭最強，王師亦為之用，小侯皆為之弱，
> 而最睦者齊魯；最仇者許宋。唯與齊魯為睦，故於
> 齊，則石門始，于鹹終；於魯，則渝平始，及平終；
> 唯與許宋為仇，故於許，則入許始，滅許終；於宋，
> 則伐宋始，取宋終，皆一部大關目處。[39]

> 《春秋》託始於隱，而《詩》以鄭次王以此。[40]

「此」指的是「周之衰，鄭為之也」，馮李驊由《左傳》拈
出此一發現，他為了展示此一主題思想，而分析《春秋》、
《詩經》亦以其編排（亦是結構的一部分）來展示這樣的

---

[38] 高宣揚《結構主義》，頁 224。
[39] 〈十二公時事圖說〉頁 1 上。
[40] 同上註，頁 1。

訶斥。此外需附帶一提的是,馮李驊尙提供理解法門,也
就是如何才能像他一樣,於文本結構中讀出如許多之意
涵?他說:

> 《左傳》須一氣讀,一氣讀方能徹其全神;又須逐
> 字讀,逐字讀方能究其原委;須參差讀,參差讀則
> 見其錯綜之變;又須整齊讀,整齊讀則得其剪裁之
> 工;須立身局外讀,立身局外以攬其運掉之奇,而
> 後不為其所震;又須設身局中讀,設身局中以體其
> 經營之密,而後不為其所瞞。持此法以得當於《左
> 氏》,以之讀盡古今秘書,直有破竹之樂耳。[41]

「一氣讀」鳥瞰也;「逐句讀」,析審也,以上指讀書當先
挑出篇法脈絡;「參差」、「整齊」讀,觀章法也,由剪裁以
見意也;「立身局外」、「設身局中」,指審美須有適當心理
距離。[42]孔子說:「修辭立其誠」,而馮李驊則認爲閱讀當由

---

[41] 〈讀左卮言〉,頁 10。

[42] 王國維《人間詞話》卷上云:「須入乎其內,又須出乎其外。」審美心
理距離指獲得美感經驗的一個途徑。「距離」指從事審美活動之人,必
須與現實世界保持一種距離,才能擺脫實用眼光之干擾,把審美對象
擺在現實世界之外,從而進入審美狀態。「當審美主體與審美對象之間
的一切利害關係通通阻開……主體成了超然物外,無掛無礙,純然超
脫的主體,而對象成了孤立絕緣,游離自在的絕對獨立的客體對象,
這時人們才可進入審美境界,享受到審美愉快……然而若一味地『超
然物外』而不『入乎其內』,則造成距離太遠,不能調動起自己的審美
情感,對對象產生審美感受,形不成審美關係。只有既『出乎其外』,
又『入乎其中』……才能既置身於審美對象之中,充分把握他的審美
意義,又不居泥於表象,深悟到對象的『韻外之致』、『弦外之音』。」
(《美學辭典》頁 401)徐芹庭《修辭學發微》說:「(審美)距離就消

賞修辭之美，進而索其誠——立意也。[43]

第四節　小結

綜觀本章之分析，可以得到三點結論，第一，馮李驊在〈刻左例言〉標舉的期待視野——「《左傳》但當論文，不當論事」，以及〈讀左卮言〉的「余專以文論」，指的是由結構分析做進路，再由此論主題思想，或者批判人事；而且對他人由事件發展，轉而律定文章法式及篇旨之作法，帶有批判意味。故其評點，實兼及文章之「義」與「法」兩個面向，他自己也言明「僅以所謂篇法作意當之」，[44]「篇法」就是結構修辭之分析，作意就是主題思想甚或解經問題之揭示。第二，凡所揭示之主題思想，皆有相配之結構分析，亦即馮李驊的評點以徵實為主張及特色。第三，除了文本表層意義，馮李驊尚善於透過結構之順序、聯結以及對比，揭開許多隱微的篇旨甚或所謂不可以書見的褒貶。而所謂「結構」之順序、聯結、對比，範圍大至篇章，小至字句，他皆一一審視，這也就是為什麼他的評論較諸別人更為深細。

極而言，即拋開實際之目的與需要；就積極而言，則著重形相之觀賞，對我與物之關係，由實用，變為欣賞。」（頁 19）

[43] 當然，作者所立之「誠」，與讀者索得之「誠」，未必一致。

[44] 〈讀左卮言〉，頁 1 上。

　　就接受美學來說，閱讀理解是一種創造，但是，這種
創造若脫離文本而爲，又是對文本的一種傷害，「有的具體
化方式雖然可能爲作品創造出某種新的審美價值，但這種
價值與作品本身的藝術質量並不具有同一性；相反，它們
對於正確地忠實地理解作品、認識作品的質量是有害的。
因此，理解的具體化方式就是『恰當的具體化』。所謂恰當
的具體化，是指在對作品的閱讀中，讀者不能任意地填補
本文中的未定性與空白，而必須依照文本的引導與暗示去
將作品中的圖式現實化。」[45]至於讀者如何「依照文本的引
導與暗示去將作品中的圖式現實化」呢？這就有賴於劇目
與策略對讀者制約的力量，敘事的情節材料屬於劇目，對
這些材料之安排，亦即敘事結構之順序、聯結、對比等，
屬於策略，「策略包含文本的內在結構以及因這些內在結構
而促成的讀者的理解。」[46]透過劇目與策略的作用，拉住讀
者的的理解，庶免離開文本太遠。而馮李驊對《左傳》修
辭結構之分析，正是透過這些策略，爲文本的空隙塡補意
義或確定意義，因而有所謂主題思想之揭示。此外馮李驊
尤其注重交代情節材料之選擇，如「好奇」這個緊黏《左
傳》不放的批評，馮李驊亦能依照其結構分析，抉出《左
傳》選擇鬼神、妖夢等作爲文本劇目之用意，其他諸如「韓

---

[45] 金元浦《接受反應文論》，頁 103。
[46] Wolfgang Iser 'The Act of Reading: A Theory of Aesthetic Response', p86.
當然，馮李驊所提出的諸般修辭法門，除了作者之策略，其中也有他
自己的聯想。

宣子賈玉」、「子產論鬼」、「季札觀樂」等等，或爲微事，或不干事件之發展，馮李驊亦能找出《左傳》存錄這些段落的用意。總之，對《左傳》劇目之選擇，乃至策略之運用，馮李驊皆有所闡釋，因此，他對《左傳》的理解，的確是扣著文本而來，而非超出字面、天馬行空的自我闡釋，而是在劇目及策略的制約之下，進行聯想創發之理解活動，這樣的解讀，符合接受美學所說的「讀者與文本的互動」。

第七章 《左繡》對《左傳》解經功力之闡發

　　《左繡》一再言明「論文不論事」、「單論傳不論經」，張德純序亦云：

> （《左繡》一書）說傳非說經，論文而不論事，馮子固自言之矣。

但由前兩章之分析可以看出，所謂「論文不論事」，是指以文章為探討之起點，以文章之結構為論述之所依，而不是以事件為進入討論之路徑，所以《左繡》除了剖析《左傳》修辭精到之處，也論其「由結構以見義」之敘述特質。而所謂「單論傳不論經」實即張德純所言之「說傳非說經」，指《左繡》評點之態度，乃在將《左傳》視為具有獨立生命之個體，且將之置放於評論之主位，而非將經書置於最先考量之位置以評量《左傳》解經深度。總之，所謂「不論」，非「不可論」或「不肯論」之謂，乃特言其「不由此入手」、「不以此為主」之「不」，所以馮李驊又說：

《國語》、《公》、《穀》與《左》互相發明。[1]

可見他也認同《左傳》有解經功能。只是傳統討論《左傳》
之切入角度，不是由史，就是由經，屈《左傳》於附屬地
位，而《左繡》極力撇開此種方式，亟欲申明論《左》則
當由《左》入手，以《左傳》之文本爲討論之主體，可及
其他，而不可反以賓爲主。

　　以這種態度解讀《左傳》，當然在立穩足步於其文本
後，就可眼觀八方，故但凡《左傳》之敘述有照明事實者，
自不可不提，因此有「主題思想之揭示」；其敘述有輝映經
文者，亦不可不論，因此有「解經功力之闡發」，而這些有
關經史部分之探討，不僅不失其立論之初心，且更進一步
證明《左傳》這個敘述文學之「屬辭比事」功能。

　　本章討論《左繡》提及《左傳》解經之部分，其探針
與傳統有無差別？測得之深度如何？以下分「《左傳》解經
之進路」、「《左傳》解經之特色」兩大端論述之。此外，姜
炳璋《讀左補義》一再強調《左傳》「以經爲綱」、「輔經也」，
[2]「發明《春秋》之義者，則自《左氏傳》始」，[3]極肯定《左
傳》解經性質，但姜炳璋反對《左傳》釋經有凡例，認爲
「《左氏》之言例，從舊史氏也」，[4]故所評所論，並不以解
經爲視點，反而側重史論，多評價書中人物言行之可否，

---

[1] 〈刻左例言〉，頁 3 下。
[2] 彭啓豐《讀左補義‧序》，頁 1 上。
[3] 姜炳璋自序，頁 1 上。
[4] 同上註。

事件之是非以及影響，加上不重文章結構，所以他的評點，並不會像馮李驊有「××解經法」，所以以下只能提出其言及解經的部分，作經旨掌握之比較。

第一節　《左傳》解經之進路

《左傳》解經手法多變，據張素卿之歸納，計可分爲「論說經義」、「敘事解經」兩大方式，其中「論說經義」又包含「書法義例」及「評論」，亦即除了敘事，尚有歸結「凡例」，解釋「書」、「不書」、「稱」、「不稱」，及透過「仲尼曰」、「君子曰」、「禮也」、「非禮也」等加上斷語以明經義的情形，[5]此乃由經義出發之觀點。馮李驊「論傳不論經」，其評點以文章作法爲對象，故言及《左傳》之解經，亦多由此出發，故其提及之解經法，嚴格說來只有「以敘事爲解經」，其他諸如「書」、「不書」、「君子曰」、「禮也」等等，於馮李驊而言，皆是文本本身之敘事結構。由於視角不同，故以下於《左傳》解經進路之分類，以馮李驊評點中明白言及者爲據，而不執前人之見以爲間架，庶免扞格。第一類解經角度爲「與經文相依或互爲前後以明事見義」，乃爲強調傳文善於掌握出場時機，亦不妨視爲某種「謀篇」之法；第二類「敘事解經法」乃爲點明《左傳》解經異於其

---

[5] 詳參〈敘事與解釋——《左傳》經解研究〉第一章第三節。

他經傳注疏之特質，其細目則因各篇敘事結構而有異；第三類「其他」則附收馮李驊明言「××法」而例證過少，故統收於「其他」項下，不令獨立成類。

一、 與經文相依或互為前後以明事見義

馮李驊認為傳文位置之安排，對解經效果亦有影響，〈讀左卮言〉曰：

> 解經有許多手法，或解於首，或解于中，或解于尾，而莫妙于蔡燮楚黃篇以兩經雙點于中，而兩傳分敘兩頭，極整極變。[6]

「解於首」，「解于中」，「解于尾」之分，乃遠祧自杜預，杜預《春秋左氏經傳集解》序云：

> 左丘明受經於仲尼，以為經者不刊之書也，故傳或先經以始事，或後經以終義，或依經以辯理，或錯經以合異，隨義而發。

杜預認為傳文與經文互為前後是為了「隨義而發」，亦即為了「原始要終，尋其枝葉」，[7]事實上，不論《春秋》或《左傳》，皆以史事為文本材料，若要掌握事件真相或其背後之

---

[6] 頁 7 下。
[7] 杜預《春秋左氏經傳集解》序。

歷史教訓，則於其來龍去脈不可不曉，故傳文與經文互有
前後，如此費心安排傳文出場時機，目的不外乎透過此種
靈活穿插，可令事明義著。劉熙載也說：

> 《左氏》釋經有此五體，其實《左氏》敘事，亦處
> 處皆本此意。

> 《左氏》敘事，紛者整之，孤者輔之，板者活之，
> 俗者雅之，枯者腴之，剪裁運化之方，斯為大備。[8]

可見劉熙載認為《左傳》釋經體例，同時也是敘事文謀篇
安章（剪裁運化）的方法；「專論文法」的馮李驊，評點《左
傳》時，雖表明不以經解為度，亦以此四條發傳之體來說
明傳文之安插，[9]茲分述如後。

（一）先經以始事

　　傳文所記事件與經文所記相同，而位置先於經文，通
常作為交代事件背景或起因用，謂之「先經以始事」。其例

---

[8] 《藝概‧文概》第五、六則，頁 3。
[9] 《春秋》、《左傳》本各自為書，自晉杜預乃摻傳於經，比合兩者以見
經義，如若《左傳》初始文本並非為經而發，則無所謂先經後經問題。
而馮李驊於此乃以先經後經言之，與其一再聲明《左傳》具有獨立生
命之觀點，殊有違離，難免啓人疑竇。此或可由二點說明，第一，馮
李驊極尊杜注，〈刻左例言〉中就言明於杜注一字不改，故此三體之說，
或欲尊前賢，故隨文所見，為檢出例證耳。第二，雖以三體說《左傳》
解經之體例，實際評點時卻仍不違背〈刻左例言〉、〈讀左卮言〉所標
榜之期待視野——以文為論，故於原先之主張，仍不算違背。關於此
點，將於下文詳細解析。

如隱公元年記隱公桓公之生，馮李驊評曰：

> 此篇為不書即位傳，所謂先經以始事也。要表隱讓
> 國之賢，須先見桓之不當立，今平平敘置，絕不著
> 一筆低昂，只於隱公所生，詳寫名分；於桓公所生，
> 詳寫符瑞，而兩君之是非，了然言外，史公封禪等
> 書便純是此段筆意。(96)

馮李驊這段評論應當這樣看：《左傳》這篇記事，記魯隱公
與桓公之出生，於隱公則記其名正言順，於桓公則記其母
有瑞徵。兩段分看，似平常記事，但一並置而談，則言外
隱然有意。故馮李驊認為，這樣的敘述，可作為經文背景
之交代，其指涉又與後來經書於隱、桓二公之是非褒貶一
致，故稱之為「先經以始事」。姜炳璋亦認為以日後桓公弑
君的行為來看，「其所謂瑞，乃天之降孽於魯者也」，並說
《左傳》「首揭此以為鑒」，：

> 惠公志在立桓而不以告廟者，以桓尚少耳。《左氏》
> 逐一清出蔽罪惠公正亂本也。(卷一，頁 121～122)

馮、姜二人皆點出《左傳》作者選擇劇目的背後用意。又
如文公六年，趙盾始為國，馮李驊評曰：

> 此篇為晉殺陽處父張本，先經始事，蓋預為「侵官」
> 立案也。「黨于趙氏」，定罪分明，又曰：「且趙盾能」，

夫不能於他人而能自陽子之口，趙盾雖能，終為一
人之私矣。下半詳寫趙盾能處，乃史家得失互見法，
然亦見事事獨斷，行使狐射姑多少眼熱，臨了重又
轉到「以授大傅、陽子」，分明擺出一「黨」字局面，
而以為常法，又分明久占要津，使姑積薪人，扼捥
于「遲我十年，使相」之恨也。手寫此處，眼注彼
處，能令「易班」、「侵官」兩意都到，是為入神之
筆。(590～591)

本篇本記陽處父因黨于趙氏而推薦趙盾，趙盾遂由中軍佐
而始為國政。馮李驊卻認為詳述趙盾何以能執國政，乃是
為了先交代經書所記「晉殺其大夫陽處父」之遠因。馮李
驊由「黨于趙氏」，及其他文字，點出趙盾事事獨斷、久占
要津，使狐射姑眼熱，而有「易班」、「侵官」之怨，終殺
陽處父，故此篇雖言趙盾執政之因，卻是暗伏狐射姑殺陽
處父而奔狄一事，恰可解釋經文「晉殺其大夫陽處父，晉
狐射姑出奔狄」二句，故本篇有「先經以始事」之功能。
姜炳璋評點則專發史論，對趙盾、狐射姑諸人，皆有價值
評斷，但未提及解經問題。

又昭公四年記杜洩以路車葬叔孫事，馮李驊評曰：

此事若分作兩半讀，則前文原為叔孫豹卒作傳，後
文自為舍中軍作傳。乃其傳豹卒也，舍軍事即帶起
于前文之尾；其傳舍軍也，葬豹事又夾敘于後文之

中，二子報讎附結于後，昭子之立預伏于前，分而
為二，合而為一；于前則為先經始事，于後則為後
經終義，錯綜串插，亦足以觀斷續起伏之奇。(1508)

他認為此篇獨立來看，主述杜洩葬叔孫事，卻於文末帶出
叔孫豹死後，季氏即欲捨中軍，則此篇可作為五年「捨中
軍」經文之背景，視為「先經以始事」；而後篇在昭公五年，
主述捨中軍經過，又夾敘杜洩堅持自朝門出葬叔孫豹之
事，為前段之回應，於經文而言，有詳細交代經過及後續
發展之功能，故曰「後經以終義」。姜炳璋於本篇評點未言
解經，但對篇章範圍及篇旨之掌握與馮李驊不同，他認為
「此及下捨中軍、公如晉三篇皆為昭公出奔張本也」，[10]所
以評論大抵在解釋昭公何以出奔。

　　另外，閔公二年記齊桓公遷刑、封衛二事，馮李驊評
曰：

二事後並有正傳，而先撮敘于此，亦先經始事之變
調也。(340)

遷刑、封衛事在僖公元年，卻在閔公二年事先提頭，並簡
述「刑遷如歸，衛國忘亡」，雖未詳寫事件經過，談不上「始
事」，卻也有預告效果，所以馮李驊認為是「先經始事」之
變調。

---

[10] 卷三十五，總頁 1617。

　　此外，需要釐清的是，並非只要傳文出現在經文之前，馮李驊就一概冠以「先經始事」，由前述例子之分析可以看出，必其文結構之中，寄託有後來經文之旨意；或文寫此事，眼注他事，而「他事」恰出現於後來之經文者，才真正有發明經義之功能，乃可以稱為「先經始事」，所以定公二年記郳莊公以杖敲閽人事，杜預注云：「為明年郳子卒傳。」馮李驊卻評曰：

> 此等處，自是本與下文為一首耳，不當從先經始事之例。(1919)

他認為這條記事不成篇章，當與下一年第一筆記事合為一篇，所以不能看做是先經始事，由此再次可見，馮李驊注重的是篇章結構，並不牽強拉合《左傳》解經之功能。

　　由前述馮李驊對「先經始事」之解析，可以看出他的評斷依據仍是《左傳》的文本結構；即便尊如杜註，如若在結構上不能解釋得通，他也無所苟；可見解經云云，可看做由文本衍申而來的應用功能，而非文本之全部，也就是說，馮李驊所欲強調的，是研讀《左傳》必須先撇開功利實用（如解經）的角度來讀，[11]如此才能真正掌握《左傳》文本結構，[12]之後，欲以之解經可也，以之明史可也，以之

---

[11] 參看其「立身局外」、「設身局中」（〈讀左卮言〉，頁 10）之審美心理距離觀念。「審美距離」指審美者與現實界保持一定的距離，才能撇脫功利念頭，進入審美境界。詳參前章註 42。

[12] 如前述郳莊公事，若不能撇開解經之視點，將如杜預以「先經始事」

為文亦可也,故於其「以文論《左傳》」之初衷,並未背離。

(二)後經以終義

傳文所記事件與經文所記相同,而位置後於經文,除了了結事件始末,通常也有總結歷史教訓的功能,謂之「後經以終義」。其例如襄公十年記子駟、子孔當國事,馮李驊評曰:

> 此文論經則子駟為主,後半乃後經以終義。 (1069)

本篇前半先述子駟當國,後半則記尉止、司臣、侯晉、堵女父及子師僕等人帥盜殺子駟、子國、子耳,並解釋經書「盜殺」之義例,等於以詳敘事件始末來解釋經文意旨,故曰後半是「後經以終義」。

又襄公二十三年臧紇出奔邾事,《左傳》於第一、二大段,詳記臧紇參與季氏廢公鉏而立悼子,與孟孫惡臧紇二事,第三、四段則記臧紇奔邾始末,及追敘臧紇出身,馮李驊評曰:

> 又看此傳臧紇出奔邾事,以「斬鹿門以出」句為主,前敘公鉏之廢,孟孫之讒,都是先經以始事;後敘大蔡之請,孟椒之盟,都是後經以終義。(1212)

而為之切割,則不能還其篇章之完整,對莊公個性卞急之描寫,亦不夠凸顯。

經但云：「冬十月乙亥臧孫紇出奔邾」，必得《左傳》這一番記事乃能知其始末，並透過人物彼此的議論存放歷史教訓，此則記事又是在經文之後，故曰「後經以終義」。

又如前一小節提到的昭公四年叔孫豹卒一事，《春秋》於昭公四年年尾記「叔孫豹卒」，五年年初記「舍中軍」；《左傳》則合二事為一篇，置於昭公四年年末，故馮李驊認為《左傳》所記豎牛誣叔孫本欲舍中軍一事，對五年「舍中軍」一事而言，是「先經始事」，但對叔孫豹因豎牛而餓死一事，有收尾及再次點染的功能，故是「後經終義」。

（三）錯經以合異

馮李驊說錯經合異是指「事在此而文在彼」，亦即傳文雖與經文所記為同一事件，然傳文之所指不全依循經文意旨，卻可彌補經文視點單一之不足，如隱公元年鄭伯克段於鄢一事，馮李驊評曰：

> 選《左》者無不以此為稱首，大都注意克段一邊，否或兼重武姜，竟以「君子曰」與「書曰」作對斷章法，皆未盡合。蓋依經立傳，本在鄭莊兄弟之際，開手卻從姜氏偏愛釀禍敘入，便令精神全聚于母子之間，故論事以克段于鄢為主，論文以寘母于潁為主，玩其中間結局兄弟末後，單收母子，與起呼應一片，《左氏》最多賓主互用筆法，細讀自曉也。 事在此而文在彼，此例所謂「錯經合異」者，若執事

論文，必印板而後可耳。(100)

馮李驊認爲經文所重在於兄弟鬩牆，但傳文所重在母子由
惡而樂之轉變，證據是結構起結皆投映於母子。又事與文
爲結構之兩軸，而兩軸之賓主互錯，藉此以對史實提供多
一個思考角度，若只由國事來看，嗅不出母子心結。所以
他說「若執事論文，必印板而後可耳。」再次強調看《左
傳》「不當論事，但當論文」，亦即須由文本結構以見意，
而非執事以裂文本。姜炳璋的評論則一仍傳統看法，認爲
《左傳》此段記事重點是隱公兄弟之爭：

> 惟《左氏》罪其失教而得《春秋》之義，非為段寬
> 也，段之叛逆，人所共見，鄭伯之志隱矣，故「鄭
> 志」二字是主腦。(卷一，頁 130)

而且與馮李驊對結構用意的分析相反，姜炳璋說：

> 首點母子三人，不重姜氏釀禍，見莊公與段同胞，
> 何忍疾視其不義而致之死，已隱射到「志」字。(卷
> 一，頁 130)

馮李驊由結構推原用意，姜炳璋則由經旨反視結構，兩人
入手處不同，所體會之意義也有差別，經由此篇之比較，
馮李驊所宣稱的「論傳不論經」，其意涵更加清楚，也就是
由《左傳》論《左傳》，而不是以《春秋》論《左傳》，而

且，能充分說明《左傳》文章情節的功能，若如姜炳璋所
評，專以兄弟爲論述目標，於「置母於潁」及「和好如初」
等事，就失了重心。

又隱公十一年記隱公之見弒，馮李驊評曰：

> 此篇是原敘法，第一段敘羽父所以弒公之故，第二
> 段敘公所以弒于寪氏之故，曲折清晰。及敘正事，
> 卻只以一筆收拾通篇，簡潔之極也。　兩段以第一
> 段爲主。　經不書弒，傳特詳之，此例所謂錯經以
> 合異也。以羽父爲主，故通篇羽父起羽父結。(166)

馮李驊認爲經但言「隱公薨」，傳卻詳寫見弒之原由與見弒
之地點，而且結構上以羽父作起結，正表示此篇重在凸顯
隱公之「薨」乃由於羽父之「弒」也，此篇於經有補充說
明、合其所記之異的效果。《讀左補義》於眉批處引馮李驊
之評點，文末總評亦認爲時桓公尚幼，逆弒之罪當歸乎大
權在握的羽父。

又如宣公二年趙盾弒君一事，馮李驊評曰：

> 此篇亦錯經以合異也。經書「趙盾弒君」，傳則敘不
> 弒君而書弒君之故，以太史語爲斷案，以夫子語爲
> 論定，通篇只作三段讀：首段「猶不改」以上，詳
> 靈公之不君，爲趙穿之弒伏線；中三段詳宣子之生
> 平，預爲不弒君伏脈；末段乃正寫其不弒君，而不
> 免于弒君之名也。前案後斷，而斷之中又有斷焉。

> 以散敘起，以整斷收；敘則層波疊浪，斷則峭壁懸
> 崖，文章之鉅觀也。(695～696)

經文以價值論斷為文，故曰「趙盾弒君」，《左傳》則交代事
實真相，同時闡明歷史論斷之徵結，故敘述重點在趙盾為何
見責以弒君，整篇記事之結構，則循此重點安排，先敘事件
來龍去脈，再加以論斷；由敘事見真相，由論斷見史評。與
經直書史評不同，故曰「錯經以合異」。姜炳璋亦曰：

> 盾未嘗弒君，何以弒歸之？《傳》言盾不弒君而實
> 弒其君之故，以發明經義也。(卷十七，頁 836)

其他意見與馮李驊大抵相同。
　　又如宣公十三年楚因宋救蕭而伐之，馮李驊評曰：

> 救蕭下宜補入伐陳事，下文乃明，只用斷敘互見法，
> 摑要簡耳。　意者宋自以踐盟伐陳，楚自以救蕭伐
> 宋，君子觀之，則以為楚雖以救蕭遷怒，宋自以踐
> 盟免譏也。亦錯經合異之旨歟。　「唯」字，乃責
> 晉、衛之意居多。(775)

清丘之盟，諸侯約定「討貳」、「恤病」，故宋討陳之貳於楚，
是為踐盟，楚因遷怒而伐宋，諸侯卻未前來「恤病」，所以
馮李驊認為經但言「楚子伐宋」，傳文論斷的部分卻是以「唯
宋可以免焉」解釋宋伐陳之正當性，以及晉不能救宋，為

不顧盟，而衛救陳又簡直是背盟，故馮李驊認爲「唯」字刺衛譏晉的成分更多些。像這樣以傳文補明經文的情形，稱「錯經以合異」。又如成公七年記吳入州來，先敘子重殺申公巫臣之族，馮李驊評曰：

> 本爲吳入州來作傳，宜以吳爲主，然通吳始大，全係巫臣調度，故除前半原敘外，後半起訖，著筆通吳，還題正位。中間將本題一點，以清眉目，而通體貫穿，摠以巫臣爲線索，《左氏》錯經合异，賓主互用之法，至此文而脫化盡矣。(865)

經文只記事件結果，傳文卻拈出事件發生之關鈕，吳之始大，源於申公巫臣於族滅後通吳于晉，經文以吳爲主，傳文以巫臣爲事件脈絡，視點不同，合而可得全貌，故曰「錯經以合異」。又成公十二年記宋華元克合晉楚之成，馮李驊評曰：

> 傳會瑣澤事，卻插敘西門之盟，所謂錯經合異也。克合晉楚之成，不但結華元，并結鍾儀，成故也。不但結晉楚，并結鄭，以上一切葛藤都斬，天下可幸無事，不意一轉面爲暴隧之侵，再轉而爲武城之畔，三轉而竟爲鄢陵之師，而此篇則固天運人事之小息肩處也。一起一結，作者亦殊鄭重乎其間矣。(895)

馮李驊認爲經文未交代諸侯爲何會於瑣澤，也未能凸顯此

會之意義，而傳文在結構上了結前事，正呼應此會在歷史意義上，對先前恩怨之了結。以傳文補充經文未到者，故曰「錯經以合異」。姜炳璋意見不同，其評曰：

> 瑣澤之會，諸儒以經不書宋鄭，《傳》不志魯衛，遂以西門之盟為妄，非也。春秋楚為其僭王猾夏也，晉楚之盟，聖人所惡，況盟而叛乎？不書者，為其不成盟也。(卷二十二，頁 1036)

又如襄公十年記子駟、子孔事，馮李驊評曰：

> 此文論經則子駟為主，後半乃後經以終義；論傳則子孔為主，通體乃錯經以合異。前半一「族」字、一「群」字、五「盜」字，後半七「眾」字，兩兩相映，中間又連著「盜眾」二字，上下作關鈕，分明寫作對局。而前云：「子孔知之」，後云：「子得所欲」，是子駟之見殺于盜者，皆子孔為之。篇中從子駟敘起，歸結到子孔，體方而意圓，事截而文貫，亦合傳之變而正者也。 (1069～1070)

經書只言盜殺子駟等，馮李驊認為傳文暗示「盜」實由「子孔」指使，由文本中之前後用語對照，可得其意，故文章焦點不放在子駟而放在子孔身上，以寄託指控。姜炳璋亦認為子孔是此事件之主謀。又如襄公二十六年，諸侯澶淵之盟，馮李驊評曰：

此篇傳會澶淵及執寧喜，卻詳執衛侯、請衛侯事。
分兩截讀，前是依經以辨理，後是錯經以合异也，
然一片寫去，上截疆戚田又取西鄙與孫氏，且囚衛
侯于士弱氏，分明為臣執君，已伏下截之案。下截
齊侯、鄭伯特特為此如晉，卻兼享賦詩，兩家絕不
提起，直待私于叔向，叔向言衛君之罪于二君，然
後重賦詩以諷切之，則固假借之使有可藉手斯已
矣。前論書法以趙武不書為尊公，而不言以為臣討
君貶，正與後晉侯言衛侯之罪相照明，為晉侯出脫，
非《左氏》淺于義例也。林註以此駁之，未詳其筆
意之所在耳。(1276～1277)

經但言執寧喜，《左傳》則揭露囚衛侯事，貶斥趙武以臣執
君之非，證據正在文本結構上之前呼後應，爲了更能指明
本篇微旨，馮李驊於夾批中也逐一點明，如傳文「趙武不
書，尊公也」句旁，批曰：

偏不說為臣討君故貶。(1276‧L6)

於傳文「鄭先宋，不失所也」句及「晉人執寧喜」句旁，
批曰：

賓。(1276‧L8)

於「晉人執（衛侯）而囚之於士弱氏」句，批曰：

主。(1277·L2)

於「齊侯、鄭伯為衛侯故如晉」句旁,批曰:

> 滿肚不平。(1277·L3)

亦即,《左傳》利用文本結構上之筆法,總結此歷史事件之價值論斷,而以趙武為罪責所在,此意可補經文之所諱,故曰「錯經以合異」。姜炳璋雖沒有注意到趙武一事,但曰:

> 《傳》於上段卻不提名正意(按:指晉人之非),只
> 閒論史例而正意留在末段國子言之,以發明聖經罪
> 晉之義。

也觀察到本篇重點不在盟會,而在晉之不義。又如昭公十三年,諸侯平丘之會,馮李驊評曰:

> 此篇論事以晉會平丘為主,論文以子產爭承為主。以
> 晉為主,故開手從「晉成虒祁」、「諸侯貳心」敘入,
> 討貳注意齊、魯、鄭三國,依經分傳,凡作兩大截讀,
> 前半以遂合平丘作領,子產相會略點一筆,而詳寫齊
> 魯兩邊議論于後,後半以同盟平丘作領,服齊、絕魯
> 略點兩頭,而詳寫子產兩番議論于中,前偶後奇,剪
> 裁極勻。以子產為主,故前半于將盟前即開敘一「幄
> 幕九張」事,下半于及盟前又插敘一「速張于除」事,
> 相應成章;而齊則懼而聞命,魯則懼而聽命,子產

> 獨藝貢力爭直，抉破晉人伎倆，極其生色，不但遠
> 過于齊之遲速唯君，雖魯以惠伯之辭亦且從意如而
> 西也，故特以夫子三層稱許作結，《左氏》往往于賓
> 主互用，並行不背處，見穿插之密、鎔鑄之精，其
> 手法必非粗心所能驟領也。(1649～1650)

經但言會於平丘，又言盟於平丘，且記魯不與盟而季孫意
如見執，《左傳》則有別於經文，特詳子產爭承，由子產言
辭便給之中，暗示晉不能守信修德，霸業衰態已露。此篇
於事，則與經文同記平丘之盟，於文則子產爭承，眼目激
射卻另在晉之無德，故亦屬「錯經以合異」之例。姜炳璋
亦認為本篇在形晉之無德，對諸侯只能「純以威劫」；而子
產爭承一段，是為了凸顯「晉卿無如子產者以禮輔其君」。
[13]與馮李驊意見大節相同而稍有出入。

　　另有所謂「經傳賓主互用法」，亦應屬錯經以合異的範
圍。昭公十七年，吳楚長岸之戰，經云：「楚人及吳戰於長
岸」，《左傳》則曰：「吳伐楚」，馮李驊評曰：

> 此篇上敘楚勝吳，下敘吳勝楚，似無輕重，然兩段
> 皆著筆「餘皇」，而前為楚敗而獲，後仍為吳取以歸，
> 則楚之卜不如吳之謀。觀提筆曰：「吳伐楚」，而知
> 傳之以吳為主也；但經書「楚人及吳戰于長岸」，則
> 又以楚為主。起處詳敘楚之卜戰不吉，改卜則吉，

---

[13] 以上兩引言並見卷三十八，總頁 1757～1759。

> 後以「獲餘皇」、「取餘皇」對敘，一應上卜吉，一
> 應上不吉，伏應極明畫，經與傳賓主互用，此又其
> 一班矣。 杜經註云：「兩敗莫肯告負，故但書『戰』，
> 不書『敗』。」，可見吳楚兩無賓主，故文亦賓主互
> 用也，與他處章法自別。(1707)

此段眉批前半認爲經以楚爲主，《左傳》之敘述主軸則在
吳，是經與傳賓主互用；後半言若參考杜注，則就事件本
身而言，吳楚無賓主之分，但敘事由吳伐楚說起，中又記
楚卜不吉，結尾以「吳人大敗之，取餘皇以歸。」故即便
撇開解經問題，純以文論之，亦是賓主互用之章法。姜炳
璋則全不認爲先書後書之中有何深意，其評曰：

> 吳主兵楚爲禦敵，乃書楚人及吳戰者，魯史承楚告
> 命，往往詳楚而略吳也。不書敗，勝負敵也。(卷三
> 十九，頁 807)

　　綜上所述，可見若不由傳文之抉微，則或失經旨，或
迷真相，故必得合《左傳》之敘述而觀，才能掌握較爲完
整之史實，此傳文錯經合異之一大功勞也。

（四）依經以辨理

　　所謂「依經以辨理」，指傳文所述與經文文字一一對
應，正可逐字或逐句辨明經書義理，如前述襄公二十六年，
諸侯澶淵之盟，馮李驊評曰：

> 此篇傳會澶淵及執寧喜，卻詳執衛侯、請衛侯事。
> 分兩截讀，前是依經以辨理，後是錯經以合异也，
> 然一片寫去，上截疆戚田又取西鄙與孫氏，且囚衛
> 侯于士弱氏，分明為臣執君，已伏下截之案。 (1276)

澶淵之盟，經文作「公會晉人、鄭良霄、宋人、曹人於澶
淵」，《左傳》則一一解釋諸國大夫何以有書名不書名之別，
此之謂「依經辨理」。如若只看至此，則以為此段文字果純
為解經而作，馮李驊則認為在整篇記事中，此部分是個提
頭，有埋伏下文之結構功能，如此一來，又還《左傳》獨
立之生命。

另外，《左傳》尚有所謂「依經分傳」的篇法，亦以辨
明經義為主，故當屬「依經辨理」之類，如前文提及之昭
公十三年諸侯平丘之會，經記諸侯會于平丘，再記其同盟
于平丘，《左傳》敘事依此架構，馮李驊評曰：

> 此篇論事以晉會平丘為主，論文以子產爭承為主。
> 以晉為主，故開手從晉成虒祁諸侯貳心敘入，討貳
> 注意齊魯鄭三國，依經分傳，凡作兩大截讀，前半
> 以遂合平丘作領，子產相會略點一筆，而詳寫齊魯
> 兩邊議論于後，後半以同盟平丘作領，服齊、絕魯
> 略點兩頭，而詳寫子產兩番議論于中，前偶後奇，
> 剪裁極勻。(1649～1650)

馮李驊認為本篇記事，整體結構可依經文「會于平丘」「盟

于平丘」兩句而劃分前後兩截，前寫所以有平丘之會，乃
因諸侯對晉有貳心，故詳述諸侯之貳心；後半則寫盟于平
丘之狀況紛紛，由兩段敘述中又可略窺諸侯對晉之離心離
德，此爲本篇要旨，卻不直接點明，反以子產作敘述主軸，
甚且敘述主線中又有穿插，卻能精於鎔鑄，所以馮李驊讚
嘆其「賓主互用，並行不背」。又如昭公三十一年，記季孫
會荀躒事，馮李驊評曰：

> 通篇作兩半讀，依經分傳，前半是季孫會荀躒事，
> 後半是荀躒唁公事。以兩「寡君使躒」句爲眼目，
> 前責季孫以出，後勸昭公以入，兩邊各各中竅，而
> 一則曰：「若得從君而歸，敢有異心？」一則曰：「所
> 能見夫人者，有如河！」直如冰炭之不相合，使讀
> 者不暇責季孫之僞，而深恨昭公之駿，此下筆之有
> 神也。(1892)

經記季孫會荀躒於適歷，又記晉侯使荀躒唁公於乾侯，《左
傳》之文則前寫適歷之會，後記乾侯之唁，故曰「依經分
傳」。但依馮李驊一貫之主張──《左傳》爲一結構完整之
著作，有其自我內在生命，故雖曰「依經分傳」，於《左傳》
而言，實只爲一篇記事，故馮李驊尋繹出前後兩部分皆以
「寡君使荀躒」提頭，以明前後相連復又可相對看也，而
由結構上前後之對映，更可掌握《左傳》所欲描繪的季孫
虛僞與昭公愚駿之形象。

二、敘事解經法

前文所談，是馮李驊認為《左傳》與經文位置相左右者，可互參其意旨，以下則是言《左傳》如何透過謀篇安章之掌握，以解釋經義，或探索經文微旨，認真說來，這部分才真正是《左傳》解經之「手法」，既言謀篇安章，則與第五、六章所言重疊，不過五、六章乃專就《左傳》本身而論，下文則就其解經層面而言，故前二章言《左傳》文本之表現，此處言由其表現所衍生之功能。

依馮李驊之見解，《左傳》全書可視為篇一有起有承有轉有合之完整篇章，[14]且其意旨，往往寄託在所謂「線索」、「剪裁」之中，因此，若欲求其意旨之可通於解經者，也必得由篇章結構求之。以下依馮李驊曾明言「××法」者歸納為「敘事法」、「一順一逆法」、「相對法」、「互見法」說明之，此四類之畫分，只為呈現馮李驊對敘事之多角度挖掘，類與類之間並非完全互斥的，故「一順一逆」或正相對而見義，第一類又如總領，其他如不同視角之分說。

（一）敘事法

一部《左傳》，記言又記事，其中所記事件，或有正可發明經義者，所記言論，或有正可揭示經旨者，馮李驊稱

---

[14] 〈刻左例言〉云：「《左傳》原通長寫去。」（頁 2 上）〈讀左卮言〉又云：「《左傳》有絕大線索」（頁 8 上）、「《左傳》有絕大剪裁」（頁 8 上）、「《左傳》須一氣讀」（頁 10 上）皆是把全書作一篇文章來看。

之為「以敘事為解經」。事實上,若要以解經角度看《左傳》,那麼其註經方法,整體而言就是以敘事來闡明經旨,張素卿就認為《左傳》之特質正是以其敘事來解釋經義:

> 敘事這一解經方式,既闡述經之「事」,也銓明經之「義」,兼具雙重的解釋功能……《左氏》「論本事而作傳」,適好切應《春秋》的特質,並且也同樣具備「深切著明」的積極功能。這是《左傳》敘事以解經的內在積極意義。[15]

《左傳》既是以敘事解經,因此,例子可說所見皆是,以下所舉例證,只不過是馮李驊特為明白指出者;此外,敘事本身有各種謀篇安章之手法,傳文與經文就難免互有錯綜,《左繡》既是「論文不論事」、「論傳不論經」,為了點明《左傳》章法之活潑靈動,馮李驊有時會依其細部變化而有別稱,如「先斷後敘」、「先敘後斷」、「引經斷案」等,細審之皆可劃歸敘事法之範圍。以下盡舉其標出「敘事」之例,一一分說。

桓公十年齊、衛、鄭侵魯,《春秋》書:「來戰于郎」,《左傳》解釋稱「來戰」係因魯「有辭也」,接著解釋何以有此一戰,馮李驊評曰:

> 此篇乃先斷後敘法,亦即以敘事為解經法,重在中

---

[15] 〈敘事與解釋──《左傳》經解研究〉,頁212～213。

段正「我有辭」處，末只帶說一事，再敘各有所主。
前篇是正敘，重在忽之有功；此處是原敘，重在魯
之有辭，同一後鄭，特著「周班」二字，可以語用
筆輕重詳略之法矣。末結「王爵」，見魯無往不以周
班，所謂「有辭」者益明，此以餘意透出正意之法，
筆力十分圓足也。 (211)

此篇採先斷後敘敘事法，「先斷」指「有辭也」的部分；「後
敘」指魯、鄭爭班種因於前，三國來戰理屈在後的敘事部
分，而敘事中，又以「魯以周班後鄭」一句為眼目，用來
說明「先斷」何以言魯「有辭」，若缺了後半敘事，即使知
道稱戰不稱侵伐，是表示三國理屈、魯國理直，卻仍不能
掌握屈直何在，必得透過「後敘」的部分才能完全掌握經
旨，此之謂「以敘事解經」法。「先斷後敘」乃就篇法而稱，
如以解經角度稱之，就是「先解經後敘事」。姜炳璋則認為
記「來戰」而非「伐我」，正可見諸侯並非討桓公弒君而來，
難怪魯能「有辭」：

惜其不為討賊之師，而為挾私之舉也，聖人如大書
「伐我及郎」，則疑于討賊，故以「來戰」為文，《傳》
以「我有辭」三字釋經，義約而精矣。(卷四，頁 255
～256)

由本篇評點可以看到馮李驊「論傳不論經」的意思，如姜
炳璋的評點，除了評論《左傳》，尚論《春秋》行文遣字之

用心，馮李驊則只論《左傳》文采。可見其「不論經」是
不論經文結構文法，而非不論經旨。

　　同樣「先解經後敘事」的篇法又如成公十五年晉侯會
同諸侯執曹伯歸於京師，《左傳》先解「稱『侯』不稱『人』」
之因，後記子臧讓國之事，馮李驊評曰：

> 凡傳有先解經後敘事者，所敘之事不出所解之經。
> 今此篇前半自解晉侯之執，後半自敘子臧之節，若
> 不相涉，不知其正相發也，以「不及其民」釋不稱
> 人，便將曹成自立一案，輕輕抹過，亦便為子臧讓
> 國留得地步，若如林註，為討罪特書晉侯，則子臧
> 不敢失守，真昧討賊之大義，而執硜硜之小節者矣，
> 何以見貴於《春秋》也哉！大抵古人文字須看通體
> 局段，不當泥一知半解，失作者苦心也。(920～921)

林堯叟註以為《左傳》之意在特書晉侯討罪，然馮李驊認
為此篇乃「以敘事為解經」之例，前「不及其民」云云，
是「先解經」的部分，解釋經何以書「晉侯」而不曰「晉
人」；後半子臧讓國一事，則是所謂「後敘事」的部分，而
依馮李驊之觀察，《左傳》中此類「先解經後敘事」之註經
手法，其「所敘之事不出所解之經」，所以此處「子臧讓國」
之敘事亦屬註經範圍，前半解經之部分已言「不及其民」，
則後半敘事之旨當非重在「討罪」，反倒是認為曹伯之罪「不
及其民」，馮李驊再次由章法勾深，其觀察入微、辨析入理

之處，較諸傳統逐字疏解者毫不遜色。

又如昭公五年《春秋》經連記莒牟夷奔魯、魯公至自晉及叔弓敗莒師三事，《左傳》先解《春秋》書「牟夷」乃「尊地」之意；後釋叔弓能敗莒師，乃因「未陳也」；中段則詳敘魯公至自晉之經過，馮李驊評曰：

> 書奔、書至、書敗，三事連敘為一，然首尾點經有
> 解，而中無解者，即以敘事為解也，將執而歸之，
> 待間而伐之，其危可知矣。(1524)

故知此篇解經之章法乃「直解——敘事——直解」，中間「敘事」一段，不僅亦屬解經，更是貫串前後兩事之樞紐。

此外，隱公二年莒子取于向，馮李驊認為《左傳》於經文略加添點，即成敘事：

> 莒人入向，即以點經為敘事，筆法輕妙。(111)

《左傳》先敘「莒子娶于向，向姜不安莒而歸」，接著說「莒人入向，以姜氏還」，短短一段文字，看似純敘事，實正解釋了「莒人入向」之經文，由於此類敘事正可註經，故亦屬「以敘事為解經」之例。姜炳璋則曰：

> 取姜還，未嘗有其地也，發明書「入」不書「滅」
> 之義。(卷一，頁 141)

又如宣公十二年晉楚邲之戰，經言「晉荀林父率師及楚子

戰於邲」,《左傳》詳述晉三軍將帥與佐軍大夫,又一一交
代楚國三軍之將、右廣、左廣御者及車右,而真正描寫到
戰爭場面時,獨寫荀林父與楚王,馮李驊於《左傳》詳記
晉國將佐之文字旁,夾批曰:

> 此處整敘,以後零星出現,至戰時卻只寫一桓子,
> 與楚整敘三軍後只見一楚子,同為準經落筆,小心
> 恭慎之文。(746‧L2)

馮李驊認為因為《春秋》經只提到「荀林父」及「楚子」,
故《左傳》敘事時,亦聚焦於此二人,此謂「準經落筆」,
從另一個角度來看,亦以敘事為解經之例。

　　此外,又有所謂「連經駕敘法」,意指連貫經文於敘事
之中以貫串篇章,就文章本身來看,是一篇完整之敘事,
就對經義之闡揚而言,仍是透過敘事記言以解釋經旨之
法,故列證於此,如僖公二十一年秋,經言諸侯會于盂,
執宋公以伐宋,同年冬,諸侯會於薄,而釋宋公。《左傳》
合兩事而成篇,先記諸侯會宋公於盂,以子魚「禍其在此」
之論斷為呼應與預告;其後緊接一句「執宋公以伐宋」,融
經文於敘述;接著記會薄釋宋公之事,又以子魚「禍猶未
也」為呼應與論斷,並為次年宋楚之戰做預告,馮李驊評
曰:

> 此連經駕敘法,會盂、會薄兩頭對說,「禍其在此」
> 應上文,「禍猶未也」呼下文,中用「執宋公以伐宋」

> 句為轉捩，敘事偏不著詞，只一過峽相似，小小章
> 法，工妙絕人。憑空立案，語語為後文張本，謂之
> 「突敘法」。(445)

馮李驊認為「執宋公以伐宋」這句經文，有如河峽，雖細
窄，卻又是重要通道，連接前後兩個事件，故曰「連經駕
敘」法。至於子魚之預言，天外飛來，卻亦串連諸侯執放
宋公與宋楚泓之戰之前因後果，馮李驊稱此部分為「突敘
法」。連經駕敘法又如定公十年，《春秋》記「春王三月及
齊平」與「會齊侯於夾谷」，《左傳》但去「王三月」三字，
馮李驊評曰：

> 當合下篇讀，蓋直點兩經，為夾谷傳首尾，亦連經
> 駕敘法。(1986)

另有「引經斷案」法，昭公三十二年魯昭公薨於乾侯，《左
傳》於此事先敘子家受賜、反賜，再註書「薨於乾侯」之
意乃指其失所，最後引史墨論為君當慎名器。馮李驊評曰：

> 昭公死失其所，由于生失其國，失國由于失政，失
> 政由于不慎名器，《左氏》引經斷案，而并述史墨之
> 言，前後一線。其詳子家受賜、反賜，不敢逆君，
> 正見小物且然，何況名器？但天生陪貳，不皆子家，
> 而偏多季氏，則陵谷變形，雷乾易位，以世從之失，
> 當世修之勤，其假之者，自詒伊戚也，而又何疑于

客死而莫之矜乎？是一篇痛哭流涕文字。(1905)

依馮李驊之見，前敘子家諸事，正可用於解釋「公薨於乾侯」一句，指出昭公死失其所，爲了強化此段敘述之解經功能，還特地引經文做斷語，故在「言失其所也」一句旁，馮李驊夾批曰：

斷語領起一篇。(1905・L6)

點出此句之結構關鍵性。而傳文於此句之後再引史墨之論，除了做爲整件事前因後果之評斷，也揭示歷史教訓；在文章結構上有回應補充「失其所」之功能，故馮李驊又於「魯君世從其失，季氏世修其勤」旁加「、、、」，並夾批曰：

重此句。(1906・L4)

故此篇是「引經斷案」的敘事解經法。姜炳璋由此篇所記事件議論春秋晚期大勢，但也提到「失其所」是本篇重點：

此公薨傳，受賜、反賜寫得字字哀憐……傳曰「言失其所也」五字聲淚與俱，以反振起史墨一大段文字。(卷四十三，頁 2007)

「引經斷案」的例子又如文公十五年夏齊人歸公孫敖之喪一事，馮李驊評曰：

「取而殯之」、「葬視共仲」二句本連，中間夾入解
經，乃以斷插敘法。(653)

亦即魯取公孫敖之喪而殯之，且比照葬共仲之禮以葬之，
但中間卻刻意插入解經文字，故馮李驊稱之曰：「以斷插敘
法」，由於此處之解經文字，同時也是全篇斷語，所以事實
上，與「引經斷案」法並無不同，且全篇乃以敘事見經義
者，故亦屬「以敘事解經」之法。姜炳璋則認為《左傳》
特敘此事，是為了凸顯孟氏之賢：

> 慶父與敖皆凶德，而孟氏代有偉人，傳于其交關處
> 敘明，以見幹蠱之賴有賢嗣也。(卷十六，頁 787)

又昭公二十五年，《春秋》經曰：「有鴝鵒來巢。」《左
傳》註解曰：「書所無也。」其下又藉師己引出童謠，預言
魯將及禍，馮李驊評曰：

> 直以點經解經語起，法又變。(1812)

此篇結構實即前文所言「凡傳有先解經後敘事者，所敘之
事不出所解之經。」故先解來巢，再以師己一段議論做解
經後之敘述，而仍為註經之範圍，故此實亦「以敘事為解
經」之例，稱不上變法。「以點經解經語起」之篇章則尚有
文公十五年宋華耦來盟一事，馮李驊評曰：

> 此節解經與敘事對看，前貴其事，後敏其詞，前純

> 用揚筆，後暗用抑筆。作文要前後相顧如此，若直
> 譏其暴揚祖惡之失，則自相矛盾矣。(651)

此篇在結構上，先解釋稱「司馬華孫」是「貴之也」，是屬
於「解經」的部分；其後記華耦與魯公對話，魯人稱敏，
是屬於「敘事」的部分。依馮李驊的見解，敘事亦解經也。
此篇表面稱讚華耦敬事又敏捷，馮李驊則依杜註，認為「敏」
之譽實反話，暗諷其暴顯先祖之惡，是為「不敏」，而之所
以表達得如此屈曲，乃為求與前半解經之褒揚相顧，又不
能泯滅公斷，故只好一揚一抑以見意，故結構上後半敘事
仍屬解經範圍。姜炳璋由經文及史實論華耦為賊黨，故不
認為經書有「貴之」之義：

> 華孫不以君命而擅盟者也，魯人以為能其職而書官
> 以貴之，聖人則深惡之也。(卷十六，頁 783)

敘事解經又有所謂「倒註法」，如僖公二十九年介葛盧
來朝，《左傳》記介葛盧舍於昌衍之上，而魯公饋之以芻米，
馮李驊評曰：

> 客舍昌衍而主饋芻米，本一連事，卻以「公在會」
> 夾敘其中，此亦倒註法。(530)

《春秋》經於介葛盧來朝事後，又記「公至自圍許」，《左
傳》於敘述介葛盧事中，插一句「公在會」，接著才記魯公

之饋賜，故馮李驊稱之曰「倒註法」。又如文公十五年《春秋》經記「齊人侵我西鄙」及「諸侯盟于扈」二事，《左傳》合此相關之事為一篇，馮李驊評曰：

> 晉會諸侯以謀伐齊，此篇只是前案後斷文字，而手法絕佳，本當以解經徑接「不克而還」，卻將「公不會」插入，而于「無能為」下另以兩「不書」解之，用筆參差入化。(656)

「前案後斷」指先述其事，再加斷語或解釋經句，《左傳》此篇先述齊之侵魯，以及晉欲謀救，終因齊賄而不果行，此為「案」的部分；「斷」的部分卻置於又後，其前先敘公不與扈之盟會，經此隔斷，「斷」的部分宛如倒註前一句經文，是亦倒註法之例。姜炳璋則評曰：

> 晉受賄而八國俱還，魯人大失所望，深疾此盟，故史氏從公不與盟之例，書曰：「諸侯盟于扈」，蓋以其無能為，故略而不序，非夫子略之也。傳之釋經精矣。(卷十六，頁 792)

總之，不論先斷後斷，先敘後敘，順註倒註，此不過敘事章法之異，皆屬「以敘事解經」之手法。

（二）一順一逆法

「順」，指順著經文作解釋，「逆」指先作解釋，再提

經文；兩者交叉而用，謂之「一順一逆」。此法可使敘事稍
有變化，不至如流水帳，是《左傳》最常見的敘事手法，
馮李驊屢言此法是「通部筆法之大凡」(99)、「《左氏》說經
之大凡」(211)、「《左氏》用熟法」(250)，其例如隱公元年
隱公與邾儀父盟于蔑，經曰：「公及邾儀父盟于蔑」，《左傳》
先釋稱「儀父」之因，曰：「未王命，故不書爵；曰『儀父』，
貴之也。」接著釋「盟于蔑」之因曰：「公攝位，而欲求好
於邾，故為蔑之盟。」馮李驊評曰：

> 「不書爵」是先解後點，「曰儀父」是先點後解，一
> 順一逆乃通部筆法之大凡。(99)

又如隱公元年經曰：「鄭伯克段於鄢」，《左傳》於此句經文
拈出「不言『弟』」、「故曰『克』」、「稱『鄭伯』」、「不言『出』」
四點來討論，馮李驊評曰：

> 解經只四筆，而自成章法。首尾兩「不言」，一倒一
> 順，中間一「故曰」、一「稱」，亦一倒一順；前兩
> 項先解後點，後兩項便先點後解，古文、今文無二
> 作法，此其一班耳。(103)

盛讚即使只有四筆，《左傳》亦章法回環，一絲不苟。此處
須特別注意的，是透過這樣的分析，馮李驊又把焦點由「解
經」層面拉回「論文」層面，他對《左傳》文章分析念茲
在茲之情可想而知。

又如桓公十年齊與衛、鄭侵略魯國,而經曰「來戰于
郎」,《左傳》解釋「不稱侵伐」及「先書齊衛」之用意,
馮李驊評曰:

> 「不稱侵伐」,先解後點;「先書齊衛」,先點後解,
> 一倒一順,固《左氏》說經之大凡。(212)

又如莊公八年,經記「治兵」、「魯齊圍郕,郕降于齊」、「還
師」等三事,《左傳》言:「治兵於廟,禮也。」而「還師」
之註,則挪前述於「圍郕」之後,作為圍、降兩事之關紐,
故馮李驊評曰:

> 只三語而分合順逆,亦《左氏》用熟法。(250)

「順」指治兵一事,順經句而註,「逆」指還師一事,先經
句而註;「分」指將圍郕而還師一事分置前後,「合」指以
魯公拒絕慶仲伐齊之請一段,縮合「郕降」、「還師」兩處
經文。此篇記事,三言二語,卻能利用註經之順逆而收章
法之變化,且由文法之變化又更能了解事件之錯綜,無怪
乎馮李驊認為《左傳》「但當論文,不當論事」。

又如襄公三十年諸侯大夫會於澶淵,《左傳》追其因由
曰:「為宋災故,諸侯之大夫會以謀歸宋財。」之後敘事全
以此為軸,敘眾大夫既會而無餽於宋;再引君子之言譴責
其無信,末以對書法義例之解釋作結。馮李驊評曰:

此亦起手直提一筆，下作兩層分應。「無歸于宋」應
「謀歸宋財」；「宋災故」應「為宋災故」，恰好一順
一倒成章法。(1383)

先敘諸大夫「無歸于宋」，順應前文之「歸宋財」；最末之
「書曰：『某人某人會于澶淵，宋災故。』尤之也。」則呼
應文首之「為宋災故」，故稱「倒」，與前文僖公二十九年
介葛盧來朝事之「倒註法」同。又如昭公六年，經記「葬
秦景公」及「葬杞文公」兩事，馮李驊認為同為葬諸侯事，
《左傳》亦用一順一逆法來做行文上之變化：

兩事類敘，「弔如同盟」註在經下；「大夫如秦」註
在經上，只一倒順法。(1528)

又文公十四年經記：「齊公子商人弒其君舍」及「宋子哀來
奔」，此原是兩事，馮李驊認為《左傳》之解釋，以章法結
構來看，有故意並置之意：

一曰「不義宋公」，一曰「不順懿公」，兩事連敘對
看，亦用一順一倒法，一是先敘而後解經，一是先
解經而後敘也。(648～649)

由「齊公子商人弒其君舍」一句，即可明見其貶斥於文字
之表，但宋子哀何以來奔，就無法由經文得知，《左傳》刻
意連敘兩事，以齊公子子元不服懿公弒君自立，「終不曰

公」，來呼應高哀因「不義宋公」而出奔。也就是說，「一
順一逆」解經法，除了可收章法變化之效果外，其實亦有
透過順逆之敘述，顯現主旨所在之用意。爲了強調此種效
果，馮李驊又特別以「相對法」標舉之，說詳下節。

（三）相對法

在「一順一逆」法中，已可約略窺知《左傳》習慣連
敘相類之事件，或並置兩不相干之記事，一來可使章法「相
對」而整齊，有時由連並之間，又可收對勘、互映之效，
甚至可激出所謂「言外之意」，針對此類敘事效果，馮李驊
稱之爲「相對法」。此法實即修辭學上「並置法」之應用，
王師夢鷗提到，意象的直接表達，可分爲「消極性地運用
語言記號的效能」及「積極性地運用語言符號的效能」，前
者以「知解」爲目標，後者則加入「審美」目的，而「文
學的構詞活動，於求爲可知解的效果以上，更要有可想和
可感的效果。」[16]於是就有許多用以增加語言記號效能的修
辭方法，其一就是「並置法」，王師解釋此法曰：

> 不同的事物不加錯綜而但並列之……爲著這些名詞
> 沒有直接關連性，所以能各獨立爲一個印象，而印象
> 與印象之間的聯繫，就有賴讀者想像力爲之補充。[17]

---

[16] 《中國文學理論與實踐》，頁177。
[17] 同上註，頁178～183。

此處本言鍛句,而實可擴大來看謀篇安章,不同的事件看
似單純並列,卻往往正是暗示其間必有關聯,刺激讀者運
用想像力以為之補白。[18]馮李驊認為《左傳》解經,亦用此
法以策動讀者尋思事件之意義。

解經而注重章法整齊,其例如隱公元年「紀人伐夷」、
「有蜚」兩事,馮李驊評曰:

> 事不類而連敘,蓋以兩「不書」相對為章法。(106)

又如莊公十年記「齊師滅譚」及「譚子奔莒」兩事,馮李
驊評曰:

> 解經事遞而文對,大率以整為工。 滅譚、奔莒,
> 一經對點,遂成後人雅謔。(260)

《左傳》連此二事而敘述,故曰「事遞」;分別以「無禮也」、
「同盟故也」作結,而前述何以滅譚時,又以對句為之,故
曰「文對」。則此篇不論就文字本身,或章法而言,皆有「整
齊之工」,此亦馮李驊盛稱《左傳》之處,且如此分析又將
「解經」層面拉回「論文」視野。更何況「滅譚」、「奔莒」

---

[18] 其實,這正是敘事本質之特色,比如電影亦是敘事的形式之一,電影
之敘事手法,稱為「蒙太奇」——「連接鏡頭的主要方式和手段就是
蒙太奇……首先它根據電影劇做原定構思,能把一個一個零散的鏡頭
有機地組合起來,變成一部表達一定思想並能讓人看懂的影片。同時,
在鏡頭的組接中,使鏡頭之間產生連貫、對比、襯托、聯想等關係,
賦予畫面新的內容,加強電影的表現力。」(歐陽周等《簡明藝術辭
典》,頁 446~447)

兩事一經相對,又產生不少韻味,可見相對解經法不只可
收結構整齊之效,尚可生韻外之致。姜炳璋之評論類似:

> 楚入蔡,齊滅譚,彼此對舉,儼然夷夏爭衡之勢。(卷
> 五,頁 316)

姜炳璋觀察到「對映」的文學效果,但所舉相對之兩文與
馮李驊不同。同樣的解經方式又如文公三年「楚圍江」及
「雨螽」事,馮李驊評《左傳》章法曰:

> 傳特移圍江于雨螽之下,又升救江于盟晉之上,令
> 兩文相接成章也;復離而二之,失兩「伐楚以救江」
> 之妙矣。(580)

依《春秋》經文,「圍江」事在前,之後是「雨螽」,然後
才是「救江」,《左傳》則抽出「雨螽」一事,令描寫楚、
晉因江而起之戰可一氣呵成,章法貫串之證據,就在前後
皆言「伐楚以救江」,則《左傳》欲令「圍江」、「救江」兩
事相對而看,用意至顯。又如宣公十五年「蝝生」及「饑」
兩事,《左傳》串連並釋,馮李驊評曰:

> 兩事併釋,亦變例,卻政(正)得兩事連書之旨。
> 稅畝而仍不免于飢,與其以冬蝝為幸,何如豐什一
> 之財乎。(791～792)

《左傳》以「幸之也」並釋兩事,馮李驊認為貶斥之意正

在兩事連書之中，蓋魯不按禮制而行稅畝之法，卻猶鬧飢荒，《左傳》連書螽生與饑，意在刺其不能豐財，只能以螽生於多爲幸。可見相對法是別有用心的敘事手法。姜炳璋則全然未注意到兩事並書的用意：

> 螽未成蟲尚不爲災，必書者，謹異也；中間插一「饑」字，覺民情皇皇（惶惶），下「幸之」更醒。(卷十九，頁 932～933)

又如成公十五年，經記「葬宋共公」、「華元出奔」、「宋殺子山」、「宋魚石奔楚」等事，《左傳》敘共公卒後，蕩澤（子山）弱公室，華元爲此出奔，而阻於魚石，終帥國人討蕩氏；後段單敘魚石之奔。馮李驊評曰：

> 依經文事凡四節，今于上截併敘三節，而下截單敘一節，極裁剪伸縮之妙。 (923)

至於爲何四事要以「前三後一」分成兩截呢？馮李驊認爲正是要「以兩截章法，作前後對看」：

> 又看篇中人名凡點四遍，恰好一分一摠，相間而寫，番番各別，而起結段落生乎其間。先敘華元出奔，則寫一遍，而特提右師，以立一篇之主；次敘華元復歸，則寫兩遍，而另提六官，以伏背族之案；次敘五人出奔，則寫三遍，而削其官于始；寫四遍，而削其名于

> 終。至子山之殺,則插敘中段,而獨點經文,不嫌于
> 略,明以華元之出歸,分敘于首;而以五人之出奔,
> 單敘于尾。殺山事為上下樞紐,兩頭一腳,又兼蜂腰
> 局法也。與兩對看,皆可以窺作者匠巧,文到化工,
> 則方珪圓璧,唯所取材耳。(924～925)

亦即分作兩截,正可作前後對看,而此一對看,才能看出
殺子山實非重點,族姓之間相爭相攻,才是主題,故須詳
略伸縮以得相對之妙。姜炳璋則認為本篇讚賞華元能討賊:

> 此體聖經之義而以討亂與華元也……五人援楚入宋
> 以禍宗邦,則同惡相濟,必非善類,故君子不責華
> 元固黨之私,而但與其討賊之正。(卷二十二,頁1063)

兩人意見相反若此,不論是非而論特色的話,由結構以挖
掘微言大義,是馮李驊一貫的主張,而這種評點方式,的
確顯得較為切實有據。又如襄公二十九年《春秋》但言「公
在楚」、「公至自楚」,《左傳》以敘事說明此二筆經文背後
之牽葛。《左傳》連敘楚康王薨,郟敖即位而以王子圍為令
尹,鄭子羽喻楚王將如松柏下之草,不能繁殖;接著由魯
襄公送葬,敘及季武子蔑君欺臣,以致有家臣公冶「生不
入其家,死不受其葬」之鄙棄,馮李驊評曰:

> 此為「公至自楚」作傳。凡「至」皆危辭,今至自
> 楚,不危于楚,而危于見疏之臣,自非動心于式故,

　　襄且先昭而不入矣。文以中段為主，前段從子羽之
論令尹引入，而末以公冶之深疾季氏終之，蓋明以
季氏為魯之松柏，而公冶所以滿肚皮不合時宜也。
此作者連敘之微旨，坊本或截其上，或截其下，胥
失之矣。

　　公送葬至墓，而季武安坐取下，上蔑其君，下又欺其
臣，分明做出松柏模樣；公冶生不入其家，死不受其
葬，既不忍以草處公，亦不甘以草自處也。通篇以公
冶為線索亦得，但不如以傳合經之尤有主腦耳。

　　式微詩與松柏語，意相映有情。(1346～1347)

馮李驊認為送葬與公冶之事，實故意對比而看，以郯敖喻
襄公，以王子圍之強如松柏擬季武子之蔑公室，亦即子羽
譬喻之指涉本在楚，經《左傳》刻意連敘相對，此喻反激
射至魯，證據是章法之前後相對，以及用詞之前後相映。
這種引發而來的微旨，不存於前後二事之中，卻寄託於前
後二事之相對而敘之中，故謂之「微旨」，能激出微旨，正
是相對敘事法之最大功效。姜炳璋分此為三篇，各自有評，
大意與馮李驊無別，但少了結構對比而產生的激射效果與
意義。

　　又如昭公十六年，「齊伐徐」及「楚誘蠻」兩事，《左
傳》亦相連而敘，馮李驊評曰：

> 齊伐徐、楚誘蠻，經本兩事，傳卻串敘，看其用突
> 插法，有橫雲斷嶺之奇。(1683)

《左傳》將「楚誘蠻」一事突插入對「齊伐徐」之敘述中，使兩事相對，以凝結褒貶之意，馮李驊認為其褒貶在於：

> 本敘齊侯伐徐，卻插入楚取蠻立子事，以楚之禮，
> 形齊之賂也。昭子卻嘆無伯，又以齊之害，形晉之
> 衰也，皆意在言表。(1683)

此篇為「對比式」相對敘事法，亦即相對之兩事，恰為相反，相反之事，一經對比，則其本質更形強烈昭顯。本篇所記兩事同為大國伐小國，一經對看，則一出之索賄，一出之以禮，褒貶昭然自別，為了加強此意，文末更以叔孫昭子之議論定之，凡此皆可歸結到馮李驊「文以載道──道寄於文本結構之中」之主張。

（四）互見法

　　所謂「互見法」指文義可前後互相抉發，如僖公二十四年富辰諫王不可以狄伐鄭，言當以德撫民，其次親親，並舉周公因二叔不咸而封建親戚，召公思周德不善而糾合宗族。此段記事雖非註經文字，但馮李驊於此之評點，恰可用來定義「互見法」：

> 「周公」、「召公」調法相對，參差中整齊也。前明點

> 「親」字，而「不咸」則暗貼「德」字；後明點「德」
> 字，而「宗族」則暗貼「親」字，乃互見法。(475)

對經文之解釋以互見法爲之者，如莊公二十五年夏日食、
秋大水，《左傳》認爲兩事皆「鼓用牲于社」爲「非常」，
馮李驊評曰：

> 補正以杜註爲非，「非常」者，謂不用幣而用牲、鼓
> 不于朝而于社是也。又曰「唯正月」以下，乃昭十
> 七年季平子之言，此恐誤，則失之矣。蓋此條合下
> 條乃兩兩對舉之文，下條有斷語，而此條獨缺，不
> 成章法；又兩段義亦互見，「天災，有幣無牲」可以
> 並解上條用牲之失，「非害不鼓」何以發上條鼓社之
> 非乎？ 兩「非常」對說，不當作兩解，註可商也。
> (298～299)

馮李驊以章法來剖析此條經解，認爲「凡天災有幣無牲」
爲總斷前後兩事，故「非常」並非如杜預所言「非常鼓之
月」，而是「鼓于社」之非常態。此篇結構關係文義所在，
故爲點明兩事章法之對舉，馮李驊於「唯」字及「凡」字
旁皆標以「、、」，示結構之關係，其上並眉批曰：

> 「凡」字與上「唯」字，作對舉文法。(299)

由此例可知，結構之不明，甚至連文義都無法釐清，而馮

李驦於結構之關注,真可謂辨及秋毫。姜炳璋同意杜解「不鼓于朝而于社」是「非常」,但不同意杜預對用幣之解釋:

> 「非日月之眚,不鼓」凡日月食皆當鼓而特不可大水亦用之也。傳以古語未備而補敘如此,杜氏但據古語而忘末兩言,遂至謬誤。(卷六,頁 362~363)

又閔公二年鄭高克奔陳一事,馮李驦評曰:

> 經文「鄭棄其師」,杜註謂「克狀其事以告魯」,看傳當是夫子特筆,所以深責鄭也。為之賦清人,高克則亦已矣,其如清何?淡淡一筆,直為經「鄭棄其師」四字傳大息之神。 師者清邑之兵,前不敘明,留于引詩點出,此互見法,得此乃字字簡潔。(334)

杜預認為經文乃據高克之辭而記,馮李驦則認為以《左傳》章法來看,當是責鄭公之非。證據正在〈清人〉一詩,而此詩又同時交代前文所言「師潰而歸」之師,實即清邑之兵,此以一解而可註兩處,謂之「互見法」。又如成公八年衛人來媵共姬,《左傳》云:「禮也。凡諸侯嫁女,同姓媵之;異姓則否。」馮李驦評曰:

> 後來卻偏偏有一异姓,故此文不但為衛媵作傳,併為齊人作傳矣,亦互見法也。(875)

成公九年《春秋》經有「齊人來媵」,無傳,馮李驦認為,

此條經文之傳，已並見於成公八年「同姓則滕，異姓則否」
之中，則齊之非禮，不待言而自明。又如襄公二年鄭師侵
宋，《左傳》但云：「楚令也。」馮李驊評曰：

> 前子然侵宋，亦楚令也。連上楚侵宋，便不復註，
> 互見法，惜墨如金。(986)

襄公元年《左傳》記「鄭子然侵宋，取犬丘」，馮李驊認為，
鄭兩次侵宋，皆出於楚之授令，但一併結斷語於後，互見
即可，這麼做是為了收精簡之效。又如昭公元年經記叔孫
豹會諸侯於虢，晉祁午言於趙文子，力主當與楚爭先，馮
李驊評《左傳》此篇記事曰：

> 中段乃會虢正文也，晉楚狎主齊盟宋既先楚，此番
> 理應先晉，而圍輕輕一著，不費半點氣力，便爾長
> 占先手，此雖令尹之僭，實趙孟之偷。然楚先而書
> 仍先晉，則「以信為本」數語，實獲聖心，故《左
> 氏》亦特特詳載祁趙一番議論為一篇之主，而并不
> 復釋經，則兩篇各以避就為章法，讀者得之互見之
> 表可也。(1415～1416)

祁午論楚之無信，晉若又後之，是晉之恥，故力主趙文子
當爭先，趙文子亦以「信」字成論；馮李驊認為就史實而
言，是楚先於晉，經文卻先書晉後書楚，而《左傳》對此
雖未直接提出解釋，但由細寫祁午議論，及特標「信」字

等，就可看出大義所託，亦即《左傳》是以記言爲論斷，又以論斷側面註經，互相輝映則義出，故稱此篇法爲「互見法」。

三、其他——補字法、認題法

所謂「補字法」指不另行爲文敘事而只爲經補字，如桓公十一年《春秋》記「齊人、衛人、鄭人盟于惡曹」，《左傳》則於鄭後補一「宋」字，馮李驊評曰：

> 傳不敘事，只爲經補一「宋」字耳，此倒亦往往而有。(213)

至於其中是否另有深意，馮李驊並未言及，服虔注則以爲經不書宋，乃因其後至。如此倒與文公十五年傳所記盟會書不書之例相合，錄以備參。另外，馮李驊雖言此法「往往而有」，然於全書只標出此例。

又有所謂「認題之法」，用來強調解經時抓住主題，而非屑屑於字句之釐析，如莊公二十四年《春秋》云：「大夫宗婦覿用幣」，《左傳》以宗婦用幣爲非禮，馮李驊評曰：

> 經并書大夫，傳單點宗婦，以經意本只重宗婦用幣也，此便是認題之法。整對而有參差，特著「不過」二字，側在宗婦一邊，下只渾論同贊之非，而意自了然矣。妙筆！(296)

馮李驊認為並非《左傳》漏了解釋「大夫」用幣，而是正
因徹底了解經旨故只釋其異於常態者——亦即宗婦覿用幣
事，如此類註經以抓住主旨為要領，而非以字句訓詁為方
向，謂之「認題法」，依此，不僅文本結構具有表義功能，
連文本劇目之選擇，亦可見旨意所在。姜炳璋則聚焦於「哀
姜至」一句：

> 傳但云「哀姜至」，一則寫莊公無限得意，從前納幣、
> 觀社經書十事，皆取償于此；一則寫臣民無限哀悼，
> 從前蔑車、孫齊、如齊，十餘年通國積憤，竟結局
> 于此。傳只三字而兩面具到。(卷六，頁 359)

又如昭公四年楚王會諸侯於申，《左傳》先敘不能與會者，
並詳記楚椒舉慎禮之諫，後記楚王示諸侯侈，子產言楚不
過十年。馮李驊評曰：

> 此篇為楚子會申傳，起處卻從許多不會者敘起，中
> 間特敘卒事不規，結處「不過十年」，惡遠而棄，處
> 處詳寫楚虔出醜，以其專盟中國，故深惡而痛絕之
> 也，此《左氏》以傳真經大主腦處(1493)

《春秋》但記會申及執徐子事，《左傳》詳寫其情況與議論，
馮李驊認為此篇章法上之起承轉合，皆在寫楚王之出醜，
用以斥其專盟中國。證據是由「不會」之諸侯提頭，寫楚
王未能服人，中寫椒舉諫楚王，與受命規正左師與子產之

失,卻「卒事不規」,馮李驊於此夾批曰:

> 此非椒舉自嘲寡學,當是借諷楚子無攻人惡之意
> 耳。(1495‧L4)

可見表面上是記椒舉之任務,實際卻是形楚王之無禮;結
段則借子產之口,以「不過十年」為論斷。此外,起段椒
舉對會申一事,諫言曰:「霸之濟否,在此會也。」結段楚
王示侈,椒舉又勸曰:「今君以汰,無乃不濟乎?」前後兩
「濟」字旁,馮李驊分別夾批曰:「呼」、「應」,則文章主
軸繞著對楚王「不濟」之諷,更為確鑿。故馮李驊認為《左
傳》作為經解來看,其註經之法雖非字字句句跟隨剖析,
然常能傳經之「主腦」,亦即善於「認題」。姜炳璋則認為
重點在寫晉之「君闇臣貪」:

> 此為楚靈會申原起,當以子產晉君少安數語為主,
> 少安者,不修德之謂,乃晉弱畏楚之本也。(卷三十
> 五,頁 1599)

又如昭公二十七年《春秋》記「楚殺其大夫郤宛」,《左傳》
於費無極以讒言左右擺弄,及郤宛見讒而自殺之經過,細
細描寫,馮李驊評曰:

> 飲酒寘甲兵,子惡亦殊夢夢,提個「直」字、「和」
> 字,使宛為出脫矣。妙! 此經書名罪宛正文,故

傳特詳之。(1852～1853)

據杜預註云：「無極，楚之讒人，宛所明知而信近之以取敗亡，故書名，罪宛。」馮李驊認爲《左傳》於郤宛之卒，描寫特詳，正因看出經以書名罪之，而其中又甚有曲折，須詳細交代乃知罪之所在，故篇章詳略之考量，亦由經旨之所需，故亦屬「認題」手法。依馮李驊之見，《左傳》於郤宛是頗爲同情的，郤宛之罪不過不能遠小人，而其不能遠小人，並非如令尹子常之「賄而信讒」，而是於人事之「夢夢」，故一開頭即以「直而和」稱之，馮李驊認爲，全篇可看出郤宛不能遠小人之罪——此是經之主題，而「直」、「和」兩字則有爲郤宛出脫之同情用心。姜炳璋則見出歸罪子常，而不能解釋經書名之褒貶，他說：

> 他篇殺大夫則累在君，此則罪其用事之大臣也……
> 此書「令尹子常賄而信讒」已提清此義。(卷四十三，
> 頁 1955～1956)

綜合本節所述，可以看出馮李驊「論傳不論經」並非對《左傳》解經功能之否定或忽視，而是指他的評點是由《左傳》的屬辭比事反推經義，而不是以自己或前人對經旨之掌握，來律定《左傳》的解經問題；因爲如此一來，就不是談「《左傳》如何解經」，而是看《左傳》的解經是否合於他人或我馮李驊的既定看法，這也是他一再強調「專以文論」的意思，亦即專由《左傳》文本（尤其是文本結構）出發，

來探究其他問題。因此,馮李驊論述《左傳》之解經,也是由其謀篇安章、遣詞造句來探討,透過與姜炳璋的比較,這種切入點就更形明顯,甚且,有時因對結構的講求,能見人所不見,這又呼應了接受美學所說的,閱讀理解須靠讀者在文本罅隙之間補白,由於馮李驊透過結構分析能找到許多空隙,因而有因補白而建構的言外之意。

第二節 《左傳》解經之特色

一、詳略有法

東漢桓譚《新論・正經》篇言秦近君「能說《堯典》篇目兩字之誼,至千餘萬言;但說『曰若稽古』三萬言。」解經而至便辭巧說,繁瑣之病自不能免,此似經傳注疏易見之弊,故早於經傳之萌發時期,有識之士於此即多所譏議,除了桓譚指名道姓而談,《漢書・藝文志》亦憂心忡忡的說:

> 後世經傳既已乖離,博學者又不思多聞闕疑之義,而務碎義逃難,便辭巧說,破壞形體,說五字之文至於二三萬言。

而《左傳》與傳統經傳注疏最大之不同在於「以敘事為解

經」，敘事則須包覆事件之前因後果，中涵人物、言論及論斷，以是清錢大昕以三傳解經作比較，《左傳》由於具論史事之源流委屈，較諸《公》、《穀》自是文繁，卻能繁而不損其明，故能以繁勝簡：

> 文有繁有簡，繁者不可減之使少，猶之簡者不可增之使多。《左氏》之繁勝於《公》、《穀》之簡。[19]

撇開與《公》、《穀》之比較，《左傳》文本本身，亦有繁有簡，而且也是「繁者不可減之使少，猶之簡者不可增之使多」，有時言簡而意可賅，有時詳敘乃能盡曲，清焦循正是以繁簡得當讚譽《左傳》：

> 夫謂文無深與博，亦即無所謂簡。行千里者以千里為至。行一里者以一里為至。《左氏春秋》，一人之筆也，或一二言而止，或連篇累牘，千百言而不止。一二言未嘗不足，千百言未嘗有餘。災變戰伐下至瑣褻猥鄙之事，無不備載，未聞徒舉其大端，而屏其細，故以為簡也，而文自簡明。[20]

焦循提出一個看似矛盾的說法——《左傳》之繁細處，亦有簡明之效。此與馮李驊之見不謀而合，馮李驊認為《左傳》解經之特長，正是其文之「詳略有法」。而繁簡之中，他尤

---

[19] 〈與友人書〉，《潛研堂文集》卷三十三，頁 15 下。
[20] 〈文說三〉，《雕菰集》卷十，頁 152。

看重「以簡取勝」的技巧。[21]如隱公元年經云：「元年春王正月」，《左傳》釋曰：「元年春王周正月，不書即位，攝也。」馮李驊評曰：

> 夏時冠月，紛紛註解，《左氏》只須著一「周」字，而意已無不足，其簡潔處，最不可及也。

> 只以一字解斷，得力在前面預用伏筆，凡文之繁簡，全在用筆先後間辨之。(99)

除了於眉批指出「周」字一字解斷，周字旁尚加「、、」以引起注意，並極力稱讚《左傳》解經之簡潔。又如同年隱公與邾儀父盟于蔑，《左傳》釋曰：「公及邾儀父盟于蔑。邾子克也，未王命，故不書爵；曰儀父，貴之也。」馮李驊評曰：

> 《左氏》解經最簡到，如此節先解邾儀父，次解公及盟蔑，無一字閒。(99)

又如桓公五年經記：「天王使仍叔之子來聘」《左傳》註解曰：「仍叔之子，弱也。」馮李驊評曰：

> 以一字作解，傳亦往往而有。只點「仍叔之子」，用筆尤簡而脫。(192)

---

[21] 早在唐代劉知幾就主張史著當以「簡」為尚，詳參本書第三章註 131 及第五章註 50。

又如莊公三年,《春秋》經記載「溺會齊師伐衛」、「葬桓王」、
「紀季以酅入于齊」、「公次於滑」等事,《左傳》引用經文,
再於其下分別註曰:「疾之也」、「緩也」、「紀于是乎始判」、
「將會鄭伯,謀紀故也」,整年之註經,體例完全一致,馮
李驊評曰:

> 一句經一句傳,敘事便爾了了,不知簡法者,難與
> 讀《左》、《史》二書。(241)

以簡潔著稱之例尚如莊公七年,「恆星不見」與「星隕如雨」
兩事,《左傳》分別以「夜明也」、「與雨偕也」釋之,馮李
驊評曰:

> 《公》、《穀》極費力著解處,《左氏》只一二語而足。
> 作文宜從《公》、《穀》,解經宜從《左氏》,謂其簡
> 而明也。(249~250)

當然此處所言「作文當從《公》、《穀》,解經宜從《左氏》。」
非謂《左傳》文采遜於《公》、《穀》,而是刻意強調,「解
釋」乃在令人明意,則辭達而足矣,若如《公》、《穀》於
此二事之解釋,連篇累牘,反失本意,則更像創作,而失
註經角色。

又如前述閔公二年鄭高克奔陳一事,馮李驊亦以「字
字簡潔」為評。又如莊公二十二年敘陳公子完奔齊一事,《左
傳》追敘陳大夫卜妻敬仲,及陳侯之筮。馮李驊評曰:

> 緊接「陳衰其昌」句，應起雙結。人知其詳，不知
> 其簡，非此老潔收不住矣。(291)

此處稱讚《左傳》以敘事尤「詳」著稱，但詳於敘事並非
就冗於文字《左傳》反而更以「簡潔」爲高著。

又僖公二年晉師借道於虞一事，《左傳》詳記晉君臣謀
畫之詞，馮李驊仍以「簡雋」稱之：

> 此篇較《公》、《穀》，《左氏》總以簡雋見長。(346)

「簡」來自於文辭精潔，至於「雋」，則來自於對劇目之選
擇有法，馮李驊曰：

> 二傳皆詳假道之謀，《左氏》獨詳假道之詞，詞令之
> 妙固非高赤所敢爭也。(347)

同樣以「簡雋」見稱的例子如僖公三十一年對「卜郊不從，
乃免牲，猶三望」之解釋，馮李驊評曰：

> 兩意前重後輕，故用筆亦前詳後略，末數語最帶得
> 簡雋有致。(540)

《左傳》此篇記事，前半只以「非禮也」作註，後總論依
禮當如何，而「郊」祀重要於「望」祀，故論依禮當如何
時，亦側重「卜郊」一事，故馮李驊曰「兩意前重後輕」「用
筆前詳後略」。至於後數語之簡雋，乃因釋經義之同時又暗

解經文虛字，解得極深細，卻只用一二語。如經云：「四卜郊不從，乃免牲」，《左傳》註云：「牲成而卜郊，上怠慢也。」馮李驊夾批曰：

> 時解「乃」字在內。(540・L7)

經云：「猶三望」，《左傳》註解曰：「望，郊之細也，不郊，亦無望可也。」馮李驊夾批曰：

> 並解「猶」字。(540・L8)

由此可見，馮李驊所謂之「簡」，並非單只是文字簡寡少略，而應是指經過刻意安排，使文字所承載之意義密度極高。又如宣公十年魯宣公第二次如齊，《左傳》註解曰：「奔喪。」馮李驊評曰：

> 只註兩字，而詫異聲情不啻自其口出，妙筆正不在多。(730)

何以「奔喪」兩字，會令人驚詫？杜預之註可為解說：

> 公親奔喪，非禮也。公出朝會、奔喪、會葬皆書「如」，不言其事，史之常也。

既是奔喪而春夏各有一度，無怪乎令人詫異。

又前文提及宣公十三年楚因宋救蕭而伐之，馮李驊也

評其「只用斷敘互見法，摠要簡耳。」又如成公十四年叔
孫僑如如齊逆夫人一事，《左傳》曰：「稱族，尊君命也。」
九月僑如以夫人至自齊，《左傳》曰：「舍族，尊夫人也。」
馮李驊評曰：

> 此條合下「至自齊」節讀，與宣元年公子遂事同，
> 只添「稱族舍族」四字，而傳之釋經者益詳而明。(916)

此亦對經文略加添補經義已明之例，以四字註經，故譽其
簡而詳。

　　此外，隱公十年經記：「秋，宋人、衛人入鄭，宋人、
蔡人、衛人伐戴，鄭伯取之。」《左傳》註解曰：「宋人、
衛人入鄭，蔡人從之伐戴；八月，壬戌，鄭伯圍戴。癸亥，
克之，取三師焉。」馮李驊評曰：

> 「從之伐戴」，略經所詳；「取三師焉」，詳經所略，
> 可得剪裁法。(157)

此篇言《左傳》之詳略有法，除了其文本本身繁簡得當外，
尚指對經文之解釋，能詳略互補；就解經而言，又是簡明
手法。此外又有因前後文可對看而節去文字，以收精簡之
效的情形，如宣公五年，經連記「公如齊」、「公至自齊」、
「齊高固來逆叔姬」、「齊高固及子叔姬來」四事，《左傳》
於前三事皆全引經文，再作註解；「高固及子叔姬來」一事，
則節去人名，但言：「來，反馬也。」馮李驊於其上眉批曰：

> 上三條都明點經文，此忽節去七字，伸縮有法。(716)

所謂「伸縮有法」，即是「詳略有法」，而此處更仔細一點
來說，應是「省略有法」，故能收簡潔之效。類似此種以省
略爲簡之例尙如宣公八年祭於太廟，仲遂卒，猶繹之，《左
傳》於此事之敘述略於經文，馮李驊評曰：

> 此等處，傳反略于經，亦以聖經語簡意足，無容復
> 贅，所謂游夏不能贊一辭者也，豈《左氏》亦有不
> 經意之作哉。(723)

傳略於經之例又如哀公二年魯伐邾取田而受盟一事，馮李
驊評曰：

> 經略則傳詳，經詳則傳反略，亦文家脫化之所自來
> 也。(2033)

類似與經文互補之解經法又如桓公五年陳侯鮑卒，經記「甲
戌」、「己丑」兩個日期，《左傳》解釋此乃因國亂而再赴，
馮李驊評曰：

> 因是再赴，故亂亦作兩遍寫，若徑從疾病說起，只
> 一遍可了，亂字須寫不透，《左氏》有極省處，有極
> 不省處，要是相其事而肖之，所以為化工也。(189)

《左傳》連敘兩次「陳亂」，一正敘公子佗殺太子而代之，

一原敘因陳侯病而亂作，馮李驊認為以《左傳》一向剪裁
之工，此二敘當非冗贅，而是為了配合「再赴」而寫兩遍，
且正可形其亂狀也。此是為了配合經義而故為文字添繁之
例。

此外，亦有看似可省而《左傳》偏不省者，如昭公十
三年楚復陳、蔡，《左傳》先總說其事合於禮，又分說一次，
馮李驊評曰：

> 三「禮」字頗可摠點，卻整整寫三遍，省則徑省，
> 不省則徑不省，傳例如是。(1660)

至於為何不取簡法而取其繁？馮李驊認為是為了收強調之
效果：

> 「復六國」、「封陳蔡」對說，卻以陳蔡為主，故于
> 上層先透一筆，而下以重筆另對，亦前奇後偶章法。
> (1660)

取其詳之例又如昭公二十七年楚殺郤宛一事，《左傳》於費
無極「飲酒」、「置甲兵」之奸計，細細描寫，馮李驊評曰：

> 飲酒寘甲兵，子惡亦殊夢夢，提個「直」字、「和」
> 字，使宛為出脫矣。妙！　此經書名罪宛正文，故
> 傳特詳之。(1852～1853)

亦即，若須翔實歷敘，乃能見真相者，則不憚其煩也。又

如前述成公十五年華元、魚石出奔事,馮李驊評曰:

> 依經文事凡四節,今于上截併敘三節,而下截單敘
> 一節,極裁剪伸縮之妙。後人以少對多事,多反用
> 少筆;事少反用多筆,其奇變蓋本諸此也。(923)

至於或詳或略,考量之標準何在?就此篇而言,馮李驊提
出之解釋為「以兩截章法,作前後對看」:

> 又看篇中人名凡點四遍,恰好一分一摠,相間而寫,
> 番番各別,而起結段落生乎其間。先敘華元出奔,則
> 寫一遍,而特提右師,以立一篇之主;次敘華元復歸,
> 則寫兩遍,而另提六官,以伏背族之案;次敘五人出
> 奔,則寫三遍,而削其官于始;寫四遍,而削其名于
> 終。至子山之殺,則插敘中段,而獨點經文,不嫌于
> 略,明以華元之出歸,分敘于首;而以五人之出奔,
> 單敘于尾。殺山事為上下樞紐,兩頭一腳,又兼蜂腰
> 局法也。與兩對看,皆可以窺作者匠巧,文到化工,
> 則方珪圓璧,唯所取材耳。(924～925)

亦即分作兩截,正可作前後對看,而此一對看,才能看出
殺子山實非重點,族姓之間相爭相攻,才是主題,故須詳
略伸縮以得相對之妙。另外,亦以事之遠近為詳略之依據,
如定公八年晉侵鄭又侵衛,《左傳》只解侵鄭,馮李驊評曰:

　　侵鄭有註，侵衛無註，以事之遠近為詳略也。(1971)

　　綜上可知，由於《左傳》之解經以見義為目的，篇章
之詳略因而從之，其略者至簡而不曾缺義，其詳者至繁而
不覺其冗贅，也就少了所謂「碎義逃難」的弊病，因此，《左
傳》解經第一特色，正是因敘事本質加上技巧高超而來之
詳略有法。

　　須附帶說明的是，馮李驊對《左傳》於詳略繁簡之取
捨，提出之說法或有勉強之處，如說以「事之遠近」為詳
略之本，而所說的遠近，實只兩三個月之距離而已。[22]但整
體說來，雖是說解經，其對篇章結構之注重，一仍本初；
此外，詳略有法中，馮李驊實更以「簡潔」稱許之，此或
與當時注重「簡潔」之文論風向有關，將於下一章討論。

　　至於姜炳璋也認為《左傳》解經甚「精」，而他所謂的
「精」就是以極少的字句表達極精準的意義，如評桓公十
年齊衛鄭來戰於郎，姜炳璋就盛稱《左傳》以「我有辭」
三字，不著痕跡而清楚地把經何以書「來戰」而不書「伐」
的緣由呈現：

　　　惜其不為討賊之師，而為挾私之舉也，聖人如大書
　　　「伐我及郎」，則疑于討賊，故以「來戰」為文，《傳》

---

[22] 定公八年晉侵鄭又侵衛，《左傳》只解侵鄭，馮李驊以事之遠近為詳略
　　之所依。事實上，「侵鄭」記在「七月，陳侯柳卒」之後；「侵衛」書
　　於「九月葬陳懷公」之後，「冬衛侯鄭伯盟于曲濮」之前，則二事相距
　　至多三個月。

> 以「我有辭」三字釋經,義約而精矣。(卷四,頁 255
> ～256)

又評文公十五年諸侯盟于扈曰:

> 晉受賄而八國俱還,魯人大失所望,深疾此盟,故
> 史氏從公不與盟之例,書曰:「諸侯盟于扈」,蓋以
> 其無能為,故略而不序,非夫子略之也。傳之釋經
> 精矣。(卷十六,頁 792)

姜炳璋認為《左傳》以「無能為」釋經,是因為看出《春
秋》但書「諸侯」而不一一記其序,是因為此次盟會並沒
有達成救魯治齊的目的,以三字而包含敘事、論斷及解經,
所以說它「釋經精矣」。

二、文法與經相配合

　　《左傳》於諸經傳中既以文采見稱,則其篇法縱橫變
化自不在話下,馮李驊認為,有時《左傳》會刻意在文法
上與經之筆法配合,一以彰顯《春秋》用筆之妙,二亦可
收章法變化之功。如僖公二十八年晉侯召王使狩,《春秋》
諱曰:「天王狩于河陽」,《左傳》則引孔子之言解釋《春秋》
筆法,馮李驊評曰:

> 先述夫子之言,又推夫子之意,經是創筆,解經亦

> 用創格，此等處，故須鄭重出之。　前篇深沒晉侯，
> 此篇特提晉侯，一是隱削其權，一是明正其罪，而
> 文法之變即在其中，妙哉！(528)

《春秋》將被召轉寫成主動出狩，但以「河陽」晉地暗指
其中屈折，以是馮李驊稱此筆法爲「創筆」；《左傳》則直
引孔子之言以明晉侯「以臣召君」之非，接著再逐一解釋
「天王狩于河陽」用字之意，直接引原作者之語以挑明經
義，再註解經句，也是「創格」。又如前述桓公五年陳侯鮑
卒，經書記有兩個日期，《左傳》解釋此乃因國亂而再赴，
馮李驊評曰：

> 因是再赴，故亂亦作兩遍寫，若徑從疾病說起，只
> 一遍可了，亂字須寫不透。(189)

馮李驊認爲《左傳》連敘兩次「陳亂」，是爲了配合「再赴」
而寫兩遍，且正可形其亂狀也。此亦是配合經文而成文之
例。又如成公十八年齊殺國佐，《春秋》書云：「齊殺其大
夫國佐」，以「國」稱殺，表示是國人討之，《左傳》記事，
亦以此爲主軸，馮李驊評曰：

> 殺國佐，明是夫人指使，而經特以國討書，作傳須
> 有並行不悖之法，今開手從齊爲落筆，篇中凡兩寫
> 齊侯，兩寫使字，明以三罪解經，卻隱隱以「內宮
> 之朝」、「夫人之宮」及二慶之用、國氏之嗣，舉其

> 實而傳之，而讀者自得之筆墨之表。 (971)

所謂「並行不悖」之法，即《左傳》謀篇安章以經之筆法
爲依據，既以國爲主，則結構主軸亦如之，以「齊」起，
以「齊侯使」貫中，以「齊侯返國弱」作結，利用結構上
之情節動線呼應經之筆法，然史實又不能棄而不錄，兼顧
之法就是夾藏暗示作伏線，依馮李驊之觀察，討國佐當是
夫人指使，證據是敘事中屢帶「內宮」、「夫人之宮」，末又
以二慶爲封，這些句段之旁，馮李驊也分別夾批曰：

> 可見是夫人之意。(971 · L2)

> 又明是夫人之意。(971 · L7)

故馮李驊認爲《左傳》此篇之妙正在於「不悖」《春秋》筆
法又能「舉其實而傳之」。

以經之筆法爲文法藍本之例，又如定公四年蔡侯以吳
子及楚人戰於柏舉，《左傳》於定公三年末先交代前因，此
次征戰，依史實爲唐蔡同伐，然經只記蔡侯，故《左傳》
依史實，並敘蔡侯止楚三年，及唐成公止楚三年兩君受辱
事；而配合經之所重，筆法全以蔡侯爲主，以蔡侯如楚起，
以蔡侯如晉請伐楚結，馮李驊評曰：

> 明年唐蔡同伐楚，而經獨書「蔡侯以吳子」，是蔡爲
> 主也，故此篇兩事平敘，而單收蔡侯，須玩一路平

> 中寓側，又不露斧鑿痕，所以為工。(1921)

此外，有一例是傳與經貶斥寬嚴略有不同，但傳之成章亦扣經之筆法而來，故亦列於此項之下說明之。襄公二十六年，經云：「衛孫林父入于戚以叛」，《左傳》以「專祿以周旋」評孫林父以戚如晉之罪，馮李驊評曰：

> 此段經是理語。末二句尤醞藉，傳于經亦寬嚴互用也。(1270)

《春秋》經直斥孫林父以戚叛國，《左傳》則指明其罪只在因不肯事新君而「專君之祿以周旋從己」，文本結構依循經文而述，然大義與經互有寬嚴之別。故桓譚《新論》說《左傳》與經的關係「猶衣之表裡，相持而成。」

綜上所述，馮李驊認為《左傳》之解經，能「先立主腦」，亦即能抓住經旨，故無「矜於詁訓，摘其章句，而不能統其大義之所極」之弊；復能注意經文筆法，然後以篇章結構附應其義，這種理解，又與其「由結構以見義」之論文主張相一貫，而此正成《左傳》解經之第二大特色。至於姜炳璋因不重文章法式，故其評論未提及此點。

三、抉微句隱

接受美學強調閱讀活動是一種填補結構空白處、連接意義斷裂點之過程，馮李驊屢稱《左傳》能於無字句處得

義，讚嘆其解經之細心，許以得春秋之法等，皆表示馮李
驊認爲以《春秋》之讀者而言，《左傳》簡直是一位知音、
一位超級讀者。[23]魏徐幹《中論・治學》篇曾批評東漢經師
註疏甚詳而迷其大義：

> 凡學者大義爲先，物名爲後；大義舉而物名從之，
> 然鄙儒之博學也，務於物名，詳於器械，矜於詁訓，
> 摘其章句，而不能統其大義之所極，以獲先王之
> 心……故使學者勞思慮而不知道，費日月而無成功。

而馮李驊認爲《左傳》以敘事解經，務求詳其始末，具論
其語，故解經以「認題」爲先，以明義爲主，因此自無「不
能統其大義之所極」的情況，更不會「通人惡煩」。[24]章太
炎亦云：

> 蓋《左氏》之旨，在採集事實，以考同異，明義法，

---

[23] 「超級讀者」(super reader)是里法特爾(Michael Riffaterre)提出的名詞，
不過，此「讀者」非謂某一真實存在的個人，而是「消息提供者群體」，
「它有點像一根探測棒，用以發現文本中潛在含義的密度。」
(Wolfgang Iser, 'The Act of Reading', p.30)而接受美學家費什(Stanley
Fish)則提出「有知識的讀者」(Informed reader)，這種讀者必須符合三
條件：「(1)能夠熟練地講寫作品文本中的那種語言；(2)充分地掌握『一
個成熟的……聽者在其理解過程中所必須的語義知識』，包括詞組搭配
的可能性、成語、專業以及其他方言行話之類的知識……(3)文學能
力。這就是說，作爲一個讀者，他在將文學話語的特性，包括那些最
具有地方色彩技巧（比喻等手法）以及全部風格內在化的過程中，具
有豐富的經驗。(見氏著《讀者反應批評：理論與實踐》頁165)其實，
以此條件來看《左繡》，則馮李驊又爲《左傳》之「有知識的讀者」。
[24] 《文心雕龍・論說》：「若秦君延之注〈堯典〉……所以通人惡煩，羞
學章句。」秦延之即徐幹所言之「秦近君」。

不以訓故為事，本與其餘釋經之傳不同。[25]

《左傳》解經以發微為主，其證如襄公二十九年《左傳》借鄭子羽之口，旁敲側擊季氏之弱公室，馮李驊曰：「此作者連敘之微旨。」即《左傳》將經文所書「公至自楚」等背後之微言大義，藉由敘事安排披露出來。姜炳璋則不見此節，純以送葬非禮為說：

> 魯與三國皆親送葬，是以天子之禮事楚也。(卷三十一，頁 1458)

以下例子是馮李驊於《左傳》之解經特別加上此類讚嘆者，並非《左傳》只有這幾條記事能闡明經之微旨。

如桓公七年穀伯、鄧侯來朝，經書其名，《左傳》以為「賤之也」，馮李驊評曰：

> 「伯」也、「侯」也而名，非賤侯伯，賤其來朝耳。此傳于經逐字咀味出意思來也。(203)

又如桓公十五年天王使家父來求車，《左傳》言其非禮，因「諸侯不貢車服，天子不求私財。」馮李驊評曰：

> 一句分出兩意，細心。(226)

---

25 《國學略說》頁 95～96。

於此事姜炳璋則完全無評。又如莊公十八年經記「公追戎
于濟西」,《左傳》以「不言其來,諱之也」釋之,馮李驊
評曰:

> 不言其來,只從「追」字看出,《左氏》解經最是著
> 眼無字句處,見其會心。(278)

從「追」字即可看出是戎來犯,且杜預註云:「戎來侵魯,
魯人不知,去乃追之,故書不言其來。」則見《左傳》於
一「追」字,理出魯之無虞無備,故以「諱之也」解經,
是以馮李驊譽之能讀無字句。又如僖公三十一年經記:「卜
郊不從,乃免牲,猶三望」,《左傳》皆以「非禮」釋之,
並總結依禮當如何處理,馮李驊評曰:

> 兩「非禮也」雙起,下以「禮」字總提,而分兩層
> 洗發,并「乃」字、「猶」字虛神都見,視《公》、《穀》
> 解經,差為隱秀。(540)

「隱秀」謂其深刻而突出,所謂「深切著明」也,《文心雕
龍‧隱秀》篇云:

> 是以文之英蕤,有秀有隱;隱也者,文外之重旨者
> 也;秀也者,篇中之獨拔者也。

可見以「隱秀」稱《左傳》,表示於顯而易見之經旨,《左
傳》之解釋較《公》、《穀》更為獨到;而於微言大義或言

外之旨,則更能深掘。

又如文公八年魯襄仲與晉盟于衡雍,又與戎盟于暴,《左傳》以「報扈之盟也」解釋二次盟會,以「稱公子」為「珍之也」,馮李驊評曰:

> 兩事連敘,只用束上轉下筆法,解經語雖雙頂,而意實側註,用筆極圓。(612)

「束上轉下」指「報扈之盟也」一句,收束「盟于衡雍」事,又帶起「盟戎于暴」事;「雙頂」謂對「稱公子」之解釋,頂應上二事。「側註」謂記事以國為重,文意所在卻是公子遂能安社稷利國家。此亦能於記事之外求用心之例。姜炳璋看法不同,他說:

> 文公委靡不振,盟晉盟戎悉委仲遂,遂何人斯,即與敖爭室而欲作亂者也,於是大權在握而弒逆之禍萌矣。(卷十五,頁 740)

又如昭公元年經記「秦伯之弟鍼出奔晉」,《左傳》認為稱「秦伯」乃罪秦伯也,馮李驊評曰:

> 此篇一頭兩腳格,鍼車千乘,鍼之罪也,乃曰:「罪秦伯」,下兩段一敘其知過之善,一併敘其知人之明,隱隱見得后子無罪,便都為罪秦伯下註腳矣,此作者之微旨。(1435)

此言《左傳》能由「秦伯」二字窺出經旨，故篇章安排全
爲烘托此微言大義，爲提出更爲確切之證據，馮李驊對此
篇脈絡有極爲仔細之分析：

> 鍼之奔晉，由于懼選，懼選由于多車，故兩段又以前
> 段爲主。于享晉侯，極寫其奢富，正見其寵如二君處。
> 然以懼選而來，亦將知過而歸；後段吾子曷歸，即承
> 前段說落，以懼選而來，亦將待五而歸，末仍以后子
> 論趙孟結以後之不敢玩歲愒日，合前之知過，令圖雖
> 多車，亦免于罪矣。文字逐層生出，而其意則前後一
> 線，非粗心所得漫讀也。(1435～1436)

凡所分析，可謂鞭辟入裡，其實「非粗心所得漫讀也」一
句，正可用以形容馮李驊之讀《左傳》，及《左傳》之讀《春
秋》。姜炳璋亦認爲「通篇是說后子知過」而「罪秦伯……
自棄其弟也」，[26]但以事推論而非由結構推出證明。

又如昭公三十年經云：「公在乾侯」，而事實上，昭公
自二十六年即「居于鄆」，二十七年兩書「居于鄆」，二十
八年「次於乾侯」，二十九年「居于鄆」復「次於乾侯」，
此年鄆民潰散叛公，昭公且受辱於齊高張「主公」之稱，《左
傳》認爲直至三十年經才書「公在乾侯」，是因「不先書鄆
與乾侯，非公，且徵過也。」杜預認爲，之前過謬猶可掩，
故輕略記之，「使若在國然。自是鄆人潰叛，齊晉卑公，子

家忠謀終不能用,內外棄之,非復過誤所當掩塞,故每歲
書公所在。」《左傳》註此段經文正是此意,故馮李驊稱讚
其細心:

> 不唯書不書有故,并先後之間都有故,如此看經乃
> 見細心。 (1884)

姜炳璋則持相反意見,他說:

> 鄆,魯邑也,至鄆潰而久於乾侯,疑於非魯君矣,
> 故書「公在」,存公也。(卷四十三,頁 1985)

又如定公十三年晉晉陽之難,經言:「趙鞅入于晉陽以叛」,
復言:「荀寅、士吉射入于朝歌以叛」,看似大夫與國之間
的事件,《左傳》則詳記各家於政治勢力上之角力,以見實
是各家結黨之惡鬥,馮李驊於結構、用語條分縷析後,引
俞寧世《可儀堂左選》之語作結:

> 俞寧世曰:「『始禍者死』一句兩提,公義也。曰『相
> 睦』,敘荀、范為一黨;曰『無寵』、曰『嬖』、曰『相
> 惡』,敘五家為一黨,私情也。假公義報私情,是此
> 文關要,敘得嚴明,兩黨各書曰『亂』,得《春秋》
> 之旨。」(2006)

姜炳璋則注意在「據城叛君」這個主題,對事件的解讀停
留在「大夫叛國」的認定上。

又如哀公六年經書：「齊陽生入于齊」，「齊陳乞弒其君
荼」，《左傳》則詳寫陳乞對陽生如何召之、養之、立之、
盟之，而至陽生責以國有二君，末以陽生弒君作結，馮李
驊一一解析篇法作意之後，引王或庵《左傳練要》之意見
作收：

> 王或庵曰：「陽生入齊、陳乞弒君，經雖分書，實一
> 事耳，傳既合序，則但為弒君傳可矣。召陽生入者，
> 乞也；養于家、納諸宮者，乞也；立為君而廢孺子
> 者，亦乞也；始終皆乞，獨至弒孺子而曰：『我不知』，
> 欲使弒君之名倖以免也，欺天乎？欺人乎？《左氏》
> 一一詳其實以傳其真，而春秋書法無容辨矣。然不
> 誅其心以暴之天下，而「不對而泣」、「孺子何罪」
> 者，以為出之誠然，而序之無貶詞者，此正寫其奸
> 狡處也，寫小人，人第知直抉肝膽為寫照，不知但
> 寫面貌為傳真，此間分際，難為淺者道矣。」(2063)

亦即《左傳》能由史實與經文之差異，考索其中曲折，故
行文時以凸顯陳乞之詐偽，歸出弒君罪源所在，故曰「春
秋書法無容辨矣」。姜炳璋也認為此事皆「乞使之也」，並
說：

> 其作用全似楚費無極，高國身受重任而夢夢至此。(卷
> 四十七，頁 2169)

　　除了上述例證，如前一節「敘事解經法」中之「相對
法」，亦是由篇章安排以闡發隱微之經旨者，凡此皆可見
得，馮李驊認爲《左傳》能於無字句處得春秋書法，洵爲
不誣。

四、輕活靈變

　　前文一再提及《左傳》以敘事爲解經之特色，敘事手
法在其本質上，就因謀篇安章之不同，而有千變之姿，以
解經角度視之，較諸逐字依句之詁訓，當然靈活得多。本
章第一節第一部分談到傳文「與經文相依或互爲前後以明
事見義」，正是由敘事時情節穿插安排而來的手法，因此，
輕活靈變，是《左傳》解經特色之一。馮李驊對《左傳》
謀篇作意之分析，本就屢以「變幻莫測」、「不拘一格」、「不
板滯」等讚譽之，其靈活可見，以下單舉其言解經手法之
輕靈者而言。

　　文公二年傳記諸侯盟于垂隴，及陳執孔達事，並於兩
事之中夾入解釋爲何經於他國稱諸侯而於晉獨稱「士穀」，
馮李驊評曰：

　　　　敘事中間插入解經，筆輕而活。(573)

《讀左補義》的眉批借馮李驊的意見：

　　　　敘事中插史法。(卷十四，頁 688)

文末總評則認爲獨稱士穀，有《春秋》筆法在：

> 以大夫主盟諸侯，是霸主無諸侯也。(卷十四，頁 688
> ～689)

又如文公十五年《左傳》記晉伐蔡一事，馮李驊評曰：

> 解經多著虛字便活，又此節似以三「城」字為映帶，
> 裏十三年傳「弗地曰入」，便見此處另一筆意矣。(656)

《左傳》此篇在解釋經文筆法凡例時，咸以「之」、「焉」
等虛字收尾，顯得活潑不板重；此外「獲大城焉，曰『入
之』」之解釋，若與襄公十三年「弗地曰入」之註解對看，
則《春秋》書曰：「（晉）入蔡」，乃指其獲大城而不據爲有，
以極簡之文字，利用前後之對勘，不使註解重複呆板，卻
能使經義揭而無隱，此馮李驊因而有「活」之嘆也。又如
同年記諸侯扈之盟，《左傳》特書晉受齊賄，論斷諸侯之救
魯「無能爲」，末以解釋《春秋》於諸侯與會書不書之凡例
作結。馮李驊評曰：

> 此篇只是前案後斷文字，而手法絕佳。本當以解經
> 徑接「不克而還」，卻將「公不會」插入，而于「無
> 能為」下另以兩「不書」解之，用筆參差入化。(656)

「參差入化」就是靈動能變化，馮李驊提出更具體的證據
曰：

> 文家莫活于反映，如此篇要見不序諸侯許多無能為
> 之苦，卻故意詳列諸國于首，此前路伏筆之妙；文
> 家莫醒于旁敲，如此篇要明不序諸侯非關公不會之
> 故，卻將「諱」與「後」兩意相形，此後路應筆之
> 妙，若單責其受賂，正無多語耳。(656～657)

此處言其以情節之伏應寄託立意之「活」，此篇表面在說明
諸侯與會書不書之例，實是暗諷諸侯之無能為，因而馮李
驊於傳文「凡諸侯會，公不與，不書，諱君惡也；與而不
書，後也。」旁批曰：

> 既非諱又非後，則單為無能矣。(657・L2～3)

又如宣公七年經云：「公會齊侯伐萊」，《左傳》註曰：「不
與謀也。凡師出，與謀曰及；不與謀曰會。」馮李驊評曰：

> 入春秋以來，書及書會屢矣，至此始發例者，東萊
> 本齊屬國，與魯風馬牛而會以伐之，故特明其不與
> 謀也。以此見《左氏》作傳行雲流水，不似後人印
> 板套頭生活。(720)

行雲流水，正狀其靈活輕巧。又如成公十八年「齊殺國佐」
事，馮李驊亦以「此前人手法最輕最活處」[27]譽之。又如成

---

[27] 《左繡》頁 971，詳細解說可參本章第二節之「二、文法與經相配合」
小節。

公十八年鄭楚伐宋，魚石復入于彭城事，《左傳》註云：「書曰：『復入』，凡去其國，國逆而立之曰『入』；復其位曰『復歸』；諸侯納之曰『歸』；以惡曰『復入』。」馮李驊評曰：

> 「書曰復入」下不著斷語，一似歇後者，竟將泛論凡例移作本註，又一解經變調也。　「入」、「歸」、「復入」、「復歸」不從類敘而參錯言之，仍自整齊，故妙！(975)

「變調」、「參錯」皆言其不呆板，故言《左傳》解經以輕活靈動爲特色。姜炳璋亦言本篇重點在「復入」：

> 傳蓋發明經書「復入」之義，故斥楚惡者甚詳。(卷二十三，頁 1111)

又前一節「一順一逆」解經法中曾提及襄公三十年諸侯大夫爲宋災故會於澶淵，《左傳》於文末解釋書法義例曰：「書曰：『某人某人會于澶淵，宋災故。』尤之也。不書魯大夫，諱之也。」馮李驊評曰：

> 此亦起手直提一筆，下作兩層分應。「無歸于宋」應「謀歸宋財」；「宋災故」應「為宋災故」，恰好一順一倒成章法，末句又于「書曰」外，補出一層作掉尾，卻正于不書內，抽出一層作旁註也，解經精而用筆愈變化不拘矣。(1383)

此言《左傳》在解釋經書凡例時，以「尤」、「諱」等字再次強調對諸大夫無信之責備，呼應前面主要敘述之部分，又寓譏刺於其中，故馮李驊以「精」許之，以「變化不拘」嘆之，此為《左傳》解經第四大特色。姜炳璋亦曰：

> 《左氏》以為此事觀之，其義自見，既舍其大而務其小者，而小者亦至失信，尤足惡也。(卷三十二，頁 1495)

綜合本節所述，可以看出馮李驊由結構分析入手，所以提到的《左傳》解經特色也與謀篇安章手法有關，姜炳璋則大多直言《左傳》解經之結果，並未特別注意文章結構的問題。

至於馮李驊如何透過他對《左傳》的解釋，回應《左傳》與《春秋》之關係呢？由本章之解析，很清楚可以看出，馮李驊主張《左傳》與《公羊》、《穀梁》同有解經功能，所不同者，在於解經手法之異，又在解經成就或特色之異。《左傳》以敘事為解經，由此手法衍生之優異處正在於敘事能「具論其語」以見其事、能「屬辭比事」以見義、能錯綜章節以求變化；由此衍生之解經特色為篇章長短可依立意而伸縮，詳略有法，不必如逐字逐句者之傍經析論；章節安排又可時而與經文相合，在結構層面上附應所謂「《春秋》筆法」；此外，以事件為主軸之解經法，本身就較能掌握大局，不易有「碎義」、「失主腦」之弊，且透過

敘述模式（如「並置」）、當事人物之議論、旁觀者或君子
等之評斷，又可逐層或反覆披露主題，於微言大義之闡揚，
反更深刻；因此，整體而言，《左傳》之解經，較諸《公羊》、
《穀梁》甚至其他經傳，都來得靈活動人。以是馮李驊叮
嚀讀者解讀《左傳》當由整體入手，提篇章結構以爲綱，
則微旨細目可張：

> 大抵古人文字須看通體局段，不當泥一知半解，失
> 作者苦心也。(920～921)

以「通體局段」標舉解讀《左傳》之進路，再次見出馮李
驊「以文論《左傳》」之期待視野一路未變。

由於解經手法之特殊，與取得成就之深刻，故馮李驊
盛稱《左傳》最能得《春秋》「屬辭比事」之教，如成公十
四年，叔孫僑如如齊逆夫人事，馮李驊評曰：

> 《春秋》一部書法大意卻于此處闡發，蓋只一人一
> 事一時，而稱族舍族，各有義例，如此《春秋》比
> 事屬辭，大略可睹矣。(917)

更一再稱《左傳》有「翼經」之功，[28] 如引唐錫周《左傳咀
華》之語：

> 唐錫周曰：「考叔純孝，石碏純臣，弁冕全書，千秋

---

[28] 王夫之《續春秋左氏博議》云：「《左氏》之於經，翼而已矣。」

華袞，傳之所以翼經也已。」(127)

又如昭公九年周晉爭田，馮李驊評曰：

> 此篇是詰責文字，不作詔誥體。起手提出「爭田」、
> 「率戎」兩案，末以「致閻田」、「反潁俘」分應作
> 結；中幅亦作兩截讀，上半先責晉不當與周爭田，
> 言溥天王土，周不自私而封建母弟，晉奈何忘本而
> 敝若弁髦，此兩層相承說；下半重責晉不當率戎伐
> 潁，言棄華即裔，惠公既作俑，而使戎得有中國于
> 前，今晉豈可效尤，而使戎不有余一人于後，此兩
> 層亦相承說，委婉中字字嚴正，尤妙在只從大義指
> 示，不粘煞甘、閻、丙、趨，屑屑較量，《左氏》于
> 潤色絲綸，尤篇篇用意，知其翼經之功，素臣不媿
> 也。(1579～1580)

馮李驊認為《左傳》不只解經，還潤經，故為「翼經」功
臣。稱功臣之例又如僖公二十三年記晉公子重耳之亡，《左
傳》記其至曹，僖負羈之妻論其必得志；至楚，楚王論其
必興。馮李驊評曰：

> 「其必返國」、「其返國必得諸侯」卻從僖負羈之妻
> 與楚子口中說出，而又表晉文始終得力在從亡數
> 人，此種細心深識，自是獨有千古，宜其於經為臣，
> 於史為祖也。(465)

則馮李驊對《左傳》解經功能殆無疑義；於《左傳》解經之成就，則推崇備至。

須釐清的是，這樣的論點，是否與他在〈刻左例言〉、〈讀左厄言〉中宣稱的「論文不論事」、「論傳不論經」相悖？驚嘆《左傳》解經之成就，是否未能貫徹其文學視野之主張？反落依經立足之窠臼？

就落於窠臼而言，馮李驊恐難完全擺脫傳統對《左傳》解經功能之認定，此固不必為之諱也，不過由另一個角度來看，馮李驊也曾申明《左傳》「何等經濟、何等學問」，早早肯定其裁鎔經史之特質，故以經解視之，仍不算「違己」從俗，況且，這個部分並非《左繡》主體，所佔分量不多；更值得申說的是，不論單論文法，或旁及解經層面，馮李驊皆極為一貫地以謀篇安章、鍛句鍊字之分析為切入點，於闡發《春秋》之微言大義，亦由篇章結構來蒐證立論，完全符合其「論文」之期待視野；且是由《左傳》文本著手，逆推其解經之法，而非執《春秋》以比對之，與「論傳不論經」之宣言又不違反。因此，不妨以這樣的觀點來看《左繡》對《左傳》解經功力之闡發：《左繡》純然為探討《左傳》篇法作意而存在，然在解析《左傳》文法時，若有可附帶一提解經成就者，則不避嫌而錄之，除了存其功，其實更能顯現《左傳》以非自由創作之作品，在史實與經義雙重制約下，猶能盡展嫵媚之姿，則其文學成就，不言而喻。

第八章　由接受美學觀點看《左繡》在《左傳》學及文學批評上之意義

　　本章先歸納前幾章所得之《左繡》解讀特色，然後結合第二章之理論基礎與第三章之時代背景來探討兩個問題，一是馮李驊爲何如此解讀《左傳》？二是《左繡》之解讀呈顯何等意義？文分三節，第一節歸納《左繡》解讀之特色，並置諸時代環境底下，由作品接受角度探討馮李驊爲何如此解讀《左傳》？第二、三節則探討《左繡》解讀《左傳》所呈顯之意義，分別以《左傳》學及文學批評兩主題爲關照角度。

第一節　《左繡》解讀《左傳》之特色及有待商榷之處

　　綜觀前幾章之分析，可以看出《左繡》對《左傳》的

解讀有三大特色，其一，採用「評點」方式；其二，批評
之期待視野爲「文章之『義法』」；其三，借用時文結構特
色及術語以論古文。在《左傳》被接受（解釋）的歷史中，
《左繡》的這三個解讀特色極具時代視野，茲分述如下。

一、採用「評點」方式

評點乃明末清初逐漸形成之批評範式，[1]雖源於科考，
但體式之完備及流行，皆在小說領域，此點已於第二章第
二節「評點之源流與結構」中詳述。評點扣著文本，逐字
逐句解析文本之結構或含意，這種體式本身就與明末興
起、盛行於清之徵實風氣相合，《左繡》採用評點作爲批評

---

[1] 範式(paradigm)又譯「典範」，意指某一時期爲大多數人所遵循之模式，
以文學來說，「文學範式是一定時期一定範圍內從事文學創作和研究的
文學共同體所一致遵循的一般理論原則、方法論規定、話語模型和應
用範例……是一定時期內總的看問題的方式，規範著整個文學研究活
動的整體框架。它以一定的哲學美學思想爲其基礎，又具有作爲一門
具體學科所固有的範圍、層次和時域。在文學研究中，從來沒有過亙
古不變的一統的文學理論範式。文學範式在廣闊的社會歷史背景下，
依據文學自身的發展、變革而不斷轉換、更替……在文學發展中，任
何一個曾經指導過文學研究的批評範式，儘管它曾在某一歷史時期成
功地推進了文學研究，或者曾對文學本體做出過富於真理性的貢獻，
但只要它不再能夠指導今天的人們去面對文學現實『解難題』，不再能
夠滿足文學共同體大多數人的研究需要，它就必然會被揚棄，而被一
種新的批評範式取而代之或包而容之。」（金元浦、陶東風《闡釋中國
的焦慮——轉型時代的文化解讀》，頁 143～144）。「不同文學範式間具
有不可通約性，它表現爲提問方式和問題群的不同。」（金元浦，《接
受反應文論》，頁 411）此說契合於 Thomas Kuhn 之「典範更替」說
(paradigm shift)：「各個時代均有不同的認知架構或典範，而使得各個
斷代彼此迥異。」（蔡源煌〈後現代主義的省思〉，收於《從浪漫主義
到後現代主義》，頁 312）

法式,亦合於當時以評點「接近」文本的批評潮流,但以
評點的方法闡釋經書,則不論就評點範式之建立或《左傳》
的闡釋,皆具有開創意義。

　　再就內容而言,《左繡》之評語,異於印象式之評點,
而是切實扣緊文本結構,有論有據,大抵先論通篇要旨及
結構,並點明該篇主腦;再細分幾節幾層,及其起結提束;
其次再分段眉批,故其指陳佈局則大至全書,細至句段;
考覈寓意則或由篇章之起接、並置,或由字詞之驅遣、伏
應,除了可收單篇藝術審美之外,又有助於全書事件及文
法兩脈絡之掌握。[2]而由於其批語特重篇章脈絡,故顯現之
評點結果,不僅非破碎鈲割之流,反而能連綴篇章,彌補
《左傳》因編年而造成記事截斷之憾;尚有批點符號的利
用,除了點出警策詞句,更有提領結構之功能。

　　此外,《左繡》評點喜用譬喻法,此與傳統文學批評無
別,但譬喻所施,多用在闡明結構,而非意象之興會,此
是異於傳統之處。《左繡》特重結構線之掌握,故評點《左
傳》時,屢以「草蛇灰線」比喻敘事脈絡之隱與現、起與
伏,如:

　　　　似此伏脈,真月移花影、<u>灰線草蛇</u>不足以喻之矣。

---

[2] 馮李驊〈讀左巵言〉云:「《左傳》須一氣讀,一氣讀方能徹其全神;
又須逐字讀,逐字讀方能究其原委;須參差讀,參差讀則見其錯綜之
變;又須整齊讀,整齊讀則得其剪裁之工;須立身局外讀,立身局外
以攬其運掉之奇,而後不為其所震;又須設身局中讀,設身局中以體
其經營之密,而後不為其所瞞。持此法以得當於《左氏》,以之讀盡古
今秘書,直有破竹之樂耳。」(頁10)

(265)

> 對晉弗傭，故插敘在此，然于後事則是倒註法，蓋
> 得此預先註明，便知王乘左廣，乃乙卯日中；王見
> 右廣，乃是日入。結處「昏」字、「宵」、字，乃知
> 戰了大半日，<u>灰線艸蛇</u>，在細心看耳。(761)

> 復封陳起本，亦係推論，然正見虔之不當君楚，而
> 楚之不能滅陳也。妙在前半奉孫吳圍陳，著此一筆，
> 已為後半暗暗伏脈，有<u>灰線艸蛇</u>之妙。(1575)

> 本文與華登無涉，起手并點一筆，後以亡其良子，
> 登之謂甚，特特照顧，蓋前跟奔吳，後為直接以吳
> 師至伏脈也。最敘事<u>艸蛇灰線</u>入妙處。(1760)

又以「連山複嶺」比喻情節之跌仆開蕩，如：

> 季札聘前後，敘事都作<u>連山複嶺</u>局陳，故亦夾一層
> 波疊浪之文以配之，此皆合則雙美，離則兩傷者也，
> 一部《左傳》皆作如是觀。[3]

> 見保者而勉之，自反無愧，居然雖敗猶榮。辟女子
> 而禮之，婦人知兵，從此同仇，可作以此束上落下，

---

[3] 〈讀左卮言〉，頁2下。

譬如連山複嶺，若斷若續，中有靈氣往來也，其不
為之拍案叫絕也哉！(817)

文勢如連山複嶺，起伏爭奇，及其麓也，邐迤而漸
弛矣。所謂文無定形，隨手可造者，于此益信。(1455)

事自應以仲幾為主，而魏舒作引于前，高張作陪于
後，章法遂如天外三山，一峰獨秀。至前後兩「不
免」與中間「必以為戮」，又復穿成一線，則連山復
（複）嶺中，原自靈氣往來也，可以見片段之精可
以見線索之密已。(1911)

又以「烘雲托月」比喻篇章賓主離合之妙，如：

第一筆寫公子，第二筆便寫從者，通篇處處頻點公
子，即處處陪寫從者，最是烘雲托月妙法，有時寫
公子是寫公子，有時寫從者亦是寫公子，若無此，
即嫌于枯寂矣。(459)

後半又以樂鍼之死反襯欒伯之汰，而以逐士鞅正寫
其汰，與前「馬首欲東」語相對；此下可以直接秦
伯一番問答，卻又補寫書法，而以一惰者正陪之，
以一懾者反陪之，然後極論其汰之必亡作結，是一
篇極有針線結搆（構）文字，細玩其前後反正伏襯
處，可悟烘雲托月之法。(1109)

此文單為平丘之會。晉執意如張本，以季孫不從為主。李孫不從，李孫之偷也，然在正面譏評，便語同嚼蠟，妙于緊接而又甚焉，便是將譏評孟孫者，都移在李孫分中，正面一點自足。然僅以譏孟孫者評李孫，猶嫌味薄，因直從「趙孟語偷，不似民主」提唱而入，則引到孟孫，既有情而跌落李孫亦愈有力，此最是<u>烘雲托月</u>、返照入江妙法，自來講借賓形主者，未有脫化超變到此文者也。(1389)

又以「橫雲斷嶺」比喻章法錯綜之奇，如：

「五乘為三伍」、「為五陳以相離」本一氣說，下□將荀吳嬰人不肯即卒事插入，便令情事不直，此<u>橫雲斷嶺</u>法，《左氏》慣用之筆也。(1439)

齊伐徐、楚誘蠻，經本兩事，傳卻串敘，看其用突插法，有<u>橫雲斷嶺</u>之奇。(1683)

中間忽插入叔鞅斷語作間斷，亦以中間貫兩頭法，有<u>橫雲斷嶺</u>之奇。(1778)

「譬喻」本身就是一種創造，以譬喻法從事批評，正是讀者企圖將閱讀後之興會，另造意象以表達之，「比喻式批評家本質上是一位詩人，也是從感官世界取得訴說心靈的工具，只是他要以別人的作品為契機，或為中介。因此，比

喻式批評家在爲別人的作品尋找比喻的同時，也畫出了自身意識活動的軌跡。」[4]這也就是接受美學所說之「基於文本之再創造」，但由第五章就可以看出馮李驊慣用的「常山蛇勢」、「連山複嶺」、「灰線草蛇」等比喻，與王源比喻的用法及對象極爲不同。雖然王源亦用「草蛇灰線」、「連山斷嶺」等比喻文章脈絡之顯隱、斷續，[5]但整體而言，馮李驊的比喻多用以形容文法結構，王源則尙多藉由比喻以形容讀後之感受或文章風格氣勢，如「落葉秋風，雨零星散，衰颯極矣……極力鋪張，將從前景況，洗發淨盡，渙然復覺氣象維新，如大寒之後，萬物凋零，忽爾春風鼓動，欣欣向榮。文章至此，那得不令人快煞！」[6]又如「如挽強命中，直透中堅，非復羽扇綸巾風流自賞者矣。」[7]此外，馮李驊評點所用之譬喻，與金聖歎評點小說所用譬喻重疊性極高，單是用語幾乎完全相同者，就高達百分之五十，更遑論隱括其意而用者，由此可約略窺知馮李驊深受金聖歎影響，[8]而且由王源亦用「草蛇灰線」等比喻，亦可看出馮李驊之譬喻，屬於「自身意識活動的軌跡」成分少，屬於當時逐漸形成的慣例的成分多些；且由其比喻用詞及施用的對象，就可以看出評點由「虛」（讀者感受之比喻、對文

---

[4] 郭宏安《重建閱讀空間》，頁 269。
[5] 「草蛇灰線」如《左傳評》卷二，頁 37 下。「連山斷嶺」如卷三，頁 30 下。
[6] 《左傳評》卷二，頁 6～7。
[7] 同上註，卷四，頁 3 下。
[8] 《左繡》明引金聖歎之處有三，分別在頁 670、1395 及 1466。

章風格氣勢之評點）轉向「實」（形成風格氣勢之文字線
索、文章結構）風氣之形成。[9]下表是金聖歎與馮李驊對文
法格式名稱用法之比較。

表一：《左繡》與金批《水滸傳》文法用語之比較

金批《水滸傳》用語[10]	《左繡》用語	《左繡》例證[11]
倒插法	倒插	544, 1056, 1057, 1058, 1848
夾敘法	夾敘法	208, 259, 268, 289, 459, 518, 525, 526, 530, 569, 675, 751, 753, 754, 1495, 1508, 1618, 1818, 1983
草蛇灰線法	草蛇灰線、灰線草蛇	265, 358, 685, 761, 1034, 1575, 1685, 1760
大落墨法		
綿針泥刺法	綿針泥刺法、細針泥刺法、綿裡針	175, 513, 766, 816, 911, 1298, 1474, 2093, 2166

---

[9] 當然《左繡》也有所謂意象感興式的比喻，如「《左傳》……自天地人物以及古今典故鬼神情狀，無不綜核；自朝聘燕享征伐會盟無不典貴整贍，雅與事稱，即俚俗猥褻家人婦子，經其筆，無不點化生動；平者布帛菽粟；奇者福地洞天；濃者雲蒸霞蔚；淡者秋水寒渾；大者東岱西華；小者一丘一壑；古者翠柏蒼松；媚者琪花瑤草；典者漢鼎周彝；淺者街談巷說；乃至繽紛則急管繁絃；工麗則追金琢玉；浩落則長江大河；變幻則蜃樓海市；嶄絕則峭壁懸崖；鬆利則哀梨幷剪；尖雋則春鶯巧囀；奧折則諫果回甘；超忽則驚鴻游龍；雕刻則鏤金錯彩；凡百妙境，任古今作手得其一體，皆足名家，而《左氏》則兼收並蓄又皆登峰造極也。」（〈讀左卮言〉，頁8下～9上。）但在文本評點時，極為少見。

[10] 金聖歎所用「十五法」係單德興先生之歸納，詳見氏著"The Self-Ordained Ideal Reader: An Iserian Study of Three Hsiao-Shuo P'ing-Tien Critics"，p89～93.楷書字體者為譬喻用法。

[11] 以下所列數字，乃這些術語出現於《左繡》之頁碼。

背面鋪粉法	烘雲托月法、(反襯法)	676·L5, 1109, 1389；(274, 1109)
弄引法		
獺尾法		
正犯法		
略犯法		
極不省法	極不省	189
極省法	極省	189, 2092
欲合故縱法	欲擒先縱、縱之而後擒之、以縱為擒	2039；2079；413, 1855
橫雲斷山法	橫雲斷嶺、橫岡斷嶺	268, 1439, 1683, 1778；1625
鸞膠續絃法		

　　由此可知，馮李驊採用評點作為批評工具，與當時社會文化背景下新文學範式之醞釀有密切關係；且其所論並非欣賞式之印象批評，反而一一指明線索，與當時徵實風氣相合；又屢以通行之譬喻解析結構，更見時代氣氛對閱讀理解行為之影響；就接受美學而言，這正是讀者期待視野受到文化環境薰習的部分。總之，《左繡》以評點解讀經傳，或說「註釋」經傳，[12]締構其期待視野的，除了馮李驊、陸浩兩人的學養、興趣以外，當時評點範式之成熟、古文義法與時文結構論之掩近，皆交揉為其批評成分，因此，《左繡》一書所展現的《左傳》風貌，正是馮李驊及陸浩兩人在其期待視野下，與《左傳》文本互動後新生之意義，這

---

[12]　《左繡》雖以評點為方法，以「文章義法」為切入點，實隱隱有「以評點作註解」之用意，說詳下節「跨越邊界」部分。

樣的「意義」，可以說是馮李驊基於《左傳》的再創造；可以說是《左傳》在清初評點、古文、時文等文化氛圍下，展現之新姿。

二、期待視野為「文章之『義法』」

《左繡》在相當於小說評點「讀法」功能的〈讀左卮言〉、〈刻左例言〉中言明其解讀《左傳》之期待視野為「專論文法」，申明以文章結構之分析作為解讀《左傳》之基礎，進路特殊，所論又與清代桐城派散文「義法」理論互為波瀾，雖無證據顯示馮李驊與桐城諸人有交遊、傳承等密切關係，但《左繡》一書作為義法說之具體呈現，確實當之無愧。

首先，就「法」的部分來說，《左繡》對《左傳》結構佈局之剖析，既能由大處著眼，鳥瞰全局，又能關照小處，務求纖毫畢現。而且不只單篇記事如此解讀，於全書敘事之脈絡，亦能一一提出線索。其探討結構之功力極深，用心極細，以遣詞用字之分析來說，甚且細及虛字之討論，如：

> 此年凡傳七事，皆係小文。前三節不用虛字，後四節都用「也」字，合而讀之，蓋自有筆意在也。(113)

> 結用倒句法，風致全在「也」字一拖，若換作「書

之」，便與上「也」字、「焉」字調法不合矣。(618)

三「若」字，一反一正又一反，凡四層轉折，後又
著一「若」字，連首尾共用六「若」字，相準為章
法。(952)

馮李驊認為虛字之運用，小至文章風格之考量，大則肩有
章法照應之責，故亦不可忽略。此外，尚有所謂「死字作
活字用」，如：

只「山」、「水」二字，一作死字用，一作活字用。(1889)

此指昭公三十年十二月「吳子執鍾吾子，遂伐徐，防山以
水之。」一段，「山」為名詞，屬固定用法，稱為「死字」；
「水」指壅水而淹之，為名詞轉成動詞用法，故稱「活字」。
除了詞性轉用，同一字又可表達兩個相反義，如：

攻門曰「門」，守門亦曰「門」，死字作活用，義本
相通，後人于此等處多分條例，卻不知前人于「好」
「惡」「先」「後」等字皆互協也。(2048)

除了注意到詞性及表義能力之靈動，馮李驊也提出，單單
一字卻具有貫串上下文之語法功能，如：

「築城」、「穿溝」兩事，本當平對，今偏將「邘」
字夾在中間，死字便作活字用；又「溝」字既可對
上，又須連下，他處以一句作上下轉換，此直以一

> 字作上下轉換，而文又只七字，問古今有七字成文
> 而變化有法如此者乎？無有哉！(2082～2083)

凡此皆可見出馮李驊對《左傳》文法探求之深細，而對《左傳》敘述設計之分析，本其牢牢大者，其細心體會，自無庸置疑，此點已於第五章詳述，此處再與清末桐城後學林紓的《左傳擷華》比勘，其歷史地位更形突出。若以桐城派義法主張與評點範式爲經緯，則其交集點又兼具縮結意義之座標正是林紓，他「捍衛桐城派」、「維護桐城古文的正宗地位」[13]，又評點《左傳》，其《左傳擷華》提到的《左傳》敘述設計則有：順帶、智愚互鏡、變幻穿插、夾敘、省筆、醒筆、閒閒著筆……等等。《左繡》無一無之，何況林紓之作只是「擷華」，唯擇重要篇章以事解析，《左繡》之評點則遍及全書，由此更可見得《左繡》對《左傳》文法之分析，至少在廣度上，可謂包覆甚廣，後人難以度越。

其次，就「義」的方面來說，《左繡》評點之長，在於以論文法爲進路而非解讀之全部，延伸的方向有評論人事、揭示義理、兼及《左傳》釋經功力之發揚，往往能抉出至微，此點已於第六章「《左繡》對《左傳》主題思想之揭示」及第七章「《左繡》對《左傳》解經功力之闡發」舉證詳述。

總之，《左繡》以文章義法的期待視野來閱讀《左傳》，

---

[13] 周中明《桐城派研究》，頁382。

由法以見義，因而，其評點，當然兼顧「義」與「法」兩個要素，除了能照顧到傳統經註義理的部分，尚能呈現《左傳》敘事文學屬辭比事的特質。《左繡》雖看重文章之結構，卻能不廢義理的部分，甚至因多了結構之探索，而更能發掘深意；亦即，他是以「屬辭比事」來理解《左傳》的，認為字詞篇章的結構表象（屬辭）之下，及情節事件安排（比事）之中，都寄有微旨深意，[14]此其尤為可貴之處。

三、借用時文結構特色及術語以論古文

時文重結構，《左繡》亦重《左傳》結構；時文重駢整，[15]《左繡》亦一再聲明以「整齊」論《左傳》；時文重「破題」，[16]《左繡》亦時以善於「認題」稱許《左傳》之敘事；此外，《左繡》評點用語又與時文術語有一致之處，[17]凡此，

---

[14] 說詳本書第六章。

[15] 《明史‧選舉志》謂：「其文略仿宋之經義，然代古人語氣為之，體用排偶，謂之八股，通謂之制藝。」涂經治就簡括八股時文之特徵為二，其一正是「文章主幹的對偶結構」（鄭邦鎮譯，〈從文學觀點論八股文〉，頁 170）

[16] 日人鈴木虎雄認為「破題為最關重要的部分，全文巧拙的價值，即定于此了。至有破題甚巧，可以免其試驗時之全部答案的。」（鄭師許譯，〈八股文的沿革和它的形式〉，頁 4101）涂經治謂八股時文之特徵有二，一為形式上之駢偶，一為內容上之「代聖立言」，（參鄭邦鎮譯，〈從文學觀點論八股文〉，頁 170），鄭邦鎮研究八股文形構，則認為「代聖立言」通常放在結構中的「破題」、「承題」、「起講」三段。（〈明代前期八股文形構研究〉，頁 33～34）可見，時文的關鍵部分正在認準題旨入手寫去的部分。

[17] 根據盧慶濱之研究，諸如「開合」、「賓主」、「擒縱」、「起伏」、「插帶」……等八股術語，實來自於古文之影響，後又轉而滲透至金聖歎之小說戲

皆是《左繡》借用時文概念以論古文之處。無怪乎《四庫全書總目提要》說它「以時文商榷經傳」。

　　《左繡》對結構之看重已於第五章「《左繡》對《左傳》結構修辭之分析」詳述，事實上，《左繡》全書幾乎全是對《左傳》結構之剖析，再據此延伸至其他面向之探討。至於以「整齊」論古文，則是馮李驊一再申明之得意發現：

> 古文今文體裁各別，自來皆以參差論古，固已，然乾奇坤偶，其不齊處正是相對處。愚觀《左氏》片段，無論本當屬對者必兩兩對寫，即極參差中未嘗不暗暗相準而立，相耦而行，散中有整，在作者尤精緻獨絕，蓋參差者，其跡，整齊者，其神。讀者慎毋以亂頭麤服為古人也。[18]

而這種特殊評論古文的方法，馮李驊曾在〈讀左巵言〉中明白交代係受習作八股文之啓發。[19]

　　《左繡》有些評點雖未直接表明以「整齊」論，而實不脫此種結構概念，如昭公十六年鄭六卿賦詩於晉宣子，馮李驊認爲此篇有爲先前「孔張失位」及「宣子請環」兩段做收尾之功能：

曲批評。（詳〈八股文與金聖歎之小說戲曲批評〉一文）。馮李驊之評點亦曾提及金聖歎，所用語詞又與金聖歎多所重疊，則其根源當是循此而來。其實，不論《左繡》評點用語是直接受到時文影響，或小說評點之啓發，其與時文習本所用術語相近則是事實。
[18] 〈讀左巵言〉，頁 3 上。
[19] 詳參本書第三章，註 148 所引文。

> 結併為前篇作收拾，其不連前篇而另作一首者，文
> 氣各成一格也。坊本于前篇則誤分，于此篇又誤合，
> 總是不講于篇法之故。　前番嚴聲屬色，此番和氣
> 春風，合讀見手意之變，亦復佳也。(1693～1694)

言坊本「誤分」、「誤合」、「不講篇法」，皆有自信神色，頗
有「自許爲理想讀者」[20]之態勢，而所謂「前番」、「此番」、
「合讀」，正是以偶對論章法。

　　此外，時文最大結構特色爲對偶，而《左繡》除了前
述「以整齊論古文」之法外，亦多「股」、「扇」等字眼之
使用，此則活脫以時文術語來論《左傳》結構，其例如：

> 此篇直是後人兩扇格，換意不換詞者。東方陳鄭，
> 一利一害，只以顛倒出之，而各以「其可也」煞住，
> 蓋明告我以對股法門矣。(356)

> 此篇作兩截讀，上截各出論頭。上截兩兩比對，純
> 用複說筆法，下截複說上截，而下截每扇又各自複
> 說，妙在上截亦先作複說以配之，分之則上下各成
> 片段，合之則上下共成片段也。(594～595)

> 起□是明從秦師于河曲，則可待可薄；收放在我，
> 一筆伏一篇之案。下分兩扇讀，「乃皆出」、「乃止」

---

[20] 借用單德興前揭文對金聖歎等人之稱。

對煞,上是當待不待,下是當薄不薄,亦前摠後分
之格。(633)

兩對後總一筆作束,即從此又生出一段文字,與上
兩段兩分一合,兩實一虛,前偶後奇,作三扇文格,
化板為活,以散作整,絕妙局法。(823)

邊國本謀樂利,只此二字,諸大夫甚得有繁,但識
力不濟,所謂利者不利,而樂者不樂也。韓厥大旨
只是極言郇瑕之不樂不利,勸邊新田,若論兩兩相
較,須作四扇對局。(857)

此篇竟是兩扇格,提筆便立一篇之案,下兩開分頂
一順一倒,上對下排,整多于散,最是工麗文字。
上對句句賓主,下排三賓一主,整中有變也。……
前兩「城」字,後兩「大」字,即兩扇用羅紋之法,
法無不刱自《左氏》者。(1606)

迴顧起處以作中間提摄。 齊人懼、魯人懂(懵),
兩股本對,然連寫即嫌其板,忽於中間插入示眾建
旆一番熱鬧排場,局法變動,通身神彩煥發,讀者
耳目為之一新,真絕妙結搆(構)也。(1654)

是一篇議論常格文字,然藏得許多活變在。單句另

> 提，以下分兩扇對說，「所以敗我」、「安能敗我」收
> 局最整。(2029)

以「股」或「扇」論文章結構，而以其相對伏應爲角度，
本身就透露「整齊」、「對偶」的結構觀，也就是說，這種
評點概念，不只挪用時文術語，也借用時文結構之特色。
其他諸如「開合」、「賓主」、「擒縱」、「起伏」、「插帶」、「提
束」等時文範本常見術語，在《左繡》中更是隨手可得，
此已於第五章「《左繡》對《左傳》結構修辭之分析」中一
一舉證說明，但是這些術語在古文批評中亦不少見，難說
《左繡》是直接受古文或時文影響，甚至很可能轉遞一層，
是由小說評點處汲取養分，[21]不過尚有一些概念或用語，的
確很明顯出於時文，比如時文創作重視對題目之掌握：

> 時文之體，全視乎題，題有虛實兩端，實則以理為
> 法，虛則以神為法……題有截上截下……題有截，
> 因而有牽連鉤貫者。意根於題，實於六藝九流詩賦
> 之外，別具一格也。[22]

以時文之破題、承題等概念以論古文，其例除了第七章第
一節提過之「認題法」，馮李驊於評點中亦屢屢提到內容甚
至結構切合「題目」的重要，如：

> 起亦以「知鄭志」，便似出個題目，不出鄭志，便是

---

[21] 詳參註 17 盧慶濱之研究。

就題目做文字。文無新舊，以切為工，此正所謂切
者。(1693)

「申出也」一段不入補敘、倒敘例，乃是為「用譖」
句作註腳耳。說到「寵于屬公」，此下不免還有許多
層折，看其只用「子文聞其死也」疾轉入題，撇脫
乾淨，不會此法，總不能簡也。(376)

讀起手數行，如遇一棘手題目，幾無可措手，及讀
下文，應手而解，事奇而文亦妙矣！(662)

凡開手點題而妙者，如鄭穆公卒是也；至末點題而
妙者，如此處楚子圍朱是也。起手之妙，妙于後之
照應有情；結尾之妙，妙于前之跌落有勢。(779)

敘是三項，下兩層亦都三排說去，合之便通體成三
疊文法，相題立格，自古已然。(995)

《左氏》敘將佐師，番番變換，大概先敘主兵，次
敘某師從之。此獨倒轉，整整寫四「從」字，蓋起
句目以「諸侯伐鄭」，而章法因之，固相題行文，移
步換形，一定之法也。(1050)

---

²² 清焦循《雕菰集》卷十〈時文說一〉，頁 154～155。

因盟讀舊書，文中亦便句句將宋盟伴說；說到趙孟，
亦便將他從前相業伴說。此皆<u>相題行文</u>，移步換形
要訣，不然何處得有現成親切文字耶？(1416)

句句考工筆意，古人<u>相題行文</u>，未嘗不尚臨摹也。
(1468．L2～3)

前半議論，語語精神；後半敘事，卻語語疏懶。分
明為魯君無成寫出一種驀頹廢弛光景來，令讀者亦
為之索然無味，是<u>相題行文</u>入神之筆。(1829)

時文創作技巧尚有所謂「釣」、「渡」、「挽」，這些技巧
大多用在「截搭題」，「伏筆好比釣魚，所以叫作『釣』；『渡』
是從上文引起下文；『挽』是從下文關照、回顧上文。」[23]《左
繡》用其意，屢屢鉤出篇章中之埋伏、轉關與呼應，以下
則是逕用其術語之例：

事截而文遍，全在中間轉捩處著力，既要有勢，又
要有情，如此處一許無與圍鄭，一許逆以求成，兩
兩相對，中間使待命于東，為索上<u>渡</u>下之筆是也。
(537)

伊苗告卒兩語，束上<u>渡</u>下，轉折圓捷之至。(937)

---

[23] 啟功《說八股》，頁44。

末節扣馬乃止，寫晉以速略恐齊，而伎倆畢露，寫
荀偃失意之極；末贅二語作拖尾，所謂乘興而來，
興盡而返也。輕颺一筆<u>渡</u>下，真遊絲之孃晴空矣。
(1149)

上下夾縫中即以樂王鮒作轉捩，有一葦轉<u>渡</u>之妙。
(1182)

文以母弟辰為主，起處兩嬖對寫，而公之嬖更甚，
便伏下弗止弗聽之根；後半我迋吾兄，君誰與處，
一<u>挽</u>地一<u>挽</u>公，無一字間。小文而用筆縝密若是。
(1995)[24]

前段極贊禹功，諷趙孟遠纘，正是極善面奉語。看
其從禹牽到吾，從吾卸到子，又從子<u>挽</u>到禹，字字
圓潤，筆意最曲而腴。(1430)

賦〈角弓〉則拜，譽〈嘉樹〉則謝；本是對說，妙
于〈嘉樹〉<u>挽</u>到〈角弓〉，又生出〈甘棠〉，牽前搭
後，掩映生姿。(1455)

此外，時文重「換字」技巧，以顯示作者對於同一主題或

---

[24] 「便伏下弗止弗聽之根」即是「釣」。

事物沒有詞窮之窘態,《左繡》亦曾提及類似的概念,多稱
爲「脫換」:

> 前半克段于鄢,後半賈母于穎,兩事本當兩斷,但
> 一樣貶駁,未免境緒無別;忽借君子,忽借考叔,
> 微文刺譏,勝于唾斥。此脫換之妙,凡用閒情掉尾,
> 別出事外遠致,其法都本于此。(105)

> 以兩「日中」解「時」字,為後人換意不換字法。(309)

> 語語託之君子小人,則唯吾意所欲言,唐突而不患
> 于亢,乞憐而不患其貶,此真游說妙訣,亦真行文
> 妙訣,乃代字訣之所本也。(422)

> 韓、濮、邲、鄢四大戰,都有斷結,此獨無斷語者,
> 蓋既不便貶他,又不當贊他,則即以國佐之對為斷
> 矣。脫換之妙,神變無方耳。(814~815)

> 他篇斷勝敗皆在局內,此篇斷勝敗都在旁觀,亦脫
> 換處。(935~936)

> 一嘲一解,筆筆簡峭有致。 與前送少姜之葬篇,
> 同一機括,須看作者脫換處。(1572)

　　　　精簡語，見《左氏》<u>脫換</u>之妙。(1749)

上述引證，除了第二、三則直用時文「換字」之詞或意，
餘皆借用換字之概念以論《左傳》篇章結構之變化，亦即
時文以換字爲詞彙豐富之表徵，馮李驊則藉以推崇《左傳》
對於相似事件、情節之敘述，能變化筆法，則《左傳》篇
章安排之豐富亦可得知。但是，這種借用時文術語以從事
文學批評的作法，似乎並非金聖歎或馮李驊獨具之特色，
而是當時逐漸形成之習慣，由馮李驊引他人之評語可以約
略窺知：

　　　　咀華載其師陳君梅麓評：「起訖分作九幅，每一幅各
　　　　有<u>兩扇</u>緊相對照。」(769)

那麼，在這種以時文觀點從事文學批評的作法中，馮李驊
的特色在哪裡？其一是居於風氣之首，又切實可睹，有推
波助瀾之功；其二是《四庫全書總目題要》所說的：「以時
文商榷經傳」，雖《總目題要》語帶貶斥，然不可否認地，
此正是《左繡》最大之特色。

　　　《左繡》不僅借用時文結構特色與術語來論古文，也
多處以時文結構與《左傳》比較，認爲《左傳》諸多文法
格式中，實已孕育後來駢整文字，如：

　　　　總提分應，竟是<u>八股濫觴</u>，誰謂古今有二文法也。
　　　　(1328)

> 雙調起單調收，前後都是賓筆，王（主）只中間一
> 點，手法輕鬆極矣！……都以初字提頭作眼目，而
> 以叔向論子干束之。此是經傳之餘文，猶<u>八股</u>之有
> 大結也。節次極明。(1635)

> 內、外、親、卿，天生有此兩對，後世<u>八股</u>立柱，
> 未必不出于此，顧安得有此字字典切恰好也。(2187)

> 此篇亦合傳體，似<u>時文</u>之有搭題。(1258)

> 文用直起法，通篇前整後散，前伏後應，有提有束，
> 有鋪排有翻跌，<u>直作制義</u>金針。(175)

言「竟是」、「猶」、「似」、「直作」、「金針」，皆可見《左傳》
文法與時文之互通；言「濫觴」、「出于此」，又表示《左傳》
文法中藏有八股結構之源，也就是說，馮李驊並不認為自
己是以今律古，反而是古文早已流露其貌，他所做的，不
過是「抉出」的動作罷了。關於這點，他於〈刻左例言〉
中已早早申明：

> 張松南夫子云：「《左傳》自是有意為文，但不當執
> 古人以就我法。」故愚所評諸法，皆是《左氏》自
> 在流出，並不敢強為穿鑿以自誣誣古人，且誣天下
> 後世也。讀者看得此法非《左氏》一人之私，此評

> 亦非余兩人一己之私，乃為不負此書。[25]

不論《左傳》結構上的偶對駢整是自在流出，或後人以時文之法論之，《左繡》之評點帶有濃重時文結構概念是事實，設若《左傳》行文有諸般變化，而馮李驊獨沽一味，專以整齊爲論，[26]「專」字則表示《左繡》解讀後之《左傳》絕不等於原本之《左傳》，而是《左傳》與馮李驊期待視野遇合時之效應，因此，與《四庫全書總目提要》論斷式的評價不同，本文擬追究的是，作爲一個文學史之事實存在，馮李驊爲何如此解讀《左傳》？這個提問可以接受美學來解釋，其意義也正可爲《左繡》標出歷史座標。

以接受美學來看上述三個特色，可以看到《左繡》以「新」視野接受古籍的過程，首先，不論在批評體式、批評對象，或批評進路諸方面，《左繡》皆能在「承」之中又有所轉化，如「承」評點體式而「轉」至批評經傳史著；如「承」《左傳》註疏而「轉」訓詁爲評點，「轉」事義爲義法；「承」時文概念而「轉」以論古文。這裡所論之「轉化」，實即馮李驊以其期待視野出發，與《左傳》對話互動，因而產生《左繡》這個基於《左傳》文本而來之再造成品。亦即，《左繡》以評點註解經傳、「以文爲論」之期待視野，

加上批評時流露之時文結構觀點，以接受美學的角度來
看，這些特色皆是馮李驊基於《左傳》的再創造，故書中
所探得之義法驪珠，實是馮李驊與《左傳》文本互動之後
的產物，所以融入了馮李驊期待視野中的時文結構論與金
聖嘆評點之架構與用語等等，亦即馮李驊能匯聚當代幾股
潮流，會通成一個新的批評範式，除了擴大「評點」這個
批評工具之功能，復又開拓或重建了閱讀《左傳》之空間，
而「閱讀空間的重建是文學批評完成蟬蛻的內在動因。」[27]
這對後來桐城派文人好以評點解讀各種古籍之風氣，當有
啟蒙之功，至少是個轉變之關鍵。而且其「專論文法」之
旗幟，及「獨好以整齊論古文」之觀點，一來顯示批評對
象已移到文本本身，扣著文本字句而論，與當時徵實風氣
相合；二來「專」與「獨」又透露批評主體性之意味。

　　但是《左繡》有所見亦有所蔽，下一小節就來探討其
解讀結果有待商榷之處。

四、《左繡》有待商榷之處

　　首先，就結構修辭分析這部分，《左繡》名目繁瑣，幾
近於一文一法，而「法」者，規則也，必得有相當數量之
案例，經由歸納而得，如若單例一法，實無「歸納」可言，
也不成其為法了。而且，諸般名目定義不明，不只對應用

---

[27] 郭宏安《重建閱讀空間》，頁 4。

於創作無益，單就賞析《左傳》文本而言，「法式」的提出
對領略藝術之美幫助其實也不大，比如，「提」乃「置於篇
首之總括之筆」，[28]時而稱「提」，時而稱「領筆」，與之相
對者有「束」，有「束筆」，卻又有「倒提法」、「以束為提」，
光位置就與「提」之定義不符，且如此一來，又與「束」
這個名詞夾纏不清。又如，《左繡》論文法時用語不甚統一，
如「牽搭法」、「牽上搭下」、「束上轉下」、「以束為提」、「中
權法」、「中紐法」、「關捩」等皆用以稱篇旨寄於文章中間，
或前後段落由此鎖鍊，通篇因而連成一氣者；又如「正敘」
與「正說」，「翻應」與「反應」皆是難以清楚區別之用語，
其間或有小異，差別其實並不大。用語之不一，或可說是
區分精細，然過於精細則與歸納不善無別，不論對純賞析
《左傳》者或引以為習文規範者，皆無益於對謀篇安章之
掌握。

　　另外，過於強調「整齊」文法，彷若一本《左傳》幾
近於駢儷之文，其中所提證據雖確鑿可睹，仍不免穿鑿之
譏，如第五章提到的文公四年魯文公宴衛寧武子之例，馮
李驊評此文之鍊字曰：

> 兩「宴」字對上「宴」字，一安在詩上，一安在詩
> 下，只此倒換法，便自參差整齊轉變。(585)

本篇談的是宴會及賦詩，當然寧武子的答語得針對這兩個

---

[28] 詳參第五章第一節「一、謀篇法」之（二）提應部分。

主題論說，則「宴」字之重複出現，本是必然，說是刻意求整齊，就值得商榷。

此外，馮李驊一再強調「變」法之可貴，能變乃有活氣，則又自食其尾，等於對辛苦建立諸法加以否定。其盛讚《左傳》章法、句法或字法之變幻者如：

> 《左氏》筆法不但一篇之中屢變不犯，即各自成章，苟連類而及，亦必小作分別。(109)

> 用筆最簡而變也。(115)

> 章法前偶後奇，變化不測。(180)

> 章法尤奇變絕人。(181)

> 又是鶴膝蜂腰格，并兩截及一頭兩腳局，法不足以拘之，而變化極矣。(258)

> 用筆變甚。(274)

> 以一字起，以兩字收，句法、字法變化極矣。(336)

> 文無定格，匠心而生。(575)

平淡文字必以變為工也。(793)

《左氏》出新無窮。(931)

《左氏》章法真出奇無窮也。(1001)

變甚！活甚！(1872)

變動不拘，此等結搆豈後人所得臨摹一二者乎？
(2037～2038)

　格法變動之極！(2183)

當然標榜「變」，似乎是講「法」者的通例，用以救膠柱鼓
瑟之弊，如本文第三章介紹方苞義法說時，也提到方苞強
調法隨義轉──「夫法之變，蓋有其義有不得不然者。」[29]
龔鵬程先生甚至認為這是講「法」者為了消減「法」的規
範性，不得不有之因應措施，因此具有普遍性：

一切細部批評，大概都可從這個辯證關係來理解：
它們既以命名試題、分別段落、分析章法句法及論
起承轉合的方式，致力於詩文之法的指明；又常花
費極多的篇幅在讚嘆詩文的神妙不測、變化迷離。

---

[29] 《方望溪全集》卷二，頁 32。

> 批評者則因為它們論法，而慮其有纏縛執溺之病；
> 但也因為它們之論法，畢竟不能不承認它們還是有
> 作用、有需要的。[30]

但「變」的概念若一再強調，甚至成為第一要義，則諸般法式的存在似乎顯得尷尬，比如，講「變」講過了頭，就會出現連「不變」本身都是一種「變化」的手法，如：

> 板板寫四遍，變則要變，不變則竟不變，手法不測。
> (430)

> 不變則竟不變，所以令片段分明；要變則又極變，
> 所以合錯綜盡致。(460)

「手法不測」表示出於法之外，不受法之規範拘束，說「不變」是「手法不測」，如此一來，「不變」又是「變」了。「法」的名目已自繁瑣，又一而再地強調變法之可貴，則追究到底，讀者「自出機杼」、「毫無章法」地創作，恐怕比經由閱讀臨摹更能行得通或行得高妙，如此一來，似乎隱隱地否定了像《左繡》這一類以賞析文本進行創作指導功能的作品之存在，這種認知上的自相矛盾、作法上的欠當也許與後來評點的消失不無關係。蓋讀者實在不易由令人眼花撩亂的眾多法式中，掌握賞析或創作法門，加上太過強調

---

[30] 〈細部批評導論〉，頁 425，收於《文學批評的視野》。

「變」的功能，又讓人覺得「法」的學習終落下乘，最後，
評點的特長不能發揮，徒成讀者閱讀文本的干擾，終於下
了文學批評的舞台。

其次，《左繡》評點中也不時提到某種文類或文章風格
之源頭在《左傳》，如：

> 某年某年逐節鋪敘，又另一追敘法。後人紀事本末
> 其法蓋倣諸此。(182)

> 此篇純是著急語，兩番催促，句句轉緊，不著一筆
> 放鬆，文氣峻削，《呂覽》、《韓公子》之濫觴也。(248)

> 嘗愛史公合傳每于住處作拖逗之筆，而蔡澤聞之往
> 入秦也，尤為拍案叫絕，不知其筆法乃出于此，熟
> 玩《左傳》，其亦不必更讀《史記》已矣。(284)

> 兩若字正對他一若字，一反一復，利害了了，《國策》
> 全得此種筆法，無不暢之意，無不爽之辭。(377)

> 唐錫周曰：風行水上，雲破月來，俱從逆處生出至
> 文。此篇逆搶齊侯將下拜句在前，極其得勢。班掾
> 霍光傳，敘黃門令讀奏一段，中間忽插入太后曰：
> 「止！」數語，如橫風吹斷，而水波忽典（按：當
> 是「興」），如雲翳消盡而月在高梧，想是從此處偷

得此法也。(384～385)

後半謬語,《雞肋》之濫觴也,寫來一何風致。(773)

看其參差寫東西南北法,敘戰又一排場也。俞云:
史漢紀戰功,多用此法;昌黎祖之,為〈平淮西碑〉
遂絕千古。(1084)

《左氏》最是以一筆寫數意,轉折曲邑而句又勁捷,
為至佳也。 《國策》往往好學此種,而流于晦澀,
天分限之耳。(1101)

讀末二句使人亟欲看下文作何舉動,最是妙筆。他
文都是結上,此獨遞下,後世稗官家,每一回終,
故作不了之局,動搖心目間,其法蓋向此中竊去也。
(1294)

一面籠絡一面恐喝,末更將楚得意事翻轉看,恰正
搔著他癢處,便是越叫他殺,越不肯殺矣。此等文
實為《國策》開山,然則雋終讓前人獨步也。(1527)

言「濫觴」則或可,逕說「倣此」則有待進一步求證,蓋
「影響」並非可以形式之相彷彿而遽以論定,凡此皆有待
進一步作比較查證的工作。《左繡》也有不少帶有統計色彩

的評論,卻並不總是正確的,如:

> 《左氏》最多一字句法。(101・6)

> 《左氏》好用頂針句法。(103・5;121・1)

> 《左》文未有無中權者。(1903)

凡此,皆流於武斷。

　　第三,就主題思想之揭示或解經問題之處理,難免也偶有牽強之嫌,這部分就屬見仁見智的問題,蓋因馮李驊皆能提出文本本身的結構線索做為論述證據,故而即使所論未必為《左傳》作者原意(關於這點,其實無人可為之證定),但仍是馮李驊在文字結構之中讀出的意義,而非脫離字面之闡釋。

　　總之,撇開這些有待商榷之細節,由上述《左繡》闡釋的三大特點來看,《左繡》之意義,除了由《左傳》經學的角度,亦當由文學的接受、重建來看。下兩節則承上所論,由接受美學的觀點來談《左繡》的開創意義,分別由《左傳》學與文學批評兩方面為其定位。

第二節　《左繡》在《左傳》學上之意義

　　《左繡》雖於序例標明「專論文法」,然由其實際批評

可以得知「專論文法」之確實意涵為「專以結構分析為起手」,「專」字指其批評進路之一貫性,因此,事實上《左繡》所論,在結構修辭評賞之外,尚及思想主題之揭示,以及《左傳》之敘事特色如何用以闡釋經書,此已於第五、六及七章詳述。由此說來,《左繡》與杜預等之註解《左傳》在性質上並無不同,只是註解手法不同,以下乃針對《左繡》解讀《左傳》這種特色,探討其《左傳》研究之意義。

一、跨越邊界──開拓《左傳》學研究之視野

　　歷來對《左傳》之研究,大抵侷限在經、史兩個視野底下,自漢代今古文之爭,《左傳》躍上學術舞台,在漢主要有劉歆、鄭興之研究及賈逵、服虔之注釋;魏晉時期則以杜預集解、釋例對後來學者影響最深遠;[31]唐代孔穎達正義則有總結前代研究成果之意義。此外,自劉歆之後,《左傳》始被比附解經,[32]而唐代之啖助、趙匡、陸淳,論學不專主一傳,有「舍傳求經」之走向,[33]雖說如此,其置《左

---

[31] 《四庫全書總目提要》稱:「《春秋》以《左傳》為根本,《左傳》以杜解為門逕……云考古之津梁,窮經之淵藪矣。」(《春秋釋例》提要,經部卷二十六「春秋類一」,頁 14 上,總頁 542)。

[32] 《漢書》卷三十六〈劉歆傳〉云:「初《左氏傳》多古字古言,學者傳訓故而已,及歆治《左氏》,引傳文以解經,轉相發明,由是章句義理備焉。」(頁 1967)

[33] 《四庫全書總目提要》論陸淳等人之《春秋》學云:「蓋舍傳求經,實導宋人之先路,生臆斷之弊,其過不可掩;破附會之失,其功亦不可

傳》於《春秋》附屬地位之看法則一，甚且因更強調《春
秋》而不認爲《左傳》有獨立之生命；宋元明承此風氣，[34]
對《左傳》之研究大抵寄於《春秋》之下，並時而有任意
改竄傳文之習，則其視《左傳》更非獨立著作，宋胡安國
之《春秋傳》爲元、明取士所用，洵爲此期之代表作；而
宋葉夢得《春秋傳》、《春秋讞》則於訓詁之外，兼重史實；
清代初期《左傳》研究，大抵分爲「大義之探討」與「專
門學科之研究」，前者以顧炎武《日知錄》爲代表，《日知
錄》中關於《左傳》之筆記，除了釐析考訂《左傳》詞句
之訓詁，最主要是藉《左傳》內容爲其「華夷之辨」思想
張本。而「專門學科之研究」方面，與《左繡》時代相近
者，有馬驌《左傳事緯》、陳厚耀《春秋氏族譜》、高士奇
《左傳記事本末》、《春秋地名考略》等。

　　上述著作，就解讀《左傳》之方法而言，在清朝之前，
大多出之以訓詁的方式，其名或異，卻都屬於註疏的體系，
顧炎武說：

　　　先儒釋經之書，或曰傳，或曰箋，或曰解，或曰學，
　　　今通謂之「註」……其後儒辯釋之書，名曰「正義」，

沒也。」（《春秋集傳釋例》提要，經部卷二十六「春秋類一」，頁 15
下，總頁 543）。
[34] 清皮錫瑞《經學歷史》云：「宋人治《春秋》者多，而不治顳門，皆沿
唐人啖、趙、陸一派。如孫復、孫覺、劉敞、崔子方、葉夢得、呂
中、胡安國、高開、呂祖謙……皆其著者，以劉敞爲最優，胡安國爲
最顯。」（頁 250）

今通謂之「疏」。[35]

這種註經範式的改變，大約在清初，如顧炎武的《日知錄》，除了字句考訂之部分外，大多以篇章爲據，加以論說，已離開依經傳訓詁章句的模式；其他專門學科之研究，則就立定之主題，挑選、重排傳文。至於先於《左繡》評點《左傳》之作，不是只取少數篇章，就是流於「欣賞後之感發」，以學術研究角度來看，一嫌不夠全面，一嫌不足以成學，因而雖有開風氣之功，而無跨越舊有研究領域之勇氣，已於第四章第三節「《左繡》之期待視野」中詳論，於此不再贅述。

更深入一些來看，馮李驊之用心似乎不只評點一端，他有意以評點建立另一種形式之註疏，其證有三：一，全書架構分上下欄，各寄評點與註疏，與其他評點壓擠於頁眉很不相同。正因其與眾不同，所以馮李驊在〈刻左例言〉第三條就趕緊聲明其用意所在：

> 本註單訓義例，不論文法；鄙意則專論文法，然無混入本註之理，故另刻上方，所以尊杜也。或以高頭講說爲嫌，弗遑恤矣。[36]

「高頭講說」指村塾時文啓蒙之書，「它們的形式是在木版刻的每頁書面上橫分幾層，無論什麼書的正文（連注）占

---

[35] 《原抄本日知錄》卷二十，頁 518～519。
[36] 頁 1。

最下一層，甚至有的被壓到版面的三分之一的，上邊無論
三層四層，每層各自排列著某方面的資料，從詞句的解釋、
典故的原委、故事的背景、哪句話的精神、哪條道理的講
法、哪一章的綜合宗旨、哪一節的部分論點等等，各自納
入某些個橫欄中。因此這種書的版面必然是頭重腳輕，頭
長身短，俗稱叫作『高頭講章』」。[37]由此可見，馮李驊不只
評點時借用時文概念與術語，連書的刻板形式也與時文教
本頗為近似，如此難免引人以時文教本評價此書，第四章
關於《左繡》的期待視野一節，也提到馮李驊一方面頗得
意於自己能以新法新意解讀古籍，一方面也深感開拓者易
遭誤解之憾，故而在〈刻左例言〉及〈讀左卮言〉中屢有
辯說。上述這一條例言用意亦然，除了標示刻書體例之異
於傳統注疏，更強調這種作法乃是為了兼重義例與文法，
最後申明不當以時文教本看待此書。因此不論其評點最後
的成就如何，至少在初始意圖中，他並非只重「評點」或
文法之剖析（如村塾時文教本之所為），則在馮李驊的認定
中，《左繡》是一本「解釋」《左傳》之書，而非只是「欣
賞」《左傳》文藻之書。二，〈刻左例言〉中仔細交代註解
音釋之所本與去取，並標明體例，則不廢註疏之意極明顯，
與一般專論文法之書只截取傳文或單顧評點不顧註疏不
同。三，馮李驊雖申明「專論文法」，而由其實際操作可知，
所謂「專論文法」是指以文法為視窗，透過這個窗口去看

---

[37] 啟功《說八股》，頁 37～38。

義理思想。如此一來，評點兼有註疏功能。由此可見，馮李驊正是以評點作為對《左傳》之註解，而這種註解，是立基於傳統字詞訓詁之成就，進而兼顧文法的方式。[38]

　　總之，在當時註經範式漸變的氛圍下，馮李驊以評點解讀經傳，正是迎乘趨勢，從而推助新範式之產生，故就註解經傳的形式而言，《左繡》跨越了傳統註疏範式的邊界，開拓《左傳》解讀之新法門。

　　就解讀《左傳》之範疇而言，前述《左傳》註疏的目標，除了幫助讀者對《左傳》文句之了解，主要仍在《春秋》經旨之掌握，屬經學範疇；[39]清初專門學科之研究，則視《左傳》為史料，屬史學範疇。因此，在《左繡》之前對《左傳》的理解，大抵不脫或經或史。考察自漢以來未曾停歇的「《左傳》是否解經」之問題，更能清楚看出《左傳》研究一直在經或史這兩個論元之間移動，認定《左傳》成書出於解經之需求者，說「孔子作《春秋》……《左氏》

---

[38] 而且《左繡》頗能以文法之分析，訂正前人說義之非，說詳本節「屬辭比事」之部分。

[39] 依張素卿之研究，傳統解釋經傳之向度可大別為三：一、訓詁詞文（包括注釋文字、語詞，以及修辭之法、引伸之意等）；二、述說物事（包括詳述名物、制度與事蹟等）；三、詮明理義（包括闡述經旨發明微言等）。（詳見〈敘事與解釋──《左傳》解經研究〉頁 15）。而根據林尹之研究，傳統註解雖有故、訓、傳、記、雜記、說、說義、雜說、微、疏、正義、解等等異名，然皆是「訓詁」之別稱，而訓詁之用途有「溝通名詞的不同」、「明瞭語意的變遷」、「探究語言的根源」、「通曉聲韻的變轉」、「明辨文字的異形」、「窮究假借的關係」、「曉悟古今的異制」、「瞭解師說的不一」、「校勘古書的訛奪」、「考求古義的是非」、「明曉語法的改易」、「辨析語詞的作用」等十二項，（詳見《訓詁學概要》第一章第三節「訓詁的用途」）。由此可以看出傳統註疏實偏重於字詞與經旨義理之訓釋，或名物制度之探討。

爲之傳」，[40]讚許《左傳》能「具論其語」、[41]「論本事而作
傳」，[42]甚至說「發明《春秋》之義者，則自《左氏傳》始。」、
[43]「三傳以左傳爲長，與二傳相傳陋說迥殊。」[44]視《左傳》
爲史著者，說它「傳事不傳經」、[45]「止可云載記之傳」，[46]說
《左傳》原名《左氏春秋》，「猶《晏子春秋》、《呂氏春秋》」。
[47]有意調和者，則兼重《左傳》經、史之成就，說《春秋》
若無《左傳》，則「其事無由得知」，[48]它「事舉而義存」，[49]
「雖附經而作，然於經外自成一書。」[50]說它原是史書，後
被改編以解經，[51]說它的史學成就是「世界性的空前的成
就」。[52]由這些解經與否之爭議及上述《左傳》註疏簡史，

---

[40] 「按：孔子作《春秋》，若無《左氏》爲之傳，則讀者何由究其事之本
末？《左氏》之功不淺矣。」（清朱彝尊《經義考》卷一六九，頁7下）
[41] 《史記》卷十四〈十二諸侯年表〉，頁235。
[42] 《漢書》卷三十〈藝文志〉，頁1715。
[43] 清姜炳璋《讀左補義》自序，頁1上。
[44] 清李惇《群經識小》卷五，〈三傳一〉，「三傳」條，收在《皇清經解》
卷七二三，頁10。
[45] 宋葉夢得《春秋傳》序，頁2上。
[46] 清皮錫瑞《經學通論》四「春秋」，頁41。又云：「據盧氏植、王氏接，
則謂（《左氏》）囊括古今，成一家之言，不主爲經發；據高氏祐、賀
氏循，則并目之爲史。」
[47] 清劉逢祿《左氏春秋考證》，頁19。
[48] 唐劉知幾《史通》卷十四，頁105。
[49] 清姜炳璋《讀左補義》自序，頁2下。
[50] 清朱彝尊《經義考》引宋王晢說法，卷一六九，頁3下。其詳爲：「《左
氏》善覽舊史，兼該眾說，得《春秋》之事，亦甚備。其書雖附經而
作，然於經外自成一書，故有貪惑異說、采摭過當，至於聖人微旨，
頗亦疏略，而大抵有本末，蓋出於一人之所撰述。」
[51] 「《左傳》一書，作爲一部記事體的史書，成書最遲在前四三〇年後不
久；改編爲編年體的記事兼解經的書，當在前三五二年之前。」（趙光
賢〈《左傳》編撰考〉，收於《古史考辨》頁136～137。）
[52] 徐復觀在〈原史──由宗教通向人文的史學的成立〉一文中提到：「《左

可以看出,《左傳》研究一直不出經、史範疇,其間雖有唐劉知幾《史通》嘗試性地將對《左傳》之討論視角伸到史學與文學領域,但是一來該書並非《左傳》專著,二來零星讚嘆,似乎仍不足以稱為「學術」。此外宋呂祖謙《東萊左氏博議》雖著眼於文史,然亦非分析文章修辭及發明史事之作,「它只是藉《左傳》所記所評之事,『枝辭贅喻』,『以資課試』者,所以是科舉的範文,是議論文(宋時所謂的策論時文)作法的教材。」,[53]是章學誠所說的「經生制舉之文」:

> 及夫經生制舉,演義為文,雖源出於訓故,實解主於餐新。[54]

其他關於《左傳》文采之討論,通常是偶而論及,屬即興式批評,而非系統性論述。[55]因此,在這種《左傳》學術背景下,《左繡》「專論文法」的解讀策略,的確跨越了傳統《左傳》為經為史的研究邊界,而另闢「文學」疆域。

由上述「解讀方法」與「解讀範疇」之考察,可以看

氏傳》的最大成就,是在孔子所修《春秋》的提挈之下,把這個時代的各方面的變遷、成就、矛盾、衝突,都以讓歷史自己講話的方式,系統地、曲折地、趣味地表達出來,使生在今日的人,對由西紀前七二二年(魯隱元年)到西紀前四八一年(魯哀十四年)的這一段古代史,還可以清楚而生動的把握得清清楚楚。這種史學上的成就,可說是世界性的空前的成就,比傳經的問題遠為重要。」文收於氏著《兩漢思想史》卷三,頁 268。

[53] 簡師宗梧《新譯東萊左氏博議》,「導讀」頁 6。
[54] 〈言公(下)〉,《文史通義》內篇四,頁 117。
[55] 關於此點,已於第四章第一節「《左傳》之文采」中詳論。

出《左繡》在這兩方面之開拓；不論在《左傳》研究的歷
史縱軸中，或研究範疇之橫軸中，《左繡》皆具有開創意義：
它跨出傳統註疏的形式，以「評點」爲註解；它越過經、
史研究的邊界，以「文章義法」爲視角，大步邁向「文學」
的天地，全面而深細地解析《左傳》之謀篇安章、遣詞用
字，對《左傳》文本而言，它能充分掌握《左傳》敘事之
文學特質；對《左傳》讀者或研究者而言，它另開一扇視
窗、另闢一塊沃壤。這是吾人看待《左繡》應持之態度，
亦即以學術流變之「動」的觀點，而非如《四庫全書總目
提要》般，昧於範式之更替，而執意握持一個不變的範式，
以苛律新興的文學批評或學術範式。

二、屬辭比事──扶掖《左傳》學既有之成果

姑不論《左傳》是否爲解經而發，其結果具有解經功
能，是不容否定的，且以敘事解經之手法，在諸經傳以逐
字逐句爲解釋之體裁中，本具特色，因此一般的章句訓詁，
並不能發揚《左傳》敘事體式之特色。所謂「經各有義，
注各有體」，[56]《左繡》以評點剖析《左傳》敘事手法之方
式，很能配合左傳之「體」；而以前人註疏之既得成果爲基，
在前人注疏之既有成果底下，利用評點隨文指明《左傳》
敘事結構之安排及其用意，不僅不是窄化，反而能扶掖既

---

[56] 焦循，《孟子正義》，頁 27。

有之成果，燭照前人光芒未及之處。

　　本章第一節提到，《左繡》評點對《左傳》學之意義，一在於以論文法爲解讀之路徑而非全域，其延伸的方向有評論人事、揭示義理、及《左傳》釋經功能等，第六章「《左繡》對《左傳》主題思想之揭示」及第七章「《左繡》對《左傳》解經功力之闡發」亦已舉證詳述。也就是說，除了傳統注疏字詞訓詁與章句義理等面向，《左繡》多了一個分析「敘事結構」的「文」的角度。而《春秋》與《左傳》都是敘事體式，故《禮記・經解》篇云：「屬辭比事，春秋教也。」敘事的最主要特色就是「屬辭比事」，清章學誠說：

> 古文必推敘事，敘事實出史學，其源本於《春秋》「比事屬辭」。[57]

因此，《左繡》這個分析敘事結構的角度，不只更貼近《左傳》文本屬辭比事之性質，又可轉過來呼應、印證或補充傳統訓釋之成果。

　　清錢大昕曾批評當時評點的捨本逐末——只求科考仿習之便，不求大義之貫通：

> 六經三史之文，世人不能盡好，閒有讀之者，僅以供場屋餖飣之用，求通其大義者罕矣。[58]

《左繡》則無此病，馮李驊開宗明義即謂「載道者謂之文，

---

[57] 〈上朱大司馬論文〉，《文史通義》外篇三，頁 308。

文亦道之所寄。」[59]認爲文字本就有載道功能，而文字與文
字之間、事件與事件之間，透過串連方式之不同，意義的
呈現也會不同，所以成公十五年，《左傳》記諸侯會於戚而
討曹成公，篇章結構分前後兩截，前述晉侯執曹伯事，後
敍子臧辭立奔宋，馮李驊就認爲《左傳》將這兩個事件並
述，是有互相發明意蘊的功能的：

> 今此篇前半自解晉侯之執，後半自敍子臧之節，若
> 不相涉，不知其正相發也。以「不及其民」釋不稱
> 人，便將曹成自立一案，輕輕抹過，亦便為子臧讓
> 國留得地步；若如林註為討罪特書晉侯，則子臧不
> 敢失守，真昧討賊之大義，而執硜硜之小節者矣，
> 何以見貴于《春秋》也哉！(920～921)

因此，如果不由篇章結構（即對「事」之比，對「辭」之
屬）以見其用心，不僅掌握不住意義，甚至會有誤讀之憾，
所以馮李驊接著強調：

> 大抵古人文字須看通體局段，不當泥一知半解，失
> 作者苦心也。(921)

像這樣在文字或事件「之間」尋求意義的例子，在本文第
六章及第七章所舉例證中，亦不少見，甚至可說是《左繡》
評點的主要法門，以下再舉馮李驊直接標明《左傳》經由

---

[58] 〈與友人書〉，《潛研堂文集》卷三十三。

屬辭比事以見義的例子，如成公十一年郤犨來聘，求婦於
聲伯，《左傳》先傳聲伯之母，以郤犨求婦引而傳聲伯之妹，
故馮李驊說此篇是聲伯之母與妹之合傳：

> 是一首合傳文字，合傳有相似者，有相反者，有相
> 因者，此則兼而有之。一生二子而寡，一生二子而
> 亡；一歸聲伯，一歸施氏，此相似者也。一為不以
> 為姒而出，一為不能死亡而行；一則婚宦其弟妹，
> 一則逆沈其二子，此相反者也。始也嫁施氏，繼也
> 奪施氏，終也誓施氏，其事皆起于聲伯，此相因者
> 也。以相因而相似，以相似而相反，《左氏》見有<u>比
> 事</u>之事，遂構為<u>屬辭</u>之辭，蓋以閒心運此妙腕也。
> 亦太自喜矣。(890)

馮李驊認為聲伯之母與妹兩人生平事件有相反或相似之
處，《左傳》故比其事而屬辭，藉由屬辭比事之間，一見聲
伯能字人之孤與郤犨之淫縱，二見聲伯之妹有烈於其母之
性格，[60]而這些意義若不透過結構安排，並不易以微言表
達。其他強調《左傳》「屬辭比事」特色之處如成公十四年
「宣伯如齊逆女」與「僑如以夫人婦姜至自齊」兩事，《左

---

[59] 〈讀左卮言〉，頁 1 上。
[60] 分別見該篇夾批。關於聲伯能字孤，馮李驊於聲伯宦其外弟、嫁其外
妹處，夾批云：「真能字人之孤者矣」(890・L6)；於聲伯妹責施氏不能
庇仇儷卻又沈其二子處，夾批云：「緊對『嫁其外妹』，為一篇之關目。」
則郤犨強取婦之淫縱，不言而喻。至於聲伯母與妹之比較，則於聲伯
之妹誓不復為施氏婦處，夾批云：「此則聲伯之母所必無者矣」(891・
L5)

傳》解釋前一則曰：「稱族，尊君命也」，後一則曰：「舍族，
尊夫人也」，馮李驊認為《左傳》是由同一事件之前後相比
及其兩種屬辭中以發義的：

> 《春秋》一部書法大意，卻于此處闡發，蓋只一人
> 一事一時，而稱族、舍族各有義例，如此《春秋》
> 比事屬辭，大略可睹矣。(917)

又如昭公八年陳公子招殺世子，楚人干預其事而殺陳之行
人，《左傳》先敘公子招之亂，再及行人干徵師之事，並以
罪在公子招而不在行人作結，馮李驊認為透過《左傳》敘
事結構，即可知罪之所在：

> 兩事各敘而總斷，全在兩兩相對中見筆法。一在一
> 不在，蓋比事屬辭，而可以得其大凡矣。(1571)

正因辭與事之連貫屬綴或比並錯綜具有表意功能，故馮李
驊在〈讀左卮言〉中就指點讀者閱讀《左傳》之法：

> 《左傳》須一氣讀，一氣讀方能徹其全神；又須逐
> 字讀，逐字讀方能究其原委；須參差讀，參差讀則
> 見其錯綜之變；又須整齊讀，整齊讀則得其剪裁之
> 工；須立身局外讀，立身局外以攬其運掉之奇，而
> 後不為其所震；又須設身局中讀，設身局中以體其

　　　經營之密，而後不為其所瞞。[61]

所謂「一氣讀」，鳥瞰也；「逐句讀」，析審也，皆用以提挑
篇法脈絡；「參差」、「整齊」讀，觀章法也；「立身局外」、
「設身局中」，體命意也。意指《左傳》全書或隱或顯皆有
脈絡灌注其中，故看似不相干之事件，卻連串說來，其中
必有深意，若輕忽而過，將使筋脈盡斷，甚或意義盡失。
因此，寄於結構網絡之間的意義，有時超乎字面所欲表達
的意思，所以說：

　　　語言佔有的是有限的時空，語言中的沈默使其有限
　　　趨近無限。[62]

這就是為何說「屬辭比事」，春秋教也，蓋所欲教於後人的
意義，未必皆顯豁於事、於辭，亦有寄乎「屬」與「比」
之間者，所以觀察結構的動作，就關乎對「微言大義」之
認識。

　　　所謂「修辭立其誠」，誠，就作者而言，是沛然莫之能
御之氣之志；就作品而言，是文本意義；不論如何，讀者
必須賞修辭之美、深體文本之屬辭比事，乃能進而索其誠。
[63]這就是為何馮李驊說得「一氣讀」、「逐句讀」、「參差讀」、

---

[61] 頁 10。

[62] 簡政珍〈沈默・語言・閱讀〉，頁 459，收於鄭明娳總編輯，簡政珍主
編《當代台灣文學評論大系》第一冊〈文學理論卷〉。

[63] 當然作者發而為文之「誠」，與文本展現之「誠」，以及讀者索得之「誠」，
未必一致。揚雄有名的「不免於勸」故事，正是表達這種言語認知上

「整齊讀」、「立身局外讀」、「設身局中讀」，透過各種視角
的解讀，完全掌握屬辭比事之法，「而後不爲其所瞞」，以
接受美學角度來解釋這段話，就是讀者在閱讀過程中，必
須變換閱讀視角（一氣讀、逐句讀、參差讀、整齊讀、立
身局外讀、設身局中讀），透過游移視點，[64]以組織或互照
各視點所得資訊，從而形成文本意義；「不爲其所瞞」指意
義之發掘能不被文字表象所蔽，反而是能在結構的罅隙之
間掌握意義。而這種存於結構空白處的意義，通常不是字
詞訓詁所能燭照之處，所以說馮李驊對《左傳》屬辭比事
特點之闡發，有補充、扶掖前人研究成果之功。

此外，透過對屬辭比事之剖析，往往能勘出情節衝突
性，以及這些看似矛盾的情節，如果不由屬辭比事的角度
來闡發，不只大義不明，可能還誤解本意，甚或爲求一致，
而如宋儒般動輒改易文本。馮李驊對《左傳》所述情節之
衝突，頗能透過結構之解析而釋其疑，如隱公三年宋殤之
立，《左傳》引君子稱宋宣公知人，然此番評論與宣公釀成
華督之亂一事相矛盾，馮李驊以文章結構爲解釋曰：

> 《公羊》以宋禍罪宣公，《左氏》極善附會，況「奉

之不能重疊，甚或對符號刻意曲解的情況：「或問：『吾子少而好賦。』
曰：『然！童子彫蟲篆刻。』俄而曰：『壯夫不爲也。』或曰：『賦可以
諷乎？』曰：『諷乎。諷則已，不已，吾恐不免於勸也。』」（清汪榮寶
《法言義疏・吾子》卷第二， 頁81）
[64] 伊瑟爾認爲一個敘事文本至少包含四種視角：「敘述者視角」、「人物角
色視角」、「情節的視角」及「讀者的視角」，每個視角提供不同訊息，
讀者在閱讀過程中不斷組織新、舊訊息以形成意義。說詳第二章第三
節之四「讀者與文本之互動」。

> 馮」之對,「居鄭」之使,後事已明明料及,而篇尾
> 只有美無刺,若絕不知有華督之事者,此非疏也,
> 文各有局。此篇口口先君,自應以知人斷結,史家
> 得失互見,最識此意,若湊入旁意一筆,事備而文
> 雜矣。(118)

馮李驊認為此篇「題目」是「宋宣公知人」,故情節之安排
就側重宋穆公之德,以美穆公之讓位與夷作為對宣公知人
之讚揚,這是因立意而剪裁事件並從而屬文之例。又如隱
公十一年,鄭伯伐許一事,《左傳》先述潁考叔與子都爭車、
爭先登等事;中述鄭伯使許大夫百里奉許叔以居許東偏,
使公孫獲處許西偏,並皆有一番辭令;末段以兩則君子之
論斷為結,其一稱鄭伯有禮,其一譏其失政刑。馮李驊以
結構之前後映照,解釋君子兩斷之矛盾:

> 此篇首段本連中段,末段收應起段,自當聯作一篇
> 讀。 末段併附中段,于君子兩斷似屬矛盾,然鄭
> 莊有禮,不過因其詞令處置一端之善而稱之,非真
> 許其知禮也,觀于詛射之詐,則行不掩言矣。得後
> 文一抑,併前文一揚,亦屬子虛。《左氏》固不為鄭
> 伯所瞞,亦不肯瞞我後人也。正以併讀乃得之耳。
> (159)

馮李驊認為《左傳》雖引君子論鄭伯有禮,然「非真許其
知禮」,此評是用來反諷、凸顯鄭伯之「詐」,證據有二,

其一是詛射潁考叔一事,除了文前總評曰「觀于詛射之詐,
則行不掩言矣。」於射潁考叔一事,眉批尚有說明:

> 拔棘逐之、自下射之、周麾畢登,寫得眾耳眾目,
> 為末段伏筆。(160)

而於詛射者一事,則眉批曰:

> 明是嬰子都之姣,為此掩耳盜鈴之計耳。看此君只
> 是一個假。(163)

言潁考叔與子都之爭乃眾人皆見之事,鄭伯偏袒子都,佯
為不知,而有「詛射潁考叔者」之作假,其詐可知。證據
之二是鄭伯存許之辭令,馮李驊亦分別以評點指出其中另
有居心:

> 兩「使」字寫出胸有成竹。(160‧L5)

> 于事則如縱如擒,于文則半吞半吐,奸人之雄,詞
> 令之雋。(161)

> 前云「得沒」,後云「我死」,分明我一日在,一日
> 不容許轉綰也,此言外微意,前人論之甚詳。(162)

> 俞寧世曰:「凌弱暴寡之謀,變作存亡繼絕之義,辭
> 命欵曲,情致纏綿,真似有至誠惻怛之意,後人得

其妙者，惟曹操自敍令耳。」(163)

以「奸人」稱之，以「胸有成竹」、「言外微意」揭之，以
「曹操」喻之，則處處點明鄭伯之詐偽，所以在文末總評
又叮嚀讀者須合前後結構以觀之，才能掌握這種看似矛盾
而實有深指的敘事手法：

讒稱他有禮，即刻便譏其失政刑，讀者須得其抑揚
之妙。(163)

又如莊公二十五年夏日食、秋大水，馮李驊就利用章法之
分析，辨正杜預註解之非：

補正以杜註為非，「非常」者，謂不用幣而用牲、鼓
不于朝而于社是也。又曰「唯正月」以下，乃昭十
七年季平子之言，此恐誤，則失之矣。蓋此條合下
條乃兩兩對舉之文，下條有斷語，而此條獨缺，不
成章法；又兩段義亦互見，「天災，有幣無牲」可以
並解上條用牲之失，「非眚不鼓」何以發上條鼓社之
非乎？ 兩「非常」對說，不當作兩解，註可商也。
(298～299)

以章法之對舉，文義之互見，證明「非常」並非如杜預所
言「非常鼓之月」，而是「鼓于社」之非常態。為點明兩事
章法之對舉，馮李驊於「唯」字及「凡」字旁皆標以「、、」，
示結構之關係，其上並眉批曰：

「凡」字與上「唯」字，作對舉文法。(299)

由此例可知，結構之剖析，可補充、訂正前人說法之失。
又如僖公十五年秦晉韓原之戰，韓簡正要擒獲秦穆公，卻
爲了救晉惠公而失其機，晉惠公反被秦國俘獲，此結果正
呼應前文申生告訴狐突將請帝罰有罪一段；但全事件之總
結卻又引《詩・小雅》，言禍罰非降自天，乃「職競由人」，
乍讀似前後矛盾，馮李驊亦以文章結構作爲開釋：

> 賂（輅）秦伯，反失秦伯；失秦伯，反獲晉侯；此
> 處當是申生得請之靈，然正敘便易說煞，與結處「匪
> 降自天」不免矛盾，只于秦伯口中輕輕一點，用筆
> 何等圓活，而文情轉佳。(412)

馮李驊認爲，晉國戰敗與惠公見獲，不論文章是否以論斷
作結，皆易引人與申生請罰一段聯想，則事與文具結煞於
此。但《左傳》並不認同「天降罪罰」之看法，故又鋪排
倒敘獻公筮嫁與惠公不知反省二事，而以韓簡「勿從何益」
及引詩「匪降自天……職競由人」，作爲對晉惠公一生的真
正評價。而爲了照顧這種前後情節鋪排的衝突矛盾，《左傳》
輕巧地以秦穆公「亦晉之妖夢是踐」之言，照應申生請罰
一段，同時也表達一般人之看法，而將作者譏刺置於最後，
以收醒目、強調之效果。故本篇最後之眉批又點明引詩正
是爲了譏刺晉惠公，亦即這才是作者真正的「微言大義」
所在，亦即這是不僅不是《左傳》敘事之矛盾，反而是《左

傳》藉屬辭比事之矛盾性以凸顯其微旨之手法：

> 克段篇以贊考叔結，是反刺法，此文以斷先君結，
> 是正刺法，用意不同，而總之只是運實于虛，不單
> 從正位著筆，所謂別行一路者耳，豈有他謬巧哉！
> (419)

　　又如襄公九年秦景公乞師於楚以伐晉，楚子囊力言晉
不能與爭，文末卻以「秦人侵晉，晉饑，弗能報也。」作
結，馮李驊評曰：

> 通篇極稱晉不可敵，乃秦伐而不能報，一何矛盾？
> 輕輕下一「晉飢」二字，而楚之不能與爭者，自在
> 矣！此種應法，妙在筆墨之外。(1047)

就情節結構而言，子囊「晉不能與爭」之議論是整篇文章
起段，馮李驊於其旁夾批曰：「呼」，而後以子囊一一舉證
說明晉不可敵的道理成篇，文末結以「秦人侵晉，晉饑，
弗能報也。」馮李驊夾批曰：「結起句」、「結小段」，則呼
與應之間的矛盾極為明顯，而《左傳》以「晉饑」對這個
矛盾作解釋消化，故馮李驊讚嘆《左傳》應法已神化至「筆
墨之外」了。則此又是藉屬辭之妙，以化解看似矛盾的情
節的方法。

　　又如襄公二十五年，齊崔杼弒其君，晏子不死君難，《左
傳》於文章第三截末尾附記申鮮虞與閭丘嬰之奔，馮李驊
認為這段情節的安排，是為了映襯晏子：

> 後一層寫鮮虞之奔為達權,與前諸人相似而不同,
> 與晏子又相反而適類。

為何須有此一襯呢?馮李驊認為是怕後人不能掌握晏子
「不死君難」這個行動本身的真義,故須藉申鮮虞之口,
以寄作者之論斷:

> 特詳鮮虞語,蓋恐不能死者,藉晏子為口實也。傳
> 世之文,道理定圓足無弊,然又妙在「知匿其暱」
> 仍借便照顧「非其私暱」一筆,否則上三句真是罵
> 晏子矣。豈不自相矛盾耶?作者細密如是。(1244)

亦即,附載申鮮虞之不死君難,是「比事」;藉申鮮虞而有
「君昏不能匡,危不能救,死不能死,而知匿其暱」之議
斷,是「屬辭」;透過這樣的屬辭比事,能將情節之衝突─
─太史之死與晏子之不死孰是孰非──作個交代,亦即太史
之死是忠於職責,是守經;晏子之不死,是因「君為社稷
死則死之……若為己亡,非其私暱,誰敢任之?」是達權,
則死與不死,透過申鮮虞一段之轉丸,不僅矛盾立消,甚
且使其間分寸益明。

　　此外尚有以文章結構來反駁前人註解或讀法有待商榷
者,如宣公十五年宋及楚平,《左傳》先敘解揚不失信,後
敘華元夜登子反之床而使楚許以盟,最後以「我無爾詐,
爾無我虞。」盟語作結,《正義》認為盟曰一段,是「兩國
平後共盟,而楚人為此辭耳,非此華元、子反私盟之辭也。」

馮李驊則認爲篇章前後相配，此番盟辭正用以與前文解揚
「承命爲信」一段議論相映照，《正義》解得太拘而反失其
真：

> 盟與簡質，摠以「信」爲主，抽出與解揚語相配成
> 章法。若于上文隨手寫卻，更何處另覓妙結耶？ 借
> 盟詞作斷，又一妙法。 《正義》註大拘，不可從。
> (785～786)

爲了強調這個看法，馮李驊並於盟語之旁夾批曰：

> 先盟後告，此又只要有信，不必拘定承命，古法也。
> 于解揚爲正應，於諺語爲反應。(785・L8～786・L1)

可見文章結構之不明，意義之了解也會失去準頭。又如僖
公五年晉假道於虞以伐虢，《左傳》先敘宮之奇論晉必「不
更舉」而滅虞，後段則敘晉之滅虢滅虞，馮李驊評曰：

> 前半妙文得後半實事，兩兩相應，使人讀之又好哭
> 又好笑也。刻本往往刪去後半，亦食蔗而遺其本矣。
> (367)

此段批評其他評選家不解《左傳》屬辭比事之特質，因而
隨意裁割原文，如此一來，因前後對照而產生之意義，或
所謂褒貶、譏刺，將因文本之刊落而無由產生，這等於是
更進一步申明掌握結構之重要。

此外也有以篇章結構爲前人說法舉證者，如文公十八

年追記季文子不遵魯宣公之命，將莒太子僕逐出國境，面
對宣公之質問，季文子引古證今，洋洋灑灑說了好長一段，
馮李驊讚其乃「《左氏》議論文字中第一首條暢平實之作」，
不過仍不隱諱其浮誇：

> 「是以去之」已結過「公問其故」，若如此便住，亦
> 得，但文氣似局而未舒，故下文重又引古証今，極
> 其鋪排。行文原有敷衍之法，然未免開廓落一派，
> 昌黎浮誇之誚，大抵專指此種而言，不能為古人諱
> 矣。(679)

此評為韓愈「浮誇」之說找出實例，等於也是註解「浮誇」
兩字，如此更知韓愈「浮誇」之說，原亦針對《左傳》敘
事性質而來，並非指摘其內容有怪力亂神之處。不過，馮
李驊認為這種鋪排法之弊來自後人仿效之失準，而不是《左
傳》敘事本身之缺憾，故以「文氣局而未舒」作為鋪排之
必要。襄公九年士弱回答晉侯問宋災一段，也是援古以為
說，馮李驊評曰：

> 此等見《左氏》精博，概以浮誇少之，何哉？(1042)

可見馮李驊認為敘事行文、屬辭比事之設，自有諸般考量，
篇篇有獨立生命，不可執一而論。這也正見出杜預條例說
不能取代或涵蓋《左傳》所有之結構，更從而旁證《左繡》
逐篇分析《左傳》結構之必要與重要。

　　由上述《左繡》對《左傳》情節衝突性之發抉與消解，

以及利用篇章結構之分析辨正、補充前人說法，可以很明顯看出，《左傳》屬辭比事與文章主題、甚至照應《春秋》大義之關係極為密切，因此，對《左傳》謀篇安章及遣詞造句之掌握，就關乎對《左傳》意義之了解，而這一層恐怕不易由傳統訓詁委屈詳盡地揭露出來。所以說，《左繡》以論《左傳》之行文法式，關照《左傳》之解經及史論，這種方式包含「義法」兩個面向，實即以新角度之開發，鎔鑄或辨正前人既有之成果，故曰《左繡》藉著對《左傳》屬辭比事特質之闡發，扶掖《左傳》學既有之成果。

第三節　《左繡》在文學批評上之意義

一、高屋建瓴——批評範式之新生

　　《左繡》評點所展現的結合評點、時文結構與古文義法論的特色，正是融納既有之文學批評法式與內涵，加入時代因子，從而締構新的批評範式，姚斯借用湯馬斯·庫恩(Tomas Kuhn)科學範式(paradigm)的概念，認為文學研究的「重新提問」方式，就是新範式的建立：

> 他能用新的解釋方法重塑過去的藝術作品，使之面目一新，使過去保存下來的經驗重新得以理解；或易言之，對歷代曾提出過的問題重新發問，而這些

問題是過去的藝術曾經提出過並給予過我們回答
的。[65]

也就是說,《左繡》這個「瓴水」(批評新範式)所根基的
「高屋」(過去保存下來的經驗),有評點、時文結構、古
文理論等,馮李驊將這些舊有的經驗綰合成一種新的解釋
方法,[66]來對《左傳》重新提問,即便有些問題過去的註疏
已經「給予過回答」,但對馮李驊而言,他要以新的範式找
出新的解答進路,目的地或許相同,但不同路徑的風景自
然不同,這才是閱讀理解之樂趣,也就是接受美學所一再
強調的「意義不是一個既存的客體,而是一個被經驗的認
知主體」。以下分評點、時文與古文這三個角度來談《左繡》
對新批評範式之催生。

　　本文第二章提及,評點之源起,與科舉及傳統經註皆
有關係,然其體式之完備以及成為文學批評的工具,是在
小說評點;而《左繡》充分利用已經成熟的評點體式,全
面地分析《左傳》文本結構,等於在金聖歎、毛宗崗等人
建立的評點高屋之上,另構評點經史之瓴瓶,為評點開闢
新的批評對象。除了批評對象之開發,馮李驊也證明了評
點這種法式並不是只能談文字枝節而不能深入義理,就這

---

[65] Hans Robert Jauss, "Paradigmawechsel in der Literaturwissenschaft",
'Linguistische Berichte', No.3, p.54～55 p,47～56, 1969. 譯文見金元浦
《接受反應文論》,頁 31～32。

[66] 單就「評點」、「時文」、「古文」、「左傳」而言,這個新範式皆有它們
原先所沒有的質素,故曰「新」。

方面而言，他比金聖歎等人對「評點」這個體式的功能貢
獻更大，金聖歎評點《水滸傳》時雖一再宣揚「亂自上作」、
「官逼民反」的思想，但不可否認的，其評點仍以藝術賞
析的成分爲多：

> 其評點乃致力於藝術分析，在評點過程中，將這種
> 我國獨特的文學批評樣式大大加以發展⋯⋯細緻切
> 實，逐段逐句地分析了整部七十回《水滸傳》。[67]

評點多受詬病之處正在其「小學而大遺」，[68]由此亦可見這
種批評體式對文字表層藝術之偏重；而《左繡》對《左傳》
之評讀，是兼重「義法」兩方面的，不僅是「兼重」，更應
該說是「結合」，它充分地披露文章結構如何操縱意義之衍
生或變異，因此就評點發展歷史來看，《左繡》對評點觸角
之開發，亦有補充、推展或開拓之處。

　　就古文與時文兩方面來說，第三章提到清代文學大環

---

[67] 王運熙、顧易生《中國文學批評史》，頁 344。

[68] 所謂「小學大遺」即錢大昕所謂「僅以供場屋餖飣之用，求通其大義
者罕矣」；日人青木正兒論評點法式時也提到類似的偏重：「（金聖嘆）
以前，明代的戲曲小說評點本，大體皆在文的妙處打圈點⋯⋯至金聖
嘆始將之擴充，採取首先在『讀法』中記述全書總論，接著每篇皆先
下概論，然後進入本文，逐一指摘其用筆之妙的方法。」（《清代文學
評論史》，頁 206）這裡所說「文的妙處」、「用筆之妙」皆側重文字藝
術欣賞而言；金聖歎猶如此，其他以科考爲目的的選本，其評點更往
往見樹不見林，如清包世臣在回答楊季子詢及選學與八家優劣時就
說：「（選學家）心力悴於八股，一切誦讀，皆爲制舉之資，遂取八家
下乘，橫空起議、照應勾勒之篇，以爲準的。小儒目眩，前邪後許，
而精深閎茂，反在屏棄。」（《藝舟雙楫・再與楊季子書》）所謂「橫
空起議」、「照應勾勒」也是對結構之注重，而「精深閎茂，反在屏棄」

境時，就已探究《左繡》成書前後，文人不論在創作或評
論上，皆有混同時文與古文的趨勢，而這個混合古文與時
文文體的發展承衍，大抵如下：

> 夫三代以來，聖賢經傳皆文也。其別稱古文，自近
> 日始。一則對科場應試之文而言，一則由唐、宋諸
> 子自謂能復秦、漢以前之文而言。後代言文者，率
> 以唐、宋為依歸。而日趨於時。以日趨於時之文而
> 自命為古文，明者之所哂也。[69]

> 淡於功名，篤志文學，而為選文先導者，則有若宜
> 興儲欣同人。生明崇禎四年（一六三一）。卒康熙四
> 十五年（一七零一）。欣之文謹潔明暢，體格與桐城
> 為近，而選文自明茅坤以來，皆意在制藝，求合時
> 尚，去法日遠，文習日陋……選文之祖為文選……
> 唐人所選，詩集為多。至宋而有呂祖謙之《古文關
> 鍵》、真德秀之《文章正宗》、謝疊山之《文章軌範》。
> 《文章軌範》之評點，已專為當時應試人說法，開
> 明代之陋習。茅坤《八家文選》，雖以《文章正宗》
> 為根據，而專論文法，且評論亦不精確。[70]

> 古文之體，奇正濃淡詳略，本無定法……（方苞）

則是對大義之忽略。

[69] 清程廷祚〈與家魚門論古文書〉，《青溪集》卷十。

> 以此論文，其與孫　、林雲銘、金人瑞之徒何異……
> 蓋方所謂古文義法者，特世俗選本之古文。[71]

以上評論所提及諸書或編者，亦或見於《左繡》之參考書目中：

> 今年春錄有定本（己亥），終不自安，復從北墅吳子
> 石倉菉瞻喬梓乞得汲古閣註疏六十卷、徐東海先生
> 所輯《春秋左傳諸集》三十一種，又從友人王若沂、
> 沈蒯良、沈于門、范右文乞得徐揚貢《初學辨體》、
> 金聖嘆《才子必讀》、孫執升《山曉閣左選》、呂東
> 萊《博議》、《永懷堂杜氏左傳》定本、朱魯齋《詳
> 節》，從及門吳乃人覓得吳青壇《朱子論定》文抄、
> 林西仲《古文晰義》、真西山《正宗》、姜定庵《統
> 箋》，又別見坊刻孫月峰、鍾伯敬評本、唐荊川《文
> 編》、茅鹿門《三史》、王荊石《左選》、羅文恭、汪
> 南明兩家《節文》，以及《左國文粹》、《左氏摘萃》、
> 《左傳評林》諸本增評之，未到者十之二；改評之，
> 未合者二十之一。夏四月又從吳興書賈高某購得吳
> 門唐錫周《左傳咀華》二十二卷，秋九月，友人沈
> 雷臣寄示王或庵《左傳練要》十卷，冬十月，友人
> 沈仁域購示桐川俞寧世《可儀堂左選》全卷，意新
> 筆雋，均為讀《左》快書，惜限於尺幅，各量登其

---

[70] 張宗祥《清代文學》，頁 23～24。

尤者數十條，所見如此而已，于劉、賈、唉、服諸
古本概乎未之聞也。[72]

而《左繡》以時文論古文之視野異於前輩之處在哪裡呢？
首先，這些「選本」或「評點」，不論文本是古文或時文，
評選目光之所注，皆在「制舉」，故謂「意在制藝，求合時
尚」、「專為當時應試人說法」；不然就是因制舉需求而「專
論文法，且評論不精確」；這些都是錢大昕所說的「特世俗
選本之古文」。馮李驊採用這種古文與時文逐漸揉合的視
野，並施之於《左傳》，但是取其長而去其弊，首先高其立
足，不專主制藝之用，故在〈刻左例言〉中申明此書雖為
初學者說法，但並非「高頭講章」之流；其次能深化視野，
雖以文為論，卻不是以論文為目的，故於《左傳》屬辭比
事特點，條分縷析，使其所評所論，皆有堅實證據，不致
如茅坤有「不精確」之譏；在這種用心之下，故能化腐朽
為神奇，將一個漸趨於老套的視點，扭轉催化為一個新的
批評範式。《左繡》之後，採用評點體式，加上義法視野的
書籍漸多，[73]雖不能遽論是《左繡》帶起之風潮，但以歷史

---

[71] 錢大昕，〈與友人書〉，《潛研堂集》卷三十三，頁 16。

[72] 〈讀左例言〉，頁 2 下～3 上。

[73] 依筆者初步之統計，光是自方苞以下之桐城派文人，標有「評點」之
著作就有一百五十五種，而這些尚不包含名為「批選」、「評選」、「評
解」等著作，以及實為評點而不標明於書名者，如《左傳義法舉要》、
《左傳微》等，詳參劉聲木《桐城文學撰述考》。又陳澧、陳學受有《春
秋類文求義》，方宗誠有《左傳文法讀本》十二卷，其解讀《左傳》之
期待視野，恐與《左繡》不無關聯。

座標位置而言，則《左繡》的確具有新範式成立之標竿位置。[74]

總之不論就評點體式、時文結構或古文義法視野來看，《左繡》在應用與深化方面，皆有不錯的成就，以接受美學來說，馮李驊以評點、時文及古文三者揉合後之新的期待視野，去解讀《左傳》，其意義不只是在對古籍解讀後之成果上，更是在對古籍提問的方式——亦即新批評範式的產生上。

二、舊瓶新酒——批評主位之自覺

第三章第二節曾提及評點結構上常有「讀法」、「凡例」，以及「將批評與文本扭結」的出版方式，大大增加了評點者對文本涉入的力量；因此「評點家與文本之產生具有邏輯辯證上之關係，亦即他是文本的接受端，但對後來的讀者而言，評點家既是文本的創造者也是註解者。」[75]加上評點家評點時受到本身或公眾期望視野之影響，或刻意採用某個解讀視點，使得評點幾乎可說就是評點家基於文本而再創之作品，廖燕〈評文說〉對評點再創文本的特質

---

[74] 在馮李驊之前以評點方法從事文學批評，且亦以時文結構或古文義法為其切入點者，並非沒有，但多為「選本」心態，亦即只選取合於所論之篇章甚或小節，而非真正意識到是在採用一個「範式」來對全書作批評，《左繡》則於前言之處，對自己採用的範式多所說明及辯護，故而，不論就文本範圍或批評認知來說，真正標誌著新範式之產生或應用，仍得由《左繡》算起。

[75] 單德興前揭文，p.16.

有很清楚之分析：

> 且非徒取他人之文而選刻之也，蓋將以見吾手眼於
> 天下也，以吾之手眼，定他人之文章，而妍媸立見，
> 非評不為功。故文章之妙，作者不能言，而吾代言
> 之，使此文更開生面……則此文雖為他人之文，遂
> 與己之所作無異。[76]

可見評點家不論是否宣稱「重現作者光輝」，[77]實皆欲藉評
點「展露自我鋒芒」，所謂「將以見吾手眼於天下也」，而
這其實就是批評主體性的自覺。

　　《左繡》在文學批評方面的另一個意義，正是批評主

---

[76] 《二十七松堂集》卷十一，頁 511～512。

[77] 大部分評點家皆尚未自覺評點實是自己與文本之互動結果，且為了著
作之地位，或出於謙遜傳統，大多未敢強調再創造之性質，而反覆指
證其為作者之意圖或文本既有之存在，即使再創意圖顯如《左繡》者，
亦難逃此箍，馮李驊〈刻左例言〉曰：「張松南夫子云《左傳》自是有
意為文，但不當執古人以就我法。故愚所評諸法，皆是《左傳》自在
流出，並不敢強為穿鑿以自誣、誣古人，且誣天下後世也。」又如清
姜炳璋《讀左補義》對《左傳》之解讀亦頗有己見，觀《四庫全書總
目》之批評即可窺知：「是書欲破說《春秋》者屈經從例之弊，謂《春
秋》無例，《左傳》所言之例，皆史氏之舊文……謂史氏相沿有此五例，
《左氏》遂據以推測聖經……所註用杜解者十之六七，兼採他說，並
參以己意……而傳後必附以說簡，端又冠以評，或論事或論文，如坊
選古文之例，殊非註經之體也。」（經部・春秋類・存目三頁 1 之 641
～642）錢維城之序也略略提及此書對《左傳》補白之功：「夫《左氏》
之書，通二百四十年之書為一篇也，其脈絡貫通，本末咸備，讀者類
能知之；若其離合變化以斷為續以抑為揚，則有不得盡知者矣。姜子
之讀《左》也，通其言並通其所不言，其言在此而意在彼，與言如此
而意不如此者，皆一一深思而得其故。」則此書評點創見之處似乎不
少，但錢維城緊接著又說：「而要以是非不謬於聖人為宗。」評點家於
再創造的部分，大抵吞吞吐吐如此者。

體性的覺醒,亦即批評本身不是對文本既存意義之發現,而是一種基於文本之建構活動,具有創造性質,因爲「批評最積極的意義是一種創作」。[78]因此,若說文本是「舊瓶」,則批評或閱讀理解就是於其中注入「新酒」。不過必須申明的是,此處言「覺醒」,非謂馮李驊已完全且清楚地掌握或表達批評活動的主體性,事實上他表現的反而是一種或顯或隱、或吞或吐的態度,「覺醒」是就後人的眼光而言。

那麼有何證據說馮李驊的批評認知中,帶有對批評主體性之覺醒呢?首先書名本身就是一個明顯的旗幟,在諸評點書籍中,包括小說、詩文等評點,唯《左繡》不是以文本書名外加「評點」等字樣爲書名,這之間是有意味之別的,以「評點○○」、「○○評」、「○○摘奇(擷華)」等形式爲名,則仍視文本爲意義存在之客體,《左繡》異於常態的命名,當非偶然,其義恐怕是以「左」代表文本,以「繡」指明評點,兩者分量因而相當,而且若不經此一番「繡工」(即評點),則「鴛鴦」形貌(《左傳》文本意義)恐無由呈現,可見單就書名而論,馮李驊就具有「意義是讀者與文本互動後的結果」的概念。

其他顯現馮李驊的評點帶有批評主體性的證據有〈刻左例言〉所說的:

---

[78] 鄭明娳總編輯,簡政珍主編,《當代台灣文學評論大系》第一冊〈文學理論卷〉,簡政珍〈導論〉,頁 31。

　　全部評論皆一意孤行。[79]

此話雖主要指其評點並非抄襲或受他人引發而來，但正因
如此，其評點所發掘之種種意義，只有三種可能，一是既
存於《左傳》本身，二，完全是馮李驊個人之「郢書燕說」，
三是馮李驊與《左傳》互動後的果實。先說第二種情形，《左
繡》所呈現之《左傳》意義，皆是馮李驊個人之「發明」
嗎？由於解釋的最根本基礎是「既存經驗」，因此沒有一位
讀者能以宛如白紙般的意識去解讀一個文本：

> 無論何時，某事被解釋為某事，這種解釋基本建立
> 在先有(fore～having)、預見(fore sight)，以及預先概
> 念(fore conception)之上。對某事的解釋從不會沒有
> 預想的認識而出現於我們面前。換言之：「意義是某
> 種建議的『過程』。事物之所以變得可以理解，它從
> 某種先有預想和預先概念中得到它的結構。」[80]

可見《左繡》所展現之意義並非「完全」出於馮李驊之「己
意」，亦即即使他在評點《左繡》之前全未曾閱讀過任何類
似書籍，但在他的意識中已有某些「既存經驗」，所以他才
可能看得懂《左傳》文本，這些既存經驗使其解讀出來的
《左傳》意義有與他人疊合之處，所以〈刻左例言〉又說：

---

[79] 頁 3 上。
[80] Robert C. Holub 著，董之林譯，《接受美學理論》(Reception Theory)，
頁 44。

「時有與前人暗合者」、「本非勦說,無媿雷同」,可見《左
繡》呈現之意義並非完全出於馮李驊一人。那麼這些意義
預先存在於《左傳》文本中,而馮李驊只是「發現」者嗎?
如果說所有理解皆既存於文本本身,則無法解釋不同讀者
之不同理解,以及其間或有的矛盾;設若以讀者之誤解或
見識深淺作為解釋,如劉勰之主張:

> 夫綴文者情動而辭發,觀文者披文以入情,沿波討
> 源,雖幽必顯。世遠莫見其面,覘文輒見其心。豈
> 成篇之足深,患識照之自淺耳。[81]

「豈成篇之足深,患識照之自淺耳」則落入以認知主體說
客體之存在,其論調與接受美學的期待視野理論,立基點
雖不同,卻是異曲同工的:

> 一個人的「偏見」或先在概念構成了每一詮釋條件
> 的基本組成部分。因此⋯⋯解釋者的歷史並非理解
> 的障礙。[82]

這就是為何接受美學要直接聲明「意義不再是一個需要被
界定的客體,而應當是體驗後的效果。」[83]所以一旦以讀者

---

[81] 《文心雕龍‧知音》。

[82] [聯邦德國]H.R. 姚斯、[美]Robert C. Holub 著,周寧、金元浦譯,《接
受美學與接受理論》(Aesthetics Reception And Reception Theory),頁 322。

[83] Wolfgang Iser 'The Act of Reading: A Theory of Aesthetic Response', p.10.
伊瑟爾這種意義「認識論」主要是受了現象哲學家羅曼‧英加曼(Roman
Ingarden)的影響,英加登認為,作品是一個純粹意向客體(Intentional
object),亦即作品的存在,是在「被理解」中實現的,「因此沒有意識

「識照之淺薄」作爲對不同理解之解釋，實則等於已不自
覺、非情願地認同第三種看法，亦即意義是讀者與文本互
動後的結果。綜上所述，馮李驊聲稱「全部評論皆一意孤
行」，是指《左繡》是他體驗《左傳》之結果，是他與《左
傳》互動後之成品，亦即帶有「意義亦存在於批評者之主
體感受中」之概念，故謂其評點認知已具有批評主體性之
自覺。

　　此外，接受美學闡明意義之產生，是讀者或批評家與
作者互爲主體而對話之後的結果，作者提供文本圖框式架
構，而讀者於其中從事「補白」的動作，以此建構完整之
意義，馮李驊也注意到文本結構之間有罅隙存在，而且其
中孕有豐富意義，若只在字面讀解，有時反失大義，除了
第六、七章所舉例證，以及本章第二節「屬辭比事」部分
所論以外，尚有下列言論：

> 《左氏》敘事述言論斷色色精絕，固不待言，<u>乃其
> 妙尤在無字句處</u>。凡聲情意態緩者緩之，急者急之，
> 喜怒曲直，莫不逼肖，筆有化工，<u>若只向字句臨摹，
> 便都不見得</u>。[84]

> 《左氏》字有字法，句有句法，章有章法，毫髮不
> 苟，卻別<u>有不成字之字法，不成句之句法，不成章</u>

的參與，它就無法實現其充分的存在。」(Elizabeth Freund 著，陳燕谷
譯，《讀者反應理論批評》(The Return of The Reader)，頁 136）。

<u>之章法……而其妙正在于此</u>，讀者悟得，無處不有
文字。[85]

「楚幕有鳥，乃止」此不是結鄭，正是從鄭一邊照
出子元歸心如箭也。似此寫「蠱」字，<u>全在無字句
處</u>，叫後人何從臨摹？(308)

中段敘成季，于公曰「慶父材」下，絕不正言其非，
竟去將君命行事。至「鴆季酖之」下，亦不明言其
故，只叫他飲此便罷，寫得智深勇沉，既剛正又機
警，為後輔魯張本，<u>神理皆在無字句處</u>，妙甚！(318)

里克固應伏罪，然于惠固有恩也。今以正論誅之，
讀者幾以其刑之當，而忘其猜忌之由，作者特以丕
鄭之不及相形，始知里克之殺，初非以弒君之故，
徒以其欲納文公而怨之也。<u>似此照應全在無字句處
耳</u>。(392)

末獨找一筆曰「收其卒而止，故不敗。」隱隱見子
玉之能晉，徒以多勝少，而非真能以德攻也。<u>激射
之妙，都在無字句處耳</u>。(515)

---

[84] 〈讀左卮言〉，頁 1 下。
[85] 〈讀左卮言〉，頁 5 下。

穆叔著急，晉人亦便十分放懈不得，只得勉強說個
「敢不從執事」、「敢使魯無鳩」要是聊作安頓，並
非踴躍鼓舞。故明年秋齊又伐魯，晉仍不見鳩恤，
更閱一年而後為平陰之師也。似急實緩，<u>傳神尤在</u>
<u>無字句處</u>。(1139)

不言其來只從「追」字看出，《左氏》解經，最是著
眼<u>無字句處見其會心</u>。(1210)

「或年長矣」，提筆便生情作態，一篇波致已伏于
此。《左氏》最是提筆便與通篇神氣相尚，<u>其筆法乃</u>
<u>在無字句處</u>，尤不易學也。(1372)

伯石之汰，忽然有禮，分明是假，甚敬而卑，便已
揭出他一時裝造光景，韓起豈不知之，而力為之請，
所謂以假濟假，各得其所欲也。<u>于無字句處求之</u>，
不覺使人失笑耳。(1474～1475)

「於無字句處求之」，正是接受美學「補白」的概念，也是
讀者參與確定文本意義的活動——所謂「讀者參與創造」的
部分。而《左繡》對《左傳》意義再造的部分，最明顯的
就是「以時文概念討論《左傳》義法」，此已於本章第一節
詳述；其他諸筆法或主題思想之揭示，不論這些文法、義

理是否爲「《左傳》自在流出」，[86]若未經馮李驊點出，亦不能得顯，故就接受美學之觀點而言，這些意義皆是馮李驊經驗《左傳》後之結果，[87]它們既非《左傳》原有，也非馮李驊之「夫子自道」，而是存在於馮李驊與《左傳》的交談互動中，因此馮李驊與《左傳》作者，互爲意義產生之主體。而馮李驊偶而會流露出對這種主體性之自覺，如書籍之命名，如前述「一意孤行」之申明，如一再強調閱讀理解須同時掌握文本結構之顯處與隱處（「無字句處」），除此之外，他也對自己某些「獨具隻眼」的解讀頗爲沾沾自喜，且自認爲之所以能慧眼獨具，全在細心而已，故屢屢以此叮嚀後學，庶免辜負作者用心，如：

> 自來分作三處讀，于是有未免成敗論人之嫌，而作者靈心妙腕，都成鈍置矣。孤負千古豈淺鮮耶？(247)

> 若此處有一字粘帶，則轉身便不得撇脫。其故甚微，細玩乃得之耳。(247)

> 文妙于用前明後暗、詳一略二之法，安放襄仲口中，單伯只輕輕一點，最國手下子爭先處，細味乃得之耳。(649)

---

[86] 〈刻左例言〉，頁 4 上。
[87] 請詳註 81 所言：「意義不再是一個需要被界定的客體，而應當是體驗後的效果。」

看其前半篇筆筆伏，後半篇筆筆應，經緯穿插，非
粗心所能驟得也。(665)

灰線艸蛇，在細心看耳。(761)

于平敍中露出賓主，或于變中藏整，或于整中藏變；
不細心領取，孤負千古矣。(908)

子展奔齊，子鮮從公，後半人物先于前半倒插而入，
此文與事之所以一串也。妙在無端插入，粗心讀之，
鮮不以為閒文耳。(1114)

連寫六句，「若」字、「將」字、「獲」字、「必」字、
「其」字，都用料不定字眼，傳拿得穩，神理奇甚。
結一「卒」字，竟墮巢牛計中，為上數虛字生色也。
其妙在字句之表，細味乃得之耳。(1258)

文字逐層生出，而其意則前後一線，非粗心所得漫
讀也。(1436)

《左氏》往往于賓主互用並行不背處，見穿插之密，
鎔鑄之精，其手法必非粗心所能驟領也。 (1650)

不唯書不書有故，并先後之間都有故。如此看經，

乃見細心。(1884)

人第知直抉肝膽為寫照，不知但寫面貌為傳真，此
間分際，難為淺者道矣。(2063)

這種須細心品讀乃能得義的想法，基本上仍是意義既存於
文本的思想，讀者的功能，只是「細心」地去發現這些意
義，故馮李驊說「作者靈心妙腕」，說「孤負千古」，都是
認定意義來自於作者；但以接受美學來看，說「細心乃得
之」，說「非粗心所能得」，重點正在「得」字，若不能「得」，
則其意是不存在於讀者的理解意識之中的，如此一來，討
論其是否早已預存於文本之中，並無意義，終究又回到「意
義是被體驗的結果」這個母題之下，因此，這些馮李驊認
為獨具隻眼的發現，可以說是他在體驗《左傳》後的結果，
是《左傳》文本融合馮李驊之期待視野後的新成品。

此外，馮李驊也提到過閱讀過程因視點之游移，而對
文本意義作不斷的修正，如：

宛濮之盟乍看謂是解釋前文，再看乃是逆跌後文。
讀者眼光直注下半篇文字，乃見作者結構（構）之
妙。(524)

又看此篇分作三段讀，以中段「且行千里，其誰不
知」二句為主；末段哭師明指晉人，乃緊承此二句
而申言之；首段卜偃語卻預為「知」字作註腳，事

勢毫無影響，便憑空下此一筆，在《左氏》只是倒
插法，乍讀之恰似一味好奇，將卜偃寫成一脫空謾
語漢也，豈不奇絕。(543～544)

一篇文字前半承禮樂並說，後半則語語為「無禮必
食言」、「吾死無日矣」起本。乍讀訝其不復顧上，
豈悟其蚤已伏下耶。(899)

此外，馮李驊也提到過本身期待視野之改變，因而對
文本意義有不同的看法，如：

往評此文謂字字洗刷精妙，當讓《公》、《穀》出一
頭地，今細味之乃知只要見個陰陽之事與人無涉，
故說得極平極淡耳，筆意不同，夫固各有所當也。
(427)

看此客多少宛轉，子產執意不肯，初疑未免太過，
細味頻以「大國」、「鄙我」為言，乃知全為前文一
笑發洩。絕不相涉事，寫得知許關照有情，奇絕。
(1689)

曩時粗心，以為相睦意尚欠透發，真可笑也。　相
睦不必透發者，因大夫皆懼，只以無患吳為對針也，
文各有主，初非好為脫換耳。(2030)

由游移視點與期待視野之變化，更能掌握批評或閱讀的「互
為主體性」的概念。由於讀者在閱讀文本的過程中，會因
文本帶來的新訊息而不斷變動其期待視野，其對文本的詮
釋也因期待視野之變動而改變，因此，閱讀或批評的活動，
是一種讀者與文本（或作者）「雙向建構，互為對象，互為
主體，相互闡釋，相互生成」[88]的過程。也就是說「閱讀《左
傳》」這個活動會使馮李驊生成新的期待視野，因而每次他
重讀《左傳》，對《左傳》意義之建構也有不同，從而有新
的詮釋產生，馮李驊注意到自己對文本詮釋的改變，表示
已「注意到（理解）自身的歷史性」，[89]因此，即便他並未
清楚地醒覺到「理解活動乃個人視野與歷史視野的融合」，
[90]但仍不妨礙其批評主體性之展現。

　　除了上述較為直接的證據以外，馮李驊堅持情節結構
具有揭示主題思想之功能，這點就是其賦《左傳》以新意
之處，故循此而行之評析，皆可視為《左傳》與馮李驊之
共同創作。又如比照唐詩四期之分法，將《左傳》文章風

---

[88] 龍協濤《文學讀解與美的再創造》，頁 41。

[89] 漢斯・喬格・迦達默爾(Hans‐Georg Gadamer)的解釋學及文學社會學
是接受美學的先驅之一，他所提出的「效應史意識」對姚斯「期待視
野」理論啟發甚多。迦達默爾認為「真正的解釋學思考一定要『注意
到自身的歷史性』」，也就是「歷史有效性」。所謂「有效性」指理解的
效果只存在歷史中，而非永恆不變的，因為理解必根基於歷史視野，
而歷史視野是不斷地被改變的，因而理解形成之後又被推翻，變成歷
史，從而生出新的歷史視野，再投入新的理解。詳參[聯邦德國]H.R. 姚
斯、[美]Robert C. Holub 著，周寧、金元浦譯，《接受美學與接受理論》
(Aesthetics Reception And Reception Theory)，頁 322～323。

[90] 同上註參考書，頁 323。

格亦按四季劃分：

> 前人論全唐詩有初、盛、中、晚之分，愚於《左傳》
> 亦作此想。隱、桓、莊、閔之文，文之春也，議論
> 如觀魚納鼎，敘事如中肩好鶴，規模略具而氣局淳
> 樸，翕聚居多；僖、文、宣、成之文，文之夏也，
> 議論如出僕絕秦，敘事如鄢陵城濮，無不大展才情，
> 縱橫出沒；襄、昭之文，文之秋也，議論如觀樂和
> 同，敘事如偪陽華向，氣斂詞豐，強半矜麗之作；
> 定、哀之文，文之冬也，議論如皋鼬夫椒，敘事如
> 艾陵雞父，又復婉約閒靜，絢爛之極歸于平淡，作
> 者之精神與春秋之風會，相為終始。[91]

凡此，自評點體式以至書名，自期待視野以至補白理論，
自獨具隻眼之解讀以至期待視野之改變，總總證據皆指
出，《左繡》實已具有批評主體性之自覺，它大膽的在《左
傳》這個舊瓶之中，注入小說評點模式，注入古文義法，
注入時文結構概念，這些正是它對《左傳》接受的方式，
也可以說是《左傳》這個文本與清初社會文化產生的效應。
因此，與其說《左繡》將《左傳》由經部貶至集部，不如
以文學效應史的角度，說它再創造了《左傳》之新價值與
新面貌，使這個古老的文本能繼續其生命。

---

[91] 〈讀左巵言〉，頁 9～10。

第九章 結論

　　由本研究可以看出,《左繡》經由對《左傳》文采的挖掘,卻同時展現《左傳》經史子集四個學術面向的光彩;《左繡》評點以結構分析見長,其解讀結果也的確因此而有超乎他人之處,除了更加切實有據,對《左傳》屬辭比事之功能、微言大義之闡發,實為徹底。而且所評所論不僅深中肯綮,又有切實證據,因此,不論置之於《春秋左氏》學底下,或純文學批評領域,它都無須有愧色。但是,本研究認為,《左繡》的最大意義不在其具體成就,而在其解讀典籍的手法上,也就是在於「解讀」這個動作本身,而非在「解讀之結果」。馮李驊以評點解讀經史,以「文」做為期待視野,整個閱讀策略兼具時代性,卻又有開拓之處,所以說,如果以宏觀的角度來看《左繡》,它實具有時代縮影以及批評認知轉變的意義。而接受美學所強調的,正是一部作品的時代性以及文本意義形非既定的客體,而是形成於讀者的理解過程中,所以本研究藉由接受美學的概念來解釋《左繡》評點的時代性以及其創造性。以下就以「縮影」、「接枝」來總結《左繡》的定位。

一、縮影──《左繡》具時代表澂義

第三章提到評點已成為清代文學批評之範式；而當時文人不論在創作或文章理論方面，皆有匯通古文與時文的現象；此外，整個學術大環境，不論是清初的經世致用或後來的考據學風，不論在治學領域或文學批評，皆有徵實的走向，這是整個清代大環境的梗概。

就評點範式來說，《左繡》是評點之書，他的確迎合時尚，以評點作為解讀書籍的方法，但以之解剖經傳，而且專析文章結構，此又有別於在此之前的評點，所以承先的同時，它也啓後。

就匯通時文來說，《左繡》評點幾乎以「結構整齊論」貫串而成，馮李驊屢屢自言「獨好以整齊論古文」，加上分析《左傳》篇章結構時，也喜歡尋找前後之對應，這都明顯是受到八股文結構整齊相對應的啓發；評點時又引入如「開合」、「賓主」、「擒縱」、「起伏」、「插帶」、「提束」等時文範本常見術語，及「換字」、「認題」、「釣、渡、挽」等時文術語及概念，顯示他的確如《四庫全書總目提要》所說的「以時文商榷經傳」。

就徵實趨向來說，《左繡》評點的最大特色則在對文本結構的看重，因看重結構，所以對字詞章句條分縷析，再由此為證據，探討其他問題，從而與人切實之印象。而且不論就形式或註解方向，都已漸脫《春秋》本位之思考。這樣的走向，與《左繡》「論傳不論經」主張，有共通之處

——即使離開經書，《左傳》仍是完整而獨立的文本。在《左傳》研究的歷史洪流中，《左繡》無疑地正是摒棄「傳記式」、「心理學式」、「社會學式」、「哲學式」的傳統文學批評角度與手法，而是聚焦於文本本身，幾乎就是「文本研究」手法，亦可視爲文學理論的新提出。[1]

　　所以《左繡》一書，同時具有評點、時文概念及徵實表現，洵爲時代之縮影。由此反看《左傳》，卻也可以看到經典之所以能成經典，其不朽正因具有時代性——可因應各時代之需要而有容許不同解讀的彈性。這又引入了批評具有創造性質的問題。

二、接枝——《左繡》爲馮李驊與《左傳》互動後之新成品

　　第二章已論證評點這個體式不論在形式上「與文本扭結」，或內容上的視點選擇宣示，其本身就極具創造本質，也就是評點家往往自覺或不自覺地將主觀意志與文本互滲，就宛如農藝專家將不同植物接枝，而創造兼具兩者特質的新品種。閱讀理解亦復如是，「讀者對未定之處與空白的填補與充實，會把某些新的審美價值屬性帶入作品，這些屬性與作品本身的藝術技巧可能是協調的、和諧的，也可能不和諧不協調，它們能夠增加或減少整個作品的價

---

[1] 詳參王師夢鷗《文學論》，頁 226。

值⋯⋯因此，不同的具體化有不同的審美價值。」[2]

本研究發現，《左繡》的評點，也或多或少露出這種創造的本質。首先，本書在凡例部分就宣示其期待視野「專以論文」，不論這種視野是擴大或縮小《左傳》意義，總之非《左傳》本義，這就是讀者自主的創造本質。

此外，又如說「己獨好以整齊論古文」、某些文法若「魯莽讀之，則不能得」、說「予奪之文字之表」，皆可見意義存在於讀者與文本的互動之中，不經此互動，則無由形成。這又看得到進行閱讀理解活動時，讀者意志「接枝」於文本的必要。

由《左繡》實際評點內容，更可以看出馮李驊之期待視野或當時公眾期待視野侵入《左傳》文本的情形。如「結構整齊論」，求對稱平衡是自然的趨勢，即使是古文也難免有刻意相對齊整之處，但篇篇、甚至章節字句皆作如是觀，則這種解讀顯然受到讀者本身視野的影響；更明顯的是，《左傳》成書年代絕無科考時文，作者創作之初，當然沒有所謂「認題」、「換字」、「釣、渡、挽」等時文創作概念，則以此說解《左傳》，其接枝性質極為清楚。

透過《左繡》這種接枝創造的特質，可以進一步探討批評認知上的轉變，傳統文學批評或經傳註解，咸以作者為意義所在，所以強調「知人論事」；但事實上，作者創作的目的，正是把意念寄放在文本之中，意念瞬息萬變，即

---

[2] 金元浦《接受反應文論》，頁 102。

便作者本人，也未必完全能說清或掌握自己創作之初的意念，因此，又有「如董仲舒之《春秋繁露》，韓嬰之《詩外傳》，京房之《易傳》，自抒所見，不依章句。」[3]這種理解是將意義產生之重心由「作者」移到「作品」，《左繡》的解讀也是扣著文本而行，所以馮李驊一再強調「專以文論」、「論傳不論經」，但由於其期待視野以及解讀結果之具有時代因子，使其呈現，實已由「作品」移至「讀者」，所以說《左繡》的解讀具有批評認知轉變的意義在，透過這種認知，才能解釋每種理解的時代性，從而知道經典之不朽，是由於讀者參與了意義的創生。

---

[3] 焦循《孟子正義》，頁 26～27。

參考書目

1. 本書目以引用書目為主，其他相關參考資料但撮其要。

2. 依經、史、子、集為類。每類大別若干次屬，其下皆先錄專著，次錄研討會論文集，次錄單篇論文；中文論著與譯本先於英文，英文論著依慣例先置作者。

3. 同一類屬中，依朝代先後為次；民國後之作品，依出版年為次，出版年相同者，以版次多者為先，版次相同者以書名筆畫少在前；出版資料不詳者附末。

4. 經部因研究主題而攞置《左傳》、其次《春秋》；餘依《三傳》、《詩》、《書》、《易》、《禮》、《四書》、通論之序。

5. 史部亦因研究主題而先清史、其次地方志，以出版先後為序；餘依朝代、出版年為序。

6. 本研究主要參考文獻為集部作品，書目較為龐雜，故次分為「左傳」（含《左傳》評點）、「評點」（除了《左傳》以外之評點及相關研究）、「桐城文學」、「八股文」、「文學批評與語言、文學理論」、「詩文集」等次類。

7. 為便檢索，出版年統一為西元年。

一、經部

《左傳》 十三經注疏本 臺北：藝文印書館 1982

《春秋左傳劉氏注》（漢）劉歆 收於（清）馬國翰輯 《玉
函山房輯佚書》第二冊 日本・京都：中文出版社 出版
年、版次不詳

《春秋左氏傳解詁》（東漢）賈逵 收於（清）馬國翰輯 《玉
函山房輯佚書》第二冊 日本・京都：中文出版社 出版
年、版次不詳

《春秋左氏函傳義》（晉）干寶 收於（清）馬國翰輯 《玉
函山房輯佚書》第二冊 日本・京都：中文出版社 出版
年、版次不詳

《春秋左氏傳說》 （宋）呂祖謙 收於《摛藻堂四庫薈要》
第三十二冊〈經部・春秋類〉 臺北：臺灣商務印書館

《東萊先生左氏博議》 （宋）呂祖謙 收於《文淵閣四庫全
書》第一五二冊〈經部・春秋類〉 臺北：臺灣商務印書
館

《春秋左傳事類始末》 （宋）章沖 收於《摛藻堂四庫薈要》
第三十二冊〈經部・春秋類〉 臺北：臺灣商務印書館

《春秋非左》 （明）郝敬 收於《叢書集成新編》第一〇九
冊 臺北 新文豐出版公司 臺北：新文豐出版公司 出
版年、版次不詳

《左氏釋》 （明）馮時可撰 馮元成雜著 收於《文淵閣四庫
全書》第一六九冊〈經部・春秋類〉 臺北：臺灣商務印
書館

《春秋左傳詳節句解》 （宋）朱申著 （明）孫　批點 朝鮮
舊刊本（縮影資料）

《左傳始末》 （明）唐順之著 徐鑒評 明萬曆四十二年劍江
徐氏刊本（縮影資料）

《批註春秋左傳句解》 （清）韓菼 臺北：臺北書局

《讀左日鈔》 （清）朱鶴齡 收於《文淵閣四庫全書》第一
七五冊〈經部・春秋類〉 臺北：臺灣商務印書館

《左傳事緯前集》、《左傳事緯》 （清）馬驌 收於《文淵閣
四庫全書》第一七五冊 臺北：臺灣商務印書館

《左傳事緯》 （清）馬驌 香港：龍門出版社 1966 初版

《左傳記事本末》 （清）高士奇 臺北：里仁書局 1980
初版

《左傳微》 （清）吳闓生 臺北：中華書局影印貸園叢書本

《左傳會箋》（晉）杜預集解 （日）竹添光鴻會箋 臺北：
廣文書局 1961 初版

《左傳論文集》 陳新雄、于大成主編 臺北：木鐸出版社
1976 初版

《春秋左傳研究》 童書業 上海：人民出版社 1980 初版

《左傳思想探微》 張端穗 臺北：學海出版社 1987 初版

《左傳導讀》 張高評 臺北：文史哲出版社 1990 再版

《春秋左傳學史稿》 沈玉成、劉寧 南京：江蘇古籍出版

社 1992 初版

《左傳學論集》 單周堯 臺北：文史哲出版社 2000 初版

《春秋戰國異辭》 （清）陳厚耀 收於《文淵閣四庫全書》
　　第四○三冊 臺北：臺灣商務印書館

《春秋大事表》 （清）顧棟高 臺北：鼎文書局 1974 初版

《春秋穀梁傳集解》 （晉）范寧 收於《叢書集成新編》第
　　一○九冊 臺北：新文豐出版公司 出版年、版次不詳

《春秋集傳纂例》 （唐）啖助 收在（清）鍾謙鈞、馮端本
　　輯 《古經解彙函（附十種）》 京都：中文出版社據上海
　　蜚英館本影印 1998

《春秋要領》 程發軔 臺北：東大圖書公司 1989 初版

《詩繹》 （清）王夫之 收於《船山全書》第十五冊 湖
　　南：嶽麓書社 1996 一版二刷

《詩古微》 （清）魏源 收在（清）王先謙《皇清經解續
　　編》卷一二九二至一三○八 臺北：藝文印書館 1965
　　初版

《禮記》 十三經注疏本 臺北：藝文印書館 1982

《四書集註》 （宋）朱熹 臺北：大孚書局 1983 初版

《經義考》（四部備要本） （清）朱彝尊 臺北：中華書局
　　據揚州馬氏刻本校刊 1966

《群經識小》 （清）李惇 收在（清）阮元編《皇清經解》
　　七二三卷 臺北：藝文印書館影印 1962

《說文解字注》 （漢）許慎著 （清）段玉裁注 魯實先增
　　訂 臺北：黎明文化事業有限公司 1984 十版

《經學通論・春秋通論》 （清）皮錫瑞 《經學叢書》初
　　編第五冊 臺北：學海出版社 1985 初版

《經學歷史》 （清）皮錫瑞著 （民國）周予同注 臺北：
　　漢京文化事業有限公司 1988 初版

《經學通論》 王靜芝 臺北：國立編譯館 1982 初版

《中國經學發展史論》 李師威熊 臺北：文史哲出版社
　　1988 初版

〈《左傳》「君子曰」研究〉 盧心懋 國立政治大學中國文學
　　研究所碩士論文 1987

〈關於左傳「君子曰」的一些問題〉 張以仁 《孔孟月刊》 第
　　三卷第三期 頁 29～30 1964 年 11 月

〈論左傳「君子曰」非後人所附益〉鄭良樹 《書目季刊》 第
　　八卷第二期 頁 21～28 1974 年 9 月

〈《左傳》結尾年代辨正〉 汪受寬 《中國古代史論叢》 1981
　　年三輯 頁 207～216 1982 年 10 月

〈論《左傳》的政治思想傾向〉 詹子慶 《史學史研究》 1983
　　年四期 頁 5～13 1983 年 2 月

〈「左氏浮誇」析論〉 張高評 《孔孟學報》 第四十八期 頁
　　193～213 1984 年 9 月

〈春秋左氏傳問題淺探〉 王更生 《中國國學》 第十二期 頁
　　55～66 1984 年 10 月

〈論《左傳》預言〉 王和 《史學月刊》 1984 年六期 頁 13
　　～17 1984 年 11 月

〈《左傳》為偽筆所篡改的例證〉 駱賓基 《延邊大學學報（社

會科學版）》　1985 年一期　頁 80～82　1985 年 3 月

〈左傳所載「卜筮」要義〉　陳東岡　《中華易學》　第六卷第
　　六期 頁 12～16　第七期 頁 12～16　1985 年 8、9 月

〈《左傳》信鬼好巫辨——災異〉王初慶　《輔仁學誌（文學
　　院之部）》　十五期 總頁 99～120　1986 年 6 月

〈《左傳》「君子曰」問題研究〉　龔慧治　國立臺灣大學中國
　　文學研究所碩士論文　1988

〈《左傳》晉國建霸君臣言行探討〉　李小平　國立政大中國文
　　學研究所博士論文　1990

〈左傳寫作技巧研究——以「晉文圖霸」為主〉　劉淑爾　私
　　立文化大學中國文學研究所碩士論文　1990

〈敘事與解釋——《左傳》經解研究〉　張素卿　國立臺灣
　　大學中國文學研究所博士論文　1997

〈春秋大義研究——道德史觀之探討〉　李匡郎　私立輔仁大
　　學哲學研究所博士論文　1983

〈春秋大義價值標準之研究〉　吳蓮慶　私立文化大學哲學研
　　究所博士論文 1986

〈《毛詩》小序的重估價〉　戴君仁　《孔孟學報》二十二期
　　頁 27～35　1971 年 9 月

〈《詩序》管窺〉　姚榮松　《孔孟學報》二十五期　頁 59
　　～73　1973 年 4 月

〈「詩」在周代政治傳播中之應用〉　彭武順　國立政治大學新
　　聞研究所碩士論文 1988

二、史部

《十通・清朝通志》　（清）高宗敕撰殿本　臺北：新興書
　　局　1963 初版

《皇朝掌故彙編》　（清）張壽鏞纂　收於沈雲龍主編　《近
　　代中國史料叢刊》三編第十三輯　臺北：文海出版社影印
　　1964

《大清十朝聖訓》　臺北：文海出版社　1965 初版

《皇清奏議》　臺北：文海出版社　1967 初版

《康熙政要》　（清）章梫光緒刊本　收在王有立主編　《中
　　華文史叢書》之八十七　臺北：華文書局影印　1969

《清王士禛年譜（附王士祿年譜）》　（清）王士禛撰　孫言
　　誠點校　北京：中華書局　1992 初版

《國朝漢學師承記》　（清）江藩　北京：中華書局　1983 初
　　版

《國朝名臣言行錄》　（清）王炳燮　臺北：文海出版社　1970
　　初版

《國朝學案小識》　（清）唐鑑　北京：中華書局　1966 初版

《大清畿輔先哲傳》　（清）徐世昌　臺北：大通書局　1968
　　初版

《大清畿輔書徵》　（清）徐世昌　臺北：廣文書局　1969 初
　　版

《顏李師承記》　（清）徐世昌　臺北：文海出版社　1971 初
　　版

《清代碑傳全集》 （清）錢儀吉等 上海：上海古籍出版
社 1987 初版

《國朝先正事略》 （清）李元度 臺北：臺灣中華書局 1965
初版

《國朝耆獻類徵》 （清）李桓 臺北永和：文友書店 1970
初版

《清史稿列傳》 臺北：文海出版社 1973 初版

《清史稿校註》 （清）趙爾巽等 臺北：鼎文出版社 1981
初版

《清史探微》（縮影資料） 鄭天挺 南京：南京獨立出版社
1947 再版

《清代史》 孟森 臺北：正中書局 1962 台二版

《清代學術發展史》 黃建斌 臺北：幼獅文化事業有限公
司 1974 初版

《清代學術概論》 梁啓超 臺北：臺灣中華書局 1980 台九
版

《清史稿藝文志及補編》 北京：中華書局 1982 初版

《中國近三百年學術史》 梁啓超 臺北：華正書局 1989
初版

《清史史料學》 馮爾康 臺北：臺灣商務印書館 1993 初版

《康雍乾三朝統治思想研究》 高翔 北京：中國人民大學出
版社 1995 初版

《錢塘縣志》（（清）魏原修 裘璉纂 清康熙五十七年刊本）
故宮善本書室藏

《常山縣志》((清)孔毓璣輯 清雍正二年刊本) 收在《中國方志叢書‧華中地方》第五三四號 臺北：成文出版社影印

《浙江通志》(文淵閣《四庫全書》本 史部‧地理類) (清)嵇曾筠等監修 沈翼機等編纂 乾隆元年刻本 臺北：臺灣商務印書館 1983

《浙江省通志》 (清)沈翼機等撰 清乾隆元年重修本 收在《中國省志彙編》之二 臺北：臺灣華文書局

《杭州府志》 一百十卷首六卷 (清)邵齊然等修 汪沅邵晉涵等纂 清乾隆四十三年修 四十九年續刊本 故宮善本書室藏

《青浦縣志》((清)陳其元等修 熊其英等纂 清光緒五年刊本) 收在《中國方志叢書‧華中地方》第一六號 臺北：成文出版社影印

《常山縣志》((清)李瑞鍾等纂修 清光緒十二年刊本) 收在《中國方志叢書‧華中地方》第二〇九號 臺北：成文出版社影印

《史記會注考證》 (漢)司馬遷原著 (日)瀧川龜太郎著 臺北：洪氏出版社 1983 再版

《新校本漢書集注》 (漢)班固原著 (唐)顏師古注 臺北：鼎文書局 1979 初版

《史通》 (唐)劉知幾 臺北：臺灣商務印書館 1973 臺三版

《揚州畫舫錄》(乾隆乙卯年本) (清)李斗 臺北：學海

書局影印　1969

《史通釋評》　（唐）劉知幾著　（清）浦起龍釋　呂思勉評　臺
　　北：華世出版社　1981 新版一刷

《文廟祀典考》　龐鍾璐　臺北：中國禮樂學會　1977 初版

《清史文讞志》（修訂本）　彭國棟　臺北：臺灣商務印書館
　　1980 修訂一版

《清代文字獄案》　張書才、杜景華主編　杜景華、顏吉鶴、
　　俞玉儲、姚莽、張天旌撰　北京：紫禁城出版社　1991
　　初版

《國史大綱》　錢穆　臺北：國立編譯館　1960 臺七版

《春秋史》　童書業　臺北：臺灣開明書店　1969 臺一版

《先秦史》　呂思勉　臺北：臺灣開明書店　1970 臺三版

《國史論衡——先秦至隋唐篇》　鄺士元　香港：波文書局
　　1979 初版

《先秦史》　姚秀彥　臺北：里仁書局　1980 版次不詳

《文史通義》　（清）章學誠　臺北：華世出版社　1989 初版

《中國古籍版本學》　曹之　武漢：武漢大學出版社　1992
　　初版

《中國文禍史》　胡奇光　上海：人民出版社　1993 初版

〈左傳歷史觀初探〉　戚立煌　《文史哲》　1963 年六期　頁 51
　　～58　1963 年 12 月

〈從《左傳》增添《春秋》史事論左傳史學〉　顧立三
　　《國立政治大學歷史學報》　第四期　頁 1～17　1986 年
　　3 月

〈從《春秋》與《左傳》同記之史實比較以論《左傳》之史
　學〉　顧立三　《國立政治大學歷史學報》　第五期　頁 1
　～20　1987 年 5 月

Ping-Ti Ho, 'The Ladder of Success in Imperial China: Aspects
　of Social Mobility, 1268-1911'　（何炳棣《明清社會史
　論》）　N.Y.: Columbia University Press., c1962

三、子部

《老子周易王弼注校釋》　（清）樓宇烈校釋　華正書局
　1983 初版
《莊子集解》　（清）王先謙　臺北：臺灣商務印書館　1974
　初版
《新譯莊子讀本》　黃錦鋐註譯　臺北：三民書局　1983 四
　版
《韓非子集釋》　臺北：華正書局　1975 臺二版
《孟子正義》　（清）焦循
《論衡》　（東漢）王充　收於《摛藻堂四庫薈要》第二七七
　冊〈子部〉雜家類〉
《新論》　（東漢）桓譚　四部備要本　中華書局據問經堂輯本
　校刊
《法言義疏》　（東漢）揚雄著　（清）汪榮寶義疏　臺北：
　藝文印書館　1968 再版

《獨異志》 (唐)李冗 收於《百部叢書初編：稗海》第一函
　　臺北：藝文印書館 1971

《藝文類聚》 （唐）歐陽詢等 臺北：文光出版社 1974 初
　　版

《習學記言》 （宋）葉適 臺北：中國子學名著集成編印
　　基金會 1978 初版

《四存編》 （清）顏元 臺北：廣文書局 1975 初版

《香祖筆記》 （清）王士禛 上海：古籍出版社 1982 初
　　版

《原抄本日知錄》 （清）顧炎武 臺北：明倫出版社 1970
　　三版

《義門讀書記》 （清）何焯 清乾隆石香齋刻本

《藝舟雙楫》 （清）包世臣 臺北：臺灣商務印書館 1973
　　初版

《章氏遺書》 （清）章學誠 臺北：漢聲出版社影印吳興
　　劉氏嘉業堂壬戌年刊本 1973

《國學略說》 （清）章太炎 臺北：文史哲出版社 1987
　　再版

《中國近三百年學術史》 錢穆 臺北：臺灣商務印書館
　　1957 臺一版

《胡適文存》 胡適 臺北：遠東圖書公司 1961 二版

《清代禁燬書目研究》 吳師哲夫 國立政治大學中國文學
　　研究所碩士論文 1968 臺北：嘉新水泥公司文化基金會
　　〈嘉新研究論文第一六四種 1969〉

《非宇館文存》 蕭一山 收在沈雲龍主編《近代中國史料叢刊》第八十八輯 臺北：文海出版社 1973 初版

《南腔北調集》 魯迅 香港：新藝出版社 1973 初版

《清代學術論集》 羅炳綿 臺北：食貨出版社 1978 初版

《明末清初的學風》 謝國楨 臺北：仲信出版社翻印 1980

《管錐編》 錢鍾書 北京：中華書局 1984 版次不詳

《魏晉思想》（甲編五種） 賀昌群等 臺北：里仁書局 1984 版次不詳

《池北偶談》 王士禎 臺北：廣文書局 1991 初版

《明末清初學術思想研究》 何冠彪 臺北：臺灣學生書局 1991 初版

《黑格爾辭典》 張世英主編 吉林：人民出版社 1991 初版

《經世思想與文學經世——明末清初經世文論研究》 林保淳 臺北：文津出版社 1991 初版

《認知的心理學》 黃秀瑄、林瑞欽編譯 臺北：師大書苑 1991 初版

《明末清初儒學之發展》 李紀祥 臺北：文津出版社 1992 初版

《哲學大辭典》 馮契主編 上海：辭書出版社 1992 初版

《清代學術與文化》 王俊義 瀋陽：遼寧教育出版社 1993 初版

《中國實學思想史》 葛榮晉主編 北京：首都師範大學出版社 1994 初版

《明清實學簡史》　陳鼓應、辛冠潔、葛榮晉主編　北京：
　　社會科學文獻出版社　1994 初版

《知識場論》　饒見維　臺北：五南圖書出版公司　1994 初
　　版

《認知的兩極性及其張力》　王宏維、江信硯　臺北：淑馨
　　出版社　1994 初版

《優入聖域：權力‧信仰與正當性》　黃進興　臺北：允晨
　　出版社　1994 初版

《中國近三百年學術史》　梁啓超　臺北：里仁書局　1995
　　初版

《心理學》　H. Gleitman 著　洪蘭譯　臺北：遠流圖書公司
　　1995 初版

《清代學術史叢考》(縮影資料)　陳鴻森　臺北：行政院國
　　科會科資中心　1995

《清代學術概論》　梁啓超　臺北：里仁書局　1995 初版

《張氏心理學辭典》　張春興　臺北：東華書局　1995 二版
　　三刷

《歷史與思想》　余英時　臺北：聯經出版事業公司　1995
　　初版第十九刷

《清代學術文化史論》　王俊義　臺北：文津出版社　1999
　　初版

《明清儒學轉型探析──從劉蕺山到戴東原》　鄭宗義　香
　　港：中文大學出版社　2000 初版

《第一屆清代學術研討會論文集──思想與文學》　國立中

山大學中文系所　1989 初版

《明清之際中國文化的轉變與延續學術研討會論文集》　國
立中央大學共同學科　1991 初版

《第二屆清代學術研討會論文集——思想、文學、語文》　國
立中山大學中文系所　1991 初版

《國際清代學術研討會論文集》　高雄：國立中山大學中文
系所　1993 初版

《清代經學國際研討會論文集》　臺北：中央研究院中國文
哲研究所　一九九四　初版

《第四屆清代學術研討會論文集》　國立中山大學中國文學
系　1995 年 11 月

〈明代科舉制度〉　楊樹藩　《國立政治大學學報》第二十
期　頁 207～232　1969 年 12 月

〈由科舉考試談中國人的權威性格〉　顏素霞　《臺灣教育
輔導月刊》第三十五卷第三期　頁 8～12　1985 年 3 月

〈科舉制度述要〉　沈任遠　《中華文化復興月刊》第十八
卷第八期　頁 47～52　1985 年 8 月

〈宋元明的科舉制度〉　林麗月　《故宮文物月刊》第八卷
第四期　頁 23～33　1990 年 7 月

〈科舉的參考書〉　王福壽　《故宮文物月刊》第八卷第四
期　頁 52～57　1990 年 7 月

〈科舉考試制度對中國文化的影響〉　倪天蕙　《光武學報》
第十六期　頁 279～299　1991 年 6 月

〈明末清初之經世學風與史學思想〉　林煌崇　國立政治大

學歷史研究所碩士論文 1991

〈傅璇琮《唐代科舉與文學》〉 徐志平 《漢學研究》第十
　　卷第一期 頁 441～457 1992 年 6 月

〈宋明以來儒家經世思想試釋〉 張灝 《近世中國經世
　　思想研討會論文集》 頁 3～19 中研院近史所 1984
　　年 4 月

〈由科舉考試談中國人的權威性格〉 顏素霞 《臺灣教育輔
　　導月刊》第三十五卷第三期 頁 8～12 1985 年 3 月

〈知之歷程與教之歷程：認知心理學的發展及其在教育上的
　　應用〉 張春興 《教育心理學報》第二十一期 頁 17
　　～38 1988 年

〈帝王的牢籠術──我國科舉制度概述〉 廖隆盛 《國文
　　天地》第五卷第七期（總號五十五） 頁 22～28 1989
　　年 12 月

〈爲國求賢──從檔案看清代的科舉考試〉 莊吉發 《故
　　宮文物月刊》第八卷第四期（總號八十八） 頁 34～47
　　1990 年 7 月

〈科舉的參考書〉 王福壽 《故宮文物月刊》第八卷第四期
　　（總號八十八） 頁 52～57 1990 年 7 月

〈經史與經世：清代浙東學者的學術思想〉 鄭吉雄 國立
　　臺灣大學中國文學研究所碩士論文 1990

〈明末清初的經世學風與史學思想〉 林煌崇 國立政治大
　　學歷史研究所碩士論文 1991

〈學術與信仰：論孔廟從祀制與儒家道統意識〉（縮影資料）

黃進興　臺北：行政院國科會科資中心　1995

〈認識與知識：建構論 VS.接受觀〉　詹志禹　《教育研究雙
　　月刊》第四十九期　頁25～38　1996年6月

〈經世——關於英譯名詞和史料分類的討論〉　劉子健　《中
　　國思想史上的經世傳統研討會》

四、集部

（一）左傳之屬

《左傳評（左傳練要）》　（清）王源　收在《四庫全書存目
　　叢書》經部・春秋類　第一三九冊　台南柳營：莊嚴文
　　化事業股份有限公司　1997初版

《左繡》　（清）馮李驊 收於馬小梅編　《國學集要第二編》
　　十四冊　臺北：文海出版社 出版年、版次不詳

《左傳義法》　（清）方苞 臺北：廣文書局影印榕園叢書本

《讀左補義》　（清）姜炳璋 臺北：文海出版社乾隆三十三
　　年同文堂藏本

《左傳評》　（清）李文淵 北京：中華書局影印貸園叢書本

《左傳之文學價值》　張高評　臺北：文史哲出版社　1990
　　再版

《左傳擷華》　（清）林紓　高雄：復文出版社　1981初版

《左傳文章義法撢微》　張高評　臺北：文史哲出版社　1990
　　再版

《《左傳》與中國古典小說》 孫綠怡 北京：北京大學出版
　　社 1992 初版

《左傳之文韜》 張高評 臺北：麗文文化公司 1994 初版

《鎔裁文史的經典——左傳》 簡師宗梧 臺北：黎明文化
　　事業公司 1999 初版

〈論《左傳》的敘事傾向性〉 趙念貽 《江海學刊》 1963
　　年二期 頁 34～37 1963 年 2 月

〈《左傳》——第一部小說〉 陳勳雄 《臺灣新生報》 1977
　　年 1 月 26 日十一版

〈左傳的文學價值〉 李師威熊 《孔孟月刊》 第十七卷第五
　　期 頁 20～24 1979 年 1 月

〈《左傳》中傳說的文學特點——兼評「失之誣」說〉 孫綠
　　怡 《東北師大學報》 頁 82～87 1986 年 1 月

〈《左傳》寫作技巧研究——以「晉文圖霸」為主〉 劉淑爾
　　私立文化大學中國文學研究所碩士論文 1990

〈《左傳》戰爭文學寫作技巧之研究〉 劉莉君 私立文化大
　　學中國文學研究所碩士論文 1981

〈《左傳》辭令研究〉 何桂容 香港大學新亞研究所文學組
　　碩士論文 1986

〈歷史與文學的交匯點〉 曹礎基 《華南師範大學學報：
　　社科版》 頁 85～90 1996 年 1 月

〈歷史・小說・敘述——以晉公子重耳出亡為例〉 王靖宇
　　《語文、情性、義理——中國文學的多層面探討國際學
　　術會議論文集》 1996 年 4 月 臺灣大學中國文學系

（二）評點之屬

《古文關鍵》 （宋）呂祖謙 臺北：廣文書局 1981 再版

《西山先生真文忠公文章正宗》 （宋）真德秀 臺北：中央圖書館影印南宋末年刊本（縮影資料）

《真文忠公續文章正宗》 （宋）真德秀 臺北：中央圖書館影印宋咸淳丙寅二年）金華倪澄刊本（縮影資料）

《清朝駢體正宗評本》 （清）曾燠等 臺北：世界書局影印 1961

《金聖嘆選批杜詩》 香港：東南書局 1957 初版

《中國評點文學史》 孫琴安 上海：社會科學院 1996 初版

《金聖嘆評點才子全集》 林乾主編 北京：光明日報 1997 初版

《金聖嘆評點唐詩六百首》 浙江古籍出版社編 浙江：浙江古籍出版社 1997 初版

〈金聖嘆評改水滸傳的研究〉 康百世 國立政治大學中國文學研究所碩士論文 1971

〈金聖嘆的文學批評考述〉 陳萬益 國立臺灣大學中國文學研究所碩士論文 1973

〈明清小說評點之研究〉 張曼娟 私立東吳大學中國文學研究所博士論文 1989

〈三國演義評點研究——以毛評為中心〉 陳薏如 私立文化大學中國文學研究所碩士論文 1991 年 6 月

〈兩種《水滸》評點及其小說理論研究之一——以袁無涯本與

容與堂本爲中心〉 鄭光熙 國立政治大學中國文學研
　　究所碩士論文 1991 年 6 月

〈試論小說評點與美學反應〉 單德興 《中外文學》第二
　　十卷第三期（總號二三一期） 頁 73～101 1991 年 8 月

〈浪翻古今是非場——從作品接受過程看金聖嘆詩歌評點〉
　　劉苑如 《中華學苑》 第四十四期 頁 235～257 1994
　　年 3 月

〈金聖嘆的文學批評理論〉 餘三定 《阜陽師院學報：社
　　科版》 頁 36～43 1994 年 1 月

〈金聖嘆小說美學研究〉 李漢濱 高雄師範大學中國文學
　　研究所碩士論文 1994

〈金聖嘆的「水滸傳」評點研究〉 黃暖瑗 國立中山大學
　　中國文學研究所碩士論文 1994

〈金聖嘆小說評點中之虛實論〉 廖文麗 《竹北學粹》 第
　　二期 頁 1～20 1994 年 10 月

〈評點之興——文學評點的形成和南宋的詩文評點〉 吳承
　　學 《文學評論》1995 年第一期 頁 24～33

〈「新刻繡像批評金瓶梅」評點研究〉 葉雅玲 《嶺東學報》
　　第七期 頁 201～221 1996 年 2 月

〈金聖嘆文學批評理論之研究〉 李文赫 國立政治大學中
　　國文學研究所博士論文 1999

"The Self-Ordained Ideal Reader: An Iserian Study of Three
　　Hsiao-Shuo P'ing-Tien Critics"，單德興 國立臺灣大學外
　　國語文學研究所博士論文 1985

（三）桐城文學之屬

《論文偶記》 （清）劉大櫆 ？：人民文學出版社 1959

《桐城文學淵源考、桐城文學撰述考》 劉聲木 臺北：臺灣商務印書館 民國 51 年初版

《桐城文派學述》 尤信雄 臺北：文津出版社 1989 再版

《桐城派》 王鎮遠 臺北：群玉堂出版事業股份有限公司 1991 初版

《桐城派文學藝術欣賞》 葉龍 香港九龍：繁榮出版社 1998 初版

《桐城派研究》 周中明 瀋陽：遼寧大學出版社 1999 初版

〈清代桐城派文學之研究〉 張榮輝 國立政治大學中國文學研究所碩士論文 1966

〈桐城文派研究〉 莊碧芳 香港：珠海書院中文所碩士論文 1976

（四）八股文之屬

《八股文小史》 盧前 上海：商務印書館 1948 初版

《制藝叢話》 梁章鉅 臺北：廣文書局 1976 初版

《中國文學概論》（附八股文專節） 前野直彬等著 洪順隆譯 臺北：成文出版社 1980 初版

《說八股》 啟功 北京：北京師範大學出版社 1992 初版

《清代八股文》 鄧云鄉 北京：中國人民大學出版社 1994 初版

《科舉考試文體論稿：律賦與八股文》　鄺健行　臺北：臺灣
　　書店　1999 初版

〈八股文的沿革和它的形式　鈴木虎雄著　鄭師許譯　《中山
　　大學語言歷史學研究所週刊》　第一〇二期　頁 4094～
　　4105　1929 年 10 月

〈論八股文的淵源〉　梅家玲　《文學評論》第九期

〈八股文守經遵注的考察——舉《欽定四書文》四題八篇爲
　　例〉　鄭邦鎭　（p.219～244）

〈從《制藝叢話》看科舉制度下的民風與士習〉　蔡榮昌
　　（p.245～264）

〈八股文的沿革及其對士風的影響〉　陳平達　《中華文化
　　復興月刊》第八卷第七期　頁 45～52　1975 年 7 月

〈明清考試制度與八股文〉　廖國棟　《古今談》第一五六
　　期　頁 34～36　1978 年 5 月

〈「八股文」與「起承轉合」〉　鍾騰　《中國語文》第五十
　　三卷第三期（總號三一五）　頁 65～66　1983 年 9 月

〈從文學觀點論八股文〉　涂經治著　鄭邦鎭譯　《中外文
　　學》第十二卷第十二期（總號一四四）　頁 167～180
　　1984 年 5 月 1 日

〈八股文與金聖嘆之小說戲曲批評〉　盧慶濱　《漢學研究》
　　第六卷第一期　頁 395～406　1988 年 6 月 1 日

〈八股文及其寫作意義試探〉　黃湘陽　《輔仁國文學報》
　　第五期　頁 113～135　1989 年 6 月

〈淺論八股文〉　蔡榮昌　《南臺工專學報》第十期　頁 41

～68　1989 年 6 月

〈談八股文體與其發展史──大陸學者對八股文的態度和認
　　識〉　鄺健行　《東方雜誌》第二十三卷第十期　頁 25
　　～28　1991 年 4 月

〈八股文的淵源及其相關問題〉　葉國良　《台大中文學報》
　　第六期　頁 39～58　1994 年 6 月

〈艾南英時文理論之研究〉　林進財　國立中山大學中國文
　　學碩士論文　1994

〈八股文的形成與沒落〉　朱瑞熙　《歷史月刊》第八十六
　　期　頁 108～114　1995 年 3 月

〈八股文的沿革及其對士風的影響〉　陳平達　《中華文化
　　復興月刊》第八期　頁 45～52　1975 年 1 月

〈八股文體與其發展歷史──大陸學者對八股文的態度和認
　　識〉　鄺健行　《東方雜誌》第二十三卷第十期　頁 25
　　～28　1990 年 4 月 1 日

〈明代前期八股文形構研究〉　鄭邦鎮　臺灣大學中國文學
　　研究所博士論文　1987

（五）文學批評與語言、文學理論

《文心雕龍》　（梁）劉勰　臺北：臺灣開明書店　1985　臺十
　　六版

《原詩》　（清）葉燮　收於丁仲詁訂《清詩話》　臺北：
　　臺灣藝文印書館

《論詞隨筆》　（清）沈祥龍　收於唐圭璋編《詞話叢編本》

第十二冊　臺北：廣文書局　1967 初版

《中文修辭學》　傅隸樸　新加坡：友聯出版社　1964 初版

《清代文學》　張宗祥　香港：商務印書館　1964 重印版

《語意學概要》　徐道鄰　香港：友聯出版社　1969 再版

《清代文學評論史》　青木正兒著　陳淑女譯　臺北：臺灣
　　開明書店　1969 初版

《中國文學批評史》　郭紹虞　臺北：明倫書局　1969 初版

《美學與語言》　趙天儀　臺北：三民書局　1971 初版

《修辭學發微》　徐芹庭　臺北：臺灣中華書局　1974 二版

《文學論》　韋勒克(Rene Wellek)著　王師夢鷗等譯　臺北：志
　　文出版社　1976 初版

《文選黃氏學》　黃季剛　臺北：文史哲出版社　1977 初版

《中國章回小說考證》　胡適　上海：上海書店　1979 初版

《中國文學論叢》　錢穆　臺北：東大圖書公司　1980 初版

《中國文學批評史》　羅根澤　臺北：學海出版社　1980 再
　　版

《中國文藝理論家》　黃緯堂　臺北：木鐸出版社　1980 初
　　版

《中國駢文析論》　張仁青　臺北：東昇出版事業有限公司
　　1980 初版

《王漁洋詩論之研究》　黃師景進　臺北：文史哲出版社
　　1980 初版

《美學》　黑格爾著　朱光潛譯　臺北：里仁書局　1981

《駢文學》　張仁青　臺北：文史哲出版社　1984 初版

《中國文學理論》 劉若愚 臺北：聯經出版事業公司 1985
　　初版二刷

《修辭學》 黃慶萱 臺北：三民書局 1985 五版

《普通語言學教程》(Course In General Linguistics) 費爾迪
　　南・德・索緒爾(Ferdinand de Saussure)著 臺北：弘文館
　　出版社 1985 初版

《文心雕龍術語析探》 陳兆秀 臺北：文史哲出版社 1986
　　初版

《中國文學理論新編》 黃世瑜主編 上海：華東師範大學
　　1986 初版

《明清小說研究》 江蘇省社會科學院文學研究所 北平：
　　中國文聯 1986 初版

《藝概》 （清）劉熙載 貴陽：貴州人民出版社 1986 初
　　版

《中國古代文論概要》 諶照麟 長沙：湖南文藝出版社
　　1987 初版

《結構主義》 （比）J. M. 布洛克曼(Jan M. Broekman)著 李
　　幼蒸譯 河北：商務印書館 1986 初版三刷（另有臺北：
　　谷風出版社 1987 版）

《文學理論方法論研究》 王春元、錢中文 長沙：湖南文藝
　　出版社 1987 初版

《形名學與敘事理論：結構主義的小說分析法》 高辛勇 臺
　　北：聯經出版事業公司 1987 初版

《滄浪詩話》 黃師景進 臺北：金楓出版社版社 1986 初

版

《嚴羽及其詩論之研究》 黃師景進 臺北：文史哲出版社
1986 初版

《古典小說藝術新探》 鄭明娳 臺北：時報文化事業股份
有限公司 1987 初版

《古代散文文體概論》 陳必祥 臺北：文史哲出版社 1987
初版

《明清小說探幽》 蔡國梁 臺北：木鐸出版社 1987 初版

《接受美學與接受理論》(Aesthetics of Reception and
Reception Theory) 姚斯(Hands Robert Jauss)、赫魯伯(R.
C. Holub)著 周寧、金元浦譯 瀋陽：遼寧人民出版社
1987 初版

《當代文學理論導論》 Terry Eagleton 著 香港：旭日出版
社 1987 初版

《結構的時代——結構主義論析》 不著撰人 臺北：谷風出
版社 1988 初版

《闡釋學與文學》(The Critical Circle) 霍伊(David Couzens
Hoy)著 張弘譯 瀋陽：春風文藝出版社 1988 初版

《重建閱讀空間》 郭宏安 北京：中國社會科學出版社
1989 初版

《接受美學》 朱立元 上海：人民出版社 1989 初版

《接受理論》 張廷琛編 成都：四川文藝初版社 1989 初
版

《從浪漫主義到後現代主義》 蔡源煌 臺北：雅典出版社

1989 修訂五版

《結構主義——批評的理論與實踐》　羅伯特・蕭爾斯　臺
北：結構出版群　1989 初版

《漢語修辭學史綱》　易蒲、李金苓　吉林：吉林教育出版
社　1989　初版

《讀者反應批評》　中國藝術研究院　北京：文化藝術出版
社　1989 初版

《中國文學批評的理論與實踐》　張師雙英　臺北：國文天
地雜誌社　1990 初版

《文學批評的視野》　龔鵬程　臺北：大安出版社　1990 初
版

《晚清小說理論研究》　康來新　臺北：大安出版社　1990
二版一刷

《結構主義》　高宣揚　臺北：遠流出版社　1990 初版

《中國文學批評史》　王運熙、顧易生　臺北：五南出版社
1991 初版

《中國古代文體學》　褚斌杰　臺北：臺灣學生書局 1991
修訂增補版一刷

《中國散文藝術論》　李正西　臺北：貫雅文化事業有限公
司　1991 初版

《當代文學理論》　張雙英、黃景進主編　臺北：合森出版
社　1991 初版

《解釋：文學批評的哲學》(Interpretation: An Essay In the
Philosophy of Literary Criticism, 1980 by Princeton

University Press) 卻爾(P.D. Juhl)著 吳啓之、顧洪潔
　　譯 北京：文化藝術出版社 1991 初版
《閱讀活動：審美反應理論》 伊瑟爾(Wolfgang Iser)著 金
　　元浦、周寧譯 北京：中國社會科學出版社 1991 初版
《中國文學批評》 張健 臺北：五南圖書出版有限公司
　　1992 二版一刷
《文化符號學》 龔鵬程 臺北：臺灣學生書局 1992 初版
《交際語言學導論》 劉煥輝 江西：江西教育出版社 1992
　　初版
《修辭方法析論》 沈謙 臺北：宏翰文化事業有限公司
　　1992 初版
《現代西方文論選——論現代各種主義及學派》 伍蠡甫、
　　林驤華編著 臺北：書林出版有限公司 1992 初版
《文學讀解與美的再創造》 龍協濤 臺北：時報文化出版
　　企業有限公司 1993 初版
《金聖歎的小說理論與戲劇理論》 郭瑞 北京：中國文聯出
　　版社 1993 初版
《文學接受與文化過渡》 金絲燕 吉林：人民大學出版社
　　1994 初版
《文學理論新編》 陳傳才 北京：中國人民大學出版社
　　1994 初版
《晚明思潮》 龔鵬程 臺北：里仁書局 1994 初版
《接受美學與中國現代文學》 王衛平 長春：吉林教育出版
　　社 1994 初版

《讀者反應理論批評》　伊莉莎白(Elizabeth Freund)著　陳燕谷譯　板橋：駱駝出版社　1994 初版

《中國文學理論與實踐》　王師夢鷗　臺北：時報文化出版公司　1995 初版

《文學批評論稿》　張榮翼　雲南：人民出版社　1995 初版二刷

《文學與美學》　龔鵬程　臺北：業強出版社　1995 初版二刷

《字句鍛鍊法》　黃永武　臺北：臺灣商務印書館　1995 二版一刷

《明清小說的藝術世界》　黃清泉、蔣松源、譚邦和　臺北：洪葉文化事業有限公司　1995 初版

《清代文學批評史》　鄔國平、王鎮遠　上海：上海古籍出版社　1995 初版

《跨越邊界：翻譯、文學、批評》　米勒(J. Hillis Miller) 著　單德興譯　臺北：書林出版社　1995 初版

《中國敘事學》　浦安迪　北京：北京大學出版社　1996 初版

《文學解讀學導論》　曹明海　北京：人民文學出版社　1997 初版

《長河落日》　郭英德　香港：書林出版社　1997 初版

《審美經驗與文學解釋學》(Aesthetic Experience and Literary Hermeneutics)　姚斯（Hands Robert Jauss）著　顧建光、顧靜宇、張樂天譯　上海：譯文出版社　1997 初版

《讀者反應理論》 龍協濤 臺北：揚智文化事業股份有限公司 1997 初版

《中國敘事學》 楊義 嘉義：南華管理學院 1998 初版

《文體論》 薛鳳昌 臺北：臺灣商務印書館 1998 臺二版

《篇章結構類型論》 仇小屏 臺北：萬卷樓圖書有限公司 2000 初版

《讀者反應批評：理論與實踐》 斯坦利‧費什(Stanley Fish) 著 文楚安譯 北京：中國社會科學出版社 1998 初版

《當代台灣文學評論大系》第一冊「文學理論卷」 鄭明娳 總編輯 簡政珍主編 臺北：正中書局 1993 臺初版

《中國早期敘事文論集》 王靖宇 臺北：中央研究院中國文哲所籌備處 1999 初版

《西方美學家論美與美感》 朱光潛 臺北：天山出版社 出版資料不詳

Wolfgang Iser, 'The Act of Reading: A Theory of Aesthetic Response', The Johns Hopkins University, 1980.

Wolfgang Iser, 'The Implied Reader', The Johns Hopkins University Press, 1980.

Bill Corcoran and Emrys Evans (editors), 'Readers, Texts, Teachers', Open University Press, 1987

Ellen J. Esrock, 'The Reader's Eye: Visual Imaging As Reader Response' The Johns Hopkins University Press, 1994

〈王漁洋詩論之研究〉 談海珠 私立東海大學中國文學碩士論文 1976

〈王漁洋神韻說之研究〉 龍思明 國立師範大學國文研究所
　　　碩士論文　1977

〈王漁洋的神韻說及其詩的成就〉 陳楷文 香港：新亞研究
　　　所碩士論文　1982

〈中國文學批評史上的比較批評法〉 許小清 國立臺灣大
　　　學中國文學研究所碩士論文　1984

〈中國文學批評史上的歷史批評法〉 溫莉芳 國立臺灣大
　　　學中國文學研究所碩士論文　1984

〈中國文學批評史上之美學批評法〉 蔡定芳 國立師範大
　　　學國文研究所碩士論文　1985

〈明代唐宋派文論研究〉 梅家玲 國立臺灣大學中國文學
　　　研究所碩士論文　1985

〈明代中期文壇與文學思想研究〉 簡錦松 臺灣大學中國
　　　文學研究所博士論文　1987

〈淺探劉勰文學批評的理論與實際〉 王更生 《中華文化復
　　　興月刊》 第二十卷第五期（總號二三〇期） 1987 年 5
　　　月　頁 29～34

〈清代的文學與文學批評的環境〉 王建生 《東海文藝季刊》
　　　第二十六期　1987 年 12 月　頁 2～27

〈王漁洋神韻說與李炯菴詩學比較研究〉 宋永珠 國立師範
　　　大學國文研究所博士論文　1988

〈「論述凝聚理論」──文化間接受理論芻議：以六朝小說為
　　　例〉 Richard Trappl 著 蕭瑞莆譯 《中外文學》 第二
　　　十卷第二期　1991 年 7 月　頁 207～216

〈論精神接受〉 聶榮華 《求索》 1993 年 4 月 頁 92～
95

〈讀者閱讀接受：闡釋與探奧〉 陳旭光 《名作欣賞》 1993
年 5 月 頁 4～9

〈「言意之辯」：語言的侷限性與文學的重要性〉 宋協立
《文史哲》 1994 年第二期 頁 71～75

〈論批評接受〉 張利群 《文藝評論》 1994 年 5 月 頁 4
～11

〈中西文藝批評方法論的歷史比較〉 董運庭 《西北大學學
報：社科版》 1995 年 5 月 頁 10～16

〈王漁洋「神韻說」重探〉（縮影資料） 黃師景進 臺北：
行政院國科會科資中心 1995

〈西方新文論的流變述評〉 陳長房 《國立政治大學研究
通訊》 第五期 1995 年 7 月 頁 37～61

〈接受理論與翻譯中文化差異的處理〉 穆雷 《中國語文
通訊》 第三十六期 1995 年 12 月 頁 13～21

〈談《文心雕龍》〈知音〉篇的接受意蘊〉 高利芬 《語文
學報》 第二期 1995 年 6 月 頁 141～152

〈文本與讀者：從魏晉言意之辯與西方相關詮釋學論題的比
較〉 孫旭志 國立政治大學哲學研究所碩士論文
1998

Wolfgang Iser, "Indetermancy and the Reader's Response in
Prose Fiction.", "Aspects of Narrative: Selected Papers
from the English Institute", Ed. J. Hillis Miller. New York:

Columbia Univ. Press, 1971. pp.1-45.

Wolfgang Iser, "Indetermancy of the Text: A Critical Reply",
Trans. Rodney Foster. <u>Comparative Criticism: A Yearbook.</u>
2nd vol. Ed. Elinor Shaffer. Cambridge: Cambridge Univ.
Press, 1980, pp.27-47。

（六）詩文集之屬

《韓昌黎全集》 （唐）韓愈 臺北：河洛出版社影印　1975

《艾千子全稿》 （明）艾南英 臺北：偉文圖書出版社　1977
初版

《南雷文定》 （清）黃宗羲 收於《梨洲遺書彙刊》　臺
北：隆言出版社　1969 臺初版

《顧亭林遺書彙輯》 （清）顧炎武 臺北：中華文獻出版
社　1969 初版

《金聖嘆全集》 （清）金聖歎 上海：錦文堂據唱經堂原本
校印

《方望溪全集》 （清）方苞 收在楊家駱主編《中國文學
名著》第三集第十五冊 臺北：世界書局　1965 再版

《二十七松堂集》 （清）廖燕 臺北：中央研究院文哲研
究所籌備處　1995 初版

《惜抱軒全集》 （清）姚鼐 臺北：世界書局影印　1960

《古文辭類纂》 （清）姚鼐編 臺北：新陸書局　1962 初
版

《精選近代名人尺牘・姚姬傳尺牘》 臺北：新文豐出版公
　　司　1974 初版

《古文辭通義》 （清）王葆心　臺北：臺灣中華書局 1965
　　初版

《曝書亭集》 （清）朱彝尊　臺北：世界書局　1964 初版

《小倉山房文集》（四庫備要本） （清）袁枚　臺北：中華
　　書局影印　1970

《閒情偶記》 （清）李漁　臺北：長安出版社　1979 臺三
　　版

《潛研堂文集》（上海涵芬樓景印《潛研堂全書》本） （清）
　　錢大昕　收於《四部叢刊》集部　臺北：臺灣商務印書
　　館　1979 臺一版

《賀先生文集》 （清）賀濤　臺北：文海出版社　1974 初
　　版

《雕菰集》 （清）焦循　臺北：鼎文屋局　1977 初版

《畏廬文集・詩存・論文》 （清）林紓　臺北：文海出版
　　社影印　1973

《中國文學批評》 張健　臺北：五南圖書公司　1984 初版

《中國文學批評史》 王運熙、顧易生　上海：古籍出版社
　　1985 初版

《中國文學理論史》 黃保真、蔡鍾翔、成復旺　北京：北
　　京出版社　1987 初版

《清代文學批評論集》 吳宏一　臺北：聯經文化事業公司
　　1998 初版

國家圖書館出版品預行編目資料

追尋與傳釋—左繡對左傳的接受 ／蔡妙真著,

--初版 --臺北市：萬卷樓, 民 92

面； 公分

參考書目：面

ISBN 957－739－453－1 (平裝)

1.左傳－研究與考訂

621.737 92013878

追尋與傳釋

　一左繡對左傳的接受

作　　　者：蔡妙真
發 行 人：楊愛民
出 版 者：萬卷樓圖書股份有限公司
　　　　　臺北市羅斯福路二段 41 號 6 樓之 3
　　　　　電話(02)23216565・23952992
　　　　　傳真(02)23944113
　　　　　劃撥帳號 15624015
出版登記證：新聞局局版臺業字第 5655 號
網　　 址 ： http://www.wanjuan.com.tw
E-mail　　 ：wanjuan@tpts5.seed.net.tw
經 銷 代 理 ：紅螞蟻圖書有限公司
　　　　　臺北市內湖區舊宗路二段 121 巷 28 號 4F
　　　　　電話(02)27953656(代表號)　傳真(02)27954100
E-mail　　 ：　red0511@ms51.hinet.net
承 印 廠 商 ：晟齊實業有限公司
定　　 價 ：520 元
出 版 日 期 ：2003 年 8 月初版

ISBN 957－739－453－1